中国社会科学院 学者文选
张国辉集
中国社会科学院科研局组织编选

中国社会科学出版社

图书在版编目(CIP)数据

张国辉集/中国社会科学院科研局组织编选.—北京:中国社会科学出版社,2002.9(2018.8重印)
(中国社会科学院学者文选)
ISBN 978-7-5004-3415-3

Ⅰ.①张… Ⅱ.①中…②中… Ⅲ.①张国辉—文集②资本主义经济—研究—中国—文集 Ⅳ.①F129-53

中国版本图书馆 CIP 数据核字(2002)第 032132 号

出 版 人	赵剑英
责任编辑	张小颐
责任校对	石春梅
责任印制	郝美娜

出 版	中国社会科学出版社
社 址	北京鼓楼西大街甲 158 号
邮 编	100720
网 址	http://www.csspw.cn
发 行 部	010-84083685
门 市 部	010-84029450
经 销	新华书店及其他书店
印刷装订	北京市十月印刷有限公司
版 次	2002 年 9 月第 1 版
印 次	2018 年 8 月第 2 次印刷
开 本	880×1230 1/32
印 张	13.75
字 数	329 千字
定 价	79.00 元

凡购买中国社会科学出版社图书,如有质量问题请与本社营销中心联系调换
电话:010-84083683
版权所有 侵权必究

出版说明

一、《中国社会科学院学者文选》是根据李铁映院长的倡议和院务会议的决定，由科研局组织编选的大型学术性丛书。它的出版，旨在积累本院学者的重要学术成果，展示他们具有代表性的学术成就。

二、《文选》的作者都是中国社会科学院具有正高级专业技术职称的资深专家、学者。他们在长期的学术生涯中，对于人文社会科学的发展作出了贡献。

三、《文选》中所收学术论文，以作者在社科院工作期间的作品为主，同时也兼顾了作者在院外工作期间的代表作；对少数在建国前成名的学者，文章选收的时间范围更宽。

中国社会科学院
科研局
1999 年 11 月 14 日

目 录

前言 …………………………………………………… （1）

19世纪后半期中国钱庄的买办化 …………………… （1）
关于轮船招商局产生与初期发展的几个问题 ………… （24）
辛亥革命前中国资本主义的发展 ……………………… （71）
论外国资本对洋务企业的贷款 ………………………… （107）
论中国资本主义现代企业产生的历史条件 …………… （131）
论中国资本主义发生时期资产阶级的构成 …………… （151）
甲午战后40年间中国现代缫丝工业的发展与不发展 … （175）
论汉冶萍公司的创建、发展与历史结局 ……………… （245）
从开滦煤矿联营看中国近代煤矿工业发展状况 ……… （311）
19世纪后半期中国票号业的发展 ……………………… （337）
晚清财政与咸丰朝通货膨胀 …………………………… （365）
20世纪初期的中国钱庄和票号 ………………………… （395）

作者专著及主要论文目录 ……………………………… （429）
作者年表 ………………………………………………… （432）

前　言

　　1948年夏末，我结束了大学阶段学习之后，进入了设立在上海的中央水产实验所水产经济系，准备从事渔村经济的调查研究。

　　1949年新中国诞生之初，全国热气腾腾，百废待举。翌年3月，我被调到中国科学院社会研究所（今中国社会科学院经济研究所前身）。当时社会所的科研方向和工作正作全面规划。我到所后便先后参加了河北天津和江苏无锡两工业城市工业企业的工资问题的调研工作。

　　1957年，中央调著名的经济学家孙冶方同志主持经济研究所。在他的领导下，不仅为全所同志树立学术民主的研究风范，而且及时地对全所研究力量进行了合理的调整。自兹以来，我得以全部心力投身于中国近代经济史的探索和研究。

　　1961年，中宣部下达经济研究所编写中国近代经济通史（1840—1949年）的任务。经济所近代经济史研究组全体研究人员参加。经过反复酝酿和讨论，我所承担的是中国资本主义经济发生、发展过程这一专题的研究工作。经过多方思考和初步实践，我认识到：面对19世纪60年代以后，百余年错综复杂经济活动的历史实际，宜乎先从生产领域和流通领域入手进行考察。严格根据史实，具体地而不是笼统地对各种体制的近代企业的产生、发展及其内在联系和变化进行尽可能详细的分析，整理出比较清晰的发展脉络，进而探讨它们在发展过程中所反映的特点，分析其在特定的历史条件下所产生的影响和历史作用。至于在流通领域则广泛考察，从全社会的经济营作中选取传统金融业如钱庄、票号等在参与国内外商业、贸易中的营运状况，考察它们在社会经济运动过程中如何从职能的逐步变化导致性质上的变化。概括地说，五十余年来我所承担的科研任务大抵是在这两方面做了一点探赜索隐、拾遗补阙的努力。现在选录到本书中的一部分论文多半是这一时期的科研成果。而在编排上尽量以论文发表的先后为序。

选录在本书中的论文，一律保留原来的结构和论点，只对个别文字误植上作了订正。如今重新翻阅，仍难免有敝帚自珍之嫌，不过聊以志一段数十年研究生涯雪泥鸿爪之迹而已。

最后，感谢我院领导对本院高龄学者重要学术成果的关怀和科研局对《学者文选》组织工作的重视；同时铭佩中国社会科学出版社编辑同志的辛勤劳动。

张国辉

2002年2月

19世纪后半期中国钱庄的买办化

钱庄是中国封建社会金融业的主要组成部分。在鸦片战争以前，它和另一种信用机构——票号，在调拨资金上为商品流通起着促进的作用。

一般地说，钱庄和票号的业务内容和活动地区是有区别的。钱庄的主要业务是对商人办理存放款项，间或经营地区之间的商业汇兑，所以，和商业的联系比较密切。票号是以汇兑为专业的；有放款，也只贷给钱庄而不贷给一般商人。钱庄的主要活动地区在长江流域和东南各省，而以上海为其活动的中心，票号则以黄河流域和华北各省为其主要的活动区域。当然，这样的区分是极其粗略的，仅仅就其侧重点而言。事实上，上海和汉口都曾经是票号在东南地区的据点，而华北各省也有钱庄在活动。

鸦片战争以后，外国侵略势力从广州北移，以上海为盘踞的中心。于是，上海的钱庄便逐渐与外国势力发生了联系。在50年代，当太平天国革命形势蓬勃发展的时期，票号锐意经营汇解饷需、协款和丁银，与清政府发生了极其密切的关系。因而一切商业上资金周转的业务几乎完全落到了钱庄的手中。在这种条件下，当外国势力进一步向中国腹地伸展时，钱庄就成为它必加利用的工具了。本文的目的就在于着重论述19世纪后半期钱庄职能的买办作用。不过钱庄和票号的活动有时是很难截然分开的，因此，不可避免地也要涉及票号。

一

经过两次鸦片战争，外国侵略者从清政府手里取得了许多入侵中国的条约特权。但是，条约特权本身不能把外国制成品送到中国人民的手里。外国侵略者必须通过买办人物之手和各种商品流通的渠道，才能深入中国的内地市场。自从第一次鸦片战争以后，买办人物就已经日益活跃起来，而中国原有的各种商品流通渠道也日益买办化。在这一过程中，为商品流通服务的中国钱庄的职能也随着发生了变化。

钱庄是商品货币经济的产物，具备着调拨资金的职能。到了鸦片战争前夕，钱庄在商品流通中已经发挥了很大的作用。例如在上海，钱庄的庄票早就起着支付手段和流通手段的作用。商人在买卖豆、麦、花、布时，不仅可以用钱庄庄票支付货价，而且可以"到期转换"，也可以"收划银钱"①，可见当时钱庄庄票的用途已经很广。

1843年上海开埠后，外国侵略者纷纷在上海设立洋行；在开埠的当年就有11家②，三年以后又增至25家。③ 跟随洋行而

---

① 道光二十一年闰三月二十一日，《上海县告示碑》，江苏省博物院编：《江苏省明清以来碑刻资料选集》，三联书店1959年版，第485页；中国人民银行上海市分行编：《上海钱庄史料》，上海人民出版社1960年版，第12页。

② 葛里芬（Eldon Griffin）：《飞剪船与领事》（*Clipper and Consuls*），密细根，1938年版，第257页。

③ 徐润：《上海杂记》，香山徐氏校印本，第12页。

来的有许多广州"旧日洋商行店散出之人"①。这是一批从事买办性商业活动的人物。他们在华洋商人之间，沟通买卖，保证信用，起着极其重要的媒介作用。所谓"中外贸易，惟凭通事一言，半皆粤人为之"②，就是对他们的活动所作的写照。

在外国银行尚未进入上海以前，中外商人因贸易而发生的财务关系，通常都是经过经纪人或洋行买办和当地钱庄进行清算的。③ 这是钱庄和外国侵略势力发生关系的开端。

买办是鸦片战争以后中国社会里开始形成的一个寄生的阶层。买办受雇于洋行或银行，有为洋行开展业务的责任。洋行买办必须为洋行提供各地商情，参预买主与货主的接洽以及预防商业交易上的损失；当中国商号（或商人）和洋行发生贸易关系时，买办必须为洋行了解该商号的信誉及经济力量④；如果与洋行成交的顾客是由买办介绍的，他必须是这个顾客的保证人；此外，买办还常常为他所代理的洋行周转资金⑤；等等。因此，洋行买办为便于经营大量的交易，与本地钱庄和商号都有比较密切的联系。⑥ 银行买办则以探悉本地各钱庄、银号的财务情况为主要的职责，他对外国银行和中国钱庄、银号之间的一切交易负有完全的责任。买办的收入除了每月工资之外，还有视雇主营业额

---

① 《道光二十八年两广总督徐广缙等奏》，《道光朝筹办夷务始末》卷79，第28页。

② 王韬：《瀛壖杂志》卷1，第8页。

③ 《北华捷报》（*North China Herald*），《上海贸易方法的变化》，1893年11月24日，第818页（以下简称《捷报》）。

④ 包培：《论洋行买办制之利害》，甘作霖译自伦敦经济学报。见《东方杂志》第16卷，第11号，第38页。

⑤ 《捷报》，1901年12月11日，第1118页。

⑥ 威廉（S. W. William）：《中国商业指南》（*The Chinese Commercial Guide*），第162页。

大小而定的佣金和红利。资力雄厚的买办除了为洋行或银行服务外，大多还有自己独立的经营。他们或者开设钱庄（或附股于钱庄），或者兼营其他商业。60年代以后，为数不少的银行买办是钱业中人转化过去的。这些人物所具有的双重身份乃是钱庄职能买办化的主要媒介。

例如，为大家所熟知而与李鸿章深相结托，被视为"洋务人才"的大买办徐润、唐廷枢之流，在他们任洋行买办的时期都是同时与钱庄有很深的瓜葛的。

根据徐润自己的回忆，他在1861年任宝顺洋行（Lancelot Dent & Co.）买办时，便已和人合股开设敦茂钱庄，以支持他所经营的"包办各洋行丝、茶、棉花生意"[①]。当这家钱庄在1862年闭歇后，他随之又在1864年与人合开协记钱庄。[②] 1868年，徐润离开宝顺洋行以后，主要的业务活动是经营宝源祥茶栈和地产公司。在收购茶叶的生意中，他在河口、宁州、湘潭、崇阳、羊楼洞等地都设立了分庄，以便于多方搜罗茶叶；而其地产经营则以上海为主。据说，徐润在上海"租界"及其附近地区就占有3000亩土地，盖有3000座房屋。[③] 在这些商业活动中，徐润所需要的资金调度就是从钱庄方面取得支持的。例如，与地产公司有往来的钱庄有22家之多[④]，而宝源祥茶栈得钱庄通融的款项经常在200万两左右。[⑤] 由于从钱庄方面能够得到如此重大的方便，使徐润即使在参预轮船招商局，并担任会办两年之后，还不

---

① 徐润：《徐愚斋自叙年谱》，香山徐氏校印本，第5页（以下简称《年谱》）。
② 徐润：《年谱》，第13页。
③ 莱特（A. Wright）：《二十世纪之香港、上海及其他中国商埠志》，(*Twentieth Century Impressions of Hongkong, Shanghai and other Treaty Ports of China*)，1908年版，第540页。
④ 徐润：《年谱》，第55页。
⑤ 《申报》，光绪九年十月二十九日（1883年11月18日）。

能忘情于钱庄的经营,以致在1875年再度与人合开了荣德钱庄。①

唐廷枢是从1861年起担任怡和洋行（Jardine, Matheson & Co.）在长江各口代理人的②；到1863年他就成为该洋行的总买办。③1880年7月他与人合伙购买了一只"南浔"号轮船（"Nanzing"）交由怡和洋行代理。④在唐廷枢担任买办的时期中,他经常利用洋行和钱庄的资金来支持自己的商业活动。1871年,由于与唐廷枢有密切联系的三家钱庄陷于破产,使唐廷枢的资金周转发生了严重的困难,结果不得不亏欠怡和洋行达8万两之多。⑤也许是由于唐廷枢在钱庄中的力量不够雄厚的缘故,有些外国洋行的老板就曾讥笑他"只会吹肥皂泡,而不会制肥皂"⑥。

事实上在通商口岸像徐润、唐廷枢那样一身兼具买办和钱庄主（或钱庄股东）双重身份的人物一向就是普遍存在着的。

早在40年代,大买办杨坊就已在上海开设钱庄了。⑦杨坊的密友丁建彰（Ting Kien Chang）本来就是在荣丰钱庄（Yung-Feng Bank）做生意的,后来则变成了伯德孚洋行（Bedford & Co.）的买办。⑧这个洋行的另一买办马罗山（Ma Loisum）也是

---

① 徐润：《年谱》,第21页。
② 刘广京（Liu Kwang-Ching）：《英美在华轮运势力的竞争,1862—1874》,（Anglo-American Steamship Rivalry in China, 1862—1874）,1961年哈佛版,第143页。
③ 徐润：《年谱》,第58页。
④ 《怡和洋行档案》,转见刘广京,上引书,第143页。
⑤ 《怡和洋行档案》,转见刘广京,上引书,第143—144页。
⑥ 《怡和洋行档案》,转见刘广京,上引书,第144页。
⑦ 马士（H. B. Morse）：《太平天国时代》（In The Days of The Taipings）,1927年版,第41页。
⑧ 马士：上引书,第28页。

一个"非常机灵的生意人和钱庄老板"①。在50年代，上海李百里洋行（Shaw, Bland & Co.）的买办乃是当时协丰钱庄（Ya-Foong Bank）的大股东。②在60年代为上海汇丰银行（Hongkong & Shangai Banking Co.）担任第一任买办的王槐山也是出身于上海的一家钱庄。③在70年代，汇丰的另一大买办席正甫正是因为经营钱庄得法，才邀得汇丰的"青睐"④。同时，在席正甫当上买办以后，他仍旧与人合伙开设协升钱庄。⑤不仅如此，席氏家族中有不少成员如席立功、席聚星、席锡藩等大体上都是循着席正甫所走的道路，从银钱业者转化为银行买办的，而在当上买办之后，又复兼营钱庄。譬如席立功在90年代后，就同时是正大、裕祥、久源等几家钱庄的大股东。⑥

又如，在上海开埠之初便以大洋货号首创上海华商经营进口洋布第一家的湖州人许春荣与泰和洋行（Reiss & Co.）建立了非常密切的关系。大约在六七十年代，许春荣一面为该洋行推销洋货，一面又先后开设了阜丰等七家联号钱庄。这些钱庄虽然在中法战争期间都陆续倒闭了，可是到90年代，许春荣还是兼充德华银行（Deutsch-Asiatische Bank）和花旗银行（International Banking Corporation）两家的买办，而同时又与席立功合伙开设钱庄。⑦

在70年代，另一个充任敦裕洋行买办的洞庭山商人严兰卿

---

① 马士：《太平天国时代》（*In The Days of The Taipings*），第55页。
② 《北华捷报》，（*North China Herald* 以下简称《捷报》）1860年3月31日，第51页。
③ 《申报》，光绪九年十二月十五日（1884年1月12日）。
④ 莱特：上引书，第540页。
⑤ 《上海钱庄史料》，第752页。
⑥ 同上。
⑦ 《上海钱庄史料》，第743—744页。

同时在上海开设了一家镇昌钱庄，其后又陆续在上海、苏州等地经营了七八家钱庄。并且，这些钱庄大多还是由这位买办独资经营的。①

在80年代，与上海沙逊洋行（E. D. Sassoon, Sons & Co.）颇有渊源的买办王宪臣是从钱庄出身转化为麦加利银行（Chartered Bank & India, Australia & China）买办的。②另一个出身于钱商家庭的胡寄梅也是在长期经营钱庄以后成为中华汇理银行的看银师和买办的。③同期中，宁波商人许诗考（Sze Tsay Kor）在上海一家钱庄服务多年后，转营匹头生意，而后在1884年又转为上海义记洋行（Hollicay, Wise & Co.）的买办。④

到90年代，与上海的钱庄有联系的汇丰银行买办罗鹤平则同时兼开元隆钱庄⑤，他并且与广州的成德银号有密切的金融联系。⑥

在上海以外的通商口岸，买办人物的活动情况也并无二致。例如，在天津，据说最老的一个洋行买办就是一个兼营鸦片生意的钱庄老板⑦；而任天津沙逊洋行（David Sassoon & Co.）达15年之久的买办胡美平（Hoo Mei-Pin）同时又是上海天源钱庄（Tien-Yuen Bank）的股东。⑧

又如在80年代，厦门一家最大钱庄源通银号的主人叶谅卿则依靠他的兄弟，时充厦门汇丰银行买办叶鹤秋的关系，在资金周转

---

① 《上海钱庄史料》，第745页。
② 莱特：上引书，第556页。
③ 莱特：上引书，第540页。
④ 莱特：上引书，第562页。
⑤ 《申报》，光绪十八年三月三日（1892年4月19日）。
⑥ 《字林沪报》，光绪十八年三月二十一日（1892年4月17日）。
⑦ 《字林西报》（*North China Daily News*），1884年11月17日，第480页。
⑧ 《字林西报》，1885年4月15日，第347页。

上得到汇丰银行很大的方便。① 在90年代厦门恒宝源钱庄的一位大股东赵某同时也就是福州美打洋行(Mehta & Co.)的大买办。②

从上述一系列人物的事迹中，我们可以看到活动在通商口岸的买办中，有许多人是同时兼具钱庄主（或钱庄股东）和买办双重身份的。这种双重身份，一方面便利了他们所从事的商业活动，而在另一方面，又必然把钱庄和洋行或外国银行的关系紧密地联结起来，使钱庄的职能严重地买办化了。

二

钱庄的买办作用主要在于它给予进口商人以信用便利，协助洋行推销洋货，搜罗土产。钱庄进行这种活动的信用手段，在口岸本地是庄票，在口岸和内地之间是汇票。

庄票是钱庄签发的票据之一。它代替现金在市面流通。钱庄对所签发的庄票负有完全责任，到期必须照付；如果出票的钱庄对庄票不能照付时，这就无异表示该钱庄的破产。庄票有即期和远期两种。即期庄票系见票即付；远期庄票（亦称期票）则在到期时兑付。上海各商号在交易中大抵使用远期庄票。50年代有以10日、20日为期的期票，60年代后，普遍以10日和5日为期。

上海钱庄由于资本力量的不同，分为汇划庄（或称大同行）和非汇划庄（或称小同行）的区别。③ 汇划钱庄在开业以前必须

---

① 《申报》，光绪十七年五月十四日(1891年6月20日)。
② 《申报》，光绪十七年六月十六日(1891年7月21日)。
③ 在上海，非汇划庄包括了"挑打钱庄"和"另兑钱庄"。在挑打钱庄内又分为元字号庄和亨字号庄，这些钱庄由于资力不及汇划钱庄，不能参加钱业总公所，这些钱庄每日往来收解，大多转托汇划庄代为办理。在另兑钱庄内也分为利字号庄和贞字号庄，此类钱庄资力更加薄弱，不经营存放款，专作银圆辅币的另觅买卖。本文所涉及的钱庄活动乃是专指汇划庄而言的。

加入内园钱业总公所,并缴纳会费,即所谓"入园钱庄"。1863年上海钱业同行为了维持庄票的信用,曾公议规定:"钱业不入同行〔即不加入内园钱业总公所的〕,庄票概不收用。"① 这样便排除了非汇划钱庄庄票的流通。

在钱庄之间,庄票的清算方法最初大概是各自直接划抵的;经过长期的实践,到19世纪八九十年代之交,才创造了一种所谓"公单制度"。即每日下午2时各汇划庄汇总其应收之庄票送到出票钱庄换取公单,到4时以后各钱庄齐集"汇划总会",互相核算,出入相抵,奇另尾数则以现金清偿,其整数则由钱庄另行出票,实行划账,借此以免除大量现金的搬运。实际上这就是在各钱庄之间初步地实行了票据交换的制度。

至于汇票则是钱庄对于委托汇款者所签发的汇款支付书,亦即收款人收取款项的凭证。它的作用在于调度不同地区间的资金流动。

钱庄庄票的信用能在一定期限内给予商人以调度资金的便利,对商品流通起着很大的促进作用。上海开埠以后,随着中外贸易的扩大,外国洋行很快就注意到庄票的这种作用而加以利用了。

早在1846年,外国商人就已利用上海钱庄庄票进行贸易活动了。② 但是,外商比较普遍接受庄票作为结算工具,则是50年代以后的事。1858年的《北华捷报》记述了庄票在外国商人间的使用情况说:设在上海城区和"租界"地区的钱庄大约有120家,其中资本力量雄厚的钱庄都以10天或20天的期票对经

---

① 《捷报》,1863年3月7日。
② 福皁士(F. E. Forbes):《旅华五年记》,(*Five years in China*, 1842—1847) 1848年版,第68页。

营棉织品的批发商和鸦片掮客给以通融资金的方便，而外国商人则接受大钱庄的期票作为收取货价的凭证。①

不仅止此，外国商人同时也用庄票作为支付手段。例如，50年代末，上海沙逊洋行（D. Sassoon & Co.）在大量收购黄金时，就经常使用当地大钱庄庄票去支付金价的。② 应该指出，在这一时期，沙逊乃是一个大鸦片贩子，而各大洋行也无不走私鸦片，搜购黄金。所以沙逊洋行的事例是具有广泛代表性的。

60年代以后，外国商人使用庄票的行动更加普遍了。1862年3月，上海公平洋行（Bower, Hanbury & Co.）在代理英国利物浦保险公司（Royal Insurance Company of Liverpool）招揽生意的广告中宣称该洋行愿意接受"任何一家本地钱庄庄票或其他合格票据作为偿付保险费的手段"③。把这项声明和50年代外国商人只能收受大钱庄庄票的事实加以比较，可以设想，到了60年代外国侵略势力利用钱庄庄票的范围是扩大了。

外国商人接受钱庄庄票为的是利用中国钱庄的信用，达到迅速出售洋货的目的。事实是，进口商人在购进洋货时用庄票支付，就是把自己对洋行的债务关系改由钱庄来承担。商人利用庄票所给予的期限去调度资金以清偿他与钱庄之间的债务关系；而洋行则在庄票到期时，径向钱庄收取款项。这样，钱庄就给洋行提供了保证，使洋行所售出货物的风险能减轻到最低的限度。这是事情的一个方面。另一方面，更重要的是，洋行接受庄票成交，能够更迅速推销进口洋货。对外商来说，进口洋货销售愈

---

① 《捷报》，1858年6月12日，第182页。
② 《捷报》，1859年9月17日，第27页；1859年10月29日，第50页。
③ 《捷报》，1862年3月1日，第34页。

快,商业利润也就愈大。实践证明了,"接受期票支付货款,远比用卖了货的现款再来买货要销出更多的货物"①。因此,利用庄票是非常符合于外国洋行的利益的。

及至60年代后期,钱庄和上海的外国银行发生了通融资金的关系以后,庄票的作用又有了进一步的发展。

大家知道,外国银行之进入中国是从1845年在广州设立分行的丽如银行(Oriental Banking Corporation)开始的。50年代初这家银行随着贸易中心的北移而进入上海。到60年代末,外国银行在上海设立分支机构和代理店的已达11家之多。② 一些在后来的中国金融市场上起着垄断作用的大银行如麦加利银行(Chartered Bank of India, Australia & China),有利银行(Mereantile Bank of India)以及汇丰银行等等这时都已在上海建立了据点。不过,早期外国银行的业务主要是给外商办理汇兑,并不同中国钱庄有多大的联系。③

大约到60年代后期,外国银行开展了存放款业务,多方吸收存款,从而经常地掌握着大量的流动资金。例如,汇丰银行在60年代的存款额经常在500万元到600万元之间④,70年代末更高达2200万元以上。⑤ 对外国银行来说,这种用极低利率从中国社会吸收进来的流动资金,必须有一条宣泄的渠道。在中国钱庄方面,随着60年代以后对外贸易的扩大,钱庄信贷的范围和规模

---

① 英国外交部:《英国领事商务报告》(Great Britain Foreign office: Commercial Reports From He Mejesty's Consuls in China)1869—1871,汉口,第192页(以下简称《英领报告》)。
② 根据汪敬虞:《十九世纪外国在华银行统计表》(未发表)。
③ 《申报》,光绪九年十二月十五日载:"银行〔指外国银行〕始初仅通洋商,外洋往来以先令汇票为宗。存银概不放息。"
④ 《捷报》,60年代后半期汇丰银行各年营业报告。
⑤ 《捷报》,1879年2月28日,汇丰银行营业报告。

也必须有所扩充。可是钱庄自身的力量是比较薄弱的，即使是上海的大钱庄也不过只有8万两到10万两的资本①，十分明显，这是与日见扩张的贸易形势很不相称的。既然外国银行具有充分供应资金的力量，中国钱庄又有周转资金的迫切需要，那么，外国银行和中国钱庄的进一步联系也就成为很自然的事情了。到了六七十年代之交，经过银行买办的媒介，外国银行终于开始接受钱庄庄票作为抵押，向钱庄进行信用贷款了。②这就是通常所说外国银行对钱庄的"拆款"（Chop loan）。"拆款"使若干中国钱庄"每天依照它们的需要"，"向外国银行拆借其所必要的资金"，以便于"做庞大的生意"，而外国银行也"乐意用最好的方式"来利用它们多余的头寸。③

银行的拆款通常是两天结算一次，但在外国银行认为有必要时，随时可以要求收回。④拆款也要支付利息，但比市场利息为低。⑤这种利息上的差额很快就成为钱庄向外国银行寻求资金的主要原因了。但是，钱庄对银行拆款的依赖愈深，银行对钱庄的操纵也就愈紧。从70年代起外国银行对中国金融行市的控制就是通过拆款开始的。

在钱庄与外国银行建立起拆款关系以后，原先洋行与钱庄之间的清算关系便转移到外国银行去进行了。这就是：出售洋货的外国洋行在收到钱庄庄票时，可以将其充当支付手段，也可以将

---

① 《海关贸易报告册》，1866，上海，第14页（以下简称《关册》）。
② 《申报》在1884年的记述中认为1869年汇丰银行通过买办王槐山放款给钱庄是外国银行对钱庄放款之始，可资参考。见《申报》，光绪九年十二月十五日（1884年1月12日）。
③ 魏格尔（S. R. Wagel）：《中国金融论》（Finance in China），1914年版，第238页。
④ 参见前交通银行编：《金融市场论》，1947年版，第79页。
⑤ 参见《上海钱庄史料》，第38页。

其送交外国银行，存入它的账户；外国银行在这时并不就把这笔款项算作现金，它不过暂时记在外商的账户上代为收取；另外，出售土产的中国商人在成交时所收到的又是洋行开发的外国银行的支票，他可以把这些支票委托给往来钱庄到外国银行去兑现。于是，在外国银行那里由洋商所付出的支票就可以和华商所签发的庄票相轧抵，进行冲销。① 这种划拨方法避免了不必要的现金搬运，大大地便利了贸易的进行。在这种办法实行以后，中外商人的进出口贸易就都离不开外国银行和中国钱庄的支持，这也就是说钱庄职能的买办作用更加前进了一步。

上述情况仅仅是钱庄在上海本地华洋商人之间所起的买办作用。但是，上海不过是外国商品向内地转运的枢纽。70年代初叶的统计表明上海本市所消费的洋货只不过占进口洋货总额的20%左右②，其余80%都是销往内地去的。钱庄对这部分洋货的内销起有极其重要的作用。发挥这一作用的手段则是钱庄的汇票。

在上海左近，镇江和宁波是上海进口洋货向南、北扩散的两个重要的据点。在这两个地方，洋货的扩散和土货的汇聚都要依赖钱庄的活动才能完成。

根据海关报告，60年代进入镇江的洋货净值在300万关两到500万关两之间；70年代上升到600万关两到900万关两之

---

① 参见魏格尔上引书，第238页。

② 上海地区洋货的输入和消费（1870—1872）　　单位：两

洋货	1870	%	1871	%	1872	%
进口	52453448	100	57469457	100	57062288	100
转口	40524559	77.26	42713641	74.32	46995869	82.31
本地消费	11928889	22.74	14755816	25.68	10066419	17.69

资料来源：《英领报告》，1872，上海，第150页。

间；到90年代且达1000万关两以上。同时期中土货的出口也由40余万关两，100余万关两上升至400余万关两左右。① 进入镇江的洋货主要是为了满足更为遥远的内地市场的需要的。譬如，山东省所消费的洋布和其他各种洋货都是从镇江转运去的②；河南省各大商业中心所出售的洋货也完全是从镇江得到供应的。③

那么，镇江的钱庄是怎样为这些洋货的内销起着买办作用的呢？

60年代镇江有27家钱庄，信誉卓著的大钱庄能够吸收存款到10万两左右④；到70年代初期，镇江的八家主要钱庄在苏州都设有分支机构，两地之间的金融往来非常密切。⑤ 1869年的一项材料说：在镇江，支付进口洋货的主要方法是开出由上海钱庄付款的汇票，而商人则把铜钱或银锭运入苏州，从那里收购土产到上海去变价付款。⑥ 这中间镇江、苏州和上海各地钱庄当然是起着很大作用的。

1876年，另一项记述镇江贸易方法的材料指出："上海洋行把鸦片和疋头运给镇江的外商，并指望他们付款。镇江的外商按照买办自己认为能够销售的数量，尽快地把货物交给买办"；"如果买办不能在约定时间付款，他就用目前暂时毋需付款的货物到钱庄去押借款项来支付"⑦。这就非常清楚地说明了钱庄对买办

---

① 《关册》，各年报告。
② 《关册》，1869，镇江，第42页。
  《英领报告》，1878，烟台，第47页。
③ 《英领报告》，1887，镇江，第12页。
④ 《英领报告》，1868，镇江，第178页；《字林西报》，1869年5月17日，第6103页。
⑤ 《英领报告》，1873，镇江，第204页。
⑥ 《英领报告》，1869—1870，镇江，第117页。
⑦ 《英领报告》，1876，镇江，第66页。

的贷款在推销洋货上起着多么重要的作用。如果没有钱庄的支持，不用说，买办的活动当然是要受到很大限制的。

宁波的钱庄在推销洋货上也起着同样的作用。本来，宁波和上海一向存在着金融联系的。70年代初，曾经多次为左宗棠向外国银行洽借巨款的豪商胡光墉所经营的阜康银号，在上海、宁波、杭州、镇江等地都设有分号，促进了宁波与各地间的金融往来。[①] 80年代后，这种情况还有所发展。所有设立在宁波的22家钱庄都与上海、绍兴、杭州等地有直接的联系。[②] 所以，人们每在提到宁波的商业金融时，总是指出它与上海等地是"呼吸相通"的。[③]

宁波虽然在40年代初就被辟为口岸，但直接对外贸易一向很小，进入宁波的洋货绝大部分都是由上海转口而去的。[④] 据海关记载，60年代进入宁波的洋货净值在300万关两到500万关两，土货出口值在五六百万两；70年代后进出口货值各升至600万关两和700万关两的水平，其后20年中，洋货进口值大致维持在700万关两左右，而土产的出口则略有减少。[⑤]

如此大量进出于宁波的货物肯定是要依靠当地钱庄的信用支持的。早在40年代前后，宁波的钱庄就已流行着一种"过账制度"。这就是：凡与钱庄有往来关系的商人在买卖成交时，不论其数值大小如何，只需要到钱庄去记账，"钱庄只将银洋登记客人名下，不必银洋过手"[⑥]。早期"过账"的记载单位以"钱"

---

① 《关册》，1875，宁波，第179页。
② 《海关十年报告》，1882—1891，宁波，第379页。
③ 《鄞县志》卷2，第6页，同治十三年修。
④ 班思德（T. R. Banister）：《最近百年中国对外贸易史》（*A History of the External Trade of China, 1834—1881*），中英合璧本，第37页。
⑤ 《关册》，各年报告。
⑥ 段光清：《镜湖自撰年谱》，中华书局1960年版，第122页。

计，70年代以后则以"番银"（即鹰洋）计。① 这种制度的目的在于把现金的使用减少到最低的限度，使商人之间的债务关系依赖钱庄的信用，在账面上去互相划抵。② 洋货进入宁波以后，当然利用了这种便利，并循着绍兴、金华、衢州水路远销到内地市场上去，泛滥于整个浙西市场，并往西延伸，进入了江西省境。③ 例如，70年代江西广信府的玉山县年销来自宁波的棉织品在2万匹以上④，而80年代后输往宁波的洋货还远销于安徽的徽州。⑤ 这就是说，在钱庄的积极参与下，进口洋货才能够方便地出入于远离口岸的浙西、赣东和皖南一带。

在长江中游，汉口钱庄对于洋货渗入西南穷乡僻壤的过程也起着重大的作用。

汉口一向被称为"江海贸易"的"总汇"⑥。60年代开埠以后，这个"总汇"立即成为上海进口洋货转销西南地区的必经要道。⑦ 80年代以后，国外远洋船只已可直达汉口，但那里仍然还是上海大量洋货的转运中心。⑧

洋货进入汉口的具体办法是：中国商人从上海贩货到汉口来转手出售⑨，至于汉口和上海之间的资金周转则依靠两地的钱庄或票号调拨。⑩ 同时，设在汉口的钱庄或票号又对洋货向西南内

---

① 《鄞县志》卷2，第6页。
② 《英领报告》，1878，宁波，第151—152页。
③ 《关册》，1870，宁波，第64页。
④ 同上。
⑤ 《海关十年报告》，1882—1891，宁波，第361页。
⑥ 郭嵩焘：《郭侍郎奏疏》卷4，第36页。
⑦ 《英领报告》，1870，汉口，第180页。
⑧ 《英领报告》，1884，汉口，第111页。
⑨ 《英国外交部档案原稿》，第17组，第507卷，转见伯尔考维茨：《中国通与英国外交部》（中译本），商务印书馆1959年版，第43页。
⑩ 《字林西报》，1875年8月14日，第154页。

销给予资金通融上的便利。

例如湘潭,这是40年代广州进口洋货内销的一个重要据点。当时,从"外国运来货物至广东上岸后,必先集湘潭,再分运至内地",而"中国丝茶之运向外国者",也"必先在湘潭装箱,然后再运广东放洋"①。50年代以后广州对外贸易地位中落,湘潭又成为连结上海、汉口和西南地区的商业枢纽。湘潭商人在汉口仍然十分活跃。这些商人尽管手头很少留有现款,但是,仍然能够顺利地向湘潭运去洋货。他们所凭借的就是汉口票号或钱庄所给予的信用支持,即以7天到10天为期的期票。60年代,差不多所有从汉口运往湘潭的货物都是用这种期票支付的。②因此,汉口和湘潭虽相距千里,商业上的频繁往来却把两地金融行情的变动密切联系起来,以致汉口的钱庄每每为湘潭金融上的波动而"具有戒心"③。

尤其值得注意的是汉口的票号或钱庄对四川商人的信用支持,使洋货能够溯长江而渗入西南内地。

长江上游的交通条件使外国商品进入四川需要较长的运输时间。通常四川商人在汉口购进洋货总需要当地票号给予长达三至六个月的长期信用,然后通过两地票号的汇划关系来清算。在60年代,每年在川汉之间的商品交流量已经十分庞大,但是,在清算时节却只需要小额的货币来平衡两地间的差额就够了。④

不过也就在60年代,汉口票号的这项作用逐渐转移到上海钱庄的手中去了。这是因为50年代中叶以后,随着太平天国革命形势的胜利展开,长江中部几度成为革命与反革命势力剧烈争

---

① 容闳:《西学东渐记》,商务印书馆版,第54页。
② 《英领报告》,1869—1871,汉口,第191—192页。
③ 《申报》,光绪十四年八月初一日(1888年9月6日)。
④ 《英领报告》,1869,汉口,第191—192页。

夺的地区。汉口的山西票号在总号的一再命令下，收缩了业务，并把大量资金分向山西和上海两地转移，从而使汉口的金融力量大为减弱。汉口的钱庄是无力支持四川商人所需要的大量长期信用的，这就迫使四川的商人随着汉口票号的收缩而转向上海去进货。据估计，在60年代中叶，四川所销售的进口洋货中，购自汉口的已经不到20%，到了1869年又继续减少到10%左右[①]。其关键就在于支持此项贸易所必须的长期汇票是由"上海殷实钱庄承兑的"，一度集中在汉口的川商信用支援随着贸易关系的变化转移到"更集中和更富有的上海钱庄的手中去了"[②]。

70年代末，为外国商品寻找市场的英国驻重庆领事谢立三(Alex. Hoise)曾经在四川、贵州、云南等地作了实际的调查。他把四川商人从上海购买进口洋货的具体方法做了一番比较详细的描述："一个重庆商人如果要在上海采办洋货，他可以到一个钱庄那里说明来意，并在该钱庄押借一笔款项，其数目由他自己与钱庄商议协定。然后，这位商人就可以将订货单寄与他在上海的代理人；钱庄经理也通知与他有关系的上海钱庄或其分庄，由后者向洋行或其中国的代理人处付与这笔款项。当货物在运送途中的时候，该商人可以随时向钱庄付还垫款"[③]。从这里人们可以清楚地看到，上海钱庄在支持洋货内销上起着多么重要的买办作用。

引人注意的是，自从70年代中叶以后，洋货在四川境内的销售量迅速增加了。据统计，1875年到达重庆的进口洋货尚仅15万两左右（156000两），1877年便超过了100万两（1157000

[①]《英领报告》，1869，汉口，第78页。

[②] 同上。

[③] 谢立三(Alex. Hoise)：《重庆洋货贸易报告书》(Report by Mr. Hoise on the Trade in Foreign goods in Chungking)，《英领报告》，1881—1882，重庆，第9页。

两),到1881年更高达400万两以上（4059000两）①,七年之中上升26倍,在内地贸易上实属罕见的现象!这种大幅度上升的情况,离开钱庄的信用支持是完全不可思议的。

还应指出,重庆商人必须由上海钱庄的长期信用予以支持,不仅因为沪渝之间长途转运,资本周转为期甚久的缘故,而且还因为洋货自重庆分流成都、嘉定、叙州、绵州和合州等地市场仍然需要长期信贷的支持。重庆商人正是在长期信贷所允许的期限以内向内地运去洋货以换回生丝、药材等各种土产的。

进入重庆的洋货,有些还要继续运销到更远的内地去。例如,到了70年代,云南东北部的昭通就出现了不少洋货,其中以花色洋布最为触目。这些洋货就是从四川转运而去的。②80年代以后,四川洋货更经常取道泸州和叙府,向贵州和云南扩散。③这种情况说明了上海钱庄为洋货进入四川所作的重大支持,实际上也就是为洋货渗入云、贵两省提供了便利条件。总之,从通都大邑到穷乡僻壤,钱庄为外国侵略势力的伸展尽了助桀为虐的买办作用。

钱庄协助了洋货的内销,同时也就协助侵略势力搜刮土产。这是钱庄买办作用不可分割的两个方面。我们在上面的论述着重说明了钱庄在推销洋货方面的作用,而对于搜罗土产这一方面还有必要再作一些补充。

在中国的土产中,丝、茶历来是外国商人搜罗的主要对象。

---

① 史盘斯（William Donald Spence）:《重庆进口贸易备忘录》,（*Memorandum by Mr. Spence on the Import Trade of Chungking of the Navigation by steamers of the upper yangtze*）,《英领报告》（附件）,1881—1882,重庆,第15页。

② 达文波德:《云南调查团关于调查地区商业潜力的报告》（*Reported by Mr. Davenport upon the Trading Capabilities of the Country Traversed by the Yunnan Mission*, 1877）,《英领报告》,1877,第15页。

③ 史盘斯:上引文,第11页。

80年代以前,它们在土产的输出总值中一直占着70%以上的比重。①

70年代以前,外商在收购丝、茶上所需要的资金基本上是由外国洋行自己筹划的。每当丝汛时节,它们通过买办把大量资金送到乡村去,或者垫款给丝行,与之订立收购合同,然后才能买到生丝。② 70年代以后,售给外国洋行的生丝大多改由各地丝行自行收购和贩运了。丝行的资金大多都要依靠钱庄的周转,上海的惯例是,每到春季,钱庄就对丝行贷出巨款,到新丝开盘成交后才收回款项。③ 显然,脱离钱庄,丝行是很难进行活动的。

茶商收购茶叶的情况大体和丝行相似。例如,福州从1844年开埠以后的10年中,曾经有若干外国商人试图前往收购茶叶,但由于不能把资金送到内地向茶农收购,因此他们的企图未获成功。50年代初期,旗昌洋行(Russell & Co.)开始派遣买办在茶季携带巨款到福州茶区收购,而后将茶叶循闽江运至福州。④ 六七十年代之交,材料表明,外国商人必须在茶汛之前向茶贩贷放

① 丝茶及其他出口货值比较表(1867—1893) 单位:海关两

年份	丝茶 货值	%	其他出口货 货值	%	共计 货值	%
1867	45872618	87.95	6385682	12.05	52158300	100.00
1873	60536756	87.17	8914521	12.83	69451277	100.00
1883	49644253	70.72	20553440	29.28	70197693	100.00
1893	56346227	48.31	60286084	51.69	116632311	100.00

资料来源:据各年《关册报告》计算。
② 《关册》,1866,上海,第8页。
③ 《申报》,同治十二年十一月初六日(1873年12月25日)。
④ 复庆(R. Fortune):《侨居中国记》(*A Residence among the Chinese*),伦敦,1857年版,第220页。

巨款，而后才能收购到茶叶。① 可是，到70年代后期，此项贷款的业务就逐渐由钱庄所代替。1881年福州茶区由外商向茶贩贷出的预购款项只占贷款总数的10%，其余90%的贷款则完全来自钱庄。② 这个事例说明钱庄在洋行搜罗茶叶上又起着多么重要的买办作用。

此外，外国洋行在收购西北皮货的活动上也是得到票号和钱庄的支持才得以打开局面的。

在60年代，外国洋行就曾几度向内蒙古一带派出代理人收购皮货，但始终不曾把此项贸易开展起来。③ 一直到80年代以后，皮货收购的业务才在西北一带真正活跃起来。④ 这其间天津票号对洋行买办所提供的信用是起有巨大作用的。天津沙逊洋行买办胡美平的活动就是一个典型。

到80年代，胡美平已成为沙逊洋行服务达15年之久的大买办。正是由于得到了票号的支持，胡美平终于在80年代到张家口去铺开了大规模收购皮货的局面。当时他直接使用天津一家著名票号的期票去收购皮货，而皮货卖主则将这种期票向当地与票号有联系的店铺去兑现。至于买办胡美平和票号的债务关系则是到他在张家口的经营告一段落以后，回到天津去结算的。⑤ 十分明显，只有在解决了资金调拨的困难以后，大规模收购皮货的局面才有铺开的可能。

综合以上所述，从19世纪中叶以后，当中国社会强被推入

---

① 《关册》，1876，福州，附录3，第84页。
② 《英领报告》，1881，福州，第15页。
③ 《英领报告》，1864，天津，第3页。
④ 艾伦（G. Allen）：《远东经济发展中的外国企业》（*Western Interprise in Far Eastern Economic Development, China & Japan*），1954年版，第38页。
⑤ 《字林西报》，1885年4月15日，第347—348页。

半殖民地半封建的轨道时，中国的钱庄在买办的媒介下为外国洋行深入内地推销洋货，搜罗土产，起了极其重大的作用。试从对外贸易的发展来观察，根据关册记载：在1864—1894年30年中，中国进出口贸易的总值从九千四百余万关两逐步增加至二亿九千余万关两[①]；同时期内，总计在中国通商口岸所有的外国洋行最多时不到六百家，各种国籍的外国商人最多时也不到1万人。[②] 完全可以肯定，仅仅凭这么几家洋行和这么一小撮洋商，根本无法与中国人进行直接交易到如此庞大的数额。因此在洋货到达通商口岸之后，和土货未抵通商口岸之前，自九千四百余万关两至二亿九千余万关两的贸易额都必须依赖于分散在全国各地的钱庄为之效劳，而后洋货才得畅流于僻乡，土货才得疾趋于口岸的。这就是钱庄为外国洋行服务的买办作用。

在考察钱庄买办化的过程中，人们还可以看到：70年代是一个具有关键意义的时期。在此之前，外国资本主义的势力还只局限在一些主要的通商口岸，外国商品流入内地的数量也是为数不多的；中国的钱庄也还不曾与外国银行发生资金往来的关系。可是，到70年代，特别是它的后期，情形就大为不同了。外国银行对钱庄的拆放以及内地市场上（如西南腹地）洋货输入量的重大增加就是转变的极其有力的证明。至于80年代以后，即使在对外贸易十分不利的条件下，长江流域各商埠间的转口贸易却不因之受到影响，仍然十分忙碌地进行。[③] 这是与钱庄的买办作

---

① 《关册》记载：1864年进出口贸易总值为94864943关两，1894年为290207433关两（1864年关册的记载数值单位以两计，按111两=100关两，换算为现值）。

② 据关册记载，通商口岸外国洋行最多时为1893年的580家；外籍商人最多时为1892年的9945人。

③ 《怡和轮船公司第八次年会董事会的报告》，《捷报》，1890年7月25日，第104—105页。

用密切相关的。

上海同仁辅元堂捐款（1867—1882）　　　　单位：千文

业　别	同治六年 （1867）	光绪四年 （1878）	光绪八年 （1882）
商船业	1526	739	487
饼豆业	259	146	94
青尺寸布业	106	40	40
洋布业	221	134	289
南北市钱业	254	668	840

资料来源：《上海同仁辅元堂征信录》（同治六年、光绪四年、光绪八年收钱总数），原件存上海图书馆徐家汇藏书楼。

最后还应该指出，钱庄在为外国势力服务的过程中，它的资本力量也有了微弱的增长。由于旧有文献缺乏这一方面的具体记载，没有给我们留下可靠的统计来直接反映这种情况。不过，从上海各行各业对当地贫民历年举办的公益事业的捐助情形的变化上，间接地透露了钱庄势力在60年代以后有所增长的秘密。

上表（见本书第23页）说明了60年代以后的20年中上海的几个主要行业正在经历着一个兴衰的变化：商船业和饼豆业的地位逐渐被南北市的银钱业所代替。这是一个非常耐人寻味的变化。结合我们上面的分析来看，这个变化只能理解为：随着上海经济（亦即全国经济的缩影）的半殖民地化，为外国侵略势力服务的钱庄的力量也有所膨胀。不用说，钱庄势力的这种膨胀是拾取外国侵略势力的余惠而来的，是值不得见猎心喜的。

（原载《历史研究》，1963年第6期）

关于轮船招商局产生与初期
发展的几个问题

在讨论洋务运动与中国资本主义的发生、发展问题时，人们常以轮船招商局作为分析研究的典型。用这个典型作为中国资本主义发生、发展过程的缩影是富有意义的。因为，在中国近代企业的发生史上，轮船招商局是出现最早、规模最大、关系又很复杂的一个企业。它的产生、发展过程能够说明中国资本主义发生、发展的某些特点。近几年来，有不少同志已经在这方面作了许多可贵的工作，同时也还存在着一些不同的意见，有些史实也有待于进一步的考订。本文准备对轮船招商局从产生至甲午战争期间的历史作一简单的分析，借以说明中国资本主义发生的某些特点。

一

继西方殖民主义各国破坏我国的沿海航权之后，1858年清政府被迫签订的中英、中法、中美等《天津条约》规定，中国将开放长江水道，以供西方侵略者的商船通航。[①]不久，第一批进入上海的外国洋行如宝顺（Dent & Co.）、琼记（Augustine Heard

& Co.)、旗昌（Russell & Co.）、广隆（Lindsay & Co.）、吠礼查（Fletcher & Co.）、沙逊（David Sassoon & Co.）等便纷纷在长江行驶起轮船来。②在优厚利润的刺激下，到了1862年还出现了一家美商旗昌轮船公司（Shanghai Steam Navigation Company）这样的专业航运公司。旗昌轮船公司拥有100万两的巨大资本，在中国的领海和内河横行一时③，给予中国旧式航运业以极其沉重的打击。而旗昌公司以及其他外商轮船对我国沙船业的毁灭性破坏作用则成为促进轮船招商局诞生的一个直接因素。

在19世纪50年代，沙船是一支负担漕运和南北货运的庞大帆船队伍。其中漕粮是清王朝统治机器的重要经济支柱之一，本来是用漕船从运河北送的。咸丰二年（1852年）由于河道梗阻，漕粮改由沙船海运。④同时，一向由漕船负担的南北货运也由沙船经营。于是沙船业臻于鼎盛时期，集中在上海浏河一带者不下三千余艘。

1861年11月，太平天国侍王李世贤军攻克宁波，为天国政权取得一个出海口。这一胜利使清政府惊恐万状。他们一面恐惧革命的武装会购买"洋船北驶"，另方面为了"联络洋人"，力图换取外国侵略势力支持它向上海进兵，便不顾一切，对外国侵略

---

① 1858年中英《天津条约》第十款："长江一带各口，英商船只俱可通商。惟现在江上下游……除镇江一年后立口通商外，……准将自汉口溯流至海各地，选择不逾三口，准为英船出进货物通商之区。"见王铁崖编：《中外旧约章汇编》第1册，三联书店1957年版，第97页。

② 《汇报》，同治十三年十二月十六日（1875年1月23日）。

③ 《北华捷报》（The North China Heard），1862年3月29日（以下简称《捷报》）。

④ 《清史稿》，《河渠志》二，《运河》，咸丰二年条。

者"许开豆禁"①,满足了他们从 50 年代以来多次要求而不可得的贩运牛庄、登州大豆的权利。其结果就是把关东和东南的运输贸易拱手让与外国侵略者,沙船业遂面临外国轮运业的冲击,遭受严重的破坏。

1862 年 3 月"许开豆禁"后,洋船随即向牛庄、烟台麇集,其数量逐年递增。1862 年到达牛庄的外国船只有 86 艘,27747 吨;1865 年达 274 艘,91118 吨。② 到达烟台的外国船只在 1862 年为 348 艘,10745 吨③;1866 年为 493 艘,173830 吨。④ 特别是到达的外国船只中有不少是空船进港专为运载大豆而去的。⑤ 这样大量的外国船只的到达遂使原来运行于牛庄、烟台的沙船受到了严重的打击。试观同治三年(1864),离开禁不过两年,而由于"夹板洋船直赴牛庄等处装运豆石"的结果,遂使"沙船资本亏折殆尽",沙船主"富者变为赤贫,贫者绝无生理",以致船只休闲"无力转运"。⑥ 据当时的江海关道丁日昌估计"无资贩卖"而停泊在上海港的沙船竟"以千百号计"。沙船的特点是"以运

---

① 《同治六年二月初八日,总署致两江总督曾国藩函》。《海防档》,甲,购买船炮,第 861 页;参见:《同治元年正月二十一日,英国致总理衙门照会》,《同治元年十一月十五日,总理衙门致英国照会》,《同治元年十一月十五日,英国致总理衙门照复》,见《筹办夷务始末补遗》,同治朝,第 6 页,第 160—162 页。

② 《海关贸易报告册》(China Imperial Maritime Customs: Reports on the Trade at the Treaty Ports in China),1865 年,牛庄,第 13—14 页(以下简称《关册》)。

③ 《海关贸易统计册》(China Imperial Maritime Customs: Returns of Trade at the Treaty Ports in China),1863 年,烟台(以下简称《海关统计》)。

④ 《关册》,1867 年,烟台,第 24 页。

⑤ 根据《海关统计》:1865 年到达牛庄的洋船中有 68 只是空船,1866 年有 44 只,1867 年有 89 只;1863 年到达烟台的洋船中,有 78 只是空船,1864 年有 131 只,1865 年有 77 只,1866 年有 88 只。

⑥ 《同治三年八月,江苏巡抚李鸿章奏》。《筹办夷务始末》,同治朝,卷 28,第 38 页。

动为灵,若半年不行,由朽而烂,一年不行,即化有为无"①。到了1866年,在洋船的剧烈冲击下,"以海船为业"的"江浙大商","不惟亏折货本,浸至歇其旧业",江浙海运逐渐处于无船可走的境地。②在不到十年的时间里,一支拥有三千余号的沙船业在外国航运势力的冲击下,居然衰落到只剩四五百号船只③,呈现了一片凋残的景象。

沙船业的衰落引起了清政府和江南地方官吏的焦虑。同治五年(1866)上海海关道应宝时先后提出过两项办法。起先,他主张由政府收买全部沙船,加以修整以保证漕运。估计全部收购价格约70余万两,每年修整费用26万两左右。这项主张着眼于维持旧有的运输工具,但其庞大的开支却不是穷窘的清政府所能负担,因之,随即"罢议"④。接着,应宝时又提出了"官买夹板船济运"的建议,经总理衙门"密咨户部",户部顾虑"船少粮多",又见"内地号商近来多自购洋船",主张"除官买洋船济运外,每年能划分漕额数成招商承运,令其借官船同时抵津"。在海漕失所依恃的压力下,总理衙门认为户部的主张"不为无见"⑤,随即转致两江总督曾国藩,希望他向清政府"具奏"。但是,曾国藩却认为:"轮船夹板动须数十万,多买实难筹款,少买又不济事",至于招商承运,则苦于"中国商贾久不愿与官交涉","未必肯多买"夹板船济运海漕,即使有

---

① 《同治三年八月,李鸿章又奏》。《筹办夷务始末》,同治朝,卷28,第41页。
② 左宗棠:《同治五年五月十三日,拟购机器雇洋匠试造轮船先陈大概情形折》。《左文襄公全集》,奏稿,卷18,第1页。
③ 《同治六年二月初八日,总署致两江总督曾国藩函》。《海防档》,甲,购买船炮,第861页。
④ 《同治六年二月初八日,总署致曾国藩函》。《海防档》,甲,购买船炮,第861—862页。
⑤ 同上。

愿意承运的,"又未必悉遵章程受我约束"①,总之,困难重重。于是,这项主张也就无形打消了。

值得指出的是,1867年在总理衙门同两江总督、上海通商大臣曾国藩的往返信件中都已经注意到通商口岸有不少商人购买或租雇洋船而诡寄在洋人名下的现象。总理衙门认为:"与其听任私买,将来必为洋人所挟持,自不如显为告谕,任从买卖,则其权尚可归华商自主。"②实际上,这乃是一个从开放商人买雇洋船的禁令,达到管理华商、控制新式航运业的打算。为此,曾国藩针对当时官商关系的情况提出了具体的办法:由各关明白宣告"华商造买洋船,或租或雇,无论火轮夹板装运出进江海各口,悉听自便","以见官不禁阻","既不绳以章程,亦不强令济运"③。

正是在这种形势下,一些商人提出了兴办新式航运业的要求。1867年,候补同知容闳最先创议"联设新轮船公司章程",经应宝时转呈曾国藩,并由曾转致总理衙门。章程强调创议人目睹旗昌轮船公司垄断长江航运,偏护洋商,对华商贸易"大有窒碍",特倡议"设一新轮船公司,俱用中国人合股而成"。章程的主要内容有:

(1) 公司本银必须四十万两,分为四千股,每股百两。
(2) 先议轮船二只、专走长江,专载中外商人货物,如生意畅旺,随时酌加轮船二只,一走天津、烟台、牛庄等处,一走福州、香港等处。

---

① 《同治六年五月初一日,总署收上海通商大臣曾国藩函》。《海防档》,甲,购买船炮,第866—867页。
② 《同治六年三月二十二日,总署致上海通商大臣曾国藩函》。《海防档》,甲,购买船炮,第864—865页。
③ 《同治六年五月初一日,总署收上海通商大臣曾国藩函》。《海防档》,甲,购买船炮,第866—867页。

(3) 公司内所用司事人等，必均系有股份者，仍由众人抽签公举，每股着一签。

(4) 每年十二月十五日，公司众人宜会集，听主事人报明本年公司生意如何，即会议来年公司事务，主事人并将本年各项账簿呈出众人阅验，如有利息，立即照股摊派，限以五日内派清。①

　　这是中国商人筹划组织股份公司的最早一个章程。其内容，无论在集资办法、公司内部的管理、股东的地位以及利润的分配等等，无不模仿西方企业的办法。以致总理衙门在审阅时怀疑有洋商或买办参与其事。②曾国藩也认为"〔难〕保无洋人及买办在内"，"若无此辈，未必能仿照外国公司办法"，他要应宝时特别"留心查访具复。③"也许就是由于这一怀疑，容闳的建议不见下文。

　　需要在这里指出的是，就总理衙门档案所见，容闳的章程完全不曾提及运漕。容闳的意图着重在长江行船，揽载中外客货，只是在公司有发展的前提下，才扩充南北航线，往天津、牛庄及福州等地试航，即使在提及开辟北洋航线时，也不曾要求运漕。

　　同治七年（1868）曾国藩对华商吴南记的批牍中提及："前任常镇许道曾递说帖，亦系招商集资购买轮船。其说以春夏承运海漕，秋冬揽载客货。"④李鸿章在同治十一年（1872）的奏折中追述同治六七年间，"道员许道身、同知容闳创议华商置造洋船

---

① 《同治六年五月二十六日，总署收上海通商大臣曾国藩函，附沪商拟联设新轮船公司章程》，《海防档》，甲，购买船炮，第872—875页。
② 《同治六年六月初六日，总署致两江总督曾国藩函》，《海防档》，甲，购买船炮，第876页。
③ 《同治六年七月初五日，总署收曾国藩函》，《海防档》，甲，购买船炮，第876页。
④ 曾国藩：《华商吴南记等禀集资购办轮船试行漕运请示由》，《曾文正公全集》，批牍，卷6，第75页（以下简称《曾集》）。

章程，分运漕米，兼揽客货"①。参照曾、李两人的说法，可知在容闳章程之外，当时还有许道身的说帖在。后者乃是将揽载海漕和客货二事并提的。目前有些同志在述及60年代商人拟办轮船运输时，简单地从李鸿章的《奏折》或《盛宣怀行述》中直接转述，给人的印象似乎容闳、许道身共同拟议了"华商置造洋船章程"，这很容易引起误会。迄今许道身的说帖尚未及见，但从容闳的章程中所反映的要求和曾国藩的批牍来判断，显然，容、许二人是从不同角度，分别对置办轮船运输提出建议的。

在容闳建议之后的第二年，1868年又有沙船商人赵立诚向曾国藩呈送请办轮船运输的一个禀帖，其内容不详。②紧接着便有"华商吴南记等"向曾国藩、丁日昌禀称："集资购办轮船试行漕运。"吴南记等称："集资购办轮船四只试行漕运，以补沙船之不足，其水脚一切悉照海运定章，无须增加。"③可是，曾国藩以海漕先尽沙船，轮船应以"装货揽载为第一义，以运漕办公为第二义"，而吴南记等"并未言及揽载客货一层，似专靠运漕为生活"④，不予批准。丁日昌的态度比较积极，他在致曾国藩的信件中表示：轮船公司"起办之初，贵在立脚坚定，又似非先办运漕，无以为体，继办揽载，无以为用"⑤。这表明在对待创办新式航业的态度上洋务派官僚内部并非一致。但是，隶属于两江总督、上海通商大臣的江苏巡抚对此自不能公开地另作主张。

---

① 李鸿章：《试办轮船招商折》。《李文忠公全集》，《奏稿》卷20，第22页（以下简称《李集》）。
② 《曾集》，批牍，卷6，第75页。
③ 丁日昌：《商号拟购轮船试行漕运行司核议》。《抚吴公牍》卷13，第1页。
④ 《曾集》，批牍，卷6，第75页。
⑤ 丁日昌：《咨复通商大臣商号拟购轮船试运》，附函。《抚吴公牍》卷13，第38页。

就我们目前所知,"吴南记"乃是广东商人吴南皋的商号名称①,也即是后来担任开平煤矿、中国铁路公司会办而为李鸿章推许为"通晓西国语言文字",并"熟习商务"的吴炽昌。②这表明吴原是一个与外国势力有联系的商人,那么,由他组织并以他为代表的所谓"吴南记"等自然不排斥买办或买办化商人参与其事的可能性。

由此可见,时至60年代后期,在旧式航运业受到剧烈破坏的景况下,对创办新式航运业跃跃欲试的确实大有人在。在不到两年的时间里,申请筹办的就有四起之多,其中有新倾向的人物如容闳、吴炽昌等,也有沙船商赵立诚等人,许道身的身份还不甚了了,估计不外是与商人有联系的官僚。这些人的努力虽都受阻于曾国藩,但这些事实的本身表明了新式航运业之不能在60年代发端,并不完全因为主观条件不具备,而是由于封建保守势力在起着阻碍作用的缘故。

曾国藩之所以在当时抱着顽固拒绝的态度,其原因当然不是像他自己所说:"恐各商筹划不细或致亏折"③,而是顾虑"用轮船,则沙船尽革,于官亦未为得计"④。此外,曾国藩在对吴南记禀帖的批件中还着重指明运漕必须先尽沙船的理由是"恤疲商,念旧谊",这里所谓旧谊乃是指帆船商人在镇压太平天国的战争中对清政权所作的支持。正如上海的商船公馆所述:"咸丰军兴以来,助饷有捐,大营有捐,其余捐款林立,无不取给于商船。"⑤ 可见曾国藩的恤疲念

---

① 《申报》,光绪六年九月十一日(1880年10月14日)。
② 《李集》,《奏稿》卷42,第2页。
③ 《曾集》,批牍,卷6,第75页。
④ 《同治八年十一月,曾国藩复向先潘函》。《曾国藩未刊信稿》,中华书局1959年版,第285页。
⑤ 《光绪六年九月初六日,商船公馆禀苏松太兵备道稿》,《申报》,光绪六年九月十一日,(1880年10月14日)。

旧,实际上正是封建势力阻挠新事物的一个反映。因此,酝酿中创办轮船运输的新形势不能不暂时受到延宕。

在分析轮船招商局产生的时代背景时,还必须对60年代通商各口大量存在着的洋行买办和与外国势力有联系的买办化商人雇、买洋船的事实作一说明。

60年代初期的材料透露,上海与内地的运输贸易由买办及买办化商人"与洋商合伙"经营的"居十之七八",而由华商"自置货物贸易者,十仅一二"。这是因为当时华洋合伙贸易,一切报关完税均可由"洋行出面",进出口"只须完税,并无捐项",而华商则"既应完税,又须报捐"。所以,买办及买办化商人与洋商便在"华商避捐","洋行图利"的基础上结合起来。[①] 例如,在豆石开禁后三年、亦即1865年,到达牛庄的274艘洋船中,就有237只是中国商人租、雇的,只有37只属于外国商人自己经营的。[②] 烟台的情形也与牛庄十分相似。[③]

总理衙门在60年代初就注意到这个现象。1864年它曾特地向各口查询华商买、雇洋船手续,着重查问华商买得洋船后"是否向地方官报明立案"。广东、福建和上海的有关官员对此都作了回答,其中以署江南海关道丁日昌的报告最为详细。他就上海的情形仔细说明:"内地商人买雇洋商火轮夹板船只,只写立笔据,多托洋行出面,赴领事衙门呈报,更名入册","从未赴地方官报明立案"。丁日昌认为这样"漫无稽察",恐为"匪徒蒙混",建议由总理衙门"照会各国公使通饬各口领事转饬洋行",对以后商人置买轮船,必须"由内地殷商出具连环保结,禀明地方官

---

① 《同治三年九月初六日,总署收上海通商大臣李鸿章函》。《海防档》,甲,购买船炮,第809页。
② 《关册》,1865年,牛庄,第14页。
③ 《关册》,1865年,烟台,第36页。

编立字号，一面由监督府县设法稽查"①。总理衙门于12月间给英国公使威妥玛（Thomas，Wade）的照会上曾说，以后华商买雇洋船，必须"由官经理，不得任凭民间私相授受"，并要威妥玛"转饬各口领事照办"②。然而，华商买雇洋船的活动有利于外国侵略势力向内地渗透，是符合侵略者的利益的。所以，威妥玛答复说："难照来文饬令领事官代为经理。"③

上海通商大臣、闽浙总督等在获知总理衙门和英国公使交涉的结果后，纷纷主张"自立章程"。左宗棠并就福州、厦门及台湾淡水三口的情形拟订了七条办法，分别对雇、租、买洋船三方面定出管理措施。④上海方面则由税务司、法国人日意格和江海关道应宝时共同拟订了章程，共列18款，着重对华商购买洋船的管理上。⑤总理衙门把这两项章程都送交总税务司、英国侵略分子赫德审阅。从侵略者的立场出发，赫德除了对这两项章程作了一些非议外，还提出了他自己草拟的一项章程，这就是"华商造买夹板等项船只拟议章程"，后经曾国藩、李鸿章的修改，共列有六款30条，声明"长江三关不在此议"，于同治六年九月（1867年10月）间经总理衙门核定由江海关晓谕各口试办。

赫德草拟的章程规定：华商买用洋船后"即为买主国内之

---

① 《同治三年九月初六日，总署收上海通商大臣李鸿章函》。《海防档》，甲，购买船炮，第809页。

② 《同治三年十一月二十一日，总署收英署使威妥玛照会》。《海防档》，甲，购买船炮，第815页。

③ 同上。

④ 《同治四年闰五月二十一日，总署收闽浙总督左宗棠文，附章程》。《海防档》，甲，购买船炮，第821—823页。

⑤ 《同治四年十一月二十五日，总署收上海通商大臣李鸿章文，附章程》。《海防档》，甲，购买船炮，第834—841页。

船","不准复用外国旗号";"华商夹板船准在通商各口来往,不得私赴沿海别口,亦不得任意进泊内地湖河各口";而船只"所装货物均照洋商税则纳税,其船钞照纳"①。

按照赫德章程的规定,中国商人所置轮船只能在通商口岸运行,也就是说,只能在洋商轮船所能到达的航线上行驶;而在缴纳税捐上则悉照洋商税则,不能有丝毫优越于洋商船只的待遇。在外国航运业显然已经霸占中国领水的条件下,实行这一章程的后果必然是外国侵略者的既得利益不受任何影响,而中国商人所要创办的轮船运输业势必在形成期中就被淘汰了。显而易见,赫德章程是包含着侵略者扼杀中国新式航运业的阴谋的。

创办轮船公司的动议从1868年吴南记等的请求未被批准以后确是沉寂了几年。然而,在沿海贸易中,轮船在代替帆船的运输上却越来越起着显著的作用。试以北洋航线为例,从1867年到1872年到达牛庄的轮船在上升,而帆船则相应下降。② 同样,这种升沉趋势也见于烟台和天津。而另一个引人注目的现象是轮船在

---

① 《同治六年九月初六日,总署收上海通商大臣曾国藩文,附章程》。《海防档》,甲,购买船炮,第877—881页。该项章程还曾见于《字林西报》(North China Daily News),1867年9月11日,第3311页。

② 1867—1872年到达牛庄的轮船和帆船的变化情况

年 别	进口轮船		进口帆船		总 计	
	船只	吨位	船只	吨位	船只	吨位
1867	20	10046	307	100372	327	110418
1868	19	10552	192	60082	211	70634
1869	29	16641	330	97133	359	113774
1870	20	12414	251	80401	271	92815
1871	16	8676	203	57257	219	65933
1872	29	17359	229	71710	258	89069

资料来源:《关册》,1871—1872,牛庄,第7页。

到达的洋船中所占比例在上升。1866年到达烟台的洋船为493只，其中有轮船138只；而1867年，到达的洋船减为447只，但轮船的数量却上升为155只。① 而天津在1868年到达的洋船299只中有轮船139只，几近半数。② 这些情况表明：到了60年代后期，在商人中既有创办轮船运输的要求，而轮船在沿海贸易上所发挥的作用又与日俱增。可见中国新式航运业的诞生在客观上已经是势不可禁的现象了。

70年代初，内阁学士宋晋抨击福州船政局糜费太重，主张裁撤，引起了一场有关造船的争论。总理衙门重提"各局（指江南制造局和福州船政局）轮船由商雇买"的主张，企图以局部的企业化解决军用工业的困难。于是有关轮船招商的问题在1872年初又见热闹起来。两江总督曾国藩建议将江南制造局已造的船只"不重索租雇之价"，租与商人装货③，并且为了改变"商人不乐与官交涉"的习惯，建议物色"熟悉商情公廉明干之员，不必处以官位，绳以官法，但令与华商交接，有言必信，有利必让，使商人晓然知官场之不骗我也。"④ 曾国藩所要搜罗的"明干之员"，是指在官商结合上能起桥梁作用的人物。李鸿章进一步补充说："更宜物色为殷商所深信之官，使之领袖，假以事权"，达到"官为之倡"，"商民可无顾虑。"⑤ 事情非常清楚，曾、李都发觉了需要有官而商或商而官的人物为他们利用商人资本起媒介作用。他们虽未具体表示所要争取的对象是买办或是旧式商人。但是，结合

---

① 《关册》，1867年，烟台，第24页。
② 《关册》，1868年，天津，第11页。
③ 《同治十一年正月二十八日，总署收南洋大臣曾国藩函》。《海防档》，乙，福州船厂，第325—326页。
④ 同上。
⑤ 《同治十一年四月二十七日，总署收北洋通商大臣李鸿章函》。《海防档》，甲，购买船炮，第905页。

70年代的实际情况,拥有大量资金、在通商口岸十分活跃而又对新式企业具有较多知识的是买办和买办化商人,因此,曾、李所要物色的对象,在很大程度上也就落在这些与外国势力有联系的商人的身上。这一点从李鸿章后来的行动来看,是可以得到充分证明的。官僚、买办在创办新式企业上的结合在这里可以说是初露苗头了。

70年代初,另一个引人注目的现象是李鸿章对筹办新式航业的态度十分积极。1872年初,李利用北洋通商大臣的地位,授意津海关委员林士志与驻津"广帮众商搭雇洋船者"接洽,议立了九项兴办轮船航运的办法,"公凑本银万两,公举商总承揽,由官稽查或请发公款若干,照股均摊生息"。李并将此项拟议在1872年3月间(同治十一年正月)抄寄曾国藩和在上海的广东、福建各帮商人。① 正在酝酿期中,曾国藩突然病死,两江总督由江苏巡抚何璟暂署。李鸿章便声言轮船虽"应由上海办起",但"南洋无熟悉情形肯任大事之人,则筑室道谋,顾虑必多"②,这种舍我其谁的弦外之音,充分暴露了李对控制新式航运业的勃勃野心。

从客观条件看,创办新式航运业在江南比较优越。因此,为了急求成效,李鸿章遂搁置天津粤商的拟议,而在7月间物色了经办海运十余年的三品衔道员、浙江候补知府朱其昂,商议先设立商局,拟出轮船招商局章程20条,最初规定招商局的性质是官商合办的企业,其具体的办法是:"机器局所造轮船以造价之多寡核定股份,由商局分招散商承认,每股银数定以一百两为率","设若一时散商股份不足,即由商局禀请所剩下股份作为官股"。有关海漕

---

① 李鸿章:《同治十一年正月二十六日,复曾相》。《李集》,《朋僚函稿》卷12,第3—4页。

② 李鸿章:《同治十一年二月十六日,复王补帆中丞》。《李集》,《朋僚函稿》卷12,第9页。

的规定是:"轮船招商之后,承装海运仍归商人,水脚耗米均照江浙沙宁船章程。"章程规定,在货运捐税上与外国轮运业享受同等待遇,即由清政府"行知各口局卡,凡遇招商轮船所向贸易,除报纳关税外,其筹防落地等捐概行免缴"①,这方面的内容反映了商人的要求。一望而知,拟立此项章程的中心目的,在官的方面要解决军用工业和海漕运输的困难;而在商人则求关税之外免除杂捐。早期拟议中官商合办的基础即在于此。章程是以朱其昂领衔呈送李鸿章转致总理衙门的,实际上参与商议的尚有李振玉其人。②

但是,当朱其昂等从天津回到上海后,发现官办制造局并无现成商船可领,也未必能造成合于需要的商船③,特别是两江总督何璟以及江南制造局总办冯焌光、上海道沈秉成等对天津的拟议很不赞成。④ 朱其昂便提出改变官商合办的方式,向李鸿章陈说仍循许道身、容闳的旧议,由官设立商局以招徕依附洋商名下、挟有资本、置备轮船、从事各口装载贸易的在沪各省殷商。⑤ 这个建议更加投合李鸿章的心意,使他能够绕过江南一些地方官吏的参与而把新式航运业完全控制在自己的手中。李随即向总理衙门转送朱其昂的条议,并着重说明:"目下既无官造商船在内,自

---

① 《同治十一年七月十二日,总署收北洋通商大臣李鸿章函,附章程》。《海防档》,甲,购买船炮,第911—915页。

② 李鸿章:《同治十一年十二月二十日,复孙竹堂观察》。《李集》,《朋僚函稿》卷12,第36—37页。

③ 《同治十一年十一月二十四日,总署收北洋通商大臣李鸿章函》。《海防档》,甲,购买船炮,第919页。

④ 李鸿章:《同治十一年十月初十日,复何筱宋制军》;《同治十一年十二月初六日,复孙竹堂观察》。《李集》,《朋僚函稿》卷12,第28—29页,第34页。

⑤ 《同治十一年十一月廿四日,总署收李鸿章函》。《海防档》,甲,购买船炮,第919页;另参阅李鸿章:《试办轮船招商折》。《李集》,《奏稿》卷20,第32—33页。

毋庸官商合办，应仍官督商办"，"由官总其大纲，察其利病，而听该商董等自立条议，悦服众商"①。随即由李鸿章准照苏浙典商借领练饷制钱定章，拨借制钱20万串，作为"设局商本"，"以为倡导"②，轮船招商局遂以"官督商办"的形式于1872年在上海产生。

轮船招商局从最初的"官商合办"改为"官督商办"意味着什么呢？

在朱其昂拟定的新"条规"中，运漕的地位仍然十分重要，这是因为庞大的漕运水脚是企业的一项可靠的收入，是商人力图争取的目标；至于原来为解决军用工业困难而拟定的办法，现在却不在考虑之列了。这表明解决军用工业的困难，虽曾是发起设立招商局的一个因素，然而在招商局的成立上却不曾发生决定的作用。新拟条规的重心现在落在争取自置轮船的商人入局这一点上。例如："华商向有自置轮船，如情愿以轮船入股者，当……秉公估价按数作若干股，……倘船主不能将全船归股，准其先入若干股，其未入股之船盈余悉归船主，或愿将全船归股而船主银根不敷，准其将不敷之若干股拆卖于本局。"③ 如果考虑到70年代所谓自置轮船之华商舍洋行买办或买办化商人之外，并无其他人物时，这一规定就极其明显地表明是为了争取买办商人的入股而作的努力了。而这样的"条规"却能迅速得到李鸿章的积极支持不正说明李对招徕买办资本兴趣十分不浅吗？

---

① 《同治十一年十一月二十四日，总署收北洋通商大臣李鸿章函》。《海防档》，甲，购买船炮，第919—920页。

② 李鸿章：《试办轮船招商折》。《李集》，《奏稿》卷20，第32—33页；参阅《海防档》，甲，购买船炮，第919页。

③ 《同治十一年十一月二十四日，总署收北洋通商大臣李鸿章函，附轮船招商条规》。《海防档》，甲，购买船炮，第921—922页。

近年来学术界对 19 世纪六七十年代的社会势力与轮船招商局产生的关系问题存在着一些不同的意见。有的同志认为李鸿章由于买办势力的推动兴办了轮船招商局，其根据是 1872 年驻津粤商通过林士志向李提呈的章程以及 1873 年有人向李提出添招闽粤巨商人股的建议；而有的同志的看法恰好相反，把李在初期兴办轮船招商局时所接触到的商人大体上都理解为旧式商人，亦即完全撇开买办势力在招商局初创时期的作用。就我们上面的分析来看，这两种意见似乎都不能认为是恰当的。

轮船招商局的发端并非由于买办势力的推动而是由于清政府及其代理人为了解决自身的困难而兴办的，这在上面已经作了分析。现在要着重说明的是与李鸿章在创办轮船招商局的初期所接触的商人究竟是些什么人？

1872 年初通过林士志与李鸿章发生联系的、"搭雇洋船"的广帮商人诚然如有的同志所说，不能都以买办视之，但是也不宜于采取极端的态度，把他们看成都是"资本较小的旧式商人"。事实上在一个半殖民地的社会里，所谓"搭雇洋船者"，表明已经是与外国势力发生不同程度联系的商人，他们虽然不都有买办的身份，但是他们对外国势力的依赖与买办并无二致，因此把他们看做是买办化的商人则是合乎实际的。至于资本力量，据这些商人自称能够筹集 30 万两，这就不是一般小商人所能胜任的了。事情是：对控制新式航运业迫不及待的李鸿章，明知"此事应由上海办起"，但在曾国藩任两江总督时，他不能无所顾忌，因之，李与天津粤商接触的目的在于利用后者与上海的广东、福建帮商人相联系，实现染指新式航运业的野心。所以既派海关委员和他们共议章程，又抄寄南洋与曾国藩商议，显得分外热心。一旦曾国藩死去，李鸿章可以放手行事，直接与淞沪商人相接合，天津粤商在李的需要上顿时失去声价，所谓"资力不厚"不过是李鸿章为了摆脱他们另找新工具的借口而已。

那么，取代天津粤商而与李鸿章相接合的朱其昂又是怎样的人物呢？

朱其昂，江苏宝山县人，是以沙船为其世业的淞沪巨商。[①]李鸿章在同治十一年奏称，朱"承办海运已十余年，于商情极为熟悉"[②]；及至光绪七年间又说朱在北京、天津、上海、广东各地设有华裕丰汇银票号。[③] 若仅就这些情形来看，说朱其昂是旧式商人兼运输业者是没有什么不妥的。但是李鸿章在致总理衙门的信件中又说朱"习知洋船蹊径"，"熟悉南北各口情形"[④]。如果不是自己经营洋船或与经营洋船的洋行买办以及买办化华商有密切来往，旧式的沙船主是无法了解"洋船蹊径"的，更不用说"习知"了。朱其昂既"习知洋船蹊径"，"熟悉南北各口情形"，而又力图承办轮船事业，就显然是一个和洋船、洋行、买办或买办化华商有密切关系的人物。而帮同朱其昂草拟章程和条规并投资于招商局的李振玉[⑤]，却正是一个买办或买办化程度很深的商人，他从1860年起就和美国侵略分子花马太（M. G. Holmes）在山东烟台伙开一家清美洋行（Holmes & Co.）往来上海、烟台、天津各口经营生意[⑥]，并备有"天龙"（Dragon）号轮船在上述三口运行。[⑦] 不仅如此，朱其昂与上海旗昌轮船公司的总买办陈竹坪也有密切关系。据说旗昌曾一度与其天津的买办刘森记发

---

① 《汇报》，同治十三年九月初七日（1874年10月16日）。
② 李鸿章：《试办轮船招商折》，《李集》，《奏稿》卷20，第33页。
③ 李鸿章：《职官勾串洋人强诈折》，《李集》，《奏稿》卷41，第38—39页。
④ 《同治十一年七月二十日，总署收北洋通商大臣李鸿章函》，《海防档》，甲，购买船炮，第910页。
⑤ 《教会新报》，1873年1月25日。
⑥ 《捷报》，1882年3月15日，第294页。
⑦ 《捷报》，1882年3月1日，第238页；1882年3月15日，第294页。

生过纠纷,陈竹坪就是希望通过朱其昂的排解来解决这个纠纷的。[①] 这项材料证明朱显然已经不是单纯的旧式沙船商人,在很大程度上可能已是买办化的商人了。但是,也必须指出,像朱其昂这样一类的商人究竟还只是与买办势力有联系,而不是买办圈子里的人物。正因为如此,朱虽然殷切地抱着争取买办资本创办新式航业的愿望,然而,他对买办资本的号召力量却是十分有限的。所以,轮船招商局在创办后的第二年,为了解决资本问题,李鸿章又不得不直接罗致大买办入局了。

上述分析表明,70年代中国新式企业是在官僚、买办两种社会势力的初步结合下产生的。看来这种结合的发轫者是官僚而不是买办则是可以断言的。反映这种要求最明显的是洋务派首脑曾国藩、李鸿章等主动地笼络商人。70年代初,曾国藩在轮船招商问题上曾痛感物色"熟悉商情、公廉明干之员"的重要性,这种"明干之员"自然不能说就是单指买办,但是要把这一要求付诸实现,就不能排斥与买办或买办化商人的结合。继承曾国藩衣钵的李鸿章正是从实践上证明了这一点。出现这种结合的关键,一方面固然是因为兴办新式企业对地主阶级统治集团来说是新奇的和生疏的;另一方面,更重要的是,经过西方资本主义殖民势力将近30年的扶植,到了19世纪70年代,买办和买办化商人的经济力量已经发展起来,他们中的某些人已经是市场上有势力的人物,不通过他们,新式企业的创办,几乎无从下手。所以,随着轮船招商局的产生、发展,以及其他新式企业的次第出现,官僚、买办的结合程度也便越来越深。这可说是近代中国资本主义在发生时期的特点之一。至于官僚、买办相结合的社会基

---

① 《捷报》,1875年8月28日,第213页。

础，拙稿《中国近代煤矿企业中官商关系与资本主义发生问题》①已经作了粗浅的分析，这里就不赘述了。

二

轮船招商局成立于1872年11月。朱其昂所筹集到的资本有：直隶练饷制钱20万串，扣除预缴利息，实收188000串（约合银125000两）②，李鸿章投资5万两，上海商人郁熙绳1万两，此外尚有认股而未缴款的约十余万两。③ 从初期的资本构成来看，官款显然居于重要地位；来自商人的投资中，创办人朱其昂"自以身家作抵"，当是主要投资人之一，郁熙绳也是经营沙船的商人④，他们的投资表示了旧式航业资本的转化。但是，就整个沙船业而言，转向新式航业的资本量是十分有限的。除朱其昂外，见诸记述的仅郁氏一家而已。早期记载透露：招商局在初创时曾有人"遍劝"沙船商，将"旧时沙卫各船"拆卖，投资新式航业，却遭到强烈的反对，"群起诧异，互相阻挠"，其激烈"竟至势同水火"⑤。这个事实说明朱其昂虽是以沙船为世业，其亲友中也有很多沙船主，但是在创办新式航业上他并未博得沙船商人多大的支持。当时有不少材料载明本地华商在朱其昂主

---

① 见《历史研究》，1964年，第3期。
② 制钱折银比率系根据：光绪三年八月晋省赈济需款，李鸿章将天津练饷制钱发交江浙典商生息，共15万串，"即照时价易银十万两"。见《清德宗实录》卷55，第10页。
③ 《清查整理招商局委员会报告书》下册，第18页，（以下简称《报告书》）。
④ 《汇报》，同治十三年九月初七日载："历溯沪商之殷实者，首推朱氏，踵其后者有郁氏、沈氏、郭氏诸商家，皆以沙船为世业。"
⑤ 《字林沪报》，光绪九年十月十一日（1883年11月10日）。

持招商局时入股很不踊跃。① 至于预期要争取的那些"依附洋商名下"的买办或买办化华商资本更不成功。先前共同筹划的李振玉，在开局后不久即离去；一般买办，则在敌视招商局的外国洋行的煽惑和阻挠下，对招商局的态度极端冷淡，甚至互相阻挠。② 李鸿章、朱其昂所要争取的买办化豪商兼官僚胡光镛，也以"畏洋商嫉忌"为借口，拒绝入股。可见招商局在创办时期招徕资金十分困难，它不曾取得各式商人的支持，而朱其昂在开局时向李鸿章报称"各帮商人纷纷入股"③，显然是一个失实的夸张。

开张后的轮船招商局资本单薄，但购船、设栈、开辟航线、建立码头等等又无一不需巨款。④ 这便使初创的企业只能依赖举债度日。⑤ 在船务经营方面，朱其昂所购买的第一号船"伊敦"，"船大而旧"，"耗煤多而装货少"；第二号"福星"，"舱通而小"⑥。看来，他对新式航业的经营似乎也不很精通。因此，不

---

① 《英国领事商务报告》(*Commercial Reports from Her Majesty's Consuls in China*)，1873年，宁波，第85页（以下简称《英领报告》）；《捷报》，1874年9月19日，第293页。

② 《汇报》，同治十三年八月初四日（1874年9月14日）；《字林西报》(North China Daily News)，1874年，2月26日，第183页。

③ 《同治十一年十二月十三日，试办轮船招商折》。《李集》，《奏稿》卷20，第32—33页。

④ 1872年11月招商局向大英轮船公司（Peninsular & Oriental Shipping Co.）以55700两购买"伊敦"（Aden）号轮船，载重1万石（见《捷报》，1872年11月28日，第458页；《申报》，同治十一年十二月初二）；又经悖信洋行（Messrs George Barnet & Co.）以10万两从英国利物浦购买一船，改称"永清"号，载重18000石；又由德商经手以38000两购买"利运"号，载重17000石（见《报告书》，下册，第18页）；由悖信洋行经手以74000两向苏格兰订购"福星"号（见《报告书》，下册，第19—20页）；同时又在天津、上海购置码头、栈房作为卸放漕粮。

⑤ 《报告书》下册，第19页。

⑥ 《光绪六年十月二十六日，国子监祭酒王先谦奏》，转见中国史学会主编：《洋务运动》（六），人民出版社1961年版，第38页；《轮船招商局第一年账略》，《申报》，同治十三年八月初七日（1874年9月17日）。

到半年时间便有招商局亏蚀25000两的传闻。① 李鸿章深虑"资金过少，恐致决裂"②。道员孙士达乘机建议罗致财力雄厚的闽粤商人入局。李最初瞩目于与买办有交往的广东香山人、时任上海县知县的叶廷眷，未果③。盛宣怀遂以沪上大买办唐廷枢、徐润向李推荐，于是津海关委员粤人林士志又衔李的意旨到上海会同朱其昂邀集唐、徐商洽接手。④ 开办仅达半年的轮船招商局遂进行了一次重大的改组，由李鸿章札委唐廷枢为总办，徐润、朱其昂、盛宣怀为会办。唐、徐负责轮运、招股业务；朱、盛负责漕运和官务。

唐廷枢、徐润均系广东香山县人。⑤ 19世纪60年代以后，他们长期依赖外国殖民势力的扶持在上海经营各种商业。在进入轮船招商局之前，唐廷枢既担任上海怡和洋行（Jardine, Matheson & Co.）的总买办，同时又在几家比较活跃的轮船公司中投放资本。例如，在东海轮船公司（China Coast Steam Navigation Co.）中，唐就是主要股东之一⑥，并且担任了这家公司襄理的职位⑦；此外，由轧拉佛洋行（Glover & Co.）在1867年开办的公正轮船公司（Union Steam Navigation Co.）和由惇裕洋行（Trautmann &

---

① 《捷报》，1874年9月19日，第293页。
② 《同治十二年闰六月初六日，复沈幼丹船政》。《李集》，《朋僚函稿》卷13，第13页。
③ 《同治十一年十二月二日，复孙竹堂观察》。《李集》，《朋僚函稿》卷12，第36页。
④ 徐润：《徐愚斋自叙年谱》，香山徐氏校印本，第18页。
⑤ 关于唐廷枢、徐润的出身、经历和社会关系，拙稿《中国近代煤矿企业中的官商关系与资本主义的发生问题》曾作叙述，兹不赘。见《历史研究》，1963年，第3期。
⑥ 刘广京：《英美在华轮运势力的竞争》（Anglo-American Steamship Rivalry in China, 1862—1874），1961年哈佛版，第141页。
⑦ 《捷报》，1874年10月22日，第399页。

Co.）在1868年主办的北清轮船公司（North China Steamer Co.）里都有他的投资，而且他还是这两个公司里"粤籍股东集团的领袖和代言人"①。循应这两家公司华籍股东的请求，唐廷枢还担任了该两公司的董事。② 这表明在当时的上海买办人物中，唐廷枢实居于"领袖"的地位。徐润在买办阶级中的声望与唐廷枢相差不远。他既是买办世家出身，从小随其叔父在宝顺洋行（Dent & Co.）学艺，由艺徒而跻身上层买办的地位；而且广置地产，兼营丝、茶出口和烟土进口的生意，在资金的周转上能调动二十多家钱庄的信贷，其实力似还在唐廷枢之上。同时，唐廷枢、徐润又都是粤籍商人组织、广肇公所的组织者，具有控制这个公所的力量，在号召闽粤商人和"诡寄洋行"的华商上，他们都具有较大的力量。不仅如此，由于他们也从事丝、茶、棉花的出口生意而与本地商人又都有相当密切的经济联系，这使他们对一般商人投资新式企业也有一定的号召力。具有这样一些条件的人物，正是洋务派官僚多年搜罗而不可得的工具。所以唐廷枢、徐润一经投入李鸿章的怀抱，便长期成为李在经办洋务上的"人才"。

唐廷枢、徐润入局意味着官僚、买办的结合进入一个新阶段。招商局的显著变化，首先反映在招徕资金上出现了比较顺利的局面。在唐、徐接手后大约一个多月，便有消息透露：招商局"近殊盛旺，大异初创之时，上海银主多欲附入股份者"③。现在要具体查明这些"上海银主"的身份已经很困难了，我们只能从一些有关的记述中追索一点蛛丝马迹，以考察招商局资本来源上的变化。80年代主持过上海织布局、电报局的经元善在追述招

---

① 刘广京：《两家轮船企业》（Two Steamship Enterprise），第114—115页，转见符华格（Feuerwerker）：《中国早期工业化》（China's Early Industrialization），第111页。
② 《怡和洋行档案》，转见刘广京：《英美在华轮运势力的竞争》，第142页。
③ 《申报》，同治十二年闰六月初六日（1873年7月29日）。

商局早期招股的情形时说:"溯招商、开平股份,皆唐徐诸公因友及友,辗转邀集。"① 可见所谓"上海银主"中必然有大部分是与唐廷枢、徐润有联系的人物。他们究竟是些什么人呢?

改组后的招商局章程规定:在推举唐廷枢为总董之外,"再将股份较大之人,公举入局,作为商董协同办理"。具体的名单是:上海局商董是候选同知朱其纯、候选郎中徐润;天津局为知府宋缙;汉口、香港、汕头各局的商董则由刘绍宗、陈树棠、范世尧分别担任。②

就目前所知,朱其纯是朱其昂的弟弟,朱氏兄弟中尚有朱其诏也是招商局的主要投资人之一,他们的投资自然是反映旧式航业资本的转化,但是在改组后的招商局里,他们显然已不居于重要的地位。刘绍宗、陈树棠都是买办。③ 陈树棠在投资招商局以前很早就是一个著名的茶商,而且由于清政府驻美公使陈兰彬的关系,他还曾任驻旧金山领事④,1887年一度担任过招商局的总办,李鸿章称其有股份10万两⑤。宋缙、范世尧的情况不甚清楚,估计也是与唐、徐有相当交往的买办化商人。唐廷枢曾经正式表示过招商局早期的附股人都是由他招致的。⑥ 自然,我们不能把凡与唐、徐相交往的商人都看做是买办,但是在唐、徐主持下,能够担任天津、汕头这样重要口岸的分局商董,即使不具有买办身份,也必然是与外国势力有联系的买办化商人。在上述商董中,徐润名下的投资数量最大,招商局在第一期资本100万两中,他便占有24万

---

① 经元善:《居易初集》卷2,第38页。
② 《交通史航政篇》第1册,第145页。
③ 刘广京:《两家轮船企业》,转见符华格:《中国早期工业化》,第125页。
④ 《捷报》,1888年11月16日,第543页;《李集》、《奏稿》卷46,第59页。
⑤ 《申报》,光绪十三年八月二十一日(1887年10月7日)。
⑥ 《招商局第十一年办理情形节略》。《字林沪报》,1885年12月5日。

两，无疑是一个大股东。① 唐廷枢究竟投放了多少资本不甚清楚，只知他在接手时"曾携资本和南浔号轮船入局营运"②，根据后来的情况估计，其投资额至少当在10万两左右，也许与徐润相差不远。③ 为李鸿章委派为会办的、买办化官僚盛宣怀在早期据说也有4万两的投资。④ 除了这些主要投资人之外，由于公开招股，自然也有一般中小商人的投资。如果暂时撇开具有贷款性质的官款不计而考察招商局这时候的资本构成，毫无疑问，买办资本在唐廷枢入局后占据了压倒的地位。所以，李鸿章在吹嘘唐廷枢入局任商总的成效时说："两月间入股近百万，此局似可恢张。"⑤

在唐廷枢主持下，招商局正式制定了一项"水脚提成"的制度，即"局内商总董事人等年中辛工饭食以及纸张杂用，拟于轮船运粮揽载水脚之内，每百两提出五两，以作局内前项经费"⑥。所谓水脚提成制度，实质上就是变相的佣金制度，这种制度乃是洋行和买办在一桩生意完了之后，习惯地用以清偿劳务关系的一种手段。现在这种制度由于大买办的入局而成为轮船招商局的一项管理方针了。及至1879年初，唐、徐等又将各分局经费改由各局董承包，"按各口所揽载水脚每百抽五，除将各口所置房产按生意大小议还租银之外，余归各局开销，所有一切费用，不拘

---

① 徐润：《愚斋年谱》，第18—19页，第31页。

② 《教会新报》，同治十二年六月初四日（1873年6月28日）。另据《申报》，1874年9月18日载唐廷枢交由招商局代理经营的有两号轮船。

③ 据《报告书》称，唐廷枢在1884年以旧有局股8万两抵偿招商局欠款，可知唐的投资至少在8万两以上。见《报告书》，下册，第35页。

④ 《申报》，光绪十三年八月二十一日（1887年10月7日）。

⑤ 李鸿章：《同治十二年闰六月初六日，复沈幼丹船政》。《李集》，《朋僚函稿》卷13，第13页。另据轮船招商局第一年账略称：该局原定1000股，每股先收500两，共招得952股，连朱云记（即朱其昂）所留60股，已经足额，惟实收银数为476000两。见《申报》，1874年9月17日；参阅徐润：《愚斋年谱》，第18页；《报告书》下册，第19页。

⑥ 《交通史航政篇》第1册，第145页。

何项名目，均不能另支公账"①。实行这种办法的目的是为了减轻总局对分局的负担，但其结果却使总分局的关系完全变为业务经纪人之间的关系，这在招商局的管理上是又一次重大的改变，在一般官督商办企业中，这种现象是十分罕见的。

现在，我们试进一步从轮船招商局的活动情况来考察它的发展过程。

轮船招商局是一个庞大的企业。参与这个企业活动的有官僚、买办、中小商人等等。因之，招商局就必须在下述诸种矛盾中运动，这就是：在企业的外部，轮船招商局是在外国轮运势力霸占了中国领海内河的情况下产生的，因之，它的出现自然在中外轮运势力之间构成严重矛盾；然而轮船招商局的领导权却操在官僚买办资产阶级的手中，他们对外投降、依靠外国势力的扶持，因之，招商局与外国势力之间又存在着密切的联系。大量事实表明，在这一对矛盾中，掌握主动权的是外国侵略者而不是招商局。至于企业的内部，居于领导地位的大买办和大官僚在结合过程中，有统一的一面，也有矛盾的另一面，在招商局创办的初期，统一在这一对矛盾中暂时居于支配的地位；其次，在企业里既然有中小商人资本家的投资，又必然在企业发展过程中存在着以官僚买办集团为一方，而以中小商人为另一方组成的一对矛盾。在这一对矛盾中，为追求利润而投资招商局的中小资本家实际上是被鱼肉的对象，他们在企业里始终是无权的。此外，在洋务派官僚的内部，具体地说，在南北洋官僚之间，也曾存在过争夺招商局的矛盾，这主要表现在刘坤一和李鸿章的矛盾上。然而，由于李在清政府中的权位，以及他所培植起来的社会势力，

---

① 《轮船招商局第七年账略》。《申报》，光绪六年八月二十三日（1880年9月27日）。

使这个属于大官僚内部争权夺利的矛盾不能有进一步的发展。光绪六年（1880）发自王先谦对招商局、实际是针对李鸿章的弹劾，虽然气势汹汹[①]，两江总督刘坤一的奏复也是振振有词[②]，但究竟只是一个短促的插曲，转瞬间随着刘的去职，大官僚之间争夺招商局的矛盾在整个洋务运动时期便不再有传闻了。当然，在招商局的发展过程中还有其他的矛盾，例如，无产阶级和资产阶级的矛盾就是一个居于重要地位的矛盾。但是，由于史料的限制，我们目前尚无法对存在于企业内外的各种矛盾作全面的分析，而只能就主要矛盾和其他一两对矛盾作一点说明。

上述诸种矛盾是在交错起伏中运动的，其中中外矛盾则是在许多矛盾中的主要矛盾。如果以1876年招商局购买旗昌轮船公司这一事件为中心，观察这个企业在初创10年中的发展情况，我们就会接触到中外矛盾的内容以及中外矛盾与另一些矛盾相互之间的关系。

本文第一部分曾经指出，在招商局产生之前，中国领水航运权益分别为英、美等侵略者所掠夺。70年代以前，美商旗昌轮船公司以各种办法挤垮它的竞争者，垄断了长江航运的利益，并以一部分力量向北洋航线伸张。这家公司在长达600英里的长江航线上规定了昂贵的运价：每吨货物高达30先令（合5两）的运费。[③] 在这个垄断价格下，旗昌轮船公司从1867年到1870年

[①] 《光绪六年十月二十六日，国子监祭酒王先谦奏》，转见《洋务运动》（六），第37—38页。

[②] 《光绪七年正月十五日，两江总督刘坤一奏》，转见《洋务运动》（六），第41—48页。

[③] 《字林西报》，1872年1月24日，第75页。这个运价之所以是垄断价格，可以从下述事实得到证明：当时在中英长达1万英里左右的远洋航线上，每吨货物的运输价格不过只有3—3.5英镑。

每年船运和仓库的净收入都在 70 万两以上，1871 年甚至增加到 94 万两。① 除旗昌之外，长江线上当时还有公正轮船公司的两条轮船在行驶，但是，它是在接受旗昌的约束，在每星期只准往来一次这样苛刻的条件下航行的。② 进入 70 年代，优厚的利润诱使英商太古洋行（Messrs, Butterfield & Swire）急忙地在 1872 年组织了太古轮船公司（China Navigation Co.），从英国募集资本，置备机器新颖的铁轮船，同时购买公正轮船公司在长江行驶的惇信（Tunsin）号和忌连加（Glengyle）号轮船③，专意与旗昌争夺长江线上的航运利益。至于北洋线上，则有与怡和洋行有关系的北清和东海两轮船公司与旗昌展开竞争，但其情况远不如长江线上剧烈。

从 1873 年开始，旗昌、太古各怀敌意，都以降低运价为手段，企图在一年左右挤垮对方。④ 例如，1871 年旗昌轮船公司规定从上海到镇江每个客位需银四两，到汉口则为 15 两⑤，而在 1873 年上述航程的客运价格便各剧减为一两和五两⑥；在货运方面，1873 年去汉口、九江等处每吨运价减为二两，去镇江为一两五⑦，远在 1872 年运价之下。这样剧烈竞争的结果，旗昌轮船公司船运和仓库的收入从 1872 年开始便不断下降，这个公司的股票价格在市场上也随着跌价很多。例如，1871 年旗昌轮船公司的船运

---

① 《华洋通闻》（*The Celestial Empire*），1875 年 4 月 1 日，第 9—10 页。
② 《字林西报》，1869 年 9 月 1 日，第 6471 页；《新报》，光绪三年二月十四日（1877 年 3 月 28 日）。
③ 《申报》，同治十二年三月初六日；《捷报》，1873 年 4 月 3 日，第 286 页。
④ 《捷报》，1873 年 4 月 3 日，第 285—286 页；《华洋通闻》，1875 年 4 月 1 日，第 9—10 页。
⑤ 《教会新报》，同治十年九月初八日（1871 年 10 月 21 日）。
⑥ 《申报》，同治十二年五月初八日（1873 年 6 月 2 日）。
⑦ 《申报》，同治十二年三月初五日（1873 年 4 月 1 日）。

和仓库的净收入为94万两,而到1874年则剧烈下降为188000两[①];1871年12月底面额100两的旗昌轮船公司的股票,其市场价格高达188两,而到1874年12月底则跌至面额以下,仅值80两了。[②] 收入剧减和股票价格的重大变动表明:在太古轮船公司的激烈竞争下,旗昌已经开始走下坡路了。1873年以后,这个一向以利润优厚著名的轮船公司出现了亏蚀现象。这一年又出现了轮船招商局,并在1874年加入竞争,对旗昌当然是一个新的打击。

然而,轮船招商局的出现顿使竞争的阵势起了根本的变化。曾经是西方侵略者内部敌对双方的旗昌和太古两轮船公司以及怡和洋行随即勾结在一起,合力排挤轮船招商局。[③] 它们之间不再互争减价,倾覆对方,而是共同以招商局为打击目标,协订客、货水脚价目。旗昌和太古约定在长江水道和沿海航线上,"凡他公司有船同日并走者必与之争拒"[④],而在北洋航线上,旗昌和怡和也作了类似的协议。[⑤] 不言而喻,这些协议完全是针对轮船招商局的。因此,每当招商局有轮船行驶时,这些公司便将水脚运费减去一半与招商局竞争。[⑥] 轮船招商局第一年账略称:招商局在初创时,各口水脚最低者每吨汉口四两,宁波两元半,天津每担六钱,汕头去货两钱,回货四角,广东两钱或三钱;及至1873年6月唐廷枢入局改组后,外国轮运势力"并力相敌",水脚竞减,汉口二两,宁波一元或半元,天津每担三钱或四钱,汕

---

① 《华洋通闻》,1875年4月1日,第9—10页。
② 《捷报》,1871年12月31日;1874年12月31日。
③ 《光绪二年十一月廿七日,两江总督沈葆桢奏》,转见《洋务运动》(六),第13页;亦见《光绪二年十二月五日,总署收军机处交出两江总督沈葆桢折》。《海防档》,甲,购买船炮,第948页。
④ 《申报》,同治十三年四月二十八日(1874年6月12日)。
⑤ 《申报》,同治十三年正月二十一日(1874年3月9日)。
⑥ 《申报》,同治十三年四月二十八日(1874年6月12日)。

头去货一钱或一钱二分，回货二角半，广东一角半或一钱半，"总而计之，所减不及六折"①。到1875年中外轮船公司在水脚运费上继续在竞争，货运方面，闽粤减至一角，宁波减至半元，长江减至二两，天津减至五两，客运则七折或半折。②水脚运价上的剧烈倾轧，突出地反映了中外矛盾的尖锐性。

在这场剧烈的竞争中，轮船招商局依赖漕运专利、回空免税和官款的协济，特别是中国商人的支持等等，在剧烈竞争的几年中仍能争得较外商轮船公司为多的货运。③但是，从1872年到1877年五年中招商局虽都发放官利股息，而固定资产的折旧却始终无力提成，这实际上是杀鸡取卵，虚盈实亏。唐廷枢等在非公开的场合也只好承认这几年"毫无盈余"④。外国轮船公司"意在陷人，不遑自顾"，自然也只能有十分微薄的利润，甚至有时无利可得。⑤所以，到了1876年初，以旧式木轮船为主力的旗昌轮船公司就认识到它的设备条件已经远在以新式铁轮船组成的太古轮船公司之下⑥，丧失了一向拥有的优势，因此，即使挤垮轮船招商局，它也无法恢复70年代以前的盛况。同时，美国内战以后所出现的繁荣，对它转移投资也产生了强烈的诱惑。⑦于

---

① 《申报》，同治十三年八月初七日（1874年9月17日）；亦见《报告书》下册，第21页。

② 《招商局第三年账略》，《申报》，光绪三年三月初六日（1877年4月19日）。

③ 《申报》，同治十三年四月廿八日（1874年6月12日）；光绪三年三月初六日（1877年4月19日）。

④ 《光绪二年十二月，轮船招商局呈两江总督沈葆桢禀》。《海防档》，甲，购买船炮，第942页。

⑤ 《申报》，光绪三年三月初六日（1877年4月19日）；《光绪二年十一月二十七日，两江总督沈葆桢奏》，转见《洋务运动》（六），第13页。

⑥ 参阅丹涅特：《美国人在东亚》（中译本），商务印书馆1959年版，第495页。

⑦ 参阅丹涅特：《美国人在东亚》，第490页。

是，1876年8月（光绪二年七月）旗昌轮船公司就放出收缩、出让的空气，而盛宣怀、唐廷枢、徐润等便也向李鸿章献议购并旗昌。当时李以巨款难筹，"踌躇未许"①。1877年初，旗昌又通过瑞生洋行（Buchheister, Schmidt & Co.）的经理卜加士达（J. J. Buchheiseter）向徐润示意，愿以二百五六十万两的代价出让它所拥有的轮船、码头、栈房等全部财产，并以经理人即将更调，时机匆促为理由，力求早日成交。②唐、徐、盛为了使自己在跌价时购进的旗昌股票能够在转手间获取重利③，遂以购买旗昌轮船公司既可增强招商局实力，又可少一竞争对手为理由，共同向南洋通商大臣沈葆桢陈述购并旗昌的利害关系。其主要的说词是：招商局已自有轮船十一号，旗昌轮船公司有船十六号，合并后便有船二十七号"分布江海"，而洋商中"断无三十号轮船之公司"，因之无虑洋商之倾轧。④ 至于筹款方法，他们向沈葆桢建议：（1）劝令旗昌原有的华商股本20万两投资招商局；（2）请两江总督奏拨官款100万两，免息发交招商局，分10年归还；（3）请两江总督"札饬两淮盐运司会同劝令两淮运商每一引搭银一两"，"便可招股七十九万二千余两"；（4）请饬各藩司各海关道向通商口岸商人随时劝谕入股。⑤

对盛宣怀等的建议，沈葆桢所考虑的焦点在于洋商的倾轧。他认为购买旗昌，"成则裨益良多，不成则倾轧复起"，因之对

---

① 《光绪七年二月十一日，直隶总督李鸿章片》，转见《洋务运动》（六），第58—59页。
② 徐润：《愚斋年谱》，第19页。
③ 据王先谦称：唐、徐、盛曾利用招商局公款50万两，大量买进跌价中的旗昌股票。见《洋务运动》（六），第38页。
④ 《光绪二年十二月，轮船招商局呈两江总督沈葆桢禀》，《海防档》，甲，购买船炮，第942页。
⑤ 《招商局呈沈葆桢禀》，《海防档》，甲，购买船炮，第943—944页。

100万两官款的请求"毅然许之"①，批由江苏认筹50万两，另奏饬浙江、江西各筹20万两，湖北筹10万两，"作为各该省发交官本"。在利息上则以"官商一体，商得若干之利，官亦得若干之息"，也即是"息无定额，利害同之"②。

现在我们可以看到，在购买旗昌轮船公司的活动中，官僚、买办的结合的确发挥了十分显著的作用。唐廷枢、徐润从事买办多年，他们与旗昌这样庞大的公司当然有千丝万缕的联系，特别是徐润，有确实材料证明，他是旗昌轮船公司的主要股东之一③，这就使他们有可能经由各种方式事先获知外国轮船公司的动向，所以在洽购、议价等等方面，亦即李鸿章所谓"事前之关说，事后之付价"，都是由唐、徐一手经办的。④ 然而，在一个官督商办的企业里，进行这样一项重大的活动，如果不能获得官场的支持，特别是官款之取得，根本无法实现，官僚盛宣怀在这里便突出地发挥了作用。据徐润的回忆：在向沈葆桢提出建议之

---

① 《光绪二年十二月四日，总署收南洋大臣沈葆桢函》。《海防档》，甲，购买船炮，第939页。
② 《光绪二年十二月四日，总署收南洋大臣沈葆桢函》。《海防档》，甲，购买船炮，第939页；《光绪二年十一月廿七，两江总督沈葆桢奏》，转见《洋务运动》（六），第14页。这次官款100万两及付息办法的改变，沈葆桢原来的意图是以官款作为股本（见《招商局第七年账略》，《申报》，1880年9月29日），企图把招商局由官督商办改为官商合办，但各省巡抚并不支持，江西刘秉璋极力强调该省所筹之款系常平仓谷价之款，"必须分年归还股息"（《洋务运动》（六），第17页），因之，沈之计划未能实现。后来郑观应在复张士弼书中称招商局"禀请南北洋大臣筹借巨款，承买旗昌轮船及各埠码头，初议官商合股，继见股本日亏，改为借款"（见《洋务运动》（六），第124页）。这个说法并不正确，上述招商局账称："当归并旗昌轮船公司时，蒙前两江制军沈奏明以官款作股本，旋因各省大宪未允，势迫改为存款"（见《申报》，1880年9月26日）。从招商局历年收支来看，在购买旗昌后，曾一度十分困难，但不亏蚀，而证之刘秉璋的奏折，以招商局账略上的说法较为正确。
③ 《通闻西报》，*Shanghai Courier and China Gazette*，1887年1月15日，第3页。
④ 《光绪七年二月十一日，直隶总督李鸿章片》，转见《洋务运动》（六），第59页。

初，沈亦曾以无款拒绝，而盛宣怀"措词得体"，以种种办法指明各处有款可以动用，以说明官款筹集之不难①，尤其是盛宣怀敢于冒称招商局已攒凑122万两这一事实，实际上招商局当时并未真有分文在手，盛所称之122万两款项纯系主观愿望，它所寄托的乃是上面所述的盐商、旗昌华股等等款项，这在当时只能是画饼充饥的诡计，而在后来也没有一项成为事实。两江总督刘坤一在后来正是抓住这点，极力抨击盛宣怀"工于钻营，巧于趋避"②。然而，正是依靠盛宣怀的这种官场权术，蒙过南洋，取得沈葆桢的允准。在这一方面不能不使买办商人为之"钦佩"③。正是根据买办、官僚各自具备的特点，招商局主持人在购买旗昌的活动中所作的分工是：朱其昂赴江、广、浙筹款，唐廷枢留沪料理，盛宣怀、朱其诏、徐润去南京与沈葆桢接洽。④

还需指出，盛宣怀在这次活动中的作用尚不限于此。因为参与这一次筹划的尚有洋务官僚如冯焌光（时任江海关道）、吴大廷、李兴锐、郑藻如等人，他们都是李鸿章系而与盛宣怀有较深关系的官僚；而且在第一次付款中由盛筹垫20万两，由江海关道筹借10万两⑤，这些都表明盛宣怀在这次活动中有不同于寻常的积极性。当然，盛的行为是有他的目的的，这一点在下面还将论及。

旗昌所以要一再设法让与招商局而不在外国同业中出售，其用意也是非常清楚的。以旧式木轮船为主体的船队到70年代已

---

① 徐润：《愚斋年谱》，第19页。
② 《光绪七年正月十五日，两江总督刘坤一奏》，转见《洋务运动》（六），第47页。
③ 徐润：《愚斋年谱》，第19页。
④ 《光绪二年十二月轮船招商局呈沈葆桢禀》。《海防档》，甲，购买船炮，第941页。
⑤ 同上。

经是过时的运输工具了。太古、怡和既然都已拥有新式铁轮船，当然就不会重视旗昌的船只给以不应有的高价；而招商局之畏惧倾轧的弱点则又为旗昌所深悉，少一旗昌即少一倾轧的对手，旗昌正是充分利用这一弱点，兼有徐润、唐廷枢等人的关系，它就能以破旧的轮船换取优厚的价格。事实正是如此，1877年3月1日招商局以规银220万两的高价收买了旗昌的全部财产①，这项交易一经实现，立即使市场上已经只值60两到66两的旗昌轮船公司的股票却可分得103两的利益，使一个亏本公司的股东不仅不遭损失，反有余利可得。无怪当时的美国公使西华（G. F. Seward）喜不自禁地说："现在我们这个公司的股东已经安全了。"② 根据熟悉船务情况的外国侵略分子的估算，招商局在这一次成交中至少多付了50万两的代价。③ 事实上，招商局的损失

---

① 招商局从旗昌购进的全部财产计有：
　　1. 轮船十六号　　　　1488000两
　　2. 小轮船四号
　　　驳船五号
　　　救火机器两付　　}共85600两
　　　机器厂
　　3. 上海栈房码头（计金利源码头栈房、宁波码头栈房、老船坞栈房、江船坞机器厂、金东方栈房码头）
　　　　　　　　　　　　　　　　　763600两
　　4. 汉口、九江、上海趸船　　　110000两
　　5. 煤斤、食物、船上另用等　　 60000两
　　小计　　　　　　　　　　　　2500000两
　　折足规银　　　　　　　　　　2000000两
　　6. 汉口、九江、镇江、宁波、天津各码头、洋楼、栈房等　220000两
　　共计　　　　　　　　　　　　2220000两
见《光绪二年十二月初四日，总署收南洋大臣沈葆桢函，附招商局和旗昌来往信件》。《海防档》，甲，购买船炮，第946—947页。

② 《美国外交档案》，1877年，第88—90页，转见卿汝楫：《美帝侵华史》第2卷，第143—144页。

③ 《英领报告》，1877—1878年，上海，第60页。

自然不限于此，购买旗昌轮船的结果虽使招商局拥有二十七号轮船，然而它的业务并未相应扩充。船多货少，不少船只势必闲置。1877年、亦即购买旗昌后的翌年，招商局为了减少开支，就不得不听从李鸿章的指示"将旗昌轮船年久朽敝者，或折料存储，以备修配他船；或量为变价归还局本，借省停船看守之费"①。李鸿章的指示彻底泄漏了得不偿失的真相。购买旗昌的结果是招商局背负了一个更加沉重的包袱，使自己的处境比以前更加困难。②

在招商局购并旗昌之后，外国侵略势力同招商局的竞争不是减轻，而是在新形势下加剧了。太古轮船公司十分清楚招商局在购买旗昌后的处境不妙：船多而旧，速度迟缓，官商债款高达300万两以上（官款190万两，旗昌欠款122万两），即使不付股息，每年利息的负担也在20万两以上。针对这些弱点，太古一方面急向英国添造两只专走长江的轮船③，另一方面，再度降低水脚，把上海到汉口的货运每百斤降至仅收一钱，上海到汕头每百斤仅收六分。④ 在这样一个强有力的竞争对手的面前，招商局显得更加狼狈不堪。从旗昌买来的船只"船大费巨"，长江线上竟成为"多行一船则多赔巨款"，只得拣选"新船、小船、费省者装货开行"，而将"大者、旧者暂搁勿用"⑤。即使如此，招商局每月仍然要亏蚀五六万两。⑥

---

① 李鸿章：《光绪三年十一月廿五日，整顿招商局事宜折》。《李集》，《奏稿》卷30，第29页。
② 《英领报告》，1878，上海，第74页。
③ 《新报》，光绪二年十二月初五日（1877年1月18日）。
④ 《李集》，《译署函稿》卷7，第27页，《附轮船招商局公议节略》。
⑤ 《光绪三年九月二十九日，论维持招商局》。《李集》，《译署函稿》卷7，第22页。
⑥ 《光绪三年九月十八日，山西道监察御史董儁翰奏》，转见《洋务运动》（六），第19页。

营业上的亏蚀,使招商局内部在一定条件下联结起来的官僚、买办,在争夺领导权上的矛盾开始表面化。

我们知道,唐廷枢、徐润、盛宣怀、朱其昂在招商局的各种作为,实质上都是作为李鸿章的代理人(或经纪人)而活动的。他们各自与李鸿章的关系有深浅的不同。因此,在这种利害关系的基础上建立起来的买办、官僚的统一,自然不能排斥他们在企业内争权夺利的矛盾。但是,矛盾之是否出现,决定在条件之是否具备。在购买旗昌轮船公司之前,盛宣怀只不过是"挂名"的会办①,唐、徐囊括企业大权,这时节自然不存在争夺权力的问题。然而在购买旗昌的活动中,盛宣怀起了重大的作用,这使他在对企业的管理上也就有了发言权。这时候,一方面是招商局出现了亏蚀,另方面是盛宣怀在湖北经营煤铁并未成功,正在直隶候补,自不免对招商局的地盘有所垂涎。因之,盛便以"商局附船"行驶为借口,在李鸿章、沈葆桢面前抨击唐、徐办理失当,主张严查。所谓"附船",也就是招商局的章程所规定的:"华商中有轮船托本局经管,照所得水脚每百两招五两以充局费"②,这本是模仿外国洋行的办法,利用小轮船争揽水脚。而唐廷枢等则利用职权,把自己的船只附在局里行驶,优先揽载货运,影响了招商局的货源。这一事实正好为盛宣怀所利用,便在李鸿章面前"屡以为唐、徐咎"③。

然而,在招商局里,唐、徐是实力派,既多船务经验,又富

---

① 《光绪三年十一月廿五日,复沈幼丹制军》。《李集》,《朋僚函稿》卷17,第42页。
② 《交通史航政篇》,第1册,第144页。
③ 《光绪三年十月二十一日,复沈幼丹制军》。《李集》,《朋僚函稿》卷17,第32页。

财力,何况在时机上,招商局正当太古、怡和极力倾轧,处在"船多停歇,岌岌难支"之时①,南北洋官僚对此都十分关注,他们从本身的利害关系出发,都不希望企业内部在这种条件下出现争权的矛盾。沈葆桢率直地向李鸿章表示招商局主持人间"办事在和尤在专"②,就是针对企业内部官僚、买办之间的矛盾而发的。李鸿章对这个矛盾所包含的真实内容是十分了然的,而且他又明白当时招商局内"唐、徐、朱近均和衷,惟杏荪多龃龉"③。这句话可以理解为对盛宣怀举措的不满,同时也间接地反映了盛虽有野心,然在招商局内还是势孤力单的。所以,他在回答沈葆桢的信件中明白表示,如果盛宣怀再次求退,"可否听其自去,免致意见歧出,风浪暗生"④。企业内部的这一场暗斗,在盛宣怀得不到李鸿章的支持下暂时收场。但是,这并不表示李对盛的信任有任何降低,而是因为这时节在李鸿章看来,招商局如"无雨之(徐润号)则已倾覆"⑤。这就是说,此时此地,在主持招商局处理中外关系上,唐、徐比起盛宣怀来更符合李鸿章的需要。然而,官僚、买办间争夺权力的矛盾并未因此而消除,不过在等待新的时机罢了。盛宣怀也并未因此与招商局分手,隔了一年,他又衔李鸿章的意旨与唐、徐等"通盘筹划,妥定章

---

① 《光绪三年九月初六日,复丁雨生中丞》。《李集》,《朋僚函稿》卷17,第24页。

② 《光绪三年十一月二十五日,复沈幼丹制军》。《李集》,《朋僚函稿》卷17,第42页。

③ 《光绪三年十月二十一日,复沈幼丹制军》。《李集》,《朋僚函稿》卷17,第32页。

④ 《光绪三年十一月二十五日,复沈幼丹制军》。《李集》,《朋僚函稿》卷17,第42页。

⑤ 《光绪三年十一月二十五日,复沈幼丹制军》。《李集》,《朋僚函稿》卷17,第41页。

程"，再度参与决定企业的大政方针了。①

企业内部的矛盾虽然暂时缓和，但在企业外部，外国势力的倾轧却有加无已。依靠洋务派的力量，招商局从清政府那里请得了缓缴官款利息二年、加拨苏浙海运漕粮以及准许招商局轮船在沿江沿海及内河不通商口岸进行揽载贸易三项特权。②但是，洋务派是彻头彻尾的投降派，它为招商局所请得的特权不是为了打败外国势力的竞争，而是企图依靠这些特权所带来的收入为招商局作续命汤，只求与外国轮船公司"相持一二年，以俟其输诚议和"③。说得更清楚些，就是洋务派把依靠特权的收入作为与外国轮船公司讨价还价的手段。秉承李鸿章的意旨，1877年底，终于出现了由唐廷枢经手与太古、怡和订立了"齐价合同"，在各条航线上划一各公司客、货运输价格并商定水脚收入的分配方案。④

然而，所谓"齐价合同"，对外国轮船公司是不起约束作用的。外国侵略者一旦认为"协议"不符合自己的利益时，随即撕毁约章。开始于1878年的"齐价合同"到1879年下半年便被太古、怡和抛弃了。⑤于是，在长江线上与招商局展开竞争的有太

---

① 《光绪四年十二月初八日，复沈幼丹制军》。《李集》，《朋僚函稿》卷18，第25页。

② 《光绪三年九月廿九日，论维持招商局》。《李集》，《译署函稿》卷10，第21页。

③ 同上。

④ 参见《报告书》下册，第26页。关于1877年的"齐价合同"的原件迄今尚未见到，汪熙同志的论文（载在《历史研究》1963年第2期）中曾经述及合同的内容，似乎是利用比较后期的材料，但可参考。此外，1882年6月有材料透露：招商局、太古、怡和三公司共同协议稍为提高运费率的标准，并从7月1日起议定水脚分配的比例是：招商局比太古多分10%，太古比怡和多分20%（见《字林西报》，1882年6月22日，第575页），也可作为参考。

⑤ 《招商局第七届账略》。《申报》，1880年9月26日。

古、怡和及麦边洋行（McBain & Co.）的船只；在北洋线上有怡和、太古；在上海宁波线上有太古；在上海福州线上有怡和；在上海汕头线上有太古、怡和；在粤东有禅臣（Siemessen & Co.）、太古、怡和；在粤东内河则有省港澳公司（Hongkong, Canton & Macao Steam-Boat Co.）和太古、怡和。① 总之，竞争的劲敌仍然还是太古和怡和两轮船公司。

竞争持续了四年多；它虽然使招商局减少了水脚收入，但在本国商人热情支持下，招商局的情况并不十分恶劣，每年都有盈余，官款分期偿还，股息分配，折旧提成，照常在进行。如果能够多方设法，长期坚持下去，失败者未必不是外国航运势力。然而，官僚、买办是根本不顾民族利益的。1883年唐廷枢终于又从国外邀请太古、怡和两洋行的经理先后来华，再度商谈北洋、长江、浙闽、港粤轮船揽载事宜，在上海订立了第二次"齐价合同"，议定六年期限（1884—1890）。②

在招商局初创的十年中，在中外矛盾和企业内部官僚、买办之间的矛盾之外，还存在着以官僚、买办集团和中小资本家之间的矛盾。

从总的情况来看，中小资本家在轮船招商局里是处于无权地位的。这一点从总局和各分局主持人的产生经过中已经暴露无遗了。然而，为利润所驱使的中小资本家最初对轮船招商局曾寄予不切实际的希望。1873年在唐廷枢、徐润刚刚接手之时，招徕100万两资本中，大部分固然来自买办资本，但中小商人的投资是不容忽视的。可是，在官僚、买办把持下，中小商人在招商局

---

① 《字林沪报》，光绪八年九月初三日（1882年10月14日）。
② 《招商局第十一年账略》。《字林沪报》，光绪十一年十月二十五日（1885年12月1日）。

的初创期中并未获得多大利益。所以,到1876年,招商局为购买旗昌轮船公司增招资本150万两时①,便受到一般商人的抵制。半年之中,"华商无一入股"②,直到1877年10月底才勉强凑集新股45000两。③李鸿章把商人的这种观望现象说成是"民心之难齐",实际上它是反映中小商人对官僚、买办集团控制企业的不满。这一点表现在招商局如此,在其他洋务派兴办的企业也不例外。例如1878年,同是由唐廷枢主持的开平煤矿在招集股份上同样遭到中小商人的冷遇。一家外国报纸在评论这一事件时说:中国商人既然不愿意购买招商局的股票,自然也难指望他们会愿意购买由同一帮人主持的矿务局的股票。④可见中小商人与官僚、买办集团之间的矛盾是逐渐发展起来的。他们的矛盾在1884年曾一度表现得十分尖锐,这一点将在下面详述。

官僚、买办对中小资本家的压迫还表现在轮船招商局对民族航运业的兴起上所持的阻挠态度。例如,1882年宁波商人叶澄衷请求允许组织轮船公司,取名"广运局",李鸿章批驳:"不准独树一帜"⑤;同年,在内河行驶小轮船的活动上,又有由商人李培松、郑观应以及与他们相熟悉的中小商人共同组织一个小型的轮船公司,已经从两江总督左宗棠处获得允许,"暂用小火轮五只","但准搭客,不准装货",在苏、杭、淮、扬一带往来。即使如此,它也不能避免招商局的排挤,后者扬言"亦欲派船试

---

① 《报告书》下册,第24页。
② 《光绪三年六月初一日,复郭筠仙星使》。《李集》,《朋僚函稿》卷17,第13页。
③ 李鸿章:《论维持招商局》。《李集》,《译署函稿》卷10,第21页。
④ 《捷报》,1878年2月14日,第152页。
⑤ 《交通史航政篇》第1册,第222页。

行"①，于是，淮扬行驶小轮船的尝试也便不见下文了。②官僚、买办的垄断，严重地窒息了民族航运业的生机。一直到中日甲午战争，洋务运动彻底破产，内河航运方面才开始出现了民族航运业的活动。③

80年代初期，轮船招商局的人事关系又经历了一次重大的变动。变动的表面原因是唐、徐失职，实际上它是企业内部官僚、买办争夺领导权的再一次表现，其结果是买办集团从企业中被排挤出去。

事情发生在1883年，正当中法战争期间，上海市场上出现了一次严重的金融恐慌，商号倒闭，钱庄收缩，一向依靠钱庄信贷作为周转的招商局已经十分紧张，却不料长期挪用局款的徐润因地产投机的失败，宣告破产，亏欠局款达十六万二千余两。④遂使招商局处境更加困难。盛宣怀乘机向清政府的南、北洋大臣告发，李鸿章随即委派盛到局主持。于是徐润乃以"朦公营私"、"亏欠局款"而又"狡延不交"，遭参革，交由上海道严追；唐廷枢因归还欠款，"姑免参处"⑤，但北调专主开平煤矿。从此由李鸿章控制而由大买办经营的轮船招商局便全部落入买办化官僚盛宣怀的手中，协助盛经营业务的则是李鸿章的亲信幕僚，上海教

---

① 《申报》，光绪八年五月二十三日（1882年7月8日）；光绪八年六月初一日（1882年7月15日）。

② 据光绪十五年安徽巡抚陈彝称：淮扬行轮因船户反对，为左宗棠批驳而不果（参见《洋务运动》（六），第241页）。但参考《申报》当年的报导，左宗棠确是批准在先，船户的反对也许是后来批驳的借口，其中恐与招商局的竞争关系更大。

③ 戴生昌号是最先出现的民办内河小轮船公司，行走于苏杭之间，它的成立年代为1897年（见吴庆抵重纂：《杭州府志》卷175，交通，第11—12页。另参阅《盛宣怀未刊信稿》，第37页）。

④ 《光绪朝东华录》（三），中华书局1958年版，第2717页。

⑤ 《字林沪报》，光绪十一年九月二十五日（1885年11月1日）。

会学堂出身的马建忠。[①]

唐、徐离局遂使依靠他们的联系而获得的买办资本次第提款、下股,退出企业。[②] 招商局从此也就更明显地成为北洋系买办化官僚集团的私产了。

在盛宣怀主持下,招商局对外国势力的依赖不是减轻而是加重了。首先,它表现为两次运用虚伪的出售办法,托庇于外国侵略势力,以逃避对外战争的损失。其次,1883年以后的招商局不再有招徕商股的活动,企业所需要的一切资金,惟外国银行的借款是赖,外国银行甚至因此而控制了招商局的活动。

1884年7月,当中法上海谈判濒于破裂时,出于马建忠的献策、得到李鸿章的支持,招商局的全部财产以525万两的代价卖与美商旗昌洋行,所有船只改挂美国旗帜,约定在战争结束后照原价收回。[③]

这次出售是在极端秘密的情况下进行的,中、小股东事先毫无所知,及至他们从报纸上获知真相后,便有一部分股东互相邀集,齐赴招商局质询原委,马建忠匿而不敢见。[④] 不久上海报纸上出现了以"众股友"为名义的公启,指责马建忠违反股东利益,擅自出售局产的行为,声称:"局系集众股而成,则股无论多少,人无论贤愚,皆得参与末议","能夺各股之权使之不能

[①] 1881年李鸿章提及马建忠时说:"眉叔童时虽在教堂读书,今并不与教士往来。"(《光绪七年六月初五日,复李丹崖星使》。《李集》,《朋僚函稿》卷20,第11页)。马在后来虽是一个改良主义者,但七八十年代却是洋务派的忠实幕僚而为李鸿章、盛宣怀所信任者。

[②] 《交通史航政篇》第1册,第153页。

[③] 《李集》,《电稿》卷3,第4—10页,有关李鸿章、马建忠为出售招商局来往的电文。另英国领事报告称:招商局出售之全部财产计轮船26号,小轮船、趸船及其他设备等共计548万两。参见《英领报告》,1884年,北京,第77页。

[④] 《申报》,光绪十年六月十四日(1884年8月4日)。

争，断不能箝各股之口而使之不敢论"①。尽管中、小股东气愤填膺，抗议"数百万血本几归于无有之乡"，但是已经在实际上成为北洋私产的招商局终于全盘交由旗昌洋行经营。北洋系官僚集团既不考虑战时运输的重大需要，自然就更不会把中、小股东的区区意见放在心头。中、小股东在招商局内的无权无地位，在这个事件上可说是暴露无遗了。

中法战后，1885年6月间，根据"密约"，招商局向旗昌洋行办理收回全部财产的手续，旗昌经理斯密德（C. V. Smith）居然有所刁难②，自称勋劳，意存勒索，迫使招商局再度让步，在名义上聘请该经理为"总查董事"，年送薪水5000两，以三年为期，作为酬答。③ 1884年到1885年这一年中旗昌洋行不曾付出分文现款，仅以银行期票作为抵押，却坐收全年水脚收入，而招商局反而毫无所得。④

10年以后，在1894年的中日战争中，这一幕丑剧又复重演。战争爆发之先，招商局"师中法战事将全局出售旗昌保管之故智"，又将轮船分售各国洋商⑤，而于战后次第赎回。例如，由德商信义洋行（H. Mandl & Co.）和礼和洋行（Messrs, Carlowitz & Co.）代理，悬挂德国旗帜的招商局轮船，到1894年11月便有7只之多。⑥ 两次出售给洋商的事例，突出地说明了官僚买办资产阶级是根本不考虑民族利益的。

---

① 《字林沪报》，光绪十年七月初三日（1884年8月23日）。
② 《光绪十一年五月十一日寄浙抚刘》。《李集》，《电稿》卷6，第11页。C. V. Smith音译应为斯密，《报告书》及《交通史航政篇》均译作斯密德，暂从之。
③ 《报告书》下册，第36页。
④ 《接办轮船招商局情形节略》。《申报》，光绪十二年四月初九日（1886年5月12日）。
⑤ 《报告书》下册，第45页。
⑥ 《捷报》，1894年9月28日，第512页；1894年11月2日，第716页。

至于向西方侵略者大量举债,在盛宣怀主持时期是非常触目的。为了解救1883年金融恐慌所带来的困难,招商局曾以它的地产和栈产向天祥洋行(Adamson Bell & Co.)和怡和洋行举借了743000两的外债。① 到了1884年中法战后,又因无法偿付即将到期的天祥、怡和的借款,又由盛宣怀向李鸿章禀明,"以局产向汇丰银行抵借英金三十万镑,周〔年〕息七厘,分十年清还"②。这是一笔长期债款,招商局所受的损失也最巨大。因为,在磋商债款的过程中,汇丰银行(Hongkong and Shanghai Bank Corperation)耍了一个花招,它要招商局选择:如果举借白银,须付年息九厘,如借金镑,则以七厘计息。招商局着眼于利息的差异选择了后者。不料在该项债款成立后不久,金银比价便发生了巨大的变动,银价狂跌,汇率随变,这给只能以白银折算金镑还债的招商局便带来了意外的重大损失。

实际的情况是:当1885年该项债款成立时,外汇的牌价是:白银一两合金镑五先令一便士,在这个汇率下,招商局如归还本息时,须付出1662571两。但是,到1886年1月,当汇丰银行签发债券时,白银的比价便跌落到四先令八便士,如果依此计算,归还本息时便需付1811014两了,亦即招商局须多付148443两。同年8月汇率再跌到四先令二便士半。就当时汇价变动的趋势看,很快便要跌到四先令,债款的本息折白银便为2112850两,招商局的损失便要增至450279两。如果我们用招商局各年所还债款的数值来分析时,因汇价的变动而造成的损失是惊人的。例如,到1888年,招商局必须偿还汇丰的本息为47889镑,如果

---

① 《交通史航政篇》第1册,第303页。
② 《接办轮船招商局情形节略》。《申报》,光绪十二年四月初九日(1886年5月12日);《报告书》下册,第37页。

按它在借入时的汇率计算时，招商局需付出白银 188415 两，然而汇率正在猛跌中，如以四先令计算，本息便须付出 239444 两，进出之间，招商局便损失了 51029 两。① 这仅只是一年的损失，而债款要分十年偿还，其损失就非常巨大了。这就是为什么招商局从第 13 年到第 17 年的账略报告中每年都有拨还外债本息的记载，可是所欠外债的数额总是不见重大减少的原因。②

还须指出，1885 年汇丰借款所造成的损失不只在经济方面。更加严重的是，外国势力的控制随着外债的举借进入企业。经济侵略从来都是同政治侵略联结在一起的。1886 年，一个原来在江海关工作的美国侵略分子马士（H. B. Morse），受汇丰银行的委托，作为该银行在招商局起着监督作用的洋员而进入了招商局，在局十分嚣张跋扈。③ 出卖主权，换取洋债，这是官僚买办资产阶级维持统治的手段。

不仅如此，除了叠借洋债之外，由盛宣怀主持的轮船招商局在对付外国势力的竞争上，也只是效法于买办的故智，乞求外国

---

① 《1886 年 8 月 3 日马士致德璀琳函稿附件》（Memo: On Exchange as Affecting the China Merchant Steam Navigation Co., Enclosure in H. B. Morse to G. Detring.），《马士函稿（1886—1887）（抄件）》。

② 招商局从 1887 年到 1894 年并未举借新外债，而且对旧欠的外债每年都有部分偿还，但负债额不见重大的减少。例如，招商局第 13 届账略中称：洋债尚欠五十七万八千余两（见《字林沪报》，1887 年 3 月 29 日），第 14 届账略称：洋债尚欠四十三万余两（见《申报》，1888 年 4 月 12 日），可是第 15 届账略表明洋债欠款为五十一万余两（见《字林沪报》，1889 年 4 月 1 日），第 16 届的外债欠款仍是五十余万两（见《申报》，1890 年 4 月 21 日）。第 17 届的外债欠款更增加为六十二万余两了（见《申报》，1891 年 5 月 9 日）。

③ 《1889 年 8 月 3 日马士致德璀琳函》，《马士函稿》。关于马士在轮船招商局所起的作用，邵循正先生在他的论文：《关于洋务派民用企业的性质和道路》（见《新建设》1964 年第 1 期）中首先作了很有意义的揭露。本文在此只是转述邵先生的论点。此外，在马士的原信中提及还有一个工程师福连尔（Ferrier）也在局中起着与马士相类似的作用。

公司订立"齐价合同",不敢对外国公司作任何反击的尝试。1890年,当第二次"齐价合同"期满,太古、怡和拒绝续约,并立即减低运费,进行倾轧,招商局虽然因之减少了水脚收入,但在本国商人支持下,完全有力量与外国势力相抗衡。当年轮船的净收入虽不若上一年有七十二万余两,但也有二十八万余两,而1891年则更增为四十万余两。① 特别是1892年李鸿章、盛宣怀通过清政府把输往华北的"采运局平粜免税之米,援官物例",只准招商局专利装载,取消外国轮船运送的权利②,顿使太古、怡和两公司货源减少,处于劣势。然而,盛宣怀等并不愿意利用这种有利的形势击败外国势力,却借此作为手段,向外国公司频送秋波,乞求订立协议,到1893年2月终于在招商局、太古、怡和三轮船公司之间又签订了第三次"齐价合同"。由此可见,盛宣怀在投靠外国侵略势力方面的所作所为,比起唐廷枢、徐润等买办来实在是有过之而无不及。

三次"齐价合同"的经过,表明了它是官僚、买办集团和外国势力相勾结并互相利用的产物。对外国航运势力而言,招商局具有压制中国民族航运业的力量,是一个独占性的企业,因此,与招商局订立"齐价合同",既可以从高昂的垄断价格中获得优厚的利润,又完全不必顾虑这种优厚的利润会引起中国新的航运公司参加竞争;而对招商局来说,"齐价合同"使它能够避免外国航运势力的倾轧,而协议的垄断价格则又保证它能分取外国侵略者掠夺之余的残羹余沥。所以,即使处在有利的时机,官僚、买办集团控制下的招商局也宁愿自降身价,主动乞求与外国势力

---

① 盛宣怀:《愚斋存稿》卷3,奏疏3,第21—22页;《报告书》下册,第40、42页。

② 《盛宣怀行述》,《愚斋存稿》卷首,附录,第20页;《捷报》,1892年10月14日,第550页,1893年5月12日,第668页。

相妥协。这种妥协的真正牺牲者当然是广大的中国人民。

综上所述，我们大致可以归纳为以下几点意见：

第一，轮船招商局的成立过程，表明它是清政府为了解决自身的困难而创办的；同时它的出现，又是与19世纪六七十年代中国社会某些方面的变化密切相关的。这就是外国航运势力对中国旧式航运业的剧烈破坏，以及买办和买办化商人在运输贸易上的活跃，促成了轮船招商局的产生。

其次，在轮船招商局产生、发展的过程中，一部分商人、地主和官僚向这个新式企业投资。这个现象，意味着他们在向资产阶级转化。毛主席指出："资产阶级有带买办性的大资产阶级和民族资产阶级的区别。"① 投资到轮船招商局的各式人物，从他们的社会经济地位和社会关系来分析，情况是大不相同的。中国是一个半殖民地半封建的国家，在这块土壤上产生的中国资产阶级，在形成过程中，就区分为带买办性的大资产阶级和民族资产阶级两个部分。通过轮船招商局的实际事例，就可以清楚地看到这一点。前者牺牲中国人民的利益为帝国主义服务。轮船招商局与外国航运势力所缔结的三次"齐价合同"，清楚表明他们与帝国主义有共同的利害关系，正如毛主席在分析大官僚、大买办的阶级本性时所说："他们已经撤去了民族的界线，他们的利益同帝国主义的利益是不可分离的。"② 同时，轮船招商局的早期发展过程还表明，以中、小资本家为主体的中国民族资产阶级，在开始形成的过程中便是没有发展前途的。

第三，轮船招商局初期的发展过程表明，这个虽然带有资本主

---

① 《中国革命和中国共产党》，《毛泽东选集》第2卷，人民出版社1952年第2版，第633页。

② 《论反对日本帝国主义的策略》，《毛泽东选集》第1卷，人民出版社1952年第2版，第139页。

义性质的近代企业,却是完全控制在官僚、买办手中的。与中国资本主义发生的同时,出现了官僚、买办两种社会势力相结合的现象。这种结合,在实质上反映半殖民地半封建社会的生产关系对生产力发展的严重阻碍。事情的发展正如毛主席所教导的:"在经济落后的半殖民地的中国,地主阶级和买办阶级完全是国际资产阶级的附庸,其生存和发展,是附属于帝国主义的。这些阶级代表中国最落后的和最反动的生产关系,阻碍中国生产力的发展。"[①]为官僚买办资产阶级所把持的轮船招商局,在其诞生以后的二十多年中,多次表现了对帝国主义势力的依附和对民族航运业的摧残。这些事实,正是给毛主席的上述论断作了历史的见证。

(原载《经济研究》1965年第10、11期)

---

① 《中国社会各阶级的分析》,《毛泽东选集》第1卷,第3页。

辛亥革命前中国资本主义的发展[*]

辛亥革命是近代中国民主革命过程中一次具有重大历史意义的革命运动。它是在中国资本主义经济有所发展的物质基础上兴起的。作为资产阶级民主主义的革命，它的客观要求，是为资本主义的发展扫清道路。因此，对辛亥革命的研究而言，中国资本主义诞生的最初历程，无疑有着重要的意义。

一

19世纪70年代，是中国社会被卷入资本主义世界市场后发生重大变化的年代。1870年，苏伊士运河正式通航，从而欧亚航程缩短了四分之一，商品的运输费用因之降低，外国机制品在中国市场上对于手工产品的打击力量相应加强。1871年，在上海与伦敦间又敷设了海底电缆，使得欧洲商人朝夕之间便可以了解到中国市场的商情变化，从而为外国势力进一步控制中国的贸易局面提供了又一有力的手段。总之，一方面运输、通讯方式的

---

* 本文系为纪念辛亥革命70周年而作。

变化，缩短了贸易周期，加速了商品流转速度，使中外贸易在数量上急剧增加；另一方面，西方资本主义国家为大量涌来的机制商品需要开拓更多的内地市场。因此，加速通商口岸和内地市场流通渠道的畅通成了70年代外国势力急不可待的要求。标志这一要求的是1876年的中英《烟台条约》。通过这一条约，在长江中游增辟了五个通商口岸，使外国势力一直伸展到重庆；与此同时，又推广子口税制度，强迫规定："不分华洋商人，均可请领半税单照"①，使华商有权为推销外国商品进行广泛活动。从此，洋货大量输入内地，农产品和原料则大量沿着与洋货销流相反的方向被集中到通商口岸，对外贸易数值显著上升。总计1870年进出口贸易总值为119百万关两，到1895年便上升为315百万关两。这种由于对外贸易的扩张而扩张了的商品价值在25年内增加了两倍以上，其速度远非70年代以前所可比拟。

在商品经济重大发展的刺激下，为商品流通服务的金融信贷也起了相应的变化。

19世纪50年代，当外国银行尚未进入上海以前，上海钱庄曾是中外商人因贸易而发生财务关系的清算机构。②钱庄签发的庄票曾是外国商人为加速成交而乐意接受的信用工具。到了60年代后期，在钱庄和上海的外国银行建立起通融资金关系以后，庄票所发挥的信贷作用便有了进一步的发展。③进出口贸易的迅速扩张，促使上海钱庄经常利用外国银行的短期信贷补充流动资金的不足。到了70年代后半期，"中国钱庄大半都用外国银行资

---

① 详见王铁崖：《中外旧约章汇编》，三联书店1957年版，第349页。
② 《上海贸易方法的变化》，《北华捷报》，1893年11月24日，第818页。
③ 外国银行通过收受某些资力可靠的上海钱庄的庄票，给予短期信用贷款，即所谓"拆款"。这种拆款通常两日结算一次，利息较市场利率为低，但外国银行持有随时收回贷款的权利。参见《申报》1884年1月12日。

金做生意"[1]；在80年代前期，这种"拆款""年达数百万两"[2]。信贷关系的扩大自然要对中国资本主义经济的发展产生刺激作用的。但是，作为中国金融市场中心的上海金融市场，恰恰是在这种信贷关系扩大过程中丧失了自己的独立地位；钱庄随着对外国在华银行依赖的加深而降为外国金融势力的附庸。

六七十年代之交，中国封建经济由于外国势力的侵入，加速了自身的解体，城乡商品经济的发展，终于产生了中国资本主义近代企业。它在产生的初期，由于代表清政府的洋务派势力的参预，在组织形式上曾表现为官办、官督商办、官商合办和商办四种形式。实践的结果表明，以商品生产为主要目的的官办企业为数甚少，甲午以前仅有台湾基隆煤矿、兰州制呢局和湖北织布官局等几个单位，官商合办的形式虽经人们作了尝试，却未见成效。惟有官督商办和商办企业成了这一时期近代企业的主要组成者，其中又以官督商办企业居于举足轻重的优势地位。

在中国资本主义近代企业的产生过程中，近代航运业在旧式航业严重破坏的基础上首先兴起。轮船招商局在1872年创建，它在甲午以前是居于垄断地位的大企业。稍后，1876年又有开平矿务局的筹建。到甲午战争前夕，先后创建的近代煤矿企业共有14处之多（其中官办煤矿企业4处，官督商办企业10处）。80年代初，又发展到金属矿的筹建，到1894年，先后筹建和开发的金属矿达24处，其中除了4处属官办企业外，其余的也都是官督商办企业。同期中，天津电报总局从官办改组为官督商办企业，并先后架设了津沪、苏浙闽粤等干线，连同若干官办电线，基本上形成了一个联系全国各省和若干主要商业城市的电讯

---

[1] 《北华捷报》，1878年8月17日，第159页。
[2] 《沪报》，1884年1月11日；《申报》，1884年1月11日。

网，它对于传递商情，促进各地区间商品经济的发展起了积极的作用。纺织工业中官督商办的上海机器织布局发端于1878年，经过多次改组，在1890年开始投入生产，是中国棉纺织业在当时最具规模的一家企业。这一类官督商办大型企业在先后创办过程中，大都拥有新颖的机器设备、较为雄厚的资本力量和相当庞大的规模，但为数不多。

这一时期中，大量存在的近代企业基本上属于中小型的企业，它们都是由私人出资创办的。1873年，广东南海县商人首创继昌隆缫丝厂，数年之间，广州、顺德、南海等地区，中小型机器缫丝厂陆续增加到10家，拥有缫车达2400余部。① 到80年代中期，机器缫丝业在广东发展的状况，被人们认为"已经牢固地在广东树立了根基"②，上海商办缫丝工业始于1882年公和永丝厂③；次年，山东烟台也出现了商人经营的缫丝局。④ 但是，它们的发展都很不顺利。所以，在甲午之前，广东地区始终是中国近代缫丝业的中心。

商办企业从80年代以后逐渐增多。上海、宁波、无锡、南通等地先后兴起了轧花厂；其中1887年开创的宁波通久轧花厂乃是江浙地区第一家机器轧花工厂；在优厚利润刺激下，它曾企图扩充规模，从轧花发展到纺纱。⑤

长期以来，上海是中国最大的棉纱集散地。90年代前期，在上海机器织布局之外，还有华新、裕源、裕晋和大纯四厂。它

---

① 《海关特种调查报告第三种——丝》，1881年版，第151页；《字林西报》，1882年1月16日，第47页。
② 《英国领事商务报告》，1885年，广州，第4页。
③ 《北华捷报》，1882年1月17日，第63页；《新报》1882年1月4日。
④ 《申报》，1883年7月25日。
⑤ 《海关十年报告》（1882—1891年），宁波，第381页。

们名义上附属于机器织布局，实际上是全由商人和一般退职官僚经营的半独立性企业。它们共有纱锭67400枚，居当时全国纱锭设备百分之四十以上。①

适应航运和工矿企业发展的要求，60年代中期，广州、上海各自有了机器修配工场。1874年，上海开始出现了一家附属于轮船招商局的同茂铁厂②；同时还有从修配基础上发展起来能自造小轮船和车床的发昌机器厂。③ 其后又有建昌铜铁机器厂、均昌机器厂、大昌机器厂等12家，都是资本在五百元左右的小型企业。④由于规模狭小，设备简单，民族机器工业在甲午之前还不曾发挥重要的作用。

此外，私人资本在甲午以前对食品工业和其他轻工业也都有所试探。1878年设立于天津的贻来牟机器磨坊是食品工业中最先使用机器生产的单位⑤；继之，上海在1882年开设了裕泰恒火轮面局。⑥ 1888年源昌碾米厂的成立可说是国内首创的一家碾米厂。⑦而轻工业方面在火柴、造纸、玻璃等部门都发现有私人资本在进行创业活动。不过，这些企业大都规模狭小，资本力量单薄，其中一部分在生产上还不排除和手工生产相结合的方式。因此，在中国资本主义企业兴起阶段，它们还不曾引起社会足够的注意。

考察甲午以前中国资本主义近代企业发展历程时，人们不能不注意到80年代初期出现的一个重要的现象。这就是为创办新

---

① 严中平等：《中国近代经济史统计资料选辑》，科学出版社1955年版，第98页。
② 《汇报》，1874年8月14日；《申报》，1874年9月25日。
③ 《申报》，1876年7月3日，1877年1月24日。
④ 上海市工商行政管理局机器工业史料组编：《上海民族机器工业》，第111页。
⑤ 《北华捷报》，1878年7月6日，第6页；《申报》，1878年12月14日。
⑥ 《申报》，1882年9月11日。
⑦ 莱特等：《二十世纪之香港、上海及其他中国商埠志》，第548页。

式企业而招集资本的活动非常活跃。而且新企业所需资本的筹集在很大程度上改变了前此10年所表现的艰难景象。上海机器织布局在1880年原定集资40万两，招徕资本的消息公布后，不到一个月，报名投资的数额便达30万两，其后又增加到50万两，超额完成集股计划。① 轮船招商局在1879—1880年度资本还只有80万两，可是到下一年度（1880—1881年）不但招足了原定资本额100万两，而且"还有许多要求入股而被谢绝者"②。次年进行增资，又顺利地扩充资本到200万两。③ 当时上海金融市场分外活跃，凡是在1883年前到那里招集资本的近代企业，都无例外地吸收到数量不等的私人资本。④ 而这些企业所发售的股票由于投资者的追逐，它们的市场价格往往在票面额之上，有的甚至升水在2倍以上。例如，不特规模较大、已见成效的轮船招商局、开平矿务局面值100两的股票在1882年便各以253两和218两的市场价格流通，就是尚处筹备期中的中小企业如长乐铜矿、鹤峰铜矿面值100两的股票，也都各以168两和155两的价格成交。⑤《申报》在反映上海的投资者购买近代企业股票的热烈情形时称："现在沪上股分风气大开，每一新公司起，千百人争购之，以得股为幸。"⑥ 这种追逐股票的热潮推动人们在1882年酝酿仿照西方资本主义国家证券交易所组织，成立"上海平准股票公司"，其业务规

---

① 经元善：《居易初集》卷2，第38页；《申报》，1880年11月6日、1882年5月26日。
② 《招商局第九年度报告书》，《北华捷报》，1882年10月18日，第417—420页。
③ 《申报》，1883年9月15日。
④ 参见拙著：《洋务运动与中国近代企业》，中国社会科学出版社1979年版，第295—299页。
⑤ 《沪报》，1882年9月27日。
⑥ 《申报》，1882年8月12日。

定为"逐日悬牌定出（股票）真价"和办理"股票抵押"等等。① 实际上这种起着积聚资本作用的证券交易所组织,在1883年的上海确曾一度出现。② 凡此种种,无不有力地反映了自近代企业创办以来,中国资本主义生产关系在向纵深方向发展。

然而,在近代工矿企业方面,当这种引人注目的发展趋势正在形成,有待进一步发展进入高峰阶段时,便遭到了外国金融势力促成的1883年上海金融风潮的袭击而流产了。从此到了1894年,纵然其间尚有漠河金矿、汉阳铁厂、华盛纺织总厂的创建,但80年代通过股票市场集掇近代企业资本的兴旺景象却已成为过去,一度出现创办近代工矿企业的浪潮在外国势力干扰下,不能不在忙于解决它所遗留的各种矛盾中黯然减退。

80年代初,象征资本主义关系有所发展的另一个值得注意的现象,就是指导新式企业进行生产的经营方式曾有向农业生产渗透的企图。根据当时的报导,1880年,"天津有客民在距津150里地方,批租荒地五万亩,概从西法,以机器从事,行见翻犁锄耒,事半功倍"③。此外,另据经营近代企业富有经验的郑观应和徐润,各在自己的记述中提到：在80年代初"与唐景星等合办天津塘沽耕值畜牧公司"一事。④ 现在我们尚难判断这两则记载所指的是否是同一桩事情,新闻报导中的"行见"两字,似又表示这一活动尚在筹备之中；而1883年秋冬发生的金融风潮迫使徐润宣告破产,郑观应规避广东。很可能他们原期以资本

---

① 《申报》,1882年9月27、28日。
② 黄式权在1883年印刷的《淞南梦影录》中称："近有在三马路开设平准公司,专理股票交易诸事。"转见中国史学会主编：《洋务运动》第8册,第344页。
③ 《益闻录》,1880年9月11日。
④ 分见《郑观应简历》,《盛世危言后编》卷8,第43页；徐润：《徐愚斋自叙年谱》序。

主义生产方式组织农业生产的企图,在尚未进入试探阶段,便不得不陷于流产。但是,无论如何,这是一个富有意义的信息,它说明中国资本主义发展,有它本身的规律性。

二

以1894—1895年的中日战争为转折,历时16年而爆发辛亥革命。在这一时期中,中国资本主义在国内外政治经济剧烈变化中,面临着新的考验和斗争。

甲午战后十余年中,国内外市场由于对外贸易的进一步发展仍在持续扩大过程中。从1895年到1910年,进出口总值从三亿一千五百余万关两增加到八亿四千四百余万关两,15年中增加了1.6倍以上;进口商品则从一亿七千余万关两增加到四亿六千余万关两。贸易记录表明,每隔五年在贸易幅度上就有一个新的扩大。①

这一时期,在国际上正是西方列强从自由资本主义向垄断资本主义阶段过渡。资本帝国主义国家过剩资本急于要向殖民地、

---

① 中国进出口贸易货值及其指数(1865—1910)

单位:百万关两　指数 1895 = 100

年别	进出口总值	指数	进口值	指数	出口值	指数
1865	109.8	34.86	55.7	32.44	54.1	37.75
1875	136.7	43.40	67.8	39.49	68.9	48.08
1885	153.2	48.63	88.2	51.37	65.0	45.36
1895	315.0	100	171.7	100	143.3	100
1900	370.1	117.49	211.1	122.95	159.0	110.96
1905	675.0	214.29	447.1	260.40	227.9	159.04
1910	844.0	267.94	463.0	269.66	381.0	265.88

资料来源:历年海关报告。

半殖民地寻求出路。1895年签订的《马关条约》给予日本以在华设厂生产权。按照片面最惠国条款,日本所攫取的权益同样为其他帝国主义国家无条件地所享有。从这个意义上说,《马关条约》实际上是把全部中国领土向任何外国资本势力开放。而列强为划分"势力范围"在中国所作的争夺,恰是各为自己的过剩资本寻找去路的集中反映。以沿海租借地、商埠或租界为据点,列强制造多种借口,动用武力,恫吓清政府承认他们所掠取的铁路建筑权和矿山开采权。① 中日战争后,国内社会动荡的加剧,在一定程度上也是与英、法、德、日、俄等帝国主义国家在中国进行势力范围的争夺密切相关的。

外国资本非法在华兴建铁路可远溯至1876年的吴淞铁路;但大规模的投资兴建则是从1898年的东清铁路开始。到1911年,中国铁路全长为9292公里,其中由帝国主义直接或间接投资而受其控制的为8342公里,居百分之九十左右。②

甲午以来,清政府为修建铁路所举借的外债累计达四亿五千九百五十二余万元。③ 促使外国势力竞相提供贷款的原因,在于出借这种贷款,并不需要债权国提供分文现款,它只要将所应贷付的借款存入它的本国银行,而给予债务国以支取该银行的支票,规定债务国向债权国购买铁路器材。④ 从而债权国的金融资本家和产业资本家便都可以从这里获得超额利润。这不仅表明"资本输出成了鼓励商品输出的手段"⑤,而且还明显地暴露了金

---

① 例如,1897年秋,德国借口山东曹州教案,动用军舰,要求租借胶州湾,以及在山东享有修建铁路、开采矿藏的特权,从而把山东划为它的势力范围;同年冬,帝俄出兵旅顺大连,取得东清、南满铁路的建筑权。
② 宓汝成:《帝国主义与中国铁路》,上海人民出版社1980年版,第362页。
③ 据宓汝成:前引书,第662页附录一统计表计算。
④ 参阅班思:《远东史》,1955年版,第89—90页。
⑤ 《列宁选集》第2卷,人民出版社1960年版,第786页。

融资本的贪婪性，它"要从一条牛身上剥下两张皮来：第一张皮是从贷款取得的利润，第二张皮是在同一笔贷款用来购买克虏伯的产品或钢业辛迪加的铁路材料等等时取得的利润"①。所以，从1895年以后的十年间，帝国主义各国争先恐后勾结清政府在中国直接建造和经营的铁路便有东清（1898年）、胶济（1899年）、滇越（1903年）、沪宁（1904年）及安奉（1904年）等线。同期中由外国资本参预修造的则有京汉（1898年）、粤汉（1901年）、正太（1903年）、陇海（1905年）和京绥（1905年）等线。②资本帝国主义为了开辟新市场，以便更深入地掠夺中国财富而强制修建铁路的行动，理所当然地激起了中国人民开展以收回路权为中心的反帝爱国运动。

20世纪揭幕，在收回路权的斗争中迸发了铁路商办的要求。这种要求于较短时间中在全国汇成一片强烈的呼声。这在一定意义上反映了缓慢发展的民族资本祈求冲破帝国主义和封建主义相勾结的垄断局面。在"拒外债，保路权"舆论的推动下，从1903年以后的四年内，保路斗争风起云涌，特别是商办铁路公司先后在全国15个省份出现。③被帝国主义的侵略激发起来的民族意识和爱国思想，给商办铁路公司招集资本的活动提供了空前有利的条件。

与此同时，新式航运业在90年代后期也冲破了外国航运势力和封建势力相勾结的垄断局面。20世纪的第一个10年，南自香港，北及黑龙江，资本在5万元以上的商办轮船公司先后设立了17家之多。④它们之中有行走于内河的，也有航行于外海的；

---

① 《列宁选集》，第2卷，第835页。
② 严中平等编：《中国近代经济史统计资料选辑》，第184页。
③ 宓汝成编：《中国近代铁路史资料》中华书局1963年版，第1147—1148页。
④ 《中国近代经济史统计资料选辑》，第223—224页。

有专为便利工业企业输出产品运进原料而设的，也有为反对外国航业的欺凌而从事于航运活动的。前者如南通绅商张謇、沙炳元等于1903年组织大达内河轮船公司，行走于通州、吕泗之间，而后又增辟航路到海安，继又扩展到泰州、仙女镇、苏北一带，在很大程度上加速了上述地区间工农业产品的销流，使商品经济获得进一步的发展。①而企业自身也随营业的发展成为拥有六艘小轮船的单位。②

至于为冲破外国航业而兴办的轮船公司则有：1908年由商人组织的宁绍商轮公司。它最初是为了反对英商太古、法商立兴两洋行和招商局相勾结，在沪甬航线上垄断客货运输、抬高运价而发起的。③这家公司即使在初期亏蚀的情况下，仍坚持在沪甬间行走轮船，终于突破了中外航业势力相结合的独霸局面，并进一步发展，开辟通往汉口的航线。④与此相类似的还有在1910年创立、行走于山东、辽宁之间的肇兴轮船公司。当山东商人李序园、李子初等目睹英国太古轮船公司霸占营口和龙口之间的航业权益，对每年往来于山东、东北之间的商人和劳工刻意盘剥，特在1910年创立轮船公司，以冲破太古公司在上述航线上的垄断。⑤此外，在南北洋航线上则有宁波商人张本政等在1905年创办"政记公司"，在烟台设总公司，每年夏秋间在北洋航线上派轮船沿天津、龙口、秦皇岛、营口等商埠航行，冬春则在南洋线上沿上海、厦门、汕头、香港等地往返。⑥它们都为民族资本近

---

① 《交通史航政篇》第1册，第329页。
② 张謇：《致南洋商务大臣周馥咨呈》（光绪三十一年六月二十一日），《通州兴办实业之历史》下册，第19—23页。
③ 《交通史航政篇》第1册，第375页。
④ 《交通史航政篇》第1册，第384页。
⑤ 《交通史航政篇》第1册，第386、387页。
⑥ 《交通史航政篇》第1册，第321、331、333页。

代航业的发展做出了一定的贡献。

铁路修建，内河通航，它们对封建经济结构的冲击是带有双重意义的。一方面，近代交通工具在中国的使用，意味着中国小农经济和家庭工业的整个基础的破坏[1]，使大量农民手工业者与其原有的生产资料相分离，沦为自由劳动者，为资本主义发展准备客观条件。而在另一方面，在铁路、轮船所经之处，以及它们的影响所到达的地区，则又加速了那里的经济生活朝着资本主义方向发展。例如，胶济铁路从1899年到1904年修成通车后，沿线村镇的经济生活便出现重大的变化。一个原来缺少商业活动的"偏僻小村"如山东益都县的杨家庄，便因铁路所经，逐渐地成为"商业繁盛的集镇"。在那里，每当烟叶上市，"外地客商设庄收买，邻近村民肩挑车载，集此出售"[2]。而在商业活动上略有基础的莱芜县口子镇，则因胶济铁路的通行渐趋于繁盛。通过火车运输，这里每年从博山县运进棉纱、布匹、窑货和杂货等工业品，而本地所产的麻、小麦、花生等农产品则远销新泰、泰安等地，商品流转迅速，以致"贸易之盛，非县城及其他市镇可比"[3]。新兴村镇的发展意味着农副产品日益摆脱自然经济的羁绊，提高了它的商品率的水平。如素以产棉著名的陕西，在未建铁路之前，棉花生产的商品率很低；及至陇海（1905年）、京汉（1898—1906年）、津浦（1908—1911年）各线铁路先后建成，陕棉便借渭水、黄河或陆路出潼关，经河南转道上述各铁路，远销于上海、汉口、天津、郑州各大市场。[4] 河北内丘土布也是借京

---

[1] 参见恩格斯：《致尼·弗·丹尼尔逊》（1892年9月22日），《马克思恩格斯全集》，第38卷，第467页。
[2] 《胶济铁路经济调查报告书》分编四，益都县，第15页。
[3] 《胶济铁路经济调查报告书》分编五，莱芜县，第11页。
[4] 上海华商纱联合会编：《中国棉产改进统计会议专刊》报告，第40—41页。

汉、正太铁路（1903—1907年）而远销山西平定州、榆次、太谷等地，并经京绥（1905—1923年）路，先后开辟了大同和包头的市场。① 现代航运和铁路运输在为商业服务过程中自然地相互配合，使国内工农业商品交流出现非常繁忙的局面。人们在描述1903年前后国内商品流转的频繁景象时称："汴有铁路接通，客货日旺；长江各埠，各种杂粮源源而出，轮运常患不敷。"② 可见，现代化的交通运输工具即使在初创阶段，便起了促进资本主义商业的初步发展。

国内商业的发展，对资本主义工矿企业的活动自也提供了新的刺激因素。

甲午战争后，空前激化的民族矛盾和阶级矛盾，促使先进的人们发出筹办近代企业，抵制外货，自保利权的呼声。他们的呼吁道出了民族资本家的心声。当时清政府财政因巨大的赔款陷入严重的困境，兼以官办工业毫无成效，无一不是亏蚀累累。它不得不在1895年命令各省督抚对所办局厂"亟应从速变计，招商承办"③，借以缓和国内阶级斗争。不久，它又命令各省设立商务局，主持设厂；颁发章程，奖励民营，从立法上奖励私人投资设厂。于是，1898年有"总理各国事务衙门设立振兴工艺给奖章程"的订立④，1903年又设立商部，作为统辖协调全国工商行政的机关。⑤ 尽管这些措施大都属于封建政府例行的具文，但对于要求发展资本主义的民族工商业者多少起了一点促进和慰藉的

---

① 和泰：《河北内丘县农村副业之今昔观》，《东方杂志》第32卷，第16期，第97页。
② 《交通史航政篇》第1册，第266页。
③ 《光绪二十一年六月十二日上谕》，《光绪朝东华录》第128卷，第11页。
④ 《东华续录》（光绪朝），第145卷。
⑤ 《东华续录》（光绪朝），第181卷。

作用。从而处于缓慢发展的中国资本主义近代工矿企业在中日战争以后逐渐地转上一个新的阶段。

为了说明工矿企业发展的概况，我们根据经过专家整理，并有较大参考价值的历史资料，试编一个历年设立、资本在1万元以上的近代厂矿企业创设表（详见本文附表）。从那里人们可以看到：从1872年到1894年，22年中设立了72个单位，资本总额2091万元，平均每年三个单位，资本90万元；1895年到1911年，17年中设立了490个单位，资本额11131万元，平均每年39个单位，资本655万元。比较这两个时期建立工矿企业的进度，那么1895年以后的发展是比较明显的。如果进一步观察它的发展趋势时，则又表现为：甲午以前的二十多年中，工矿企业的增长是平稳的，而甲午以后的十余年中起伏较大，并且在1896—1898年和1905—1908年都出现过高峰。这是一个引人注目的现象，值得进一步分析。

导致甲午以后16年中出现工矿企业高潮的因素无疑是多方面的，归根到底则是由经济上的必然性所决定。甲午战后，集中反映民族意识的爱国主义思想在经济上表现为"抵制外货，自保利权"的活动，是民族自救运动的一部分。另一方面，或者说更主要的方面，乃是近代企业的优厚利润一直在吸引着民族资本的重大注意。特别是棉纺织业在当时被人们称为投资少盈利大的行业。1893年投入生产的上海机器织布局每日可"获利500两，每月可得12000两"[①]。而纺纱利润尤其优厚，据直接经营者称"利息在三分（30%）以外"[②]。这样高昂的产业利润对资金持有者

---

① 翁同龢：《翁文恭公日记》（光绪十九年三月二十五日）第32册，第21页。
② 《盛康致盛宣怀函》（1893年8月9日），《盛宣怀档案》，转见汪熙：《论晚清官督商办》，《历史学》，1979年第1期，第113页。

投资近代企业无疑是一个强大的推动力量。所以，在1896—1898年工矿企业走向高潮过程中，纺织业和缫丝业的发展就成了比较突出的现象。1897年，一家外国报纸在概述上海及其相邻地区的工业生产状况时便指出：在这一地区已经设立轧花厂、织布厂、缫丝厂，而获利颇厚的则是"终年日夜开工的华商纺织厂"①。从1896年以后的三年中，在苏、沪、杭地区不计原有的华盛、裕源、裕晋、大纯等厂外，新建并投产的纺织厂便有宁波的通久源（1896年）、无锡的业勤（1897年）、苏州的苏纶（1897年）、杭州的通益公（1897年）、上海的裕通（1898年）、南通的大生（1899年）和萧山的通惠公（1899年）。新设各厂共有纱锭十万三千余枚。②而所有新旧纱厂的产品在当时都能在市场上畅销无阻。以常州、江阴、镇江等地为销场的无锡业勤纱厂在投产后，昼夜开工，其产品仍不能全部满足上述各销售市场对它的要求。③国内消费的增长支持了民族纺织工业的初步发展。

同期中，民族缫丝工业也呈现了颇为兴盛的景象。1896—1898年，在全国一共新设立了29家机器缫丝厂，共有资本三百二十四万余元。其中设立在广东顺德地区的有21家，共有资本52万元，平均每家资本在2.5万元；设立在上海的为两家，资本一百零四万余元；平均每家为五十二万余元；设立在杭州的也是两家，共有资本50万元，平均每家25万元；设在苏州的有4家，共有资本117万元；平均每家29万元。④根据这个简单的统计，人们不难发现，曾经是近代缫丝业中心的广东地区，在甲午

---

① 《中国纺织缫丝情形》，《伦敦东方报》，1897年5月21日，载《时务报》，光绪二十三年六月十一日，第32册，第19页。
② 严中平：《中国棉纺织史稿》，1955年版，第139页。
③ 《北华捷报》，1897年5月28日，第945页。
④ 汪敬虞：《中国近代工业史资料》第2辑，第896—898页。

以后，虽然在形式上还保持着丝厂林立的现象，实际上各厂资本力量单薄，新设立的各厂中拥资最多的几家也不过各在三四万元之间，企业的生产规模显然是中小型的。而苏、沪、杭地区，在这一时期新设丝厂虽然仅有八家，但拥有资本较为雄厚。如设立于1896年的上海祥兴和永秦两缫丝厂，各拥资本在42万元和62万元；另由富商丁丙、庞元济在杭州经营的世经缫丝厂，拥资30万元，置备新式机器，其设备所达到的水平与英商怡和丝厂大致相同。[1] 而设在苏州的吴兴缫丝厂拥资本55万元。它们都是长江以南新设丝厂中规模宏大者。因此，江南缫丝业在甲午以后，表现为逐渐取代广州地区，跻居全国缫丝工业中心的地位。如果把1896年后三年中全国新设29家丝厂和其前23年中包括继昌隆、公和永丝厂在内的50家到60家丝厂数字作比较时[2]，应该说，缫丝业的发展速度是相当迅速的。无怪人们在综述甲午以后近代工业发展景况时，总是具体地指出："上海等处织布局、纺纱厂、缫丝厂接踵添设，络绎不绝。"[3] 它从一个侧面反映了中国资本主义近代企业的初步发展。

在近代产业初步发展的推动下，随之出现了设立现代银行的要求。早期资产阶级改良主义者容闳在1896年曾经向清政府的当权者"游说"在北京设立国家银行，准备"鼓铸银币，印刷国债券及一切钞票"[4]；但因涉及各方矛盾，一时未能实现。紧接着便有中国第一家商办银行、中国通商银行在盛宣怀掌握下，于

---

[1] 《论杭州缫丝厂》，《日本新报》，1895年11月4日，《时务报》，1896年11月21日译载。

[2] 参见孙毓棠：《中国近代工业史资料》第1辑，第970、972页。

[3] 《关册》，1897年（中文本）总论，第1页。

[4] 容闳：《西学东渐记》，湖南人民出版社1981年版，第118—119页；另参见《翁文恭公日记》（光绪二十二年四月三日）"江苏候补容闳，号纯甫，久住美国，居然洋人矣。谈银行颇得要"。

1897年在上海设立总行，发行货币，经营一般存放款业务。在独立的资本主义国家里，银行的职能主要地在于集中社会货币资本，为近代产业和贸易的进一步扩大提供支持。但是，处于半殖民地社会条件下的中国，涉及对外贸易及其他正当的商业金融业务，几乎都掌握在外国在华银行的手里；中国金融市场从根本上说也听命于外国在华银行；况且与外国在华银行联系很深的中国旧式金融业、钱庄当时在金融活动上仍然占着很大势力。因此，初创的中国通商银行显然缺乏足够的力量，以自己为枢纽，有机地联系社会上各种事业、企业，以达到彼此支持，互相挹注的效果。不过，现代银行毕竟在这一时期宣告了自己的产生，并逐渐地取得发展，又不能不是表明中国资本主义的发展借工矿企业出现高峰的时机，进入一个新阶段。

然而，以1896年为契机的工矿企业发展的高潮，历时极为短暂。到1898年，新设厂矿的活动便呈饱和状态，并且转趋衰退。其后几年中虽然偶有上升，旋又下降。民族资本主义的发展明显地遇到了严重的障碍：已经创立的企业中，不少陷入了亏蚀和改组的境遇，萧条遂取代了短暂的"繁荣"。

进入20世纪，发生于1900—1903年的世界经济危机，促使资本帝国主义国家在中国展开了更加猛烈的争夺。从而也在更深程度和更大范围内激起中国各阶层人民的反抗和斗争。依靠人民的支持，中国资本主义的发展在20世纪第一个十年期中又逐步地形成一个新的高峰。

为了进一步说明这一次高峰的形成，有必要将工矿企业在这一时期中的基本情况作一简要的说明。

从国内新设厂矿的变化情况来考察，这一次新的高峰出现在1905—1908年；到1909年，它的发展趋势显然接近尾声，前后历时也只有短暂的4年，与前一次高峰在持续的时间上相差无几。所不同的是,新设厂矿企业的规模和资本力量比前一次则有较大程度的增长。从总体上看,1905—1908年总共新设立的、资本在1万元以上的厂矿为238家,共拥有资本六千一百余万元,平均每家企业资本为26万元左右;比前一次高峰期中平均每家厂矿资本23万元,增长似乎不大。但是,如果把两次高峰时期发展最快的年代作比较时,情况就有所不同。1897年是前一高峰时期设立企业最多的一年,当年一共创办了22家工矿,资本共为578万元,平均每家拥资约25万元;而1906年,新设厂矿68家,共有资本2290万元,平均每家资本在三十三万元左右。[1] 可见在后一个高峰期中,新设厂矿资本力量是有较大增强的;而个别企业所拥资本有高达100万元以上的,如山东中兴煤矿公司,山西保晋公司及天津丹华火柴厂等,更是前所少见的。[2] 此外,民族资本的投资范围也较前宽广。除了棉纺织和缫丝工业仍维持着重要地位外,面粉、肥皂、水泥、水电及机器工业都陆续成了民族资本热烈追逐的对象。这表明民族工业发展的广度确在日益扩大中。

应该指出,20世纪初,中国资本主义的发展由衰落而转向复苏、上升,在很大程度上是得力于抵制外货、收回利权运动的推动。而1904年的日俄战争对于工矿企业高峰的到来也产生过一定的刺激作用。

1904—1905年,为争夺殖民权益,日俄两国在中国东北领土上进行了一场战争。交战双方都为就近获得物资补给,增加了对华商品(主要是面粉和布匹)的需求,使得一向销流东北和华北的面粉销售量迅速增加。上海民族面粉工业中创立最早的阜丰面粉公

---

[1] 参见本文附表。
[2] 汪敬虞:前引书,第872、884、888页。

司及华兴面粉厂等在这一年都"大为得利"①。来自战争利润的刺激,在1904—1905年短短的两年中,上海、汉口各地民族资本面粉工厂便增设了10家。②而前此创建的面粉厂中,如荣德生经营的茂新面粉厂,则乘机扩充厂房,增添新颖设备,把企业的生产能力从原来每日夜生产300包提高到800包,增达一倍半以上。③与此相类似的则是织布业,仅在1905年一年中,新设的织布厂便有九家之多,但企业规模和资本力量都较小,一般在10万元以下。④

紧接日俄战争之后,1905年5月,美国国会通过新的排华法,加紧迫害华侨。回击美国资产阶级策动排华暴行的是反美爱国运动在全国范围内掀起。具体到经济上则以抵制美货为其主要内容。全国主要工商业城市如上海、广州、天津、汉口等地民族工商业者集会决定:"不用美货,不定(购)美货。"⑤这便使资本帝国主义国家的商品,特别是美国商品的输入数量明显而又持续地下降。⑥

---

① 荣德生:《乐农自订行年纪事》,第26页。
② 汪敬虞:前引书,第906页。
③ 据无锡市茂新面粉厂提供资料,见《荣家企业史料》上海人民出版社1962年版,上册,第16页。
④ 汪敬虞:前引书,第894页。
⑤ 《时报》,1906年2月2日。
⑥ 　　　　　外国商品输华统计 1905—1910年　　　　单位:关两

年别	净输入总值	自美国输入	自英国输入	自日本输入	自德国输入
1905	447100791	76916838	86472343	61315248	14846075
1906	410270082	44636209	78738292	61052356	17341768
1907	416401369	36903476	77562700	57461410	16177400
1908	394505478	41245704	72560900	52500960	14039232
1909	418158067	32606549	68229788	59975187	15188966
1910	462964894	24799494	70949537	76755559	21367748

资料来源:杨端六等:《六十五年来中国国际贸易统计》,第105、106、110、118、121页。

对于民族资本主义的发展而言，市场的得失是一个具有根本意义的问题。20世纪初期的实际表明，民族工矿企业正是在外国商品压力减轻的情况下，得到进一步发展的。抵制美货运动开展后，1906年有关民族工业发展情况的报导中便充满着乐观的情绪，一扫往日沉闷气息。例如，人们在报导以江苏本省为销售市场的苏纶纱厂时，便指出它当年"获利颇丰"，而且是"历年之冠"①；以产品与美国斜纹布相似的上海各织布厂在1905年前，无不"连年亏折，久不闻有余利"，抵制美货运动开展后，销路立即转畅，"生意之佳，为往年所未有"②。

民族资本家从事生产的目的，归根到底，在于资本的增殖。抵制美货运动缩短了商品的流通时间，加速了资本增殖过程。这对民族资本的发展是一重大的鼓励。因此，便有更多的民族资本家将其资本投向工业生产。

这一次高峰时期中，棉纺织业在已有的基础上又有一定程度的发展。从1905—1908年四年中，分布在江苏、浙江、河南及上海的新建的民族资本纺织厂又增加了8家，共拥有资本484万元，增设纺锭十二万九千余枚。③它们明显地走在各行业的最前面。在面粉业方面，1905年以后，北京、天津、汉口、江苏、吉林和上海等地纷纷设立面粉厂，其趋势一直维持到1908年。其中资力最强的是1906年在北京创办的丰顺面粉厂，拥有资本40万元，其余各家资力虽稍弱，大多也在25万元到30万元之间④，比前一次高峰期的同类企业在资力上颇见增强。至于新创

---

① 《关册》，1906年（中文本），苏州，第49页。
② 《时报》，1906年1月4日。
③ 新增纺织厂数字见汪敬虞：前引书，第892页；纺锭数字见严中平：前引书，第192页。
④ 参见汪敬虞：前引书，第905—908页。

行业中如卷烟业，在1905年前，国内商办的仅有3家，资力单薄，而英美商人合营的英美烟草公司设在香港和上海的工厂，所产卷烟几乎垄断了整个烟草市场的供应。但1905年后，情况开始转变，16家民族资本卷烟厂，乘抵制美货的有利时机兴起，生产紧张，营业繁忙。其中，居重要地位的南洋兄弟烟草公司正是在抵制运动推动下产生的。① 其他如水电、皂烛以及完全新创的行业如机器砖瓦等也都在同样的情况下，获得不同程度的发展。

应该指出，1903年的收回路矿斗争也由于抵制美货运动受到了有力的鼓舞。到1911年，15个省的商办铁路公司，各招集到数量不等的资金。其中成绩突出的是浙江铁路公司，集得股金达925万元，超出预定计划（600万元）百分之五十四。川汉、粤汉两铁路公司集股成绩虽不若浙江的显著，但所招徕资本也都达到预定计划的百分之八十。② 根据集资数量，各铁路公司到1911年总共铺设了铁路422公里。③ 粗看它的成绩不算显著；但是，如果考虑到当时全国自主铁路总共不过950公里这一事实时④，人们就不能忽视各省商办铁路公司在中国近代工矿企业演进中所产生的积极作用。至于民族资本对矿山投资，这一时期主要地集中在煤矿的开发上。不过，新开发的私营煤矿中，大多规模较小。规模宏大的如1897年筹建的萍乡煤矿，最初是以官督商办形式进行开发的。金属矿的开发状况大致与煤矿相同。值得提到的是，这一时期经过复杂而尖锐斗争收回自办的山东中兴煤

---

① 上海经济研究所编：《南洋兄弟烟草公司史料》，1960年版，第1—2页。
② 宓汝成编：《中国近代铁路史资料》，第1149页。
③ 《中国近代铁路史资料》，第1150页。
④ 1911年全国铁路长度共为9292公里，其中自主的仅950公里，占铁路全长百分之十左右，其余的都是由资本帝国主义国家直接间接投资建成的。

矿公司（1908年成立，集资120万元）、山西保晋公司（1908年成立，集资236万元），安徽铜官山矿区、四川江北厅矿区等都在进行斗争的过程中，集腋了为数较多的私人资本，为这一时期民族资本经营矿山的活动增色不浅。

在近代工矿企业发展过程中，另一个值得提到的是，这时出现了商办的工矿联合企业——汉冶萍公司。这家企业的诞生是经历了一个过程的。这就是1895年汉阳铁厂从张之洞的把持过渡到盛宣怀的经营，在组织形式上也从官办企业改为官督商办企业。盛接手后考虑到铁厂经营必须有可靠的燃料基地，便开始对萍乡煤矿进行勘测和开发①，在1906年投入大规模生产，为汉阳铁厂的扩充提供了有力的支持。及至挽回利权运动兴起后，商办企业在吸收新投资上表现了很大的吸引力，盛宣怀企图通过汉阳铁厂、萍乡煤矿的增资活动，进一步膨胀本集团势力。但发现拥有资金的商人愿意投资煤矿，却不愿经营铁厂。这种情况迫使他考虑："非将萍矿归入铁厂，竟难招股。"②而没有新投资到来，汉阳铁厂便要面临搁浅危机。于是他便以"铁厂、煤矿相依为命"为理由，向清政府声述，"揆度商情，非将厂矿合并，不能放手扩充"③。从而于1908年将汉阳铁厂、大冶铁矿、萍乡煤矿合并组成"汉冶萍煤铁矿股份有限公司"，又从官督商办改组为完全商办企业，在集股活动中收到了比前较大的成效，这是中国近代工矿企业产生以来值得人们注意的一个新现象。

① 《李维格记汉冶萍》，《东方杂志》，第7年第7期，1901年7月。
② 盛宣怀：《寄张中堂》（光绪三十三年七月初六日），《愚斋存稿初刊》卷72，第30页。
③ 盛宣怀：《汉冶萍煤铁厂现筹合并扩充办法折》（光绪三十四年二月），《愚斋存稿初刊》奏疏，卷14，第15页。

工矿企业之外，甲午以后近20年中，在全国若干省份里，开始出现了相当数量的集股商办的农业公司。它们的到来意味着农业中运用资本主义经营方式组织生产活动的势力，终于突破了二十余年的沉寂而成为现实。

根据现有的历史记载，从1902年开始，在江苏、浙江、安徽、广东、广西、奉天、黑龙江等省先后出现了集股经营的农牧垦殖公司，而1912年的统计称共有171处；其中从事于垦牧种植的为104处，专事桑茶园艺的有44处。[①] 规模较大的有江苏通海垦牧公司、广东钦廉开垦公司、广州普生农垦公司、广西桂林广益公司、浔州广美公司及奉天锦州天一垦务公司等等。[②] 它们都采取集股商办方式，资本额不等，一般在10万元以上，最高的有达100万元。不过这类公司所遗留的历史记载非常贫乏，惟通州垦牧公司由于创办人张謇的某些记述，使我们对它的情况稍多一些了解，而通海公司的经营恰好也具有典型意义。

1900年，张謇在经营大生纱厂收到成效后，为了保证纱厂原料的供应，决定经营垦牧公司。照张謇自己的说法，就是"广植棉产，以厚纱厂自助之力"[③]。这表明通海垦牧公司的兴起，是起因于当时棉纺织工业初步发展的推动。

通海垦区地跨南通、海门两县，总面积232方里，合123279亩，其中可垦地约计115000亩。[④]

---

① 李文治：《中国近代农业史资料》三联书店1957年版，第1辑，第694—698页。

② 李文治：前引书，第694—698页。

③ 张謇：《垦牧公司第一次股东会演说公司成立之历史》，《张季子九录》，实业录，卷4，第30页。

④ 张謇：《通海垦牧公司集股章程启》，《张季子九录》，实业录，卷2，第2、4页。

仿照资本主义股份公司的经营方式，通海垦牧公司最初决定："股本以规银二十二万为准，每股规银一百两，共二千二百股。"① 自1901年10月开始集股，到1904年只集得股款209180两。看来集股并不顺利。1905年又增资8万两，合原定股额共为30万两，到1910年才招足成数。②

1907年，公司为解决资本不足的困难，推行"招佃"办法。当年收入佃户押租一万七千八百余元③，充作资本使用。可见在通海垦牧公司的资本构成中，居于主要地位的是股东的投资，它表明公司具有资本主义企业的性质；但作为资本使用的佃户押租的存在，则又标志着封建主义关系在公司的经营中盘根错节，尽管它居于次要的地位。

在农业生产方法上，张謇曾有过仿照资本主义农场使用大农具的设想。实际上，垦牧公司并未使用机器垦种荒地，而是将土地划分为小块，招佃耕作，收取地租，保存着封建剥削方式。垦牧公司虽然也留有一部分自耕土地，但所占比重很低，一般只占垦种面积百分之十以下④；况且留为自种的土地，也是雇工经营，并非利用农业机械操作，因之与旧式富农的经营方式差异不大。

垦牧公司到1910年垦田面积达三万余亩，开始收到了土地投资的利益。1911年公司获得纯利达三万八千余两，向股东发放股息三万一千四百余两，居纯利百分之八十五左右。⑤

---

① 《通海垦牧公司集股章程启》。
② 《通州兴办实业之历史》上册（垦牧公司），第66页。
③ 《通州兴办实业之历史》上册（垦牧公司），第117页。
④ 据李文治：前引书，第704页插页表1904—1910年公司垦种面积自种、出租数字计算。
⑤ 《大生资本集团史》（二稿）》，第60页。

一般说来，通海垦牧公司的集资、经营和生产方法可以视为这一时期农牧垦殖公司的典型。它表明产生于20世纪初的垦殖公司在一定程度上具有资本主义性质，这是不应忽视的。但是，它们也颇为深刻地保留着封建主义的剥削方式，阻碍着资本主义关系在垦牧公司的进一步发展。这种情况的存在自有多方面的原因，从根本上说，与当时中国社会半封建半殖民地性质密切相关。因此，这一时期垦牧公司所能发挥的历史作用不能不受到限制。资本主义近代企业的发展直接间接地影响了农业生产方式的变化。从这个意义上说，农牧垦殖公司的产生确是意味着资本主义关系在农业中的延伸；但是，资本主义大农场经营方式的到来，在当时显然还十分地缺乏必要的社会条件。

三

中国资本主义是在国家陷于半殖民地的社会条件下发生，并且作为资本帝国主义和封建主义的对立物而存在的。从主观上说，帝国主义和封建统治集团都不愿意看到民族资本主义的出现，但历史的行程总是按照它固有的规律运动。回顾19世纪70年代到20世纪第一个10年，40年中，从国民经济若干部门的变化来看，中国民族资本主义虽然由于内外反动势力的压迫，未能正常发展，但又总是在坎坷历程中顺应历史发展方向缓慢地前进。在总的发展趋势中，它出现过相对的繁荣和衰落；而在每一个升沉起伏的轨迹中，它遭到资本帝国主义和封建主义的阻挠和破坏则是历历可见的。

在前面，我们曾经指出，19世纪80年代初，上海金融市场上资金活跃,近代工矿企业不论其成效良楛,都能在那里集掇到不同数量的资本。这个积极现象很引起人们注目,在当时它预示中国资本主义即将进入较大发展的阶段。但是,接踵而至的,便是外国势力的破坏。先则有法国侵略者发动的 1882—1884 年的侵华战争,给社会经济带来重大不稳;继之则是外国在华银行利用它们对于上海金融的控制力量,乘 1883 年秋冬之交金融市场上可以运用的流动资金出现紧张的时刻,突然决定收回对上海钱庄贷放的全部短期信贷,促成上海金融危机发生。这一次危机给近代工矿企业的损害是非常严重的。它使企业股票的市场价格猛烈倾跌,从而破坏了企业的集资活动。先前为人们热烈追逐的轮船招商局面值 100 两的股票,从市场价格二百三十余两而猛跌为 34 两;开平煤矿股票则从 180 两跌为 29 两;面值 50 两的仁济和保险公司的股票也跌为二十七八两[①];资力较弱的中小型煤矿和金属矿的股票更是形同废纸,其价格"更不可问"[②]。企业股票猛烈贬值直接损害了厂矿企业的主持者和投资者的利益。它不仅使当时正在酝酿中的创业高潮付之东流,而且在相当长的时间内,使资金持有者视投资近代企业为畏途。1886 年以集资 30 万两相号召的漠河金矿所遇到的几乎是"百无一应"的局面。[③] 虽经多方推动,它在最后也只能集得不到 3 万两的股金。[④] 1890 年洋务派官僚张之洞号召私人资本投资煤矿,"或仍旧窿,或开新

---

① 《申报》1882 年 12 月 23 日;徐润:前引书,转见《洋务运动》第 8 册,第 171 页。
② 徐润:前引书,第 171 页。
③ 马建忠:《论漠河开矿事宜》(光绪十二年),见刘锦藻:《清朝续文献通考》卷 44,第 7986 页。
④ 《直隶总督李鸿章奏》(光绪十三年十二月初五日),《洋务运动》第 7 册,第 318 页。

山，或合资伙办，或独立采取"①。可是持有资金的商人反应极端冷淡。如果将这些现象与80年代初期通过股票，争相投资厂矿企业的景象作对比时，不难判断，由外国金融势力一手促成的1883年冬的金融危机使中国资本主义的发展丧失了第一次良好的时机。

至于这一时期，来自封建势力的阻挠主要地表现在两个方面：其一为封建政权对于新兴的民族资本企业本能地怀有对立、压制情绪。当广州地区机器缫丝厂遭到保守的手工业行会反对时，封建政府不但不作疏导，反而乘机借口"平民不得私擅购置"机器，勒令丝厂"克日齐停工作"，派兵查封。② 这是封建主义对民族资本主义发展的直接摧残。其次则是代表封建统治集团利益的洋务派利用官督商办制度，进行行业性垄断，遏制民族资本企业的兴起。在利润优厚的航运业和纺织业两大经济部门，这种情况表现得特别突出。有了清政府的官督商办轮船招商局，洋务派便不允许民族资本家独立地问津近代航运业，对不少有志于经营近代航运业的商人深闭固拒。例如，1882年有商人叶澄衷计划组织"广运局"，行走轮船③；同年苏北盐商李培松等拟在苏、杭、淮、扬行走小轮船④；1884年商人彭成丰等试图在宁波定海之间行走轮船⑤；1886年商人吴子和等企图在上海苏州间试航⑥；1887年有商人再次请求在宁波定海间行船⑦；1888年商

---

① 张之洞：《晓谕鄂湘各属并川省民间多开煤斤示》（光绪十六年十月初七日），《督楚公牍》（抄本）。
② 徐赓陛：《不自慊斋漫存》卷7，第17—28页。
③ 《交通史航政篇》，第222页。
④ 《申报》，1882年7月8日、7月15日。
⑤ 《申报》，1890年4月25日。
⑥ 《申报》，1887年1月3日。
⑦ 《申报》，1890年4月25日。

人伦国材要求在苏州境内航行①；同年又有请求在杭州松江间通行小火轮②；在广东，80年代屡传商人要求试航内河的计划；1886年改良主义者马良试图以浅水轮船行走珠江③；1889年继续有人在作试航珠江的努力④等等。所有这些能够为中国民族资本主义发展起积极作用的计划和要求，都直接间接地因1882年李鸿章下过在新式航业上"不准独树一帜"的命令，得不到任何尝试的机会。事实上不仅航业如此，近代纺织业的情况亦复相同。上海织布局在1881年筹建过程中，通过李鸿章从清政府获得了10年专利的特权。这一特权使一切有志于经营近代纺织业的民族资本家"只准附入本局合办，不准另立一局，显分畛域"⑤。但是，在洋务派把持的情况下，什么人能够依附上海织布局分享优厚的纺织利润呢？除了极少数与洋务派关系很深的人物以外，广大商人是无缘问津的。可见甲午以前，封建主义对近代企业的专利、垄断，实是民族资本主义不能顺利发展的另一症结。

那么，甲午以后的情况又是怎样？从两次短暂的创业高峰的形成及其急遽衰落的情景来看，内外反动势力所加于民族资本主义的压迫丝毫未见减轻，只是由于国际国内阶级斗争形势的驰骤变化，压迫的方式与过去稍有不同。

清政府在甲午以后允许外国在华设厂制造，因之，它就难以单纯地依靠行政力量压制民族资本的创业活动。而官办企业的招

---

① 《申报》，1889年8月17日。
② 《申报》，1890年4月25日。
③ 《马士致德璀琳函》（1886年5月20日）；《马士致赫皮勒函》（1886年6月15日）。均见《1886—1887年马士函稿》。
④ 《捷报》，1889年1月18日，第55页；1889年10月25日，第500页。
⑤ 郑观应：《盛危世言后编》卷7，第8页。

商承办和振兴工艺、奖励私营等措施的颁布，形式上表示了它对于民族资本主义发展的某些让步。但是，它在同时对于帝国主义表示了更深程度的屈服，则又从根本上冲消了它对于民族资本主义所作的有限让步。

甲午以后的最初几年，民族资本主义为了从行动上反对帝国主义在华设厂生产，同时也因清政府奖励私营措施的刺激，一度表现为民族工商企业的增长。可是，当帝国主义挟其商品和过剩资本以更大的优势到来时，民族资本企业所遭到的打击更加严重了。试仍以盈利优厚的棉纺织业为例。日本政府为了从英、印、美手中争夺中国棉纱市场，它继1894年免除棉纱输出税之后，1896年又决定免除棉花的输入税[1]，使当年输入中国的日本棉纱猛增950万磅（即从1895年输华日纱250万磅增加到1250万磅）。[2] 1897年，日本政府又通过横滨正金银行以300万日圆进一步扶植日纱对华和对香港的输出[3]，遂使1894年到1899年日纱输华量由二万七千余担突增至十一万八千余担[4]，五年中增达4倍以上。日纱之外，英、印棉纱也争先恐后而至。因此，反映在海关统计上，外国棉纱全部输华量和值在1895年尚只113万担，二千一百余万关两，而到1899年便增至274万担，5460万关两以上，五年中上升2倍以上。[5] 况且外国资本又在1897年挟其重大优势，在上海直接设厂生产。当年便有英国的怡和、老公茂、协隆纱厂，美国鸿源纱厂和德国瑞记纱厂的设立，共拥纱锭十七万五千余枚，

---

[1] 村山高：《各国棉业围绕支那市场之竞争》，日本纺织联合会月报，第534期，第4页。
[2] 《英国领事报告》，上海，1897年，转见《捷报》，1897年7月23日，第180页。
[3] 克拉凯：《日本棉货》，第89—90页。
[4] 严中平：前引书，第129页。
[5] 《关册统计》，1896年、1900年。

资本五百七十八万余元；次年又各扩充资本共达五百九十五万余元。① 这无异是对刚刚兴起的民族纺织业当头棒喝。于是1895—1897年处在兴奋状态的民族纺织业迅速地又陷于消沉。其他各业的境遇大体上与棉纺织业相似。所以，一度出现于1896—1897年民族企业设立厂矿的高潮，随着商品市场的旁落又趋于消失。

历史步入20世纪，八国侵略军血洗中华之后，清政府为保存统治集团私利，更加彻底屈膝投降。"量中华之物力，结与国之欢心"成了它处理一切中外矛盾的方针。具体到经济上，则是全部中国权利对外拍卖，完全抛弃了它对于民族经济应有的维护职能。1905年，在人民群众中开展抵制美货运动（后来还曾在极短时间内发展到抵制日货），为民族资本主义在挽回市场权益上起了积极的作用。但封建清政府不但不曾支持，反而直接间接地配合外国势力阻挠斗争的发展。所以，即使在斗争年代，资本帝国主义虽在对华商品输出上稍稍受到限制，但在资本输出上却有较大的扩张。截止到1911年，外国在华设立纱厂的纱锭从1905年的十八万四千余锭发展到二十三万八千余锭②；机器造船业中的耶松船厂在1900年所拥资本在557万两，六年之后，它

---

① 1897年在华设立的外资纱厂及其资本额

国 别	厂名	拥有纱锭（枚）	资本（千元）	
			1897年	1898年
英	怡和纱厂	50000	1399	1586
英	老公茂纱厂	25000	839	1001
英	协隆纱厂	20500	1049	799
美	鸿源纱厂	40000	1096	1173
德	瑞记纱厂	40000	1399	1399

资料来源：汪敬虞：《中国近代工业史资料》第2辑，第7、22、183—184页。

② 《中国近代经济史资料选辑》，第134页。

的资本总额便扩充到714万两①；成立于1902年的英美烟公司，历时不过10年，资本便从十万余元扩充到1100万两。②这家公司资本的扩充主要得之于销售市场的垄断。它从成立之后便想方设法，与各地大小售烟铺户订立合同，将它们充作该公司的大、小同行，规定各合同户"只准销洋公司（指英美烟公司）之烟，而华商所制之烟不准售卖"，以致"自（光绪）二十九年（1903年）以后，华商制烟公司大小约有三十余家，现在（指1909年底）能幸存者寥寥无几"③。这就是说，英美烟公司恰是在民族资本烟厂亏累倒闭的基础上进行其资本扩张的。至于矿业方面，外国在华煤矿的投资额在1905年为400万元，到1913年增为三千五百九十余万元，增达九倍！④全国在1912年机械采掘的煤炭总共五百一十六万余吨，其中百分之九十二（即四百七十余万吨）是采自外资直接间接投资的煤矿。⑤1902年以后，日本对汉冶萍公司多次进行别有用心的贷款，使得大冶铁矿一直成为日本八幡制铁所原料的主要供应者。在1911年前，这家铁矿的产品每年除了以很小部分的铁砂供汉阳铁厂自用外，其余"几乎全部输往日本"⑥。

工矿企业之外，在对外贸易上，由于抵制美货运动到1907年已近尾声，外国商品的输入又恢复其旧日汹汹景象。以棉纱为例，在1908年的进口额为4500万两，1909年和1910年明显上

----

① 《捷报》1900年10月31日，第930—931页；1906年11月6日，第3338页。
② 汪敬虞：前引书，第400页插页。
③ 盛宣怀：《致载泽绍英陈邦瑞函（及附件）》（宣统元年十一月初八日），《盛宣怀未刊信稿》，中华书局1960年版，第188、199—200页。
④ 汪敬虞：前引书，第149页。
⑤ 《中国近代经济史资料选辑》，第124页。
⑥ 丁格兰：《中国铁矿志》下册，第208页。

升，均各为6100万两；1911年虽然稍见减缩，仍在4970万两。① 至于金融信贷方面，外国在华银行对于上海钱庄的控制也在继续深入。20世纪初，上海钱庄自身资力仍然薄弱，一般还只有资本十万元左右；但为了适应扩大了的贸易、商业的要求，又往往需要经营七八十万元的交易。② 钱庄所赖以维持的仍不外乎外国在华银行的短期信贷。在19世纪七八十年代之交，外国在华银行对钱庄的短期信贷经常维持在三百万两左右③；到了1911年10月，这项贷款竟已扩充到八百八十五万余两。④ 这表明，上海钱庄在经历了30年的活动之后，对外国在华银行的依赖程度更加加深了。换言之，上海（实即中国）金融市场的消长必须更加严重地听命于外国在华金融势力的决定了。

这就是20世纪第一个10年，中国民族资本主义喘息在帝国主义的商品输出、资本输出以及金融信贷方面所构成的严重包围之中，面临着生死存亡的挣扎。

至于这一时期封建主义对于民族资本主义的压迫，其基本状况和甲午以前大体相同。不过苛捐杂税的榨取程度较前更见加深，使民族资本家深感切肤之痛。我们试就这一方面再作一点补充。

清政府在商品的税负上对于民族资本厂家的繁苛和对于洋货和外资工厂的优待恰成强烈的对照。在经营产业上有过辛酸遭遇的张謇对此感触特深。他说："洋货在其本国，大率免出口税，销至我国，完至轻之正税，其子口税名存而实免"⑤；而清政府

---

① 《捷报》1912年12月21日，第801—802页。
② 参见中国银行编：《各省金融概略》，1915年版，第213—214页。
③ 《字林西报》，1879年5月23日，第475页；《捷报》，1879年5月27日，第514页。
④ 《捷报》，1911年11月18日，转见《上海钱庄史料》，第61页。
⑤ 张謇：《张季子九录》，政闻录，卷3，第33页。

对于本国"农工商务诸事创办之始,率以重捐重税困之,虽商民之破家堕业而有所不顾"①。这从中日两国纱厂税负的比较中,昭然可见。中国纱厂在当时纺制细纱,须用美棉。每担进口税为0.6两,每包纱用棉约3.45担,则每包纱的原料税负便为2.07两。而日本进口棉花完全免税,故此2.07两便成了华厂较日厂必须多负之原料成本。②中外厂家在税负上苦乐不均现象自不限于棉纺织业,新兴的火柴工业也是如此。1900年的记载反映,在日本,"凡民间工艺所需材料,免进口税项,及其成物,既无厘金,又无出口税,运至中国,照洋货进口值百抽五,即改运通商别口,亦不重征"。而在国内制造火柴,一部分材料,需国外供应,须纳进口税项,"制成之后,贩运出口,则缴出口税,迨运别口,又复缴进口税,如入内地,则照土产之例,逢关纳税,遇卡抽厘"。所以,华商制造火柴,"因其税重,不能抵敌日本"③。事实上,这种情况在其他各行各业中几无不相同。多年来民族工商业者一再呼号:"洋货土货,税则不平,致土货销路滞塞。"④清政府充耳不闻。可见它所奉行的租税政策实质上乃是牺牲本国工业,保护外国商品的进口和外资企业在华的经营。所以,即使在开展抵制美货,夺回国内部分市场的岁月里,民族工业仍然因面临外货、外资的威胁,处在因亏蚀而改组,出租、和出卖的穷窘境况。在这方面棉纺织业就是一个很突出的实证。创业于1895年的大纯纱厂,在1905—1906年曾经两次出租,终于到1908年为日本资本所兼并;创业于1897年的无锡业勤纱厂,1909年归复成公司租办;建厂于1905年的常熟裕泰纱厂,

---

① 张謇:前引书,实业录,卷1,第13—14页。
② 参见《关册》,1916年,第2—3页。
③ 戴乐尔:《七续理财节略》,《中外日报》,1900年2月15日。
④ 《时报》,1913年11月23日。

在 1911 年前曾两次出租，而 1906 年创办的太仓济泰纱厂，开工未及两年，亏折十余万两，不得不于 1909 年出租，同年开办的宁波和丰纱厂，虽然在困难重重中挣扎了五年，终于难逃闭歇命运；1908 年创办的江阴利用纱厂，次年秋便告周转不灵，向苏州厚生公司抵押。此外，1907 年以中日合资开办的上海九成纱厂，开业后不久，便为日资所独吞。根据不完全的统计，在 1905 年后的六年中，新旧纱厂之改组，出租和出售的就在八家 11 次之多①，足见其境遇之艰辛。又如中国民族资本水泥厂在 1911 年前仅有两家。成立于 1907 年的湖北水泥厂，在 1910 年前两次向日本三菱公司借款共 72 万元，旋以无力偿还，陷于停产，终为三菱公司所封闭。② 另一家启新洋灰公司开办以后，便面临日本水泥输入频年剧增的威胁。③它自称开办以来，"备历艰辛"，"困难已达极点"④，其处境虽较大冶水泥厂略胜一筹，但也日坐愁城，惴惴不安。火柴业也面临日本资本的竞争，九江、琼州开办的火柴厂，由于不能抵制日本火柴的倾销，开业未及一年，便以闭歇闻。⑤ 1909 年，美国面粉大量涌来东北，与帝俄、日本争

---

① 以上各纱厂的变动情况均见严中平：前引书，附录一：《中国纱厂沿革表》，第 342—349 页。
② 《时报》，1913 年 5 月 3 日；《捷报》，1913 年 5 月 3 日，第 535 页。
③ 启新公司于 1906 年收回自办；根据海关统计，外国水泥进口情况为：

年　别	进口总量（担）	其中日本进口量（担）
1906	913309	41490
1907	1592147	105062
1908	1411194	305036
1909	1855232	362638
1910	1973548	669998

④ 参见南开大学编：《启新洋灰公司史料》，三联书店 1963 年版，第 53 页。
⑤ 《海关十年报告》（1902—1911 年），九江，第 373 页；琼州，第 246 页。

夺东北面粉市场，严重地威胁了哈尔滨和北满两地面粉厂的生存。[1] 在外国资本操纵生丝价格的状况下，1910年前后，上海缫丝厂大约有40家左右，它们的经营状况则是"所盈者寡，所亏者众，失败者尤踵相接"[2]。由此可见，在帝国主义和封建主义的重重压迫下，中国民族资本主义的景况在甲午之后、辛亥之前一段时间中，仍然是非常艰难的。

综合以上所述，在中国民族资本主义诞生后的最初40年间，帝国主义和封建主义的阻挠和摧残，严重束缚了这一新兴生产方式的兴起和发展。到20世纪初，中国资本主义经济虽然在上述若干部门有了不同程度的发展，但就总的状况看，这种发展显然是很不充分的。这就决定了在这样薄弱的经济基础上产生和成长的民族资产阶级不能不是软弱的。为了生存和发展，民族资产阶级以及为这一阶级利益呼号的代言人，在斗争中，终于发出了"中国（清朝）政府，不知依赖商、工业家，亦不能保护之。其罗款项抽厘税，皆尽其力所能及，百端摧折实业而不顾。故我国欲振兴实业而依赖政府，则万无可兴之道"[3]。这就是说，要发展资本主义经济，要摆脱外国经济侵略，就必须推翻这个为帝国主义利益服务的清政府。

由此可见，辛亥革命的爆发是有深远的历史根源的。从社会经济发展角度考察，它是在民族资本主义有了初步发展的基础上，反映民族资产阶级愿望的一场革命。

---

[1] 《捷报》，1909年4月3日，第37页。
[2] 《时报》，1913年1月11日社论。
[3] 雨尘子：《论世界经济竞争之大势》，《辛亥革命前十年间时论选集》卷1，第205页。

附表　　历年设立厂矿及资本统计（1872—1911）

年别	设立厂矿数	资本额（千元）	指数 1895=100	年别	设立厂矿数	资本额（千元）	指数 1895=100
1872	1	36	1.09	1894	8	3188	96.40
1876	3	662	20.02	1895	17	3307	100
1877	1	140	4.23	1896	20	4343	131.33
1878	1	2056	62.17	1897	23	5776	174.66
1880	1	28	0.85	1898	20	4384	132.57
1881	2	160	4.84	1899	11	1910	57.76
1882	3	972	29.39	1900	13	3304	99.91
1883	1	36	1.09	1901	6	145	4.38
1884	3	386	11.67	1902	20	4059	122.74
1885	2	450	13.61	1903	12	622	18.81
1886	2	66	2.06	1904	26	6121	185.09
1887	4	941	28.45	1905	60	8138	247.44
1888	5	140	4.23	1906	68	22901	692.50
1889	7	7459	225.55	1907	58	14058	425.10
1890	7	1205	36.44	1908	52	16122	487.51
1891	7	1071	32.39	1909	36	6638	200.73
1892	6	1550	46.87	1910	32	7398	223.71
1893	8	364	11.01	1911	16	2087	63.11

资料来源：1. 1872—1894年据严中平等编：《中国近代经济史统计资料选辑》，科学出版社1955年版，第93页，剔除其中中外合办一家及1883年虚报的源昌五金机器厂。

2. 1895—1911年据汪敬虞：《中国近代工业史资料》第二辑，科学出版社1957年版，第657页。

原编者注：上列各厂矿资本均系在万元以上者。

（原载《近代史研究》1982年第2期）

论外国资本对洋务企业的贷款

近年来,有关洋务运动的讨论取得了较大的进展。但是,对于洋务企业与外国资本的关系,其中如外国资本在实业贷款的名义下所起的作用,讨论还不够充分。本文准备就这个方面提出一点粗浅的意见。

一

中国资本主义近代企业是在国家陷于半殖民地的社会条件下产生的。这种特定的历史条件决定了它与外国资本主义和本国封建主义既有联系的一面,又有矛盾的一面。

历史的进程表明,中国资本主义近代企业在产生的初期是以"官督商办"企业居于主要地位的。这一类型企业体现着封建主义和资本主义的特殊结合。它们在创建和初步发展过程中曾获得清政府的某些优惠和特权。如轮船招商局、电报局、上海机器织布局、开平煤矿,以及汉冶萍公司等,都是当时规模最大、资力最强的企业。本文考察的主要对象,就是这种类型的洋务企业。

从中国近代企业发展的历程来看,体现为官商结合的官督商办制度并不能为中国近代企业提供顺利发展的途径。为官督商办制度所固有的封建关系严重地干扰了资本主义企业的正常活动。尽管19世纪70年代的商人在这一类型的企业里投有相当数量的资本，但投资者却不能决定企业的经营和发展方向，而决定企业发展方向、掌握经营管理大权的是为数不多的洋务派官僚和他们的亲信。这种官有权而商无权的实际，以及由此导致的洋务企业中种种腐败景况，严重地挫伤了私人资本的积极性。所谓"昔年各局厂所集公司股份有名无实，入股者无不付之东流"[1]，以及"本集自商，而利散于官"[2]等舆论，都是反映了这一时期民族资本家的愤懑。所以，到了80年代后半期，发售股票招徕资本，不能不遭到私人资本的抵制。洋务派官僚面临"商股难招"的景况时，所考虑的不是经营组织方式的改弦易辙，以争取私人资本的到来，而是不计利害，转向外国金融势力乞求援助。各大型洋务企业到80年代后期几乎都与外国资本发生了借贷关系。应该怎样看待这种以实业贷款形式出现的外国资本？它们的意图究竟是什么？它们给洋务企业的发展带来了什么影响？人们在考察官督商办企业发展情况时总是要遇到这些问题的。而这些问题又只能通过对甲午前后外国实业贷款活动(有的贷款虽未最后成立，但其活动内容很有代表性)的具体分析，才能找到切合实际的答案。

由于历史资料的散失和湮没，洋务企业究竟在甲午战争之前向外国资本进行过多少次借款，迄今还是一个不容易说清楚的问题。根据目前尽可能接触到的不完全的历史资料，截至洋务运动宣告破产的1894年止，洋务企业与外国在华银行和洋行成立的实业借款计有13笔，它们的基本状况如下：

---

[1] 《申报》，1888年1月23日。
[2] 汤震：《危言》，开矿篇，卷2，光绪十六年刊，第16页。

洋务企业举借外债简况（1883—1894）

年别	借款单位	贷款单位	金额（两）	年息	期限（年）	资料来源
1883	轮船招商局	天祥、怡和洋行	743443	7%	2	《招商局第十年账略》，《沪报》，1885年12月5—7日。
1885	轮船招商局	汇丰银行	300000镑（1217140两）	7%	10	《招商局第十二年账略》，《申报》，1886年5月12日。
1885	平度金矿	汇丰银行	180000	不详		李秉衡：《李忠节公奏议》，卷10，第26页。
1887	中国铁路公司	怡和洋行	637000	5%		李鸿章：《李文忠公全书》，海军函稿，卷3，第30页。
1887	中国铁路公司	华泰银行	439000	5%		李鸿章：《李文忠公全书》，海军函稿，卷3，第30页。
1887	中国铁路公司	怡和洋行	150000	5.5%		勒费沃尔：《清末西人在华企业》，第112页。
1888	中国铁路公司	汇丰银行	134500			李鸿章：前引书，海军函稿，卷3，第30页。
1889	湖北织布局	汇丰银行	100000	5%		张之洞：《张文襄公全集》，卷135，电牍14。

续表

年别	借款单位	贷款单位	金额（两）	年息	期限（年）	资料来源
1889	湖北织布局	汇丰银行	60000	5%		张之洞：《张文襄公全集》，卷135，电牍14。
1889	湖北铁政局	汇丰银行	131670			张之洞：前引书，奏议，卷27，第1—4页；卷133，电牍12。
1889	石门煤矿	礼和洋行	40000	15%		《申报》，1890年2月14日。
1891	开平矿务局	德华银行	200000	7.5%		谋勒-耶尔煦：《德华银行五十年（1890—1939）》，转见施丢克尔：《十九世纪的德国与中国》，第256页。
1894	中国铁路公司	汇丰银行	200000			《交通史路政篇》，第七册，第32页。

为了比较全面地理解上述统计的内容，有必要稍做几点补充说明：

第一，应该着重指出，上表所列的外国实业贷款次数和贷款数额都不能视为甲午以前实业贷款的全部数字，在这里肯定还有遗漏。例如，立约于1900年的《开平卖约》中载明，该矿务局欠德华银行45万两。迄今我们只追查到其中20万两是在1891年举借，其余25万两却难以确定其借款时期是在甲午之前或其后。同时，据英商怡和洋行档案透露，1887年，在美国辛迪加代表米建威和李鸿章洽商电报局借款的同时，德国财团参加竞争，曾以年息百分之四贷给中国电报局250万两。①但此项记载却不见于国内官方文书或其他文献，尚难以判断其成立与否，只好暂时存疑。而与此相类似的情况以及不见于记载的外国洋行的垫款，在上列统计中都未得到反映。这些只有依靠今后发现更多的档案和文献资料陆续补充，使贷款数额接近于实际。因此，有的同志认为"甲午战前，洋务派用于企业借款仅五笔，总计仅有三百二十六万五千六百四十两，数额不大"②。这个论断是与实际情况不符合的。

第二，上列统计表明，外国实业贷款索取的利息率一般在百分之五到百分之八，它高于外国金融市场的利率水平，也高于在华洋商之间通融资金时的利率水平，但低于外国资本贷予清政府的政治贷款的利率水平，也低于同时期中国金融市场的利率水平。根据有关记载：伦敦金融市场从1873—1887年，14年间，英格兰银行平均贴现率长期维持在百分之三的水平上。③在资本主义国家，贴现率一般相当于当时的市场利息率。所以，上海怡和洋行有见于上海、伦敦两地利息率的较大差异，一直盘算必要时从伦敦金融市场借进款项，贷放给中国企业。④至于外国在华银行对洋商垫支或贷款的利率，一般不超过百分之五⑤，而外国

---

① 《怡和洋行档案》，转见勒费沃尔：《清末西人在华企业》(Le Fevour E: Western Enterprise in Late Ch'ing China, A Selective Survey of Jardine, Matheson and Company's Operations, 1842—1895)，第113页。
② 参见《光明日报》，1979年8月28日。
③ 克拉潘：《现代英国经济史》中卷，姚曾廙译，第488页。
④ 《怡和档案》，《致米琪(To A. Michie)》，1887年6月9日，转见勒费沃尔，前引书，第13页。
⑤ 徐义生：《中国近代外债史统计资料(1853—1927)》，第2页。

资本给予清政府的政治贷款索息常在百分之八至百分之十①；国内金融市场的利率水平虽无系统的统计，一般总在百分之十左右。试看李鸿章把1887年怡和、华泰两洋行对津通铁路贷款索息5厘，称为"轻息"②；张之洞在1893年为湖北织布局向国外赊购机器需付7厘年息时称："岁息七厘，并不为多。"③ 这些都间接反映了国内利息率较外国实业贷款的利率更高的现象。在这里，应该指出，利率的高低并不决定贷款的性质。因之，把甲午以前的外国实业贷款因其惊人盘剥而称为"高利贷性质的金融贷款"并不恰当。金融资本家把他的货币资本按一定期限贷给产业资本家，实际上就是把货币这种作为资本的使用价值，让渡给产业资本家。从这一意义上说，这一时期的外国实业贷款不能视为高利贷性质的金融贷款，而是属于借贷资本的一种形式。联系我们在前面所搜集的资料来看，甲午以前，外国实业贷款中的一部分，如1885年平度金矿、1887年中国铁路公司，以及1889年湖北织布局等企业所举借的贷款，迄今未曾发现它们的要求有逾越一般经济贷款之外的苛刻内容，可视为外国金融资本家为取得一定的利息而暂时贷给中国产业资本家的借贷资本；而另一部分，如对轮船招商局、开平矿务局、电报局（包括其中某些最后未曾订立的贷款）等便不是资本主义国家通常的经济贷款，而是怀有特定目的、带有资本输出性质的贷款。为了说明这一点，有必要就甲午以前，外国资本对轮船、煤矿、电报各企业的贷款活动进行具体的分析。

---

① 徐义生：《中国近代外债史统计资料（1853—1927）》，第19页。
② 李鸿章：《详陈创修铁路本末》（光绪十五年四月二十日），《李集》，海军函稿，卷3。
③ 张之洞：《致薛福成电》（光绪十九年八月十七日），《张文襄公全集》，卷138，电牍17。

二

轮船招商局是洋务企业中资本力量最为雄厚的单位。1877年3月，它在官款支持下，通过分期付款方式，以规银222万两买下美商旗昌轮船公司的全部财产。从此以后，便面对英国资本太古、怡和轮船公司发动的削减运价的竞争。招商局既要按时偿付旗昌公司第二期船价122万两，又要为在局官款180万两筹付利息。[①] 仅在公私借款利息上，招商局每年必须支付20万两以上。这自然影响企业运营资本的周转。旗昌洋行在侦知招商局资本周转有一定的困难后，曾企图通过贷款，向招商局渗透力量。

1879年10月，旗昌洋行上海分行负责人福士（Frank Forbes）亲自去天津，几次走访北洋总督衙门。他通过北洋官员向李鸿章转达：鉴于轮船招商局资本困难，旗昌洋行愿意提供贷款200万两，作为对该企业的支援，而交换条件是：除以招商局财产作抵押外，旗昌洋行还要过问该企业的经营管理。[②] 在这里，旗昌洋行所追求的不在于贷款利息率的高低，而着重于对企业管理权限的参预。这表明贷款以及由此形成的经济关系将作为旗昌向招商局渗透势力的手段。也许是由于旗昌贷款的动机和目的过于露骨，同时招商局的资金周转在当时还不存在严重的困难，因此，外国资本在这一次活动中未能实现引鱼上钩的愿望。

进入80年代，中国资本主义经济有了较大的发展，具体表

---

① 《轮船招商局第五年、第六年账略》，《申报》，1877年10月22日，1878年10月3日。

② 《怡和洋行档案》，《怡和洋行私人函件》，上海—香港，《致机昔》（To W. Keswick），1879年10月14日，转引自勒费沃尔：前引书，第68—69页。

现在 1882—1883 年上海金融市场对近代企业产生了浓厚的兴趣。这几年中，不论是新创或旧设的近代企业（其中以官督商办企业为主）都在上海招徕资本。它们所发售的股票成为私人资本热烈追逐的对象，其价格往往超过票面额的规定，有的甚至升水达两倍以上。①

在购买股票的热潮中，轮船招商局主要负责人唐廷枢、徐润等都是积极参与者。他们挪用招商局流动资金，从事股票投机。这便引起外国资本代理人的注意，特别是与航业利益密切相关的怡和洋行，更是留意招商局及其主持人的活动。1883 年 8 月初，这家洋行根据收集到的情报，发现招商局运营资金在近期内很可能出现短绌的兆头。于是，它的经理巴德逊（Patterson）急忙向香港总行发去报告："就我最近所知，轮船招商局目前非常缺乏现款。它已向钱庄借入一百七十五万两，而唐廷枢还需另外预借三十至四十万两。我知道他握有开平煤矿股票三千股。为此，他已经向钱庄借进大量款项。……我深信他现在必须筹划一笔现款以保持他对钱庄的信用"②。不言而喻，怡和洋行这样认真地注意上海金融市场的变动，详尽地收集轮船招商局资本运营的情况，当然是为它的特定目的服务的。果然，到 11 月间，上海金融市场由于外国金融势力的干扰，酿成一场严重的货币危机。挪用招商局公款的徐润因地产和股票投机失败，宣告破产，导致招商局运营资本周转失灵。依靠唐廷枢旧日充当过洋行买办的关系，招商局从英国资本怡和、天祥两洋行贷借到七十四万三千余

---

① 参见拙著：《洋务运动与中国近代企业》，第 295—301 页。
② 《怡和洋行档案》，《巴德逊致约翰逊（1883 年 8 月 1 日）》（Patterson to Johnson, 1883.8.1），转见刘广京：《中英航业竞争》，柯文编：《中日经济之发展》（C. D. Cowan: *The Economic Development of China and Japan*），伦敦，1964 年版，第 72 页。

两,期限两年,而以码头、仓库作为抵押,勉强渡过危机。[①] 在这一笔贷款成立过程中,怡和尽管没有像旗昌那样公然要求干预企业的经营管理,但是,以企业的部分财产作为抵押这一事实的本身,也意味着企业主权在一定程度内受到损害。对于招商局来说,这一次抵押借款实为后来多次举借外债度日开了一个先例。紧接着在1885年,它向汇丰银行所进行的抵押借款,严重地损害了它的独立地位。

事实是:轮船招商局为躲避中法战争的破坏,在1884年将全部财产以525万两代价售与旗昌洋行,约定在战争状态结束后照原价赎回。[②] 到了1885年,招商局既要偿还怡和、天祥两洋行欠款,又须赎回抵押旗昌的财产,但"因无款可筹",便又以全局轮船、码头作为抵押品,向汇丰银行告贷,"经律师将(招商局)各项地契、船照均缮押契,赴英领事衙门过立汇丰行名"[③],然后贷得30万镑,年息7厘。从后果看,这一次贷款与其说是外国资本的高利盘剥,毋宁说是蓄意侵蚀企业主权的行动。关于这一点,在1964年就曾有同志作过分析。[④] 不过,当时由于借款经手人盛宣怀所遗留的档案未经整理,无从了解招商局和汇丰银行在1885年7月28日订立借款合同的具体规定,因之也就无法对汇丰银行经理卡默伦(E. Cameron)在1887年8月指示该行天津分行的莱斯(Leith)要挟李鸿章履行"合同"这一要求的意义作进一步的分析,而只能间接地从马士(H. B. Morse)致德璀

---

① 徐润:《徐愚斋自叙年谱》,第89页;孙慎钦:《招商局史稿》,第40页。
② 详见《李集》,电稿,卷3,第4—10页。
③ 张之洞:《查明招商局保借洋款扩充萍矿有益无碍折》(光绪二十五年六月十七日),《张集》,奏议,卷50,第6页。
④ 参见邵循正:《关于洋务派民用企业的性质和道路》,《新建设》1964年第1期;拙作:《关于轮船招商局产生初期发展的几个问题》,《经济研究》1965年11月号。

琳（G. Detring）的函件中所透露的某些情节，说明招商局的独立地位在这次借款后遭到重大损害。近年来，有关盛宣怀档案次第问世，而1885年招商局和汇丰银行订立的借款合同虽然只有部分披露，但其主要内容足以证明，正是由于这笔贷款，汇丰银行得以在特定时期内攫取到监督和支配招商局几乎全部资本的权力。因为成立贷款的主要条件是："合同订立之后，汇丰派一监理之洋人。该洋人可以随时查看局中账簿，并验看各船产业。其人薪水由招商局给发"；"每年有妥当者二人，估局中各产物轮船（产业价值），俟三十万镑金并利还清为止，此二人由汇丰派往，其薪费等项均由招商局付出"；"招商局和汇丰往来银款"，"均由汇丰经手"，"如招商局不能照上所列各款依时办理，汇丰可以有权全行收取，或摘取局中船只各物业，可出卖，可出赁，可出典，听凭汇丰主意"[①]。

显而易见，这样苛刻的"合同"是汇丰银行经过周密策划制定的。它很能帮助我们理解卡默伦指示莱斯向李鸿章施加压力时，必须强调"合同"的有关条款这话的具体意义。现在我们可以看到汇丰银行之所以有权派代表驻局，随时查看企业运营资金的虚实，固定资产的增减，以及流动资金的状况，就是根据"贷款"所由此产生的经济关系而取得的。这种经济关系赋予汇丰驻局代表所拥有的权力几乎与总办、督办相侔。不仅止此，当汇丰银行认为招商局不能"依时"履行合同时，有权决定企业财产的最后命运，"可出卖，可出赁，可出典"。处在这种经济关系的束缚下，招商局还有什么独立地位可言。有的同志在论及1885年的借款时认为招商局没有因这些借款而危害它本身的独立地位。

[①] 《盛宣怀档案》，《招商局向汇丰银行借款合同》（1885年7月28日），转见夏东元、杨晓敏：《论清季招商局的性质》，《历史研究》1980年第4期。

这很可能是忽略了借款合同的苛刻内容，以及汇丰银行代表在招商局的跋扈嚣张。

80年代中期以后，洋务企业对外资的依赖又有进一步的发展。一方面，外资借实业贷款形式给企业带来的危害还不曾引起当事者的重视，另方面，结合在洋务企业里的官商双方由于对企业发展方向产生了严重分歧，在一些重要的洋务企业里出现了人事上的重大改组。北洋官僚集团把原先依靠商人经营企业的方针转变为自身对企业的直接掌握。1884年以后，盛宣怀代表李鸿章充当招商局，电报局和上海织布局的主持人。表面上他虽然也以招集商股相号召，实际上一遇资本不足，便乞贷外资。所以，旗昌、怡和等洋行都以很大的注意力收集洋务企业的各种情报。它们在招商局之外，对办有成效的开平矿务局、电报局和上海织布局也都同样存在着渗透的企图。

有材料反映，就在招商局向汇丰洽借贷款的1885年秋冬之交，开平矿务局也曾向怡和洋行试探贷款。怡和主持人机昔（J. keswiek）认为这是染指开平的良机。他满口答应，但要求贷款的交换条件必须是该洋行全面接管开平煤矿的经营管理。[①] 一向在开平煤矿揽权的总工程师金达（Claude Kinder）和充当李鸿章洋顾问的德璀琳，为了使这种别有用心的贷款能够实现，从各方面为怡和洋行的阴谋游说奔走。[②] 但由于一部分投资开平矿的洋务官僚持异议，其中招商局天津分局总办黄建莞甚至向北京有关部门反映，而且舆论的反对也很强烈，北洋对此不能无所考虑，怡和的贷款活动因之搁浅。

1887年，李鸿章在委派淮系官僚龚寿图等主持上海织布局

[①] 勒费沃尔：前引书，第79页。《沪报》1885年12月8日。
[②] 勒费沃尔：前引书，第80页。

的同时，又指示盛宣怀为该企业洽借外国贷款。外国资本代理人乘机提出的条件仍然是：（一）无条件地允许外国人在华设立工厂；（二）允许洋员充当中国企业的主要成员。① 显然，这些条件既是为了实现外国势力多次提出而一直未获允许的在华设厂合法地位的要求，同时又是为外国资本对正在兴起的中国工业企业进行渗透准备条件。但是，这些条件明显地与洋务派集团经营近代企业的利益相抵触，自然遭到抵制。不过外国资本也未因此放弃任何可以利用的时机。1890年，当上海织布局投产并显示了发展前景时，怡和洋行又主动向织布局表示，它愿意充当织布局的经理部。② 紧接着上海汇丰银行在1891年春向织布局声言，它愿提供贷款100万两。③ 同年6月德华银行也示意提供贷款10万两。④ 所有这些"关注"看来都是别有所图的。它们无非要乘中国棉纺织业进入发轫阶段，寻找渗透势力的时机。

这一时期，美国资本的主要倾向虽然集中于应付国内经济发展的需要。但是，19世纪八九十年代乃是国际资本主义进入夺取殖民地高潮的时期。远东地区，特别是中国广大市场对美国资本无疑具有重大的吸引力。兼以80年代后期，洋务派官僚重视铁路和电线的修建，视为"图强"手段，欧洲各资本主义国家的代理人云集京、津，各为本国资本输出进行激烈争夺。美国势力自也不甘完全置身事外。

1884年底，美国使馆参赞何天爵（C. Holcombe）以官方代

---

① 《马士法文函件》，(1887年3月28日，3月31日，4月26日)，转见费维恺：《中国早期工业化》(A. Feuerwerker: *China's Early Industrialization*)，1958年版，第214页。

② 勒费沃尔：前引书，第46页。

③ 《北华捷报》，1891年5月22日，第619页。

④ 《马道〔建忠〕来电》（光绪十七年五月二十八日），见《李集》，电稿，卷13。

表身份向总理衙门表示，美国商人愿意提供以20年为期的长期贷款2000万两，年息5厘，但"以经营中国所有铁路"为交换条件。① 翌年9月，美国财团又派遣工程师詹姆斯·威尔逊（James H. Wilson）来华进行广泛的调查，研究在中国"如果修建铁路，是不是有利可图。是不是可以为美国资本家获得建路及管理的权力，是不是在一定的条件下，可以为美国的技术和资本获致可观的利润"②。他得出的结论是："为建造铁路和开发这个神秘的国家中的其他工业资源"而贷出资本，"将使我们在实际事务上能对其加以控制，……同时为我们的技术和企业取得利益"③。与此同时，美国政府任命一位"深信应当不怕阻力地追求美国在华利益的时机已经到来"④的陆军上校田贝（Charles Denby）为驻华公使，为美国资本输华积极准备条件。不久，便有由美国费城辛迪加支持设立的所谓"华美银行"（American Chinese Bank）的计划，声言对华提供贷款8000万两，作为修建铁路、开发矿山、敷设电讯等工程的费用，但须以"极广泛的利权作为交换条件"⑤。

那么，华美银行所称"极广泛的利权"究竟是什么呢？不妨举两个实例来说明。其一，当上海电报局向它提出250万两贷款的要求时，华美银行的条件是：一方面要以电报局的财产作为抵押；另方面还须由贷款者"供给一切材料和器械，提供设计师、

---

① 《美国使馆参赞何天爵致总理衙门函》（光绪十六年六月二十四日），转见宓汝成编：《中国近代铁路史资料》第1册，第64页。
② 詹姆斯·威尔逊：《中国旅行调查记》，转见卿汝楫：《美国侵华史》第2卷，第416—417页。
③ 贝雅特：《1885—1897年的外交政策》，纽约1940年版，第424页。
④ 丹涅特：《美国人在东亚》，纽约1922年版，第598页。
⑤ 《北华捷报》，1887年10月13日，第406页。

工程师，及对即将兴建的长途电线进行监督"①。其二，华美银行规定，贷款如果用以修建铁路，则"银行可以成为铁路的共同所有者"②，等等。不言而喻，华美银行的贷款计划就是为了美国资本向中国近代企业伸展势力而设计的。李鸿章对之却甚感兴趣，特派马良赴美进行具体磋商。如果不是因为清政府内部反对激烈，总理衙门不敢批准合同③，铁路利权在甲午之前早就被李鸿章出卖得一干二净了。

从这些事实来看，甲午以前，外国实业贷款的目的并不完全在于高额利息的盘剥。对于这一点，洋务派官僚也是有所觉察的。80年代初，李鸿章在支持刘铭传借洋债修铁路的建议时，提出了三项防范性的规定：为防止洋人把持铁路，"一切招工、购料和经理铁路事宜，由我自主，借债人不得过问"；防止洋人诡谋占据铁路，"不准洋人附股"，"不得将铁路抵交洋人"；防止外国势力借铁路债款侵害中国财政，要事先议明借款"由国家指定日后所收铁路之利陆续分还"④。他明确表示，违反这三点要求，便拒绝借款，即所谓"不如是则勿借也"。在这里我们不厌其详地转述李鸿章所说的三项规定，不是为了评论洋务派举借外债的态度，而是从另一个侧面证明，甲午以前，外国实业贷款往往在追求利息之外，有的掺杂着对企业主权的控制，有的则"规定拿一部分贷款来购买债权国的产品，……作为贷款的条件"⑤。这乃是列宁所说的资本输出的"最普通的现象"。联系我们在前

---

① 《北华捷报》，1887年8月5日，第154页。
② 《北华捷报》，1887年8月12日，第186页。
③ 丹涅特：前引书，第599页。
④ 《直隶总督李鸿章奏》（光绪六年十二月），转见《洋务运动》第6册，第145—146页。
⑤ 《列宁选集》第2卷，人民出版社1960年版，第786页。

面分析的各次实业贷款（包括最后未订立的某些借款活动），人们可以看到，一部分作为贷款的货币资本，尽管为数不多，但已经带有资本输出的性质。这种现象在19世纪80年代后期，即资本主义世界还处在帝国主义前夜的时期，已经在半殖民地中国不只一次地出现，说明它并非一定要迟至甲午以后才见之于实际的。

三

洋务企业向外国资本的贷借活动并非止于1894年。甲午以后，继续经营的洋务企业与外国资本的联系也从未间断。例如，1897年开平矿务局以局产作担保，向英商墨林公司举借贷款140万两，1896年改为官督商办的汉阳铁厂所属的大冶铁矿在20世纪初向日本资本所进行的借款等等，实际上都是甲午以前实业借款的继续。从这一意义上说，探讨洋务企业与外国资本关系时，自然还应对甲午以后的活动，选取典型，进行分析，比较全面地说明晚清实业借款的情况。

甲午战后，国际国内情势都发生了重大的变化。在国际上，19世纪末20世纪初的特点，集中地反映为帝国主义国家在殖民地半殖民地争夺垄断权。这一时期，为攫取中国铁路修筑权和矿山开采权而划分"势力范围"的争夺，以及以贷款为工具控制中国近代企业的活动，都更深刻地体现了帝国主义资本输出的不同形式。就后者而言，帝国主义对汉阳铁厂（即后来的汉冶萍公司）所进行的贷款活动，很可以作为这一时期外国实业贷款的典型，以说明甲午以后帝国主义对华资本输出的特征。

在国内，甲午战争宣告了洋务运动的破产。但是，官督商办企业并未因此停止自己的活动。这不仅表现在某些在甲午以后出现的新企业，如苏纶纱厂、大生纱厂都还是以官督商办或官商合办名义发其端；而且旧有的官办企业，如汉阳铁厂，还在1896年改变为官督商办组织形式。所以不能把甲午战争的失败视为官督商办企业的结束。不过控制洋务企业的大官僚则因甲午战争而出现了某些变化。洋务派淮系势力在甲午之后一度消沉，湖广总督张之洞在华中崛起。一向为李鸿章作经纪而与英、德、美、日有广泛联系的盛宣怀转而与张之洞结合，接办汉阳铁厂，主持中国铁路公司。外国资本便借盛的招引，向华中扩张。这一时期，汉冶萍公司所举借的外债在外国实业贷款总额中占有很大的比重，非常引人注目。

据徐义生同志整理的《中国近代外债史统计资料》计算，从甲午至辛亥，19年中，清政府向外国资本举借的全部外债计有111笔，其中实业借款（包括铁路、工矿、电报等部门）共59笔。这59笔中属于工矿借款的为24笔，汉冶萍公司一家便占了22笔。① 这个统计所依据的材料还不完全，却是目前惟一比较全面和可靠的统计，很能帮助我们了解汉冶萍公司外债在甲午以后的工矿企业借款中的重要地位。另据汪熙同志就《盛宣怀档案》中对汉冶萍公司外债的数额所作的整理和换算，从1898年到1911年，汉冶萍公司向英、德、日等国共举借外债达二千九百八十余万关两，其中以借自日本的债款为最多，计达一千九百四十余万关两，占借款总额百分之六十五。② 无疑，所有这些债款的贷予，在不同程度上都包含着债权国染指企业的企图，特别是日本的表现尤为突出。它和盛宣怀在1902—1904年订立的兴业

---

① 徐义生：《中国近代外债史统计资料（1853—1927）》，第28—52页。
② 《汉冶萍公司外债总表及清单》，《盛宣怀档案》，转见汪熙：《从汉冶萍公司看旧中国引进外资的经验教训》，《复旦学报》（社会科学版）1979年第6期，第26页。

银行300万日元的贷款，其过程之曲折，反映了外国资本的掠夺随着帝国主义时期的到来而变本加厉。[①] 因此，这一笔贷款对于进一步认识外国实业贷款的实质是很有意义的，值得作为典型来剖析。

盛宣怀在1896年接办汉阳铁厂后，虽将企业的经营形式从官办改为官督商办企业，但并未因此争取到私人资本的支持。1898年，为汉阳铁厂准备可靠的燃料基地而开发萍乡煤矿，盛宣怀以招商局在上海洋泾浜的栈房作担保，向德国华泰银行代理商——礼和洋行（Carlowitz & Co.）借贷400万马克（约合一百三十二万九千余两），议定萍乡煤矿一切机器设备和技术人员均须从德国购买和聘请[②]，因而德国资本首先侵入萍乡煤矿。

除德国外，企图染指汉阳铁厂、萍乡煤矿的还有英、日、比利时各国。当时掌握华中实权的张之洞，在甲午以后的对外态度，先则主张联俄亲德，反对英、日；及至1897年，德国借曹州教案，公然攫夺山东路矿权益，全国震动。英、日势力便乘机以"合保长江"名义向张之洞等施加影响。于是他又转而倾向英、日。[③] 所以，1898年，日本前首相伊藤博文访华时，特地到湖北与张之洞做政治，经济交易。嗣后便有**盛宣怀与日本八幡制铁所在1899年2月签订"煤焦铁矿互售合同"**。此项合同不仅在

---

① 应该指出，日本在当时也是一个负有外债的国家。它在1896年欠外债四十六万七千余日元（见洛克伍德：《日本经济的发展1868—1938》，1954年美国版，第254页）。1904年增为四亿两千余万日元，1905年更增至十四亿余日元，直到1911年，它的国外借款长期在15亿日元上下（见长冈新吉、田中修、西川博史：《近代日本经济史》，1980年日文版，第107页）。它显然不是资本过剩的国家。但它利用甲午战后时机，尽力挤入争夺中国市场的斗争。

② 徐义生编：前引书，第32页。

③ 参见邵循正：《辛亥革命前五十年间外国侵略者和中国买办化军阀官僚势力的关系》，《历史研究》1954年第四期。

经济上对日本有利，而且为日本势力楔入华中打开了缺口。①

当盛宣怀在1902年和礼和洋行再次洽商新贷款，因条件悬殊延宕未决时，日本便以"购运大冶矿石预借矿价"的名义赶紧与盛联系。出面与盛接触的并非一般商人，而是日本驻上海总领事小田切万寿之助，而小田切的一切行动则是严格遵循日本外务省的指示。这就是说，商洽中的贷款实际上是在日本政府直接指使下进行的。

日本政府之所以急于向大冶铁矿伸手，是因为它在1897年在九州福冈县创建了八幡制铁所后，一直苦于国内铁矿资源贫乏。它根据一个曾任清政府实业顾问、后来改为专驻大冶铁矿代表西泽公雄的调查，深知大冶铁矿蕴藏丰饶，矿质优良，是一座"很有希望的矿山"。所以，当盛宣怀表示乞求日本贷款的愿望时，日本外务大臣小村寿太郎立即指示小田切，必须注意日本以外的"外国人对此（大冶铁矿）也有觊觎之意"，因此，要在"确定我方权利"的情况下，满足盛宣怀的贷款要求。② 随后，他又在1903年2月5日具体指示小田切在与盛磋商过程中，必须注意："（1）借款定为日元两百万元，倘必须增加，则定为三百万元，利息长年六厘，以三十年为期，（2）以大冶矿山、铁

---

① 这项合同主要内容有：日本制铁所向湖北汉阳铁厂所属大冶铁矿购买矿石，每年定购头等矿石5万吨，每吨价日金3元；汉阳铁厂每年购买日本焦煤至少三四万吨，价格按时价议定；（大冶）附近产铁山场，除汉阳铁厂按月先尽自用外，合同期内，亦必先尽日本每年5万吨之矿石，绝无缺少，如日本要加买矿石，亦必照办；日本制铁所不得于大冶之外另与中国各处另立买铁之约，大冶亦不得将铁石卖与在中国地方另设洋人有股之铁厂；日本制铁所拣派要员二三名，常驻大冶石灰窑、铁矿两处，以便经理购买矿石等一切事宜。合同有效期为15年。详见《矿务档》第四册，第2322—2324页。

② 《日本外务大臣小村寿太郎致驻沪总领事小田切万寿之助》，（明治三十五年十二月二十七日），《日档》，76/186。

路、房屋及一切机器等类作为该借款之担保。此项矿山、铁路、房屋及一切机器等在该期限内不得让与其他国家，亦不得再作为担保之用。"① 据此，小田切对盛宣怀一再强调大冶铁矿权益不得让与日本以外的其他国家，也不可以铁矿权益作为借用日本以外的其他国家贷款的担保，而归还贷款的手段规定为从出售给日本的铁矿价值中扣除，不还现款。②

为了保证日本势力能长期控制大冶铁矿，日本外务大臣再次指示小田切在谈判中还必须注意："尽量巩固汉阳铁厂和八幡制铁所的关系；防止大冶铁矿落入他国之手，此实为保全我国制铁所发展的必要措施。为此目的，尽可能将借款期限延长，这就是目前定为30年的理由所在"，"无论如何，三十年的期限必须予以坚持"③。众所周知，历来提供贷款的资本主义国家在磋商过程中总是强调最高的利息率和最短的期限。而日本的要求恰好相反，它不斤斤计较利率，又坚持放宽贷款期限，是此前外国实业贷款中少见的现象。这恰好说明这一笔实业贷款的动机和目的不仅在于经济要求。

值得指出的是，在磋商贷款的过程中，日本驻沪领事密切注意盛宣怀的活动。1903年3月，盛因事赴京，日本外务省接到报告后，立即电示驻华特命全权公使内田，通知他，"盛宣怀本月十四日将从上海启程赴北京，望利用会晤时机，向盛作一劝告（指以大冶铁矿作为借款担保，以确立日本对该矿的权利），从中

---

① 《小村外务大臣致小田切总领事》（明治三十六年二月五日），日本外务省编：《日本外交文书》卷36，第2册，第205页。

② 《驻沪小田切总领事致小村外务大臣电》（明治三十六年二月六日），《日本外交文书》卷36，第2册，第199页。

③ 《小村外务大臣致小田切总领事》（明治三十六年三月十日），《日档》76/168。

协助小田切总领事"①。到3月下旬，小田切又了解到盛在上海时，还曾与比利时、德国有过接触，但因"盛宣怀已晋京，故万事不明"。他惟恐盛宣怀与各方面"竞行交涉"，谋求"对自己最有利的条件而与之订约"。因此，他建议日本政府："目前需要特别注意，希望驻北京的帝国公使在此期间，监视此人的活动，见机与他及〔中国〕外务部进行交涉。"②

从1903年3月小田切根据日本外务省指示提出第一次贷款方案后，他一直在进行紧张活动，到1903年11月9日，终于与盛宣怀在上海签订了借款临时草约十款。其中主要的条款有：第一款，督办湖北汉阳铁厂之大冶矿局，订借日本兴业银行日金钱300万元，以30年为期，年息6厘。第二款，以大冶之得道湾矿山大冶矿局现有及将来接展之运矿铁路，及矿山吊车、车辆、房屋、下陆修理机器厂为该借款担保之项。此项担保在该期限内不得或让或卖或租于他国之官商，即欲另作第二次借款之担保，应先尽日本。第三款，聘请日本矿师。第四款，此次借款言明以制铁所按年所购矿石价值，给还本息，不还现款。第七款，借款合同期限既订明30年，则每年还本以10万元为度。如某年制铁所收运矿石吨数，价值仅敷还息，则先尽还息。是年应还本项，便迟至下一年归还。又如制铁所收运矿石吨数价值，除抵还借款利息外尚有多余，大冶矿局即将此多余之数，尽数抵还本项，利随本减。倘本项逐渐减少，计算不到30年便可还清，则大冶矿局暂停数年还本，以符合同30年期限。此暂停还本数年

---

① 《小村外务大臣致内田康哉全权公使》（明治三十六年三月十日），《日档》，76/186，机密第13号。
② 《小田切总领事致外务大臣小村》（明治三十六年三月二十七日），《日档》，76/186，机密第40号。

内，矿价抵息外，多余之数，制铁所付交现款。①

上述合同的主要条款充分反映了日本的意图，这就是尽一切办法长期控制大冶铁矿。

对于盛宣怀和小田切的多次磋商，张之洞全力支持。虽然他对草约中规定以矿山作保一款，一度犹豫，指示盛设法取消，但遭日方代表强烈反对。据盛称，日本的理由是："商家三五万款项尚需的保，况什百倍蓰于此，……断难遵删"，而且"词意决绝"②。张之洞随即表示妥协，自我解嘲地说什么"三十年后本利全清，虽指山作保，似亦无妨"③。于是"大冶购运矿石预借矿价正合同"遂于1904年1月15日签订。④ 它除了在个别地方稍有变动外，基本上与草约内容相同。多年来日本梦寐以求控制大冶铁矿作为八幡制铁所原料基地的图谋终于全部实现。继1904年之后，日本还在1905年、1908年、1910年、1911年先后对汉冶萍公司提供计达一千二百余万日元的贷款⑤，其本息均以大冶矿石作为偿还手段，从而使汉冶萍公司长期无法摆脱日本势力的控制。而日本政府利用在表面上是"商业关系"的贷款，逐步取得萍乡煤矿、汉冶铁矿的"采掘权"，进而"使企业管理权归于本邦之手"⑥。

日本资本对汉冶萍煤铁资源的掠夺并非就此止步。1908年

---

① 《大冶铁矿购入借款关系杂纂》，《日档》，76/186。
② 盛宣怀：《寄外务部张宫保、鄂端午帅》（光绪二十九年十一月初六日），《愚斋存稿初刊》卷62，第6页。
③ 《张宫保来电》（光绪二十九年十一月初九日），见《愚斋存稿初刊》卷62，第11页。
④ 详见《矿务档》第4册，第2333—2337页。
⑤ 按汪敬虞：《中国近代工业史资料》第2辑，第120页插页所列数字计算。
⑥ 《日本农商务大臣、外务大臣、大藏大臣致内阁总理大臣请求阁议案》（明治三十八年八月二十一日），《日本外交文书》第38卷第2册，第207页。

10月，它利用盛宣怀东渡日本治病时机，由外务相和内阁大臣出面，侈谈中日"推诚协和"、"合资经营"①。内阁大臣桂太郎在接见盛宣怀时，径以八幡制铁所的创办和生产为话题，毫不掩饰地表示"敝国原料不多，故有购运大冶矿石之举。鄙见最好两国合办，贵国富原料，敝国精制造，资本各半，利益均分，通力合作"。桂太郎很了解汉冶萍公司的要害之一是资本短绌，便借题发挥："大凡办事总须资本大，方能获厚利。"他怂恿盛宣怀到八幡制铁所时，"详细阅看，或可商量一合办之法"②。十分明显，日本当权者在当时倡议的所谓中日"合办"，不过是为日本势力鲸吞汉冶萍公司开辟门径。但是，他给予盛宣怀的影响很深。据大冶铁矿监督西泽称，"邮传部尚书盛宫保（宣怀）希望在五六年以内组织一个大的托拉斯，大规模地开展中日两国的冶铁工业"，盛"极力主张日本人利用中国人的商业才能，在中国的广大市场上和他们合作"③。这表明日本势力的引诱确实产生了作用。及至武昌起义，盛宣怀惶惶然，妄图"以该铁厂和日本国具有利害关系为理由"，热望日本出面"设法予以保全"。日本驻华公使顾虑时局动荡，"不能草率从事"，而要"静观事态发展"④。嗣后盛又提出"由汉冶萍公司（向横滨正金银行）借款六百万元"，其目的全在于争取日本对"保护汉阳铁政局做出确实保证"。对于此项要求，日本公使伊集院的反应便很积极。他虽也认为这时贷款"难保不承担若干风险，但就其最终结果来看，总会有助于我方对汉冶萍公司伸展势力和确保权益"。因此，

---

① 盛宣怀：《愚斋东游日记》，第46—47页。
② 《愚斋东游日记》，第52页。
③ 《北华捷报》1911年10月14日，第106页。
④ 《伊集院驻清公使致林外务大臣电》（1911年10月12日），邹念之编译：《日本外交文书选译》，中国社会科学出版社1980年版，第42页。

他向外务大臣内田建议,要"不逸时机,设法促其实现"①。不久,清政府慑于铁路风潮,撤去盛宣怀本兼各职,随之辛亥革命爆发。盛遂在惊惶失措中于1911年10月28日"投身正金银行(北京)支店长寓邸";旋又在同年底,在英、美、德、法、日势力的庇护下,避居大连,逃亡日本,再次乞求正金银行代表小田切援手。小田切则利用盛进退失据的境遇,为吞并汉冶萍进一步施加压力。他表示:"惟闻三井(洋行)曾有华日合办(汉冶萍公司)之说,弟一再筹思,除此实亦别无办法。"② 不久便有消息透露,小田切和盛宣怀经仔细研究后,佥认为汉阳铁厂、大冶铁矿、萍乡煤矿"这一项贵重资源应由一日中合办的机构来管理、经营"③。事实上这个报道不过是对1912年1月29日签订的"汉冶萍公司中日合办草约"这一事实的反映。"中日合办草约"虽然最后在全国强烈反对下被迫废除,但是,历史的实际反复证明,帝国主义国家的实业贷款说到底是对殖民地半殖民地国家进行掠夺的一个组成部分。

综合以上所述,产生于半殖民地条件下的洋务企业,在它的发展历程中遭遇到外国势力多方面的干扰。外国资本的贷款,从实质上说,也是外来干扰的一种曲折的表现。它为外国势力的渗透所起的作用是其他手段难以比拟的。

人所熟知,洋务企业中的轮船招商局在70年代初创立时,立即遭到外国航业势力的倾轧。但是,竞争所导致的损失,竞争

---

① 《伊集院驻清公使致内田外务大臣电》(1911年10月24日),邹念之编译:《日本外交文书选译》,第48页。
② 《小田切万寿之助再复盛宣怀函》(1912年1月24日),东京,转见陈旭麓、顾廷龙、汪熙主编:《辛亥革命前后——盛宣怀档案资料选辑之一》,上海人民出版社1979年版,第234页。
③ 《北华捷报》,1912年2月10日,第361页。

者双方毕竟都要承受。当时招商局固然因倾轧处境艰难，而经营航业的外国洋行也未能由此获利。美商旗昌轮船公司在1876年闭歇和出售，原因之一，未尝不是与当时中外航业激烈竞争密切相关的。可是一当外国势力以贷款者的身份与洋务企业形成了债权者和债务者的关系时，它便可以利用这种君临于人的关系，片面获致重大利益。轮船招商局便因举借外债，从对等的独立地位，降落到受人束缚的境地。而与外国资本发生了借贷关系的其他洋务企业在经济地位上的变化，几乎都与招商局的境遇相同。这是中国近代企业与外国资本发生联系后所暴露的一个特点。

历史地考察外资对洋务企业贷款作用时，我们看到，在19世纪七八十年代之交，外国贷款大抵是以通常的经济贷款进行活动的；但从80年代中期以后，情况开始出现变化。外国实业贷款中已经有一部分转向带有资本输出的性质。甲午以后，这种变化迅速发展，成为实业贷款中的普遍现象。这种情况的变化，从根本上说，是与世界资本主义从19世纪80年代以后向垄断资本主义阶段过渡这一特点相关联的。因此，在分析半殖民地国家外国实业贷款的作用时，必须根据具体情况，进行具体分析，才能取得合于实际的结论。

作者附记：本文引用日本档案材料，除注明译者姓名者外，均系中国社会科学院经济研究所简萍同志协助，特此致谢。

（原载《历史研究》，1982年第4期）

论中国资本主义现代企业产生的历史条件

中国封建社会经过两千多年的发展，到了明代中叶以后，由于社会生产力的提高，国外白银流入的刺激，商品货币经济有了较为明显的发展。这种发展延续到鸦片战争前夕，使农村兴起了众多的"集"、"市"，也使当时作为政治、军事、经济和文化中心的县城、省会和大都市更为发达。例如北京、天津、苏州、扬州、广州和汉口等都成了拥有十余万乃至数十万人口以上的大都会。庞大的城市人口和地域分工，造成了庞大的商品市场。东北的大豆，华北的棉花和小麦，江浙的丝绸和土布，闽广的蔗糖，两湖和台湾的大米，沿海各省的盐和海产以及西部各省的药材和畜产，都已经有了广阔的流通幅度；其中茶叶、生丝和土布开始销往国外。这种商品经济的发展，导致了封建社会的阶级分化，造成了很大的劳动力市场。在这种商品市场和劳动力市场的基础上，出现了资本主义的萌芽。如果没有外国的侵略，中国是会走向资本主义的。但是，第一次鸦片战争却破坏了中国的独立地位，以致中国资本主义的发生和发展，只能在半殖民地的条件下，曲折前进。诸如手工业遭到破坏，商品市场和劳动力市场的进一步扩大，货币资本的积累，都是在外力侵略下发展的。

一 手工业遭到破坏

中国封建经济也以工农结合的小农经济为基础。工农结合最为广泛的形式，是农业和手工棉纺织业的结合。我们分析小农经济的分解过程就以这种结合形式的分解作为典型。

人们一提到工农结合的小农经济，就说这是自给自足的自然经济。不错，农民经营的家庭副业中的手工业生产有许多是自给自足的。但是具体分析起来，也有许多副业是商品生产，不是自给生产。例如蚕桑、制丝、制茶、制糖等等，都是为了出卖，不是为了自给。就连棉纺织副业，也有许多农家是为了出卖，而不是为的自给。至于散落在城乡的许多独立手工匠人所经营的小手工业，更是为了出卖，而非为自给。所以洋货进来不是对中国自然经济的分解，而是对手工业的破坏。在外国机制品的冲击之下，所有副业和小手工业都遭到破坏，促进了商品市场和劳动力市场的扩大。

早在第一次鸦片战争后的 40 年代，就已经出现洋纱布破坏中国手工棉纺织业的零星记载。例如 1845 年福州将军兼管海关的敬敦数就说过，厦门开埠的第二年，洋纱布就"充积于厦口"，"其质既美,其价复廉"，经由内地商贩运销,致令"江浙之棉布不复畅销"，"闽产之土布、土棉,亦因壅滞"①。1847 年，上海英商也说英国布匹代替了土布,致使当地的手织业迅速减产。② 宁波开埠后

---

① 福州将军兼管闽海关敬数：《请变通收税章程折》(道光二十五年三月十七日),《户部抄档》,中国社会科学院经济研究所藏。
② 英国蓝皮书：《1847 年对华商业关系小组委员会报告书》(B.P.P.: *Report from the Select Committee of Commons on Commercial Relation with China*, 1847)，第 65—66 页。

不久,洋布也"使许多手织工停止了生产"①。不过,这个时候的英国社会生产力还没有强大到足以把棉纱布经过远洋运输,送到中国市场上来摧毁中国的手工棉纺织业的地步。但五口通商后,英国人大量向中国输送纱布确是事实。就在 1846—1847 年,英国棉纱布已经大量堆集在口岸仓库里,不得不削价倾销,或者公开拍卖了。据此,我们绝不可得出结论说,早在这个时候,英国棉纱布就已所向无敌地破坏中国的手工棉纺织业了。

事情的重要变化发生在 19 世纪 60 年代以后。首先,通过第二次鸦片战争,英、法两国强迫清政府增开了 11 个通商口岸,建立子口半税制度,又重订海关税则,把棉纱的进口的价税率从 1843 年的 6.94% 降为 4.86%,斜纹布从 7.89% 降为 5.05%,印花布从 14.25% 降为 4.98%② 这一切都扩大了英国棉纱布在中国的竞争能力。还有,从五六十年代开始,西方各国又开始了产业革命的第二次浪潮,普遍提高了加工制造和交通运输的社会生产力水平,降低了机织品的生产和运销成本。1861 年到 1865 年的美国内战则中断了美棉对英国的供应,迫使英国向埃及和印度搜购棉花。不仅如此,从 60 年代起,印度和日本也开始建立现代化棉纺织工业,这就一面使一向依靠印度供应大量棉花的中国,进口棉花直接下降,出口棉花不断上升,从而减少了中国手工棉纺织业的原料来源。这一切都助长了洋纱布对中国手工棉纺织业的破坏作用。

中国海关的统计表明,从 70 年代初叶到 80 年代末,在将近 20 年内,进口洋纱布的单位售价直线下降了 25% 左右,棉纱的

---

① 马丁:《中国的政治、商务和社会》(R. M. Martin: China: Political, Commercial and Social),卷 2,第 308 页。
② 英国国会蓝皮书:《关于额尔金勋爵前往中国和日本特别使命文件集》(Correspondences relating to the Earl of Elgin's special missions to China & Japan, 1857—1859),第 418—423 页;1858 年 10 月威妥玛致额尔金勋爵函(Mr Wade to The Earl of Elgin)。

进口量增加了20.64%，棉布的进口量增加了27%。① 在洋纱布的这样跌价进攻之下，中国的手工棉纺织业终于发生了分解。

例如，1868年，厦门海关在分析当年洋纱进口增加的原因时说："厦门的洋纱交易很大，1868年的进口较1867年几乎增加一倍。而洋纱价格和棉花价格比较起来，显得非常便宜，所以用洋纱织布就比用中国人自纺纱合算了。"② 广东番禺在70年代前，"洋纱自外国至，质松价贱，末俗趋利，以充土纱"，手纺业者"遂多失业矣"③。80年代初的汕头情况是：便宜的印度孟买棉纱击败了当地手纺业者以宁波和上海棉花为原料纺成的土纱。④ 稍后，山东烟台也因"棉纱进口的增加，严重地影响了当地的纺纱业"⑤。九江洋纱进口的不断增加，也使棉花的进口量减少。⑥ 汉口地区"用棉纱织布比用中国棉花（纺纱织布）大为便宜"⑦。在一向依靠沿江各省输入棉花的四川省，棉花"每斤售价与洋棉纱相同"，但"洋纱不待再纺，即可织布，土棉则需纺而后织，人工既费，成本亦增"⑧。云南和贵州也发生同样的情况。90年代中期，一个在川、滇、黔进行调查的英国考察团发现，在贵州独山黄草坝一带，"随便走进哪一家农户，都可以看到，

---

① 价格指数见《海关十年报告》（1882—1891），附录，页XX；进口量指数见《海关十年报告》（1922—1931），卷1，第113、182页。均转见严中平：《中国棉纺织史稿》，科学出版社1955年版，第72页。
② 《关册》，1868年，厦门，第71页。
③ 史澄等：《同治番禺县志》，卷7，第1页。
④ 《英国领事报告》，1883年，汕头，第143页。
⑤ 《关册》，1886年，烟台，第41页。
⑥ 《英国领事报告》，1886年，九江，第1页。
⑦ 《光绪十六年汉口华洋贸易情形略论》，《通商各关华洋贸易总册》，下卷，第55页。
⑧ 《光绪十六年宜昌口华洋贸易情形略论》，《通商各关华洋贸易总册》，下卷，第51页。

曾经是不可缺少的纺车，如今都蒙上了尘土，被人遗弃了。而一捆捆孟买机制棉纱似乎使人注意到手纺车已经不合时宜了"[1]。如此普遍地在各地出现的洋纱取代土纱的现象，无疑表明了手纺业在60年代以后的30年中，越来越陷于衰落的境地了。

洋纱之外，洋布也凭借低廉的价格排挤土布市场。例如，长江沿线的九江是1862年开埠的。到1867年，那些从未穿用洋布的人也因洋布售价低廉，开始穿用起洋布来。[2] 洋布的缺点在于牢度差，不耐穿用。然而它在幅宽、质细、价廉这三个方面足以弥补它不耐穿用的缺点。所以到70年代以后，它终于赢得了城乡居民的喜爱。汉口的记载称：长江中游的"农民开始发现这种外国货物（洋布）比他们自己的（土布）便宜得多，在某种程度内,（它的低廉价格）抵补了它不耐用（的缺点）"[3]。在浙江，廉价的本色市布也在沿海城市流行起来。宁波市场的供销情况清楚地反映了，即使是购买力很低的城乡贫苦居民，也舍弃土布，消费虽不耐穿但很便宜的洋布。[4] 同时运销到内地，也能迅速销售出去。即使在比较贫瘠和人口稀少的浙西地区如衢州、余姚、金华等地，洋布也十分流行。[5]

总之，19世纪60年代以后30年中，洋纱、洋布对于中国手工棉纺织业发生了很大的分解作用。不过，对于这一过程，我们还必须注意纺、织两业是有很大差异的。

在棉纺和棉织这两道工序上，纺纱机器所能代替手纺车的生

---

[1] *Report of the Mission to China of the Blockfarn of Commerce*, 1896—1897, 第270—271页。
[2] 《关册》，1867年，九江，第4页。
[3] 《英国领事报告》，1871年，汉口，第34页。
[4] 《英国领事报告》，1875—1876年，上海，第17页。
[5] 《关册》，1871—1872年，宁波，第133—134页。

产工效,要超出织布机所能代替手织机生产工效的许多倍。因此,即使在英国,纺纱机排挤手纺车的过程也比织布机排挤手织机的过程快速得多。马克思分析英国棉纺织业对印度手工纺织业的分解作用时指出,英国人先是摧毁了印度的手纺业,然后再摧毁了印度的手织业。[1] 60年代以后,中国洋纱进口量的增长速度远远超出洋布的进口量,也说明了同样的问题。这就是,先是造成纺织分离,然后才造成耕织分离。

有一项记载说,在19世纪50年代初期的厦门,"经纪人虽然还不要进口的棉织品","却已倾向于要粗支的棉纱"[2]。前面所引1868年厦门的记载,80年代初汕头的记载,90年代汉口和四川的记载都说明,手织业者与其自行纺纱织布并不如购买洋纱织布来得合算,因而他们越来越多地不再自行纺纱。这就是进口洋纱造成了纺织分离。与此同时,人们又看到,洋纱的充分供应解除了手工纺纱不足供应手织原料的限制,促进了手织业的发展。在历史上,自从19世纪30年代以后,本来大量出口的南京布日益衰微,到了四五十年代,不复有南京布的出口。但是从70年代起,洋纱大量进口以后,土布的出口又有迅速增长。在70年代初,这项出口价值不足20万关两,到90年代前期,已增至三百三十余万关两。[3] 这就是手织业重新发展的结果。

不过,耕织分离的过程同时也在进行之中。原来重新发展的手织业,很多都不复是那种作为农家副业的手工业生产,而是贫

---

[1] 参见马克思《不列颠在印度的统治》,《马克思恩格斯全集》,卷9,人民出版社1972年版,第146—147页。

[2] 戴维兹《美国外交和政府文件:美国与中国(1842—1860年)》第1辑,(Jules Davids: *American Diplomatie and Public Paper*, *The United State and China*, Series 1. 1842—1860),卷20,第20—21页。

[3] 参见《关册》有关年份统计报告。

苦农民所经营的专业化商品生产。总而言之，60年代以后，外国侵略势力的扩大和深入，促进了中国商品市场和劳动力市场的扩大是毫无疑义的。

在手工业遭受破坏的历程中，还有一个值得注意的现象，就是外国势力对农产品加工业的破坏。

从60年代起，外国侵略势力就在通商口岸及其附近非法设立农产加工厂了。例如，汉口、福州、九江的外国商人为便于输出大量茶叶，就擅自设厂，制造砖茶；上海的英、美洋行如怡和、旗昌擅自设立丝厂或缫丝局，进行缫丝。80年代后，日本、英国的势力则收购籽棉、设厂轧花等等。这些工厂都破坏了原有的农产加工业。

外国势力的入侵，还促进了中国的农产商品化。例如，由于生丝出口的增加，江浙境内一些原不植桑养蚕的地区，便改以蚕桑为主要副业。无锡、金匮两县向来"饲蚕之家不多"。60年代后，因受洋商收购生丝的刺激，致使两县的"荒田隙地，尽栽桑树，由是饲蚕者日多一日，而出丝者亦年盛一年"[①]。又如"素不饲蚕"的高邮县，60年代中叶以后，才开始设立湖桑局；由于丝贩为洋商年年收购生丝，以致该县农民"以农兼桑者，不可胜计"[②]。70年代后，由于洋商向内地买茧，买办商人在江阴设行收购，使当地"育蚕者骤增"；几年之后，竟使江阴农民"每岁售茧所获逾百万金，且递增不已"[③]。70年代初，生丝出口的增加，刺激广东有些农民把种稻的大片土地改为桑园。[④] 茶叶的出口也发生了同样的作用。60年代汉口茶叶贸易兴盛，刺激了

---

① 《申报》，1880年6月21日（光绪六年五月十四日）。
② 夏子飏等：《再续高邮州志》，光绪九年刊，卷2，第26页。
③ 夏孙桐：《观所尚斋文存》，民国四年刊，卷7，第14页。
④ 《英国领事报告》，1872年，广州，第13页；《关册》，1871—1872年，广州，第213页。

湖南种茶业的发展，平江一带"凡山谷间向种红薯之处，悉以种茶"①。而夙以"家家种麻"著称的浏阳，也因外国茶船在汉口"收茶不计值"，而"湘茶转运近捷，（业）茶者辄抵巨富"，使得浏阳农民"以素所植麻，拔而种茶"②。美国内战期间，棉花价格上涨，刺激了浙江省植棉业的发展。1861年美国内战爆发后，当每包棉花价格从9元猛涨至28元时，宁波地区的农民便放弃其他农作物的种植，而专意于植棉。③ 80年代以后，又因为日本对华棉需求增长，又促使宁波地区棉田面积继续扩大。④

桑、茶，棉等经济作物种植面积扩大，反映了商业性农业的发展。这些经济作物生产的增长，都是为了适应出口需要进行的，从而就使相当大的一部分农民经济生活与国际市场的变化发生了密切的联系。

由此可见，外国资本主义侵略对中国城乡手工业的破坏，促使中国封建经济解体，而商业性农业的发展又加速了这一解体的进程。应该进一步指出的是，在中国城乡手工业遭到破坏的过程中，中国农村也逐步沦为资本主义国家的原料供给地。商业性农业的某种程度的发展，也从另一方面反映了中国城乡经济半殖民地化的演变过程。

二 商品市场的扩大

鸦片战后的50年中，外国机制品的入侵和中国农产品的外流，都扩大了国内的商品市场。首先，外国机制品破坏了工农结

---

① 李元度等：《平江县志》，同治十三年刊，卷20，第3—4页。
② 谭嗣同：《浏阳麻利述》，《农学报》，第12期，光绪二十三年九月刊。
③ 《关册》，1869年，宁波，第63页。
④ 《关册》，1893年，宁波，第281页。

合的封建经济，使得原来自给自足的农民变为外国机制品的消费者。其次，农产商品化的发展也促进了地域分工，扩大了商品市场。

从进出口贸易价值的增长上看，鸦片战后50年中商品市场的扩大是十分显著的。

鸦片战后进出口贸易货值统计（1864—1894）　　单位：关两

年　别	进口总值	出口总值
1864	46210431	48654512
1869	67108533	60139237
1875	67803247	68912929
1879	82227424	72281262
1885	88200018	65005711
1889	110884355	96947832
1894	162102911	128104522

资料来源：各年《海关统计》。

全国进出口货值的比较可靠统计数字，始自1864年的海关统计报告。从60年代中期以后进出口货值的变化来看，鸦片战争后，在中国迅速地被卷入世界市场的同时，国内市场的确是空前扩大了。30年中，外国商品从四千六百余万关两递增到一万六千余万关两，输入货值增达3倍左右。所有这些输入的商品中只有很小的一部分销售于口岸市场，绝大部分依赖内地市场的吸收而达于消费者之手。同期集中到口岸出口的农产品从四千八百余万关两发展到一万二千八百余万关两，它们也必须通过国内各级市场的汇集和转输。30年来进出口商品量的不断增加，也就意味着国内商品市场在不断扩大。如果考虑到鸦片战争前夕，进口商品值不过一千零二十余万元，出口的农产品为一千三百三十余万元这一事实时[1]，则50年中国内市场的扩大真不可以道里计了。

进出口商品量的增长，促进了通商口岸和内地城镇商品市场的增长。鸦片战争以后，开五埠对外通商，位于长江出海口的上海很快就取代了广州，成为全国对外贸易的最大中心。

上海在1843年开埠之前，原与关东、辽东、天津、山东、福建及广东等地就有海船联络。开埠以后，出口贸易最大宗的丝茶贸易中心很快就从广州转移到了上海。例如此前必须远运广州出口的江南辑里丝，现在便转趋上海。"湖丝出口益伙，颐岁可十万包。"[2] 在这样庞大交易量的刺激下，江浙城镇如乌程、南浔、震泽等地，就明显地成为日臻繁盛的生丝贸易的市场。从前必须取道广州出口的浙江平水茶叶，在五口通商后，也立即改"由宁波而趋上海"[3]。茶叶的价格因运费节省而降低。外国商人发现，在上海，最好的茶叶价格比广州低24%。[4] 从而茶叶外销量的扩大，使地方的茶叶市场也相应繁荣起来。此外，长江上游的农副产品过去必须集中于湘潭，转运广州出口，现在可以沿长江顺流而下，以上海为集散中心。所以，上海开埠不久，"这个口岸麋集着从事于内地运转的各种大小船只，……它们运来大量茶叶和生丝，供应在上海开业的英商的需要，回程则载走欧美的制造品"[5]。因此，开埠不久，上海的进出口贸易量的迅速膨胀，

---

[1] 璞鼎查(Sir Henry Pottinger)致阿伯丁(Earl of Aberdeen)第34号发文，英国外交部档案，F.O.228/32，转见严中平：《英国资产阶级纺织利益集团与两次鸦片战争史料》，《经济研究》，1955年第1期，第72页。
[2] 周庆云：《南浔志》，卷46，第47页。
[3] 前建设委员会经济调查所编：《浙江之平水茶》，第2页。
[4] H. C. Sirr: *China of the Chinese*，卷1，第224页。
[5] R. Fortune: *Three years Wandering in the Northern Provinces of China*, p. 112.

就已经十分引人注目了。① 上海既成为长江流域和南北各省商品的集散枢纽，和上海密切联系的城市如镇江、苏州、汉口等地，也就因其成为进出口商品的中转市场而日臻繁盛。

华南的广州虽因上海崛起相形见绌，但仍不失为重要口岸之一。以前为广州中转货物的城镇，有的因为商路改变，由繁荣转入于衰落，但大多数城市则适应新情况，仍能维持旧日景象。甚至有的还略有扩充。例如湘潭，在19世纪40年代，它曾是广州进口洋货内销的重要据点；到50年代后，这里和广州的联系衰落了，但对上海和汉口的联系却加强了。② 并且终于成为西南地区对上海和汉口的重要中转站。这种状况并不限于湘潭一地。一般说来，由商品经济的发展所刺激起来的内地各级市场都是有所发展的。

40年代中期，福州贸易的初步发展，也刺激了与它相联系

---

① 上海开埠初期进出口货值（1844—1863）

年别	进口	出口	进出口总值
1844	501335（镑）	487528（镑）	988863（镑）
1849	1209332（镑）	1754656（镑）	2963988（镑）
1853	1843000（镑）	5381000（镑）	7224000（镑）
1859	20635130（两）	36670606（两）	57305736（两）
1863	61704099（两）	38485465（两）	100189564（两）

资料来源：1. Returns of Trade at the Port of Canton, Amoy of Shanghai, for the year 1844.
2. Returns of the Various Ports of China, for the Year 1849.
3. T. R. Banister: A History of the External Trade of China, 1834—1881.
4. Commercial Reports from Her Majesty's Consuls in China, 1862—1864.

转见黄苇：《上海开埠初期对外贸易研究》，附录，表1，上海人民出版社1961年版。

② 参见《英国领事报告》，1869—1871年，汉口，第191—192页；《申报》，1888年9月6日。

的某些次级市场的活动。福州居于闽江下游,与武夷山茶区有水路可通。五口通商前,武夷茶叶向由下府(指福建省晋江、南安、厦门等处)、广州、潮州三帮商人远运广州外销。1844年6月,福州辟为商埠后,外国商人发现武夷茶"在福州可以用低于广州百分之二十乃至百分之二十五的价格买到"①。这对于以贩运茶叶为业的洋商无异是一个新的刺激。但是,闽江航运的困难、运输途中的安全、当地商号资本力量的薄弱以及硬通货的缺乏等等,限制了福州茶叶出口的迅速提高。到50年代,太平军和清军的内战,使武夷茶叶运往广州和上海的内地运输路线中断。② 上海美商旗昌洋行开始派买办携款到武夷采购,成功地运到福州出口。于是,其他洋行便也相继仿效,到1855年,经福州外销茶叶竟达一千五百余万磅,次年更增至四千余万磅。其后各年虽有起落,但都能维持在三四千万磅左右。③ 因此,福州遂成为收购茶叶的主要商港之一。④

福州对外贸易的扩张,刺激了和福州相联系的城镇市场,如

---

① 蓝皮书:《一八四六年中国各口贸易报告》(B. P. P: *Returns of the Trade of the Various Ports of China for the Year* 1846),第19—22页。

② J. Scarth: *Twelve Years in China*, p. 37.

③ 　　　　　　　　1855—1860年福州茶叶出口统计　　　　单位:磅

年别	茶叶输出量
1855	15700000
1856	41000000
1857	32000000
1858	28000000
1859	46500000
1860	40000000

资料来源:马士:《中华帝国对外关系史》(中译本),卷1,第523页;班思德:《最近百年中国对外贸易史》,第36—37页。

④ J. Scarth: *Twelve Years in China*, p. 37.

省内的建阳、延平和泉州等地,以及供应瓷器的江西、供应大米的台湾,提供药材的山东、天津,以及供应毛皮的山西等地。它们也都因福州贸易的扩张,对福州的商业成交量有了较大的扩充。① 不用说这些省份的地方市场也相应地受到了刺激。

相对于上海、广州贸易状况而言,厦门和宁波的发展速度较为缓慢;但就它们本身的变化而言,则又是颇为可观的。例如厦门,1844年6月辟为商埠后,贸易规模很小。1846年,这个口岸对外贸易的总值不过120万元。② 但是,厦门与菲律宾、东印度各地一向有商业联系。正式辟为商埠后,自然促使它与国外各地的贸易联系有所发展。经过十年左右,到1855年,它的对外贸易总值便上升到270万元③;其中"仅英国一国对厦门的合法贸易总值即超过了一百八十万元"④。又10年,到1865年,它的进出口贸易总值上升到一千五百余万元。⑤ 输入的商品主要的是外国棉纱,棉织物和鸦片等等;输出的主要是厦门附近安溪、乌龙所产的红茶。经由厦门输出的茶叶,包括输往英、美两国在内,1866年的出口数量便在1863年的5倍以上。⑥ 至于宁波在开埠后直接对外贸易虽然未见重大发展,可是它在推动上海和内地贸易发展上,却起了重要的中介作用。通过宁波,从上海进口的机制品能由水路运往绍兴、金华、衢州、严州,在浙西开辟次级

---

① 参见罗应辰等《民国建阳县志》,卷7,第59、66页;《中华丛报》,卷16,1847年,第522—524页;《捷报》,1855年3月31日,第140页;H. C. Sirr: China of Chinese,卷1,第172—173页。

② 班思德:《最近百年中国对外贸易史》,第35—36页。

③ 同上。

④ S. W. Williams: *The Chinese Commereial Guide*, p. 184.

⑤ 《关册》,1865年,厦门,第63、64页。

⑥ 《关册》,1866年,厦门,第36页。

市场；后来还向西延伸，使机制品经由衢州而入江西玉山①；向西南扩散，经严州而远赴安徽省的徽州。② 早期英国驻宁波领事对上海、宁波两个口岸的贸易状况进行比较时，提到："上海把一切东西（指进出口商品）吸引到它那儿去了，而把过多的进口货涌送到这里来（指宁波）。"③ 这项记载恰好反映了宁波对于上海进口商品的扩散起着多么重要的中转作用。

到了60年代第二次鸦片战争之后，通商口岸从5口陡然增为16口，外国机制品一方面由东南沿海向北进展，取天津、营口为据点，并继续延伸，向东北广大地区渗透；另方面又借道千里长江，从下游向中、上游进取，假镇江、九江、汉口、沙市、宜昌等口岸为通道，向西南辽阔腹地扩散。外国商品所到之处，依靠买办商人的效劳，用不了多久时间，便能够在地方市场取得立足点；而后又把这些地方市场发展成为向毗邻城镇作进一步扩散商品的据点。商品市场的不断扩大，意味着商品经济渗透到城乡人民的经济生活中。它为中国资本主义新式企业的产生提供了积极的前提。

三 劳动力市场的扩大

鸦片战争前，中国久已存在相当大量的失业人群；战后，随着商品货币经济的发展，劳动力市场更加扩大了。

鸦片战争后，在外国机制品的打击之下，首先遭到损害的是

---

① 《关册》，1870年，宁波，第44页。
② 《海关十年报告》，1882—1891年，宁波，第361页。
③ 《英国驻宁波领事罗伯聃致德庇时报告》（1846年1月10日），见蓝皮书：《最近中国各口贸易报告》（B. P. P.: *Returns of Trade of the Various Ports of China, Down to the Latest Period*），第45页。

工农结合的农民手工副业和城乡小商品生产。1846年，即上海开埠后的第三年，全国进口棉布价值还只有三百多万两时，邻近上海的松江、太仓等地的纺织劳动者就已经因为"布市消减"而"生计路绌"了。① 在道光以前，湖南的手工煤铁生产，供应沿海各省，从业者人数很多。到了50年代，洋煤、洋铁"阑入内地"后，湖南煤铁丧失了省外市场。原来"由于擅煤，铁之利"而"易于谋生"的从业者，便陷入了穷困无以为生的地步。② 又如进口的洋铁丝，洋钉，也使在"道（光）咸（丰）时为最盛的广东佛山铁丝行和铁钉行遭到了严重的打击，数以千计的手工业工人因之失业。③ 佛山之外，福州也有"一千个以上靠打土钉为生的手工工人"，由于洋钉进口而无法继续维持生产④，亦即无法维持生计。在外国资本主义商品所到之处，被剥夺了生产资料的城乡劳动者惟一的出路在于出卖劳动力，否则就难以生存。

除去破产了的城乡手工业者之外，还有不少其他劳动者也加入失业队伍。在鸦片战争前，外国商品输入广州后，主要通过两条商路向内地销流，一条起自广州经大庾岭，沿赣江北上至九江；另一条从广州经南风岭达湘潭。⑤ 国内农副产品的外销也从相反方向经由这两条商路到达广州。如从安徽、浙江，福建各省和长江中下游的商品便经过赣江，越大庾岭到达广州；至于汉口以上长江上游的商品则集中湘潭，经南风岭抵达广州。这两条运输通道的繁荣景象，一直延续到四五十年代之交。在这两条商路

---

① 包世臣：《致前大司马许太常书》，《齐民要术》，卷1。
② 张之洞：《劝开湖南煤铁矿示》（光绪十六年），《皇朝经济文稿》（光绪二十七年刊），卷99，第18页。
③ 冼宝幹等：《民国佛山忠义乡志》，卷6，第15页。
④ 《捷报》，1891年2月，第162页。
⑤ 参见范文澜《中国近代史》（上册），1962年印刷本，第106页。

上，当时为运输外国进口商品和中国出口商品服务的工人，据称在十万人左右。[1] 同期中，为福建武夷茶运往广州服务的搬运工人也不下数十万人。[2] 到了50年代初叶以后，对外贸易中心由广州转移到了上海，旧有商路上绝大多数运输工人便失去了谋生手段。

此外，这一时期的海上运输也发生了重大的变化，江海旧式航船遭到外国轮船的严重打击。上海沙船、宁波钓船、广东红单船以及行走于长江中下游的帆船，"废业者逾半"[3]。各种船只上的水手、佣工，连同为旧式航运业服务的码头工人，以及浙江、福建和上海从事制造船只的手工业者，其数当不下数十万人，都因之失去了衣食来源。这许多劳动者被抛出了旧日的生活轨道。他们被剥夺得一无所有，只能把劳动力当作商品来出卖，涌向劳动力市场，为中国近代资本主义企业的产生提供条件。

四　货币资本的积累

在鸦片战争以前，中国的地主、官僚和商人已拥有相当大量的财富。战后随着外国势力的入侵和商品经济的发展，中国社会财富分配状况出现了新的特点。这就是在一向掌握大量财富的封建地主阶级之外，出现了一个新的富有阶层，即为外国势力效劳的买办阶层。

鸦片战争前广州已有买办。战后，买办队伍迅速扩大，开始

---

[1] 容闳：《西学东渐记》，第54页，（商务印书馆译本）。
[2] 《中华丛报》（1843年6月），卷12，第331页；另参见中华史学会主编：《鸦片战争》，第4册，第293页。
[3] 郭嵩焘：《条议海防事宜》（光绪元年），中国史学会主编：《洋务运动》，第1册，第138页。

形成为一个新的阶层。这一阶层是由受雇于外国洋行的买办以及与洋商有密切联系的买办化商人所组成的。他们干着向洋行或洋东提供各地商业行情、参与进出口贸易的活动，从中牟取暴利。从19世纪40年代到90年代，通过频繁的进出口贸易活动，在买办阶层手中积聚了一笔为数可观的资财。

据英国蓝皮书记载：从1844年到1856年，中英贸易总值达44130万元，平均每年约在3400万元[①]；另据美国外交文件记录，从1845年到1855年，11年中，中美贸易总值达11625.2万元，平均每年约在1100万元。[②] 由此可知，在我们所述及的40到60年代，英美两国对华贸易值年平均合计，大约在4500万元。在当时的中外贸易中，英、美两国的贸易额约占中国对外贸易总额的90%左右，其他各国合计约占10%。[③] 依此估算，当时中国对外贸易总值全年通扯大约在5000万元左右。从1840年以后的20年中，中国对外贸易总额通扯计算大约在10亿元左右。须知当时一切进出口贸易都需要买办商人参与成交；而每一次贸易成交中，买办所得到的经纪费用虽然不尽相同，大体上为贸易额的2%到3%。那么，20年中积累在买办阶层手中的资金，累计当达两三千万元左右。1864年以后，中国有了比较可靠的海关统计数字。总计从1864—1894年进出贸易总值为50.6亿余关两，合75.9亿余元，买办佣金一项仍以2%—3%计，这时期中买办的佣金数量达1.5亿到2.2亿元，连同1864年以前的估计数

[①] 中英贸易统计数字据《蓝皮书》所载，转引自《马克思恩格斯选集》，第2卷，第34页所列的数字，人民出版社1972年版。
[②] 戴维兹编：《美国外交与政府文件：美国与中国（1842—1860）》，第1辑，卷18，第116页。
[③] 参见黄苇：《上海开埠初期对外贸易研究》附录，表2、表3：《上海开埠初期进口出口货值中各国所占比重》。

字共为1.7亿到2.5亿元。[1] 尽管这个数字仅仅限于佣金收入，不包括买办阶层从非法的鸦片走私及其他各种活动中所获取的利润，它也足以表明这个阶层在当时已经是地主阶级之外一个最富有的阶层了。

从流通领域积聚起来这一笔为数可观的资金，主观上十分需要为自己的增殖寻找宣泄的渠道。就当时买办所具备的主观条件而言，他们所掌握的资金，很有点像马克思所说的"还只是资本家幼虫的货币所有者"。这是因为"资本不能从流通中产生，又不能不从流通中产生。它必须既在流通中又不在流通中产生"[2]。这就是说，在流通领域中积累起来的资金，需要有某些必要的社会条件相配合，才能转变为现代意义上的资本，即产业资本。近代中国社会经济的发展到了19世纪60年代后期，为商业资本转化为产业资本所需要的客观条件，如现代科学技术的传播、机器设备的输入和资本主义经营方式的推行等等，都为大量的买办资本和其他社会游资向新式企业流注提供了十分有利的条件。

这一时期，为流通领域服务的旧式商人中，也有一部分人由于在不同程度上与进出口贸易发生联系，从而也发生了不同程度

---

[1] 有关买办阶层收入的数字曾有过各种估计：严中平同志估计为6.2亿余关两（1890—1913年）。见《中国棉纺织史稿》，人民出版社1955年版，第155页；张仲礼同志估计为500万两（19世纪80年代。见《中国绅士的收入》，The Income of the Chinese Gentry 1962年版，第191页）；黄逸峰同志估计为4亿两（1840—1894年）。见《关于旧中国买办阶级的研究》，《历史研究》，1964年第3期）；郝延平先生估计为5.3亿两（1840—1894年）。见《十九世纪中国的买办》 The Compradore in Nineteenth Century China: Bridge between East and West, 1970年版，第102页；汪熙同志据1868—1936年进出贸易统计计算为15.2亿美元（见《关于买办和买办制度》，《近代史研究》，1980年第2期）。这些估计数字涉及的年限、范围各不相同，因之数字各异，但可以作为说明19世纪后半期买办阶层拥有巨额资金的参考。

[2] 马克思：《资本论》，《马克思恩格斯全集》，卷23，人民出版社1972年版，第188页。

的变化。例如通商口岸商业金融组织之一的钱庄，由于与外国资本在金融业务上联系之后，也发生了比较明显的变化。某些资力雄厚的钱庄主在为进出口贸易服务的过程中，既获取优厚的利益，也增长了对新式企业的认识。从而把自己的活动逐步地从流通领域转向生产领域去，对投资或经营新式企业发生了不浅的兴趣。

此外，中国地主阶级一向是一个占有庞大社会财富的剥削阶级。这一阶级历来以兼并土地、榨取高额地租作为积累财富的传统方法。到了19世纪60年代，地主阶级中绝大部分虽然还是沿着传统的剥削方法积累资财，但这一阶级的代表人物中，一部分具有某些新倾向的官僚，由于与洋务接触较多，逐渐地对资本主义新事物有了某些认识，开始在地租剥削之外，尽可能利用他们所握有的权势，介入了新式企业的经营，借以增殖他们手中所积累的财富。

上述分析表明，19世纪40年代以后，面临外国资本主义势力的入侵，封建中国的经济结构从遭受严重的冲击中处于破坏状态。整个破坏历程的特点表现为外国势力"用暴力清除以自己的劳动为基础的生产方式和占有方式"[1]，从而摧毁了农业手工业相结合的封建经济；在这种新的情况下，进一步发展起来的商品经济，又必然导致商品市场的扩大，劳动力市场的扩大和一定数量的货币财富的积累。凡此种种，都为中国资本和劳动对立关系的形成提供了客观的条件。马克思说：资本关系"既不是自然史的关系，也不是一切历史时期所共有的社会关系。它本身显然是已往历史发展的结果，是许多次经济变革的产物，是一系列陈旧

---

[1] 马克思：《资本论》，《马克思恩格斯全集》，卷23，第834页。

的社会形态灭亡的产物"[1]。联系近代中国具体的社会历史条件的变化，中国资本主义关系只能在半殖民地社会秩序形成的过程中发生，因之，它的发展历程又不能不具有自己的特殊性。

(原载《中国社会科学》1986年第3期，并在该刊物英文版译载，见1987年第1期)

---

[1] 马克思：《资本论》，《马克思恩格斯全集》，卷23，第192页。

论中国资本主义发生时期资产阶级的构成

中国资本主义近代企业是在19世纪的70年代开始产生的。到甲午前夕,包括工矿、电讯、交通运输等各项企业,粗粗计算,大约有240家左右。① 它们大抵是:船舶机器修造业27家,轮船运输业1家,近代煤矿16家,近代金属矿24家,机器缫丝业约103到113家(其中分布在上海五家,顺德地区42家,广州地区50至60家,浙江、山东、武汉各1家),机器棉纺织业8家,铁路、电讯各1家,其他轻工业47家,共228至238家。这些近代企业的组织形式,可分为官办、官督商办、官商合办和商办四种形式。大体说来,在这个时期中,大中型的近代企业基本上都是官督商办企业;官商合办企业有所尝试,并未成功;完全官办的为数不多;完全商办的大多是中、小型企业,在这个时期,不占重要地位。

中国资本主义近代企业,是在外来侵略日益加深的社会条件下产生的。外国侵略者的多次军事打击,迫使清政府统治集团在

---

① 由于历史资料残缺,上述数字仅就我们所见到的中外记载所进行的粗略统计,其中不包括官办近代军用工业。

面临灭亡的恐惧中逐步分化，其中，洋务派官僚企图通过兴办近代企业以挽救危亡。严峻的历史条件，使得中国近代企业的产生和资本主义先行国家有着重大的不同。在西欧，资本主义工业是通过简单协作、工场手工业和大工业三个阶段发展起来的。这一过程中，阶级关系的变化，有如马克思所论述："毫无疑问，有些小行会师傅和更多的独立小手工业者，甚至雇佣工人，变成了小资本家，并且由于逐渐扩大对雇佣劳动的剥削和相应的积累，成为不折不扣的资本家。"① 西欧工场手工业大约从16世纪中叶到18世纪末叶在社会生产中居于统治地位。在这一阶段中培育了众多的"小资本家"，而他们的进一步发展便成为现代资产者。中国资本主义大工业，是在西欧机制品广泛侵入和刺激下出现的，一开始就利用外国输入的现成机器设备，基本上没有经历工场手工业阶段。因而这些资本主义企业的创办自然就不是那些薄有资财的小业主或小商人所能胜任，而只能是原来已有较大积累的剥削阶级利用他们的社会关系，从事于近代企业的经营。虽然，在中国近代企业发展过程中也不乏小手工业者和小业主向机器生产过渡，例如轻工业中的轧花、缫丝、织布、面粉、火柴，重工业中的船舶修造等都有一定数量工场手工业的存在。但是，这种观象主要是发生于19世纪末叶和20世纪初，亦即是中国资本主义企业经历了一个发展阶段之后出现的。在甲午之前，从工场手工业发展成为大机器工业的即使不能说绝无，但确是如晨星一样稀疏。它不成其为中国资本主义企业发展的一条途径。

在这一时期的中国资本主义近代企业中，和占有主导地位的大中型工矿、电讯、交通运输企业发生资本关系的，大抵是以下

---

① 马克思：《资本论》，《马克思恩格斯全集》，第23卷，人民出版社1972年版，第818页。

几类人物：在清政府里握有权力，兼有资财的洋务派官僚；依附外国势力，拥有大量资金的买办和买办化商人；旧式商人上层中某些带有新倾向的分子；少数侨商以及一部分略有新知识的缙绅地主分子。这个事实表明，在半殖民地的社会条件下，物质生产的发展把不同的社会集团结合在一起，在它们之间产生了联系、矛盾，甚至展开一系列复杂的斗争。在中国资本主义发展过程中，分析这种具有新的历史内容的阶级分野，说明不同社会集团所处的地位和所起的作用，对于认识中国资产阶级的形成及其特点是十分必要的。

一　洋务派官僚集团

19世纪70年代以后，积极进行资本主义企业活动的官僚，主要是清政府洋务派官僚集团。这个集团又有洋务派大官僚和一般洋务官僚之别。这个集团主观上为着维系封建地主阶级的统治，与外国势力的频繁交接中，有限度地接受西方生产方式，成为一个略带资本主义倾向的集团。它的代表人物不自觉地扮演了中国近代企业倡导者的角色。李鸿章、盛宣怀便是这一集团的头面人物。

李鸿章所处的时代正是西方殖民势力对封建中国使用恐怖方法，"按照自己的面貌为自己创造出一个世界"的时代。[1] 第二次鸦片战争以后，外国侵略势力利用合法和非法的手段，把政治、经济、宗教、文化各方面的势力推向内地渗透。封建经济基础的破坏，又使广大农民和手工业者陷于破产和半破产的境地。从而在某些经济部门，出现资本主义生产方式取代封建生产方式

---

[1] 《马克思恩格斯全集》，第1卷，人民出版社1956年第1版，第255页。

的现象。作为地主阶级政治代表,李鸿章意识到这种新旧生产方式的交替,是不可能单纯地依靠政治方法所禁阻得了的。1872年,他明确表示支持商人兴办轮船运输业,"我既不能禁华商之勿搭洋船,又何必禁华商之自购轮船"①。两年以后,他又比较全面地陈述了创办近代企业抵制洋货侵入的主张:"盖既不能禁洋货之不来,又不能禁华民之不用。……曷若亦设机器自为制造,轮船铁路自为转运?"② 李鸿章从自己的经历中看到了封建经济结构已无法维持,提出适应形势的变化进行改革,这是正确的。但是,洋务派是一个代表地主阶级利益略带资本主义倾向的官僚集团。它的活动不能逾越本阶级所允许的范围。洋务派的经济活动,即所谓"求富",最终是以本阶级的利益为依归的。在李鸿章的思想里,创办营利性生产事业的终极目的在于维持和发展清政府的军用工业和其他暴力工具。到了七八十年代之交,中国近代企业的兴建呈现初步发展景象时,李鸿章更为完整地表白了他积极支持近代企业的创办就是为了"裕饷"。所谓"欲浚饷源莫如振兴商务",而"创办招商局之初意,本是如此"③。80年代后期,他开始重视铁路的修建。然而在他的心目中,"铁路之妙用在调兵运饷,铁路之命脉在商贾贸迁。商贾辐辏之地,多一里得一里之益;商贾稀少之地,多一里受一里之累"④。这就暴露了洋务派集团不是借建造铁路推动社会经济的发展,而是利用铁路汲取繁荣地区的财源;而建造铁路的真正目的全在于"调兵运饷"。由此可见,以李鸿章为代表的洋务派集团积极参预近代企业的真正意图,不是为了发展中国的资本主义,而是为清政府

---

① 李鸿章:《李文忠公全书》,朋僚函稿,卷12,第29页(以下简称《李集》)。
② 《李集》,奏稿,卷24,第20页。
③ 《李集》,奏稿,卷39,第32页。
④ 《李集》,海军函稿,卷3,第28页。

寻找续命汤,用李鸿章的说法,就是"为国家建万年不拔之基"①。历史恰是这样的矛盾,处于近代企业倡导者地位的李鸿章从其社会经济关系和意识形态来看,他却是属于保持封建统治秩序的势力的代表。

甲午以前,最能博取李鸿章信任的是盛宣怀。盛在经济领域非常活跃,起着洋务派集团总揽近代企业主要代理人的作用。

70年代初,盛宣怀受李鸿章委派任轮船招商局会办之一,其使命为"往来查察"②,换言之,就是为李鸿章监督招商局的业务。这一时期,他曾致力于新式煤矿的经营,未见成效。1879年他建议李鸿章招集资本创办津沪电线,并在1881年被李委派为电报局总办。80年代初,正是中国资本主义近代企业有所发展的时节,盛在上海从事金州煤矿招股工作,并往来沪、杭、苏、常经营私产。1883年底,上海发生了一场金融风潮,招商局由于主持人经营失当,遇到了资金周转困难,李鸿章乘机派盛接管,次年又调盛署天津海关道,兼管北洋"洋务"和"商务"。在天津,他又利用醇亲王奕譞巡视北洋海陆军机会,极力巴结清室权贵。1893年,为李鸿章操纵的上海机器织布局遭火焚毁,盛又奉派赴沪督办华盛总厂。至此,人们看到为北洋集团控制的轮、电、煤、纺四类大型企业中,盛宣怀竟操纵其三,足以说明盛在北洋集团中的特殊地位。

盛宣怀还是一个对股票买卖兴趣极大的投机者。70年代初,盛和招商局总、会办唐廷枢、徐润等利用局款,为自己买进正在跌价的旗昌轮船公司股票,然后他们又作为经手人,以高价买下旗昌轮船公司的全部财产,使该公司股票价格重新上涨,从而盛

---

① 《李集》,海军函稿,卷3,第28页。
② 中国史学会主编:《洋务运动》,第6册,第58页。

宣怀等在一转手之间获致暴利。[1] 1883 年底，盛又乘金融风潮期间，上海市场股票价格猛跌时机，套购招商局、电报局、开平煤矿的股票。及至担任招商局督办和电报局总办后，职务上的方便使他优先获知各企业的内幕和津、沪各地商情变化和金融动向。不仅止此，他还私下安排亲信在上海坐探，指示他们"如有关系洋务、商务消息，密速禀报，其紧要者即随时公电飞报"[2]。正是通过这些坐探，他在 1888 年秘密买进招商局股票五百余股，次年又趁英商汇丰银行股票跌价时机，指示亲信"迅即下手，尽数购买"[3]。从这里人们不难了解盛宣怀是如何利用公私便利，积累其私人资本的。

在半殖民地的社会条件下，为北洋掌管经济的盛宣怀，当然离不开与外国侵略势力的联系。70 年代，人们指责他在购买旗昌轮船公司的活动中与美商旗昌洋行的不正常的关系，而 80 年代他与英商怡和洋行的关系更加暧昧。根据档案反映：怡和洋行上海行东机昔（W. Keswick）曾在 1888 年密函盛宣怀说："谨向阁下证实我们之间所取得的谅解，凡由阁下之影响或由于阁下之介绍而取得之生意，由敝行将所赚之佣金的半数回报于阁下。"[4] 1886 年 5 月间，海军衙门醇亲王奕𫍽到天津视察，引起了天津、上海各外国洋行为揽取军需订货展开激烈竞争。盛宣怀特遣一个亲戚到天津，为怡和洋行招揽订货面见奕𫍽。事情暴露后，盛的计划未能得逞。而怡和洋行的天津行东机昔（J. Keswick）通过盛

---

[1] 参见《洋务运动》，第 6 册，第 42—43 页。
[2] 《盛宣怀档案》，《盛宣怀致孙祥麟函》（光绪 14 年 10 月 2 日），转引自汪熙：《论晚清的官督商办》，《历史学》，1979 年第 1 期。
[3] 《盛宣怀致雨记函》（光绪十五年十月十二日），转见汪熙：前引文。
[4] 《盛宣怀档案》，《W. 机昔致盛宣怀函》（1885 年 8 月 18 日），转见汪熙：前引文。

的亲戚安抚盛说"决不会（因此）受到任何憎恶的影响"[①]。也就在这一秘密活动期中，上海怡和洋行还收到盛的一笔定期存款20万两，洋行特给6厘利息。[②] 这些情况表明盛宣怀与怡和洋行具有多么深的默契关系。此外，怡和洋行档案还透露：1887年7月，德国辛迪加在与美国米建威财团的竞争中，就是经过重贿盛宣怀才达成对电报局的一笔贷款。[③] 由此可见，盛宣怀不只是北洋集团控制近代企业的主要代理人，同时还是外国在华政治、经济势力的大买办。正因为如此，他才能周旋于中外反动势力之间，长袖善舞，历久不衰的。

官僚买办资产阶级，是近代中国半殖民地制度和半封建制度相结合的产物。洋务派集团的头面人物，依靠政治地位进行经济活动，通过控制大型企业谋取政治经济私利。如果说他们之间有什么不同的话，那就是李鸿章所依靠的主要在他所拥有的政治地位，而盛宣怀则政治经济双管齐下。在政治上，他依仗李的支持和庇护，在经济上他又通过和外国势力的勾结，厚积资财，伺机收购企业股票，从而达到控制企业的目的。此中不同变化，正是反映了官僚买办资产阶级产生的最初历程。

但是，不能忽视，洋务派集团是一个复杂的构成体。因此也不能把整个集团简单地视同官僚资产阶级。在这个集团中，某些中等官僚如各地海关道，由于有较多机会接触洋务事物，对于通过近代企业获取优厚利润表现出相当浓厚的兴趣，例如郑藻如（天津海关道）投资于开平煤矿、刘瑞芬（江海关道）、方汝翼

[①] 《怡和洋行档案》，《上海—香港致W.机昔函》（1886年5月1日）转见勒费沃尔：《清末西人在华企业》，第85页。
[②] 勒费沃尔：《清末西人在华企业》，第85页。
[③] 《怡和密函档》，《上海—天津致A.米契函》（1887年7月28日），转见勒费沃尔：前引书，第113页。

(烟台海关道)、瑞莩候(宁波海关道)等投资于烟台缫丝局、龚照瑷(江海关道)、刘汝翼(署天津海关道)之于上海机器织布局,聂缉椝(江海关道)之于华盛纺织总厂等等[①],他们几乎都在不同程度上与近代企业发生了资本联系,在必要时也为企业提供某些方便。不过他们大多不直接参与企业经营,只是一面服官,一面分享企业利润。

此外,还有相当数量的一般官僚,由于缺乏权势,为经营近代企业不得不与北洋拉拢关系。其中一部分人与李鸿章夙有瓜葛,如马建忠、杨宗濂、杨宗瀚、戴景冯、朱采、胡家桢、胡恩燮、李宗岱等等。他们为了经营厂矿企业,寻求奥援,几乎都与北洋集团发生了程度不同的关系。在经营企业的实际过程中,他们的经历却是比较坎坷,也在不同程度上受到带买办性大资产阶级的排挤。所以,从发展的眼光来看,他们虽然一度参与洋务派集团,但是,这个集团的分化和一部分成员的转化,到八九十年代之交是明显地存在着的。因此,这一部分人实则是从他们经营近代企业的艰苦历程中逐步转向形成中的民族资产阶级,为后者提供基础的。

二 买办集团

从19世纪70年代起,中国资本主义近代企业的发展常常出现招徕资本的困难。这是当时中国的政治、经济、社会条件下不利于资本主义发展的结果。就筹集资本而论,清政府财政空虚,无力为民用企业提供资金,掌握财富的地主、官僚和旧式商人习

---

① 《招商局档案》,件存中国第二历史档案馆;《申报》,1893年12月21日;《李集》,奏稿,卷78,第10页。

惯于旧的经营方式,即使在新式企业出现有利可图的市场条件,也未尝不是心存观望。因此,比较有资力有经验投资于新式企业的,多半都是大买办或买办化商人,而这些人也是在外国侵略势力和中国封建势力的夹缝里求发展的。

买办资产阶级,是五口通商以后,西方资本主义势力栽植、扶持而成的一个阶级。这一阶级在沟通中外贸易的活动中积累了雄厚的资力。他们在早期大多"或置轮船,或挟资本,向各口装载贸易,俱依附洋商名下"[①]。他们中的某些代表人物多年交结外国势力,"熟悉中外语言文字",具备较多洋务知识,同时也在通商口岸的商业社会里,以及口岸和内地城镇之间,在调度货币资金上具有雄厚的力量。因此,70年代初叶以后,出现了一个令人注目的矛盾现象。一方面,中国民族资本近代企业资金不足;另一方面,又有大量资金依附外商企业。洋务派大官僚力求以"官督商办"形式争取买办资本,收到一定的成效。

例如,中国第一家大规模资本主义企业是1872年筹建的轮船招商局。最初主持这家企业的是沙船主出身的朱其昂。但他对新式航运业缺乏经验,在招徕资本上也欠号召力量,以致企业面临"股份过少,恐致决裂"的局面。[②] 到了1873年,熟悉新式航务的大买办唐廷枢、徐润入局,才开始出现新局面。

唐廷枢、徐润接手后的十年中,招商局前后两度增招资本,总计达200万两,主要的是吸收买办资本。其中,徐润名下便有48万两。[③] 唐廷枢及其家族中不少人均有相当大的数量的投资。此外还有买办商人刘绍宗、陈树棠,郑观应、李松云等。招商局

---

① 《李集》,奏稿,卷20,第32页。
② 《李集》,朋僚函稿,卷13,第13页。
③ 徐润:《徐愚斋自叙年谱》,第37页,1927年刊。

在上海、天津、汉口、香港、汕头等处的分局商董,也多半都由买办人物充当。可见,中国近代航运企业,是在买办商人的主持之下开始的。

唐、徐主持轮船招商局以后,利用业务上的便利,先后创办仁和、济和两家保险公司,后来合并成仁济和保险公司。这几家公司的资本仍以买办商人投资为多。其中除上述的唐、徐、刘绍宗、陈树棠等人之外,还有麦加利银行的买办韦华国,汇丰银行的买办唐国泰、柯化威洋行的买办郑秀山,以及唐廷枢家族、买办唐应星、唐静庵等等。①

当时,在上海经营保险企业的华商尚有四家,即"安泰"、"常安"、"万安"及"上海火烛保险公司"。它们的发起人和主要投资人,也无一不是买办或买办化商人。就目前所知,"安泰"是由一批"和澳洲及旧金山的贸易有联系的最有势力的华商"发起的②,董事中有广东著名买办甘章,经理何献墀则是曾供职香港殖民政府的侨商。③"万安"的发起人及"常安"的经理和董事则与"安泰"公司基本上相同④,而"上海火烛保险公司"的首董就是著名的怡和买办唐茂枝,经理是高易洋行买办李秋坪。⑤这种情形表明,当时由华商经营的保险业,全部掌握在买办商人的手中。

在19世纪50年代,上海的华商船舶修造业尚处在工场手工业阶段。1858年,有广东籍买办甘章出资兴建"甘章船厂"⑥。

---

① 分见《申报》,1875年11月5日;《沪报》,1889年3月30日;《万国公报》,1878年1月5日,1883年1月20日。
② 《字林西报》,1877年3月14日,第239页。
③ 《中、日、菲行名记事录》,1880年,第205页;《沪报》,1886年5月2日。
④ 《中、日、菲行名记事录》,1880年,第205—206页。
⑤ 《字林西报》,1882年11月14日,第466页。
⑥ 《北华捷报》,1859年1月15日,第95页。

到80年代,从机器修配业务中逐步发展起来能自造小轮船的如均昌船厂和虹口船厂,它们的主持人都是与外商关系密切的人物。前者如李松云,本身就曾是公正轮船公司的买办①,后者如张子標,是一个与洋商关系非常密切的商人。②

80年代初期,上海、烟台出现的缫丝工厂,主要的发动者也是买办商人。1882年,上海出现的第一家华商丝厂"公和永"是由一个和洋行关系密切的湖州丝商黄宗宪创办的。③黄同时又是上海丝业公所领头人之一。④这个公所主要就是由一批从事于生丝出口贸易的买办和买办化商人组成的。1885年,在上海租办英商公平丝厂的华商,是供职于外国洋行的"伙友"⑤,他们无疑是买办或买办化商人。90年代中期成立的源昌缫丝厂以怡和洋行买办祝大椿为主要的股东。⑥至于华北缫丝中心烟台,1883年盘顶德国商人经营的"烟台缫丝局"的华商就是大买办唐茂枝。⑦

70年代后期是中国机器棉纺织业的发动时期。在这个行业中,买办商人的活动也是非常活跃的。1887年,彭汝琮在李鸿章"力为保护"之下,筹建上海机器织布局时,充当会办和帮办的就有太古洋行买办郑观应和卓培芳,庚和隆洋行买办唐汝霖。当时外国报纸宣扬,在彭汝琮的背后有一个由"中国商人组织的

---

① 《北华捷报》,1868年12月22日,第623、625—626页。
② 莱特:《二十世纪之香港、上海及其他中国商埠志》,第523页(以下简称《商埠志》)。
③ 《北华捷报》,1882年1月17日,第63页;《新报》,1882年1月4日。
④ 《北华捷报》,1902年7月16日,第131页。
⑤ 《申报》,1885年3月20日;1887年12月22日。
⑥ 《商埠志》,第548页。
⑦ 《申报》,1883年7月25日。

联合公司"作为他的支持者,而"公司资本主要出自商人"[①]。显然,这里所说的商人是指郑、卓、唐以及他们所联系的买办化商人。可作佐证的是,1879年,上海织布局第一次改组,因郑观应离局而紧随之撤股的,就有一批广东籍的捐客和茶商。[②] 不言而喻,这批捐客、茶商资本的流向,是视郑观应的去留而决定的。

这一时期兴起的中小型资本主义企业,创建人也大多是买办或买办化商人。例如,1882年上海第一家面粉厂,即裕泰恒火轮面局的创办人,就是先后充任过协隆洋行、太古洋行、太古轮船公司的买办陈可良[③];同年成立的第一家玻璃厂,即中国玻璃公司的创办人,就是前面一再提到的怡和买办唐茂枝[④];同年成立的第一家造纸厂,即上海机器造纸总局的主持人曹子俊、曹子挒都是禅臣洋行的买办。[⑤] 80年代前期成立的最早的轧花厂、即棉利公司,就是一个和洋行交往密切的买办化商人丁玉墀创办的。[⑥] 1888年设立的第一家机器碾米厂,即源昌碾米厂的创办人,是怡和洋行买办祝大椿。[⑦] 而1890年设立的第一家火柴厂、即燮昌火柴厂的创办人叶澄衷,则是一个依附洋商起家的买办化商人。[⑧]

这种以买办或买办化商人经营资本主义企业的情况不限于上海。上海以外的地方也不乏其例。比如,天津的第一家火柴厂,即

---

① 《北华捷报》,1879年1月17日,第45页。
② 《字林西报》,1879年4月2日;《申报》,1879年4月3日。
③ 《申报》,1882年9月11日;1884年1月1日;《商埠志》,第548—550页。
④ 《申报》,1882年8月2日。
⑤ 《申报》,1882年8月12日。
⑥ 《申报》,1891年12月16日。
⑦ 《商埠志》,第548页。
⑧ 《商埠志》,第560页。

1886年成立的天津自来火公司的主要创办人之一,就是天津汇丰银行买办吴懋鼎。[①] 1887年,宁波的第一家轧花厂,即通久轧花厂,创办人为严信厚,虽非买办,但有材料反映,这是一家"依附在日本人保护之下的工厂"[②]。说明它的创办人乃是与外国势力有联系的买办或买办化商人。而设在香港第一家华商糖厂,即1882年的利远糖厂曾吸收了不少买办资本,徐润就是它的主要投资人之一。[③]

这一时期的近代矿冶业也是买办资本的活动场所。唐廷枢主持开平煤矿,除了吸收徐润、郑观应、吴炽昌等买办的资本外,还利用其长兄唐茂枝在上海的"巨大势力",吸收了一批"港粤殷商"的资本。[④] 先于开平煤矿创办的安徽池州煤矿的主持人,是一个充当过汉口宝顺洋行买办的杨德;徐润、唐廷枢也是这家企业的主要投资人。[⑤]

金属矿的情形也大致相似。1883年由买办李文耀主持的承平银矿,经唐廷枢、徐润的协助,争取到不少买办商人的资本。[⑥] 这家银矿在天津的代理人,就是当地汇丰银行买办吴懋鼎。[⑦] 同年,安徽境内的第一家铜矿,即池州狮形洞铜矿也是由买办杨德主持的。[⑧] 广东境内的第一家银矿,即1889年开采的天华银矿,先由买办商人何献墀创办,后改由唐廷枢、徐润主持。[⑨]

---

① 拉斯暮森:《天津》,1925年版,第268页。
② 《北华捷报》,1888年8月4日,第43页。
③ 徐润:《年谱》,第82页。
④ 《新报》,1878年3月14日;《北华捷报》,1897年9月3日。
⑤ 《字林西报》,1883年1月10日。
⑥ 《沪报》,1889年1月19日。
⑦ 《北华捷报》,1883年10月10日,第421—422页。
⑧ 《申报》,1891年7月8日。
⑨ 徐润:《年谱》,第45、47页。

人所共知，买办首先是在流通领域里活跃的一批所谓新式商人。他们沟通中外贸易，为外国商品向内地扩散起着推波助澜的作用；同时他们又利用各种社会关系，参身通商口岸的金融业，利用钱庄职能，签发庄票，调动社会资金为自己的买办活动服务。① 到第二次鸦片战争之后，在增加开辟通商口岸的同时，买办的活动范围更加扩大了。他们从为洋行、洋商服务的过程中发展为直接从事丝、茶、鸦片贸易以及买卖金银等活动，从中积累起雄厚的资本，成为人们能够觉察到的一股社会力量。19世纪70年代以后，随着买办经营近代资本主义企业，大量的买办资本从流通领域向生产领域流注。理论上，投放到生产领域的任何资本，都必须按照产业资本的运动规律，进行增殖。不过中国近代企业是在半殖民地的社会条件下产生，进入生产领域的买办人物乃是人格化的买办资本在发挥作用。他们所主持的近代企业，不能不受到买办与外商的旧有人事关系和业务关系所制约。事实表明，不少买办人物在创办或主持中国近代企业的同时，往往还经理外国洋行的业务；更常见的是，他们既把资本投放到中国近代企业中去，同时又不忘情于外国洋行企业的附股。这种一身而兼有双重身份的人物，如唐廷枢、徐润、郑观应、李文耀等等。他们在参预中国近代企业之后，总是摆脱不了他们对外商的旧有关系。试以唐廷枢为例，1876年是唐辞去怡和洋行买办，投身洋务派企业的第四年；怡和洋行深知他在洋务派集团中是李鸿章十分倚重的人物，极想利用唐和洋行的旧日关系，对李鸿章施加影响。当年8月间，怡和洋行力图借修建铁路，开发矿山的机会渗透势力，特指示其代表莫里逊去找唐廷枢，伺机会见李鸿章，

---

① 参见拙稿：《十九世纪后半期中国钱庄的买办化》，《历史研究》，1963年第6期。

表示怡和洋行愿对中国铁路、矿山或其他工程提供短期贷款和其他形式的经济支援。① 果然不久，在9月的第一个星期里，莫里逊顺利地见到了李鸿章，详陈款曲。② 十分明显，这中间唐廷枢无疑是起了重要的媒介作用的。如果说，此项活动还只说明唐离洋行不久，在短期内难免与洋行还有千丝万缕的联系。那么请看1885年秋，在唐廷枢放弃买办身份参与洋务企业已达13年之久，他所主持的开平矿务局已是规模初具，但一度因资金紧张，向怡和洋行试探贷款。怡和主持人机昔（J. Keswick）认为这是染指开平的良机，满口答应，但贷款的条件必须是该洋行全面接管开平矿务局的经营管理。③ 显而易见，这是一个包藏攫夺开平煤矿主权的侵略阴谋。据怡和档案记载，李鸿章对此一度感到犹豫，而一向在开平揽权的英国总工程师金达和充当李鸿章洋顾问的德璀琳则千方百计为实现怡和洋行的阴谋，对李鸿章施加影响，这是不足为奇的。令人惊异的是，充当开平矿务局总办的唐廷枢竟然也完全赞同怡和洋行的条件，并在11月间向李鸿章送去禀帖，表示支持怡和洋行全面控制开平矿局的要求。④ 应该说，这个行动的性质是无须分析就能一目了然的。如果这一次贷款不是由于清政府内部的反对，英国势力掠夺开平就不必等到1900年利用八国联军侵略时机，施尽威胁诱骗种种丑恶手段了。

不仅如此，80年代初期，李鸿章调唐廷枢长驻天津，专管开平矿务，同时协助他处理洋务，参与北洋机密。唐则利用职务

---

① 勒费沃尔：前引书，第109页。
② 《怡和档案》，《上海—香港致W.机昔函》（1876年9月28日），转见勒费沃尔：前引书，第110页。
③ 勒费沃尔：前引书，第79页；《新报》，1885年12月8日。
④ 勒费沃尔：前引书，第79—80页。

上的便利，有时将尚未公开的某种决定私下透露给怡和洋行。例如，1889年，清政府对修建国内铁路作了广泛讨论和规划。唐廷枢得悉某些拟议和决定，便将广州汉口间将于1890年修建干线以及准备举借外债的计划透露给怡和洋行的"老朋友"[①]，以便他们在贷款竞争中早做准备。作为北洋集团的智囊之一，唐廷枢的这一种行径是他的职守所不能容许的。

严峻的事实反复表明，唐廷枢在出任官督商办企业的总办后，虽然不复具有买办的称号，但是，他对于怡和洋行的关系实在很难用"藕断丝连"四字所能概括得了的。马建忠在1884年指出怡和洋行对待唐廷枢"犹挟主奴之见"[②]。这种说法不是完全出于单纯的鄙薄情绪，而是触及了买办和洋人关系的本质。

作为半殖民地社会经济关系的产物，买办在中国资本主义经济有所发展的70年代之后，又经历了二十多年的发展历程，呈现为买办队伍的扩充，通商口岸之间或口岸与内地之间，买办的商业流通渠道初步形成，以及买办在流通领域和生产领域的活动中积累起庞大资本等等，都使得以买办为社会基础的买办资产阶级的产生，成为一个不容忽视的社会现象。

自然，对于买办阶级成员的活动和作用也必须作阶层分析。投资近代企业的买办人物如唐廷枢、徐润、郑观应等先后依附李鸿章，充当北洋集团经营近代企业的代理人。他们代表了买办阶级的上层。在他们的周围还聚集着一批有相当资力，但缺乏条件夤缘权要的买办。随着中国资本主义的发展，买办阶级的上层也会出现分化的现象。这种分化除了来自经济上的原因，即对待中

---

① 勒费沃尔：前引书，第118页。
② 《盛档》，《马建忠致盛宣怀函》（1884年5月31日），转见汪熙：《关于买办和买办制度》，《近代史研究》，1980年第2期。

国经济发展前途的不同要求之外，还因为近代中国最大的压迫是民族压迫。面对日益严重的民族矛盾，买办阶级上层分子的反应和态度是不尽相同的。正是在这个关键问题上，人们可以看到甲午以前郑观应的态度和行动与唐廷枢、徐润是不尽相同的。这就预示着他们在以后的去向将是不同的。

买办阶级的中下层，是一批与封建权要没有联系或联系甚浅的买办或买办化商人组成的一个阶层。这一阶层人数众多，拥有相当数量的资金。早年洋务派官僚力求招徕"诡寄洋行"的买办资本，就包括这一部分人的资本在内。不过，这一阶层的动向，往往受本阶级上层分子所左右。洋务派在争取到买办阶级的上层人物后，也就在一定程度上调动了他们的积极性。但是，在经营近代企业的实践中，他们的经济利益常常遭到官僚买办资产阶级的损害，得不到应有的保障。池州煤矿的杨德，上海织布局的卓培芳都可视作代表。随着资本主义经济的发展，他们也经历着分化的过程。其中，有相当一部人转化为形成中的民族资产阶级的成员。

三 旧式商人的上层

在七八十年代，旧式商人的上层中带有新倾向的人物，是中国民族资产阶级形成过程中一个重要的组成部分。当时旧式商人的上层人物如沙船商出身的朱其昂、朱其莼，钱庄主出身的经元善，苏北盐商李培松，沪上富商蔡鸿仪、票号商王炽，以及李金镛、谢家福等等都参与新式企业的经营，活跃一时。他们的活动反映了私人资本向新式企业发展的倾向，是近代中国资本主义经济产生过程中富有意义的事情。其中朱其昂、经元善的经历和活动，很可以说明这一阶层在特定的历史时期所起的作用。

朱其昂出身于沙船世业的淞沪巨商。[1] 1862年任江苏海运局会办[2]，并"纳资为通判，累至道员"[3]。海上运输有赖商业金融的支持，朱其昂与南北各地商人夙有联系。因之，他在从事海运业务的同时，又在北京、上海、广东等地开设华裕丰汇银票号。[4] 李鸿章在1872年指派他筹备轮船招商局时，就曾盛赞朱其昂"承办海运已十余年，于商情极为熟悉"[5]。

　　19世纪60年代，外国航运业已经在南北一些重要口岸伸展势力。租雇洋船从事贩运贸易的买办和买办化商人，是各口岸最见活跃的人物。出于业务需要，朱其昂不可避免地在海运活动中要与这批买办商人发生联系。例如，伙同洋商在烟台合办清美洋行，并自备轮船往来上海、烟台、天津各口的买办李振玉[6]与朱其昂就有较深的关系；而拥有巨资和四艘轮船甚至使外国洋行老板都要另眼相看的旗昌轮船公司买办陈竹坪与朱的关系也非一般。[7] 所以，朱对于新式航运业也积有一定的常识。李鸿章称他"习知洋船蹊径"[8]，不是毫无根据的。结合这些情况来看，朱其昂显然是从旧式商人中游离出来具有新兴倾向的人物。

　　但是，也应指出，朱毕竟对新式航业缺乏全面的了解，他在筹办轮船招商局的初期，虽宣扬"自以身家作抵"，并未能取得

---

[1]　《汇报》，1874年10月16日。
[2]　《民国上海县志》，卷17，第4页。
[3]　《清史稿》，列传，卷239。
[4]　《李集》，奏稿，卷41，第38—39页。
[5]　《李集》，奏稿，卷20，第33页。
[6]　《北华捷报》，1882年3月15日，第294页。
[7]　《北华捷报》，1875年8月28日，第243页；《琼记洋行档案》，转见郝延平：《十九世纪中国的买办》，第100页。
[8]　《海防档》，购买船炮，第910页。

旧式航业的资本支持。而在轮船业务上，他又因"不识洋文，不通洋话"，对各船雇用的洋员"不能驾驭"①，对招徕买办资本也缺乏号召力量。所以，招商局在初创时，便"资本不敷，招集商股甚微"②，以致朱主持局务仅仅半年便不得不进行改组。在改组后的招商局里，朱一直担任会办，专管漕粮运输。

在朱其昂的经济活动中还有值得一提的是，他在 1877 年从事航业之余，购买磨粉机器，在天津雇佣十余工人，创设贻来牟机器磨坊，规模虽然狭小，却不失开中国机器面粉业的先河。③

创办贻来牟机器磨坊的第二年，朱其昂在天津去世。就朱所处的时代而言，他的经历和活动说明：中国民族资产阶级的形成过程，同时也是旧式商人上层中一部分带有新倾向的人物的转化过程。转化的条件全在于资本主义经济的成长。在中国资本主义近代企业初创时期，出现了像朱其昂这样一类商人的转化，无疑是富有历史意义的。

出身于浙江上虞商人世家的经元善，50 年代后期来到上海继承父业，以旧式金融业者身份出入十里洋场，历任北市钱业会馆董事④，并参与社会"公益"活动。

19 世纪 70 年代，西方资本主义扩大对华商品侵略，促使为进出口贸易服务的上海钱庄在买办化轨道上加速步伐。作为一个钱庄主，经元善经常与买办或买办化商人发生业务联系，耳濡目染，向往于外国企业的集股经营；在公益事业活动中，他又有机会与官场相接触。1879 年，在赈务活动中，他结识了盛宣怀。⑤ 次年又经郑观

---

① 《招商局历办实在情形禀》，见《招商局档案》，原件存中国第二历史档案馆。
② 见《招商局档》。
③ 《北华捷报》，1878 年 6 月 15 日，第 615 页；《申报》，1878 年 12 月 14 日。
④ 中国人民银行上海分行编：《上海钱庄史料》，第 35 页。
⑤ 经元善：《居易初集》，卷 2，第 31 页。

应力荐，参与筹建上海机器织布局，嗣后又主持上海电报分局。[1]

适应这一时期私人资本要求发展的愿望，经元善在参预主持上海织布局集股活动中，改变了前此招商局、开平煤矿集股时端赖主持者"因友及友，辗转邀集"的做法，在国内重要商业城市和海外侨商集中地，公开登报，招徕股金，并公布投资人的姓名。此项办法对当时各地中小商人投资近代企业的情绪起了刺激作用。它意味着到了80年代近代企业资本的集掇开始突破了商帮亲友的狭隘范围，向国内重要城市和海外侨商集中地扩大。

经元善倡导的集资方法曾获得广泛的支持，即他所谓"商务联群机缄已将萌芽勃发"。尽管这个带本质性的问题，未必为当时的企业活动家所充分意识到，但却是80年代出现的一个十分值得重视的现象。

朱其昂、经元善的经历和活动，可说是从不同方面为旧式商人上层分子的转化提供了带有积极意义的范例。不过，就这一阶层的代表人物而言，他们的转化总是不能摆脱封建势力的干预，也不能免除与外国势力的联系，缺乏独立自主的力量。朱其昂只是到了晚年才在招商局的活动之外，独立经营了一个小型的面粉厂，而且未及正式开工便去世了。[2] 经元善在经营近代企业方面可说是一个能手，然而在甲午之前，尽管他对洋务派的经济政策已经喷有烦言，但在实际行动上并未摆脱盛宣怀的羁縻。他的企业活动也只局限于上海机器织布局和上海电报局，缺乏独立的作为。其他如资力雄厚的盐商李培松的投资只限于织布局、电报局和峄县煤矿等官督商办的企业。80年代票号商王炽在唐炯督办云南铜矿期间，曾以巨款贷予矿局，并且以他开设的票号作为招

---

[1] 经元善：《居易初集》，卷2，第30页。
[2] 参见《北华捷报》，1878年6月15日，第615页；7月6日，第6页。

徕资本的号召①，却始终不曾独立地创办或经营新式企业。李金镛、谢家福等在经营新式企业上都表现了较高的能力，然而他们的活动也始终依傍洋务派，寄奢望于官督商办企业，非常缺乏独立创业的勇气。这中间自然有许多客观上的原因，但就阶级产生的角度来考察，处在形成过程中的民族资产阶级要使自己成为一支独立的社会力量，看来还有待于社会各方面力量的进一步分化和结合，特别是民族资本主义经济的进一步发展，使得这一阶级随同自己的生存条件一起发展起来。至于旧式商人的中下层，在甲午之前，总的说来还对近代企业采取观望态度，暂时还不大愿意改变自己一向习惯了的经营方式。

四 华侨商人

过去，人们对于华侨商人投资于祖国近代企业的历史不曾给予应有的注意。今天由于历史资料尚未充分挖掘，我们也还难以估计侨商资本的数量及其在新式企业中的历史作用。就目前所接触到的材料来看，1873年，陈启源在广东南海创设的继昌隆缫丝厂是近代华侨商人独资经营的第一家近代企业。它在中国资本主义企业发展史上是占有不容忽视的地位。

陈启源生年不详，根据他的经历推测，他大约在19世纪30年代出生于一个"世代以农桑为业"的家庭。② 在年轻时，陈曾"两赴童子试"，有志于科场③，但都未如愿以偿。1854年出国经

---

① 《申报》，1887年8月6日；周钟岳等纂：《新纂云南通志》，1949年版，卷235，第8页。
② 陈启源：《蚕桑谱》自序。
③ 陈启源：《蚕桑谱》自序；何炳堃等纂：《续修南海县志》，宣统二年刊，卷21。

商。20年中遍历南洋各埠，注意当地植桑养蚕和缫丝等业。所以，他的儿子追述他是一个"经商海外，然未尝忘农桑之业"的人。① 1873年回国后，在南海简村创办机器缫丝厂，成为第一家侨商资本的近代企业。

甲午战争以前，像陈启源那样在国内独资创办新式企业的侨商还不多见，而投资于官督商办企业的却是不乏其人。例如，1879年轮船招商局曾派遣广东试用道张鸿禄、候选知县温宗彦到南洋、新加坡一带考察航运事业，同时招徕华侨资本。他们在"暹罗之孟角（曼谷）""设立机器砻坊"并为"众所信服"的侨商陈善继（系驻新加坡、暹罗领事陈金钟之子）协助下，为轮船招商局招集到一批华侨股金。根据招商局档案记载：当时响应号召的多数是广东籍侨商，也有少数福建籍侨商，有姓名可稽者共有28人。各人的投资额最高为5000两，最低为500两，多数在两三千两，一共募集到股金5万两。② 次年，温宗彦从曼谷到达新加坡，又在该地募股，应邀投资的有36人，集得股金65200两，投资人中有后来声名显赫的广东大埔侨商张振勋，当时，他的投资额为3600两。③

1880年，经元善、郑观应等办上海机器织布局时，也曾向旧金山、南洋、新加坡、长崎、横滨等城市募集华侨股金。④ 但我们迄今未能发现各该地侨商投资的具体情况。从招商局在南洋、新加坡集股得到侨商热情支持的情形来看，估计上海织布局的私人资本中，当不乏侨商资本。

1885年，台湾巡抚刘铭传为创办台湾商务局，曾派前浙江

---

① 陈蒲轩：《蚕业指南》自序。
② 《招商局禀李鸿章》（光绪五年十一月十一日），《招商局档案》。
③ 《唐廷枢等禀李鸿章》（光绪六年二月二十一日），《招商局档案》。
④ 《上海机器织布局启事》，《申报》，1880年11月17日。

候补知府李彤恩和广东试用道张鸿禄，到南洋去募集资本，也曾招集到闽籍侨商陈新泰、黄广余等人的投资。① 此外，1885年兴建的山东平度金矿，到1889年，经改组和宁海金矿合并，也有旧金山侨商林道琚的投资。② 据说林曾在旧金山"设局招股，共集洋元30万"③。顺便在这里指出，华侨富商张振勋在甲午之前已投资国内资本主义企业，当时还只是作为一般的附股者。至于他在山东烟台创办张裕酿酒公司，交结官府，奉派以考察南洋商务大臣身份，出国争取侨商资本的活动，是甲午以后的事情。这表明在侨商中逐渐发生的分化，乃是20世纪初期出现的社会现象。

上述事实说明，海外侨商是关心祖国近代企业的创建的。但在半殖民地半封建的社会条件下，国内近代企业得不到正常发展，以致侨商的投资屡遭亏损，阻碍了侨商资本的大量回归。

综合以上所述，可知随着资本主义经济的出现，一部分商人、买办、地主和官僚通过近代企业的经营活动向资产阶级转化。在半殖民地半封建的历史条件下，中国资产阶级在产生过程中依其资本主义生产关系的特征，可区分为"带买办性的大资产阶级和民族资产阶级的区别"④。洋务派大官僚和大买办的结合是官僚买办资产阶级的最初萌芽。他们的结合开始酝酿于19世纪五六十年代，历二三十年的发展成为客观现实。当时外国资本主义的侵略日益加深，清政府当权的洋务派为了拯救地主阶级的

---

① 刘铭传：《刘壮肃公奏议》，卷5，第19页。
② 《矿务档》，第2册，第1324页。
③ 《李集》，电稿，卷12。
④ 《中国革命和中国共产党》，《毛泽东选集》，人民出版社1964年第1版，第602页。

统治，有必要通过大买办博取外国势力的支持；而依附外国势力成长起来的大买办在半封建的社会条件下则需要大官僚的庇护。日益发展起来的政治经济关系的变化，使得这两股势力在压制民族资本主义发展这一共同目的上，走到了一起。十分明显，它们的结合，必然是中国政治经济半殖民地化的加深，阻碍了近代中国社会生产力的迅速发展。

中国资产阶级的另一个组成部分是由人数众多、缺乏权势的一般商人、中小买办、地主和官僚转化而来的中小资本家。这种转化不是一下子出现和完成的，而需要一个发生、发展的过程。在转化过程中，他们的共同特点表现为：一方面向往资本主义的发展，为他们投放到近代企业中去的资本实现增殖的要求；另一方面又不能割断与封建经济、封建政权所保持的密切联系，有的甚至还与外国资本主义保持千丝万缕的关系。在半殖民地半封建社会条件下，在一定时期，他们也有反对帝国主义和封建主义压制的要求。这种情形充分说明了这一阶级先天具有的两重性。两重性造成软弱性，这是民族资产阶级所表现的政治和经济的特点。这种特点是有其深刻的经济根源的。事实上，在甲午之前，处在形成过程中的民族资产阶级在历史舞台上还不能成为一支独立的政治力量。

(原载《近代史研究》1984 年第 1 期)

甲午战后40年间中国现代
缫丝工业*的发展与不发展

中国民族资本现代缫丝工业兴起于19世纪的70年代。初创时期受到封建清政府的压抑，其历程曲折而艰难。甲午战争失败后，民族矛盾激化，促使先进人物多方探求国家富强途径。一时间抵制外货，自保利权的经济活动被视为是抵制外国势力入侵的有效手段之一而活跃起来。于是在民族资本现代工业的面前，出现了一个虽然为时短暂，但颇见声势的兴业热潮。民族资本缫丝工业正是在这样的历史背景推动下，出现了较大的发展。当时，它的基本状况大体上以长江以南的上海、江浙两省，和华南的珠江三角洲两大地区所兴办的机器缫丝厂最具声势。进入20世纪后，依靠外销的江南缫丝工业在上海对外贸易有利地位日益发展的状况下，在生产经营上有了新的突破；同时起步最早的华南民族缫丝工业在已有的基础上，也一直保持着向前发展的势头。因此，对这两大地区现代缫丝业的发展和变化进行分析，基本上可以说明近代中国机器缫丝工业的盛衰历程。

---

* 本文论述范围限于桑蚕丝，暂不涉及柞蚕丝。

一 甲午战争后40年间中国缫丝工业成长的基本状况

(一) 江南地区的现代缫丝工业

我国江南地区的民族缫丝工业首先出现于上海。其后逐步发展到江苏省的镇江、苏州、无锡、丹徒和浙江省的萧山、杭州、湖州、绍兴等地。

1882年,与外国来华商人有所交往的浙江丝商黄宗宪在上海创立了公和永缫丝厂,配备丝车100部[1],成为民族缫丝工业在江南地区的发端。其后在上海陆续设立的丝厂计有1884年创建的坤记、1890年的裕慎、1893年的延昌、1894年的正和以及纶华等厂[2],共计5家。甲午战争后,从1895—1898年,4年中,全国又新设机器缫丝厂34家,共计资本达434万元,平均每家丝厂有资本12.7万元;其中设在江南地区的13家,计上海3家、镇江2家、苏州4家、丹徒1家、杭州2家和萧山1家,共有资本372.8万元,平均每家资本28.6万元。[3] 这几个统计数字,表明江南地区新设的丝厂数只占全国新设丝厂总数的38.2%,而资本额则占丝厂新投资的85.7%。因此,从总体上看,新设立于江南地区的缫丝厂在资本力量上是比较雄厚的。不过各个丝厂的资本仍难免参差不齐:多数丝厂的资本额大抵在15—30万元之间;而拥有资本在40万元上下的只有3家,所置丝车各在300—500部左右,可说是当时缫丝厂中资力最见雄厚的厂家了。

---

[1] 上海通志馆编:《上海研究资料》,1936年,第5页。
[2] 日本东亚同文会:《江南事情》,经济篇,1910年版,第150—152页。
[3] 根据汪敬虞编:《中国近代工业史资料》,第二辑,1957年版,第896—898页计算。

20世纪第一个十年，江南地区又陆续新创缫丝厂16家，新投资319万元；其中仍以设在上海的居多，计有9家，拥有资力也较大，共计282.7万元，占丝厂新投资的88.5%。它们中创设于1900年的振纶、顺记、仁昌和1904年成立的原昌等4家丝厂，均各有资本在50万元左右，其余各家虽较低，平均每家也在10.9万余元。[①] 将之与1895—1898年所设丝厂的规模作比较时，可知各厂的平均资本额略有扩充。

值得注意的是，19世纪末，江南地区的现代缫丝业除上海以外，镇江、苏州、杭州等都曾比较活跃。但进入20世纪的第一个十年，这几个地方的缫丝工厂却表现为踏步不前，无所作为。而一向未曾建立丝厂的江苏省无锡县却呈现了很大的积极性，十年中先后有5家丝厂设立，共有资本33.6万元，占同期江南地区缫丝业新投资的10.5%。引人注目的是，无锡现代缫丝工业从1904年起步以后，便以比较稳健的步伐进入发展阶段，其景况仅次于上海，逐步发展，成为江南地区现代缫丝工业的另一重镇。与镇江、苏州、杭州等地的缫丝业作比较，无锡的现代缫丝工业尽管也经历了不少困难，但成果卓著，无疑是后来居上者。所以，在分析江南地区现代缫丝工业的发展过程中，上海和无锡的缫丝工业具有典型的意义。

开港以降，上海一直是江南地区蚕丝贸易的中心。19世纪的70年代，上海外商丝厂经营的机缫丝和民间手工丝的市场价格异常悬殊，平均每担高出200两左右，即约高20%至50%。[②] 机缫

[①] 根据汪敬虞编：《中国近代工业史资料》，第二辑，1957年版，第896—898页计算。

[②] 《字林西报》(*North China Daily News*)，1888年5月21日，第463页，亦见《英国领事商务报告》(Great Britain Foreign Office: *Diplomatic and Consular Reports on Trade and Financed, China*, 1885—1887年)，1892年，上海，第18页(以下简称《英领报告》)。

丝的丰厚利润无疑是刺激中国民族资本缫丝工业产生的一个重要因素。根据文献和档案资料的记载，上海民族资本现代缫丝工业及其主要设备从 1895 年以后的变化，大致如下列统计所述。

上海民族资本丝厂及其设备统计

表 1 （1895—1937）

年　别	丝厂数（家）	丝车数（部）	资料来源及附注
1895	12	?	《英文中国经济月刊》（Chinese Economic Monthly），1925 年 3 月号，第 3—7 页。
1896	17	?	同上。
1897	25	7500	同上。
1898	24	7700	同上。
1899	17	5800	同上。
1900	18	5900	同上。
1901	23	7830	同上。
1902	21	7306	同上。
1903	24	8526	同上。
1904	22	7826	同上。
1905	22	7610	同上。
1906	23	8026	同上。
1907	28	9686	同上。
1908	29	10006	同上。
1909	35	11085	刘大钧：《中国丝业》（D. K. Lieu: The Silk Industry of China），第 94 页。
1910	43	12554	《上海市缫丝工业同业公会档案》（以下简称《上海丝档》），卷号 96。

续表

年　别	丝厂数（家）	丝车数（部）	资　料　来　源　及　附　注
1911	48	13738	刘大钧：上引书。
1912	48	13392	同上。
1913	49	13392	同上。
1914	56	14424	刘大钧：上引书；《上海丝档》卷号132，记有厂数56家，丝车数不详。
1915	56	14424	刘大钧：上引书。
1916	61	16692	同上。
1917	70	18386	刘大钧：上引书；《申报》，1918年7月29日，记有丝厂71家，丝车18802部。
1918	68	18800	刘大钧：上引书。
1919	65	18306	刘大钧：上引书；《上海丝档》卷号139，称有丝厂65家，丝车17752部。
1920	63	18146	刘大钧：上引书；《申报》，1921年3月11日记有丝厂61家，丝车18214部；《上海丝档》卷号103，记有丝厂66家，丝车不详。
1921	58	15770	刘大钧：上引书。
1922	65	17260	刘大钧：上引书；《上海丝档》卷号194，记有丝厂68家，丝车数不详。
1923	67	18212	《总商会月报》第3卷，第4号。
1924	72	17554	刘大钧：上引书；《华中丝工业调查》记有丝厂68家，丝车18576部。
1925	75	18298	刘大钧：上引书。
1926	81	18664	同上。
1927	93	22168	同上。
1928	104	23911	同上。
1929	104	24423	同上。
1930	107	24906	刘大钧：上引书；《上海丝档》卷号97，记有丝厂98家，丝车23706部。

续表

年　别	丝厂数（家）	丝车数（部）	资料来源及附注
1931	70	18326	刘大钧：上引书。
1932	46	12262	同上。
1933	53	13465	《上海丝档》卷号 97；卷号 98 称当年末开工丝厂有 98 家，丝车 22167 部。
1934	35	?	《上海丝档》卷号 107。
1935	33	7686	《上海市年鉴》，1937 年，下册，第 32 页（N）。
1936	49	11118	《上海丝档》卷号 103，（指 1936 年 7 月至 9 月的开工厂数，其余月份均不到 49 家）。
1937	44	10086	《中外经济年报》第 34 期，第 116—117 页。

从上列统计表中，人们可以看到，在辛亥革命以前，上海的缫丝工业在 1896—1898 年和 1907—1910 年两段时期曾经有比较迅速的发展；而这两个时期也是中国近代工业兴起过程中出现两次设厂高峰的岁月。上海缫丝工业的发展正体现了当年设厂高峰的部分内容。但在进入 20 世纪的 10 年代，缫丝业的发展速度表现为相对的缓慢。尽管这十年间既有 1911 年推翻封建清政府的辛亥革命，又有 1914—1918 年的第一次世界大战。但这两大事件给予上海缫丝工业的影响却不明显。从 1911—1913 年上海丝厂和丝车的统计上看，开工的缫丝厂虽增加了一家，但运转中的丝车却减少了三百四十多部。第一次世界大战爆发后，国际航运线上运输力量明显地下降，而且还存在运输安全的问题。我国生丝的外销量自然受到影响。但欧洲各国因战争导致棉织品缺乏，丝织品消费量增加。因之上海机缫丝的输出，反而略有增加。

1914年，上海出口的厂丝为20974担，次年上升为33359担；1919—1918年，上海出口的厂丝各为30173担、30316担和29330担①，都超过1914年的出口量。与此相应，上海缫丝业在这几年的生产形势也呈现为缓慢的上升。缫丝厂从1914年的56家上升为1918年的68家，增加了12家，投产的丝车从14424部上升为18800部，增加了四千多部。但是，在战后的三年间（即1919—1921年），情况反见异常。究其原因，大抵与1920年国际市场上丝价一度跌落有关②；尤其是当年2月间开始的白银价格上升③，削弱了用银国家的商品在国际市场上的竞争力量，使得我国生丝出口遇到了困难。当时"上海的丝厂在汇率不利于其产品的出口，和国外又无其产品销路的情况下，面临严重的困难，不少丝厂宣告破产"④。上海开工丝厂的波动在上列统计表中也有反映：1921年丝厂从上年的63家减为58家，投产丝车从1.8万部减为1.5万余部。这一情况到1923年才见转机，运转的丝车恢复到1918年的水平。此后七年中，上海缫丝工业步入了投资环境比较顺利的时期，新丝厂的开设逐年见增。到1930年，丝厂从1923年的74家增加到107家（有称98家），丝车则从1.8万余部增达2.4万余部。人们习惯地把这一时期称之谓缫丝工业的繁荣年代。不过，这种兴旺景象并未维持多久。进入30年代，来自世界经济危机的冲击，特别是日本缫丝工业多年来挟其技术和资本在世界市场上频频发动对华丝的强烈倾轧，使中国缫丝工业

---

① China, The Maritime Customs: *Returns of Trade and Trade Reprots* 1914—1918, Part Ⅱ, Shanghai, 有关各年。

② 参见《海关十年报告》1912—1921年，上海，第30页。

③ 1920年关两和美元的平均比价为1：1.24元，1921年则为1：0.76元，美元汇率跌落48.8%。见 *Synopsis of The External Trade Of China*, 1882—1931, 第五次《海关十年报告》附录。

④ 《海关十年报告》1912—1921年，上海，第30页。

从1931年开始，明显地步入下坡路了。上海的缫丝工业遂在不景气的经济情势笼罩下，陷入了生产无力、经营严重亏蚀的局面，开工丝厂因之锐减。从1931—1936年投产的丝厂和丝车，在上述统计表上虽各记录为40—50家和1.2万—1.1万部，但都不能视为是全年投入生产的数字。上海缫丝工业的凋敝遂成为20世纪30年代经济萧条期中一个非常突出的现象。有关这方面的情况，本文在华丝对外贸易变化的论述中将比较详细地涉及。

上海以外，江苏省无锡县是江南地区进入20世纪后民族缫丝工业发生、发展比较顺利的另一典型。

无锡的现代缫丝工业发轫于清朝末年当地著名商人周舜卿的创举，其历程颇具戏剧性。据史料反映，周舜卿在实业界发迹之前，原供职于上海一家外商洋行，稍积资力后乃自设行号，代销洋行商品。为开展商业，他在国内牛庄、汉口、镇江、常州、苏州和无锡等城市都设有分号。约在1895年前后，周在家乡开设裕昌祥茧行，专为英商怡和洋行收购原茧。1902年，怡和洋行见丝市不振，借口茧质不佳，拒收裕昌祥收购的原茧。为了减少损失，周乃向上海华纶丝厂购买旧丝车96部，安装在裕昌祥茧行楼上，自缫自销。开工后恰值丝市回升，竟收厚利，遂引起继续生产的兴趣。旋因茧行失火，丝车全部焚毁。但缫丝业的丰厚利润推动周舜卿另筹资本5万两（有称8万两），重购丝车98部，修建厂房，取名裕昌缫丝厂，正式从事生产。从而为无锡现代缫丝工业的兴起迈出了可贵的第一步。①

20世纪初，为外国洋行购销生丝的买办商人都知道经营缫

---

① 参见钱钟汉：《周舜卿》，《工商经济史料丛刊》，第4辑，文史资料出版社1984年版，第105—107页。

丝事业，有丰厚利润可得。周舜卿的实践无疑引起了更多旅沪无锡商人的冲动。1906年，便又有一个在上海外国洋行供职的买办、无锡籍商人王文毓，歆羡丝厂盈利，挪用洋行资金，购置丝车40部，准备在无锡西门外筹建锡金（经）丝厂，但未及完工，为洋行告发中止。大约在1909年，王文毓筹划的厂址和设备转入一位徐姓商人之手，但也未开工。到1912年，终于由无锡资本家薛南溟租办，改称锦记丝厂，拥有资本7.5万元（有称3.8万元），丝车410部，投入生产。①

继锡金丝厂筹划之后，无锡商人经营现代缫丝业的活动逐渐频繁起来。1909年，买办商人顾敬斋在无锡黄埠墩创建源康丝厂，投资7.7万两（有称4.5万两），置备丝车320部。② 1910年，当地商人孙鹤卿筹建乾甡丝厂，置备丝车208部，于1911年投入生产。③ 与孙鹤卿筹建丝厂的同年，有一位曾在上海公和永丝厂主黄佐卿处任账房若干年的许稻荪，凑集资本10万两，也在无锡创设振艺机器缫丝厂，置备坐缫车520部，为当时无锡县最大的一家丝厂。④

上述若干事例说明，清末无锡现代缫丝工业发生过程中存在的一个比较突出的现象，就是内地中等城市新、旧商人所握有的商业资本开始从流通领域转向生产领域。这意味着资本主义关系逐步从口岸向内地延伸、扩大；另一方面也说明，在当时开拓新式企业，是有比较丰厚的产业利润可得的，至少它与当时的商业利润相当。否则也就难以理解无锡的新丝厂在短短的几年中争先

---

① 高景岳、严学熙编：《近代无锡蚕丝业资料选辑》，江苏人民、古籍出版社1987年版，第51页（以下简称《无锡蚕丝业资料》）；汪敬虞：前引书，第900页。
② 《无锡蚕丝业资料》，第50—51页；汪敬虞：前引书，第900页。
③ 《无锡蚕丝业资料》，第38页。
④ 《无锡蚕丝业资料》，第42页。

问世。

  几乎和上海的丝厂一样，1911 年的辛亥革命和 1914 年爆发的第一次世界大战，对于处在起步阶段的无锡现代缫丝工业并未产生重大的影响。从有关文献史料的整理中，人们可以看到，辛亥革命的翌年，无锡并未因这场资产阶级民主革命的鼓舞而出现新丝厂；1913 年也只增加了 1 家，新增丝车二百五十余部。到 1919 年，中经第一次世界大战，前后六年中，也只增加 4 家丝厂和七百多部丝车。与初创阶段相比较，非常明显地表现了缫丝业中新投资的趑趄不前。但是，在第一次大战结束之后，特别是进入 20 世纪的 20 年代，无锡的缫丝业才呈现为重大的发展，并且在二三十年代之交进入它的巅峰。

表 2   无锡民族资本丝厂及其设备统计（1904—1936）

年别	丝厂数（家）	丝车数（台）	资料来源
1904	1	96	汪敬虞：《中国近代工业史资料》，第 900 页；《近代无锡蚕丝业资料选辑》，第 51 页。
1909	3	826	《近代无锡蚕丝业资料选辑》，第 51 页。
1910	5	1914	同上。
1913	6	2170	同上书，第 52 页。
1914	8	2746	同上。
1916	9	2530	《江浙皖丝茧公所调查》，转见曾同春：《中国丝业》，第 61—62 页。
1917	8	4532	实业部国际贸易局：《中国实业志》（江苏省），第八编，工业，第 100 页。
1919	12	3116	《上海丝档》，卷号 139。
1921	15	4282	陈重民：《今世中国贸易通志》，二编，第 7 页。

续表

年别	丝厂数（家）	丝车数（台）	资 料 来 源
1922	19	6340	高景岳：《无锡缫丝工业的发展与企业管理演变》，《中国社会经济史研究》，1983 年第 1 期。
1924	18	5536	The Shanghai Interntional Testing House: A Survey of the Silk Industry of Central China, 1925 年上海版，第 94 页。
1925	22	7320	《银行月刊》，卷 8，第 2 号，第 46 页。
1927	25	7980	高景岳：上引文。
1928	37	10158	《无锡各缫丝厂同业公会档案》，卷号 113，藏无锡档案馆。
1929	46	12862	同上。
1930	50	15846	同上。
1931	51	15678	同上。
1932	28	8654	同上。
1933	46	13174	同上。
1934	38	11412	同上。
1935	43	12244	同上。
1936	45	13346	同上。

上列统计表明：无锡缫丝业从 1919 年以后，年年都有新投资，表现为新丝厂的涌现和丝车的添置。而且就发展的速度来考察，在 20 年代的十年中，无锡缫丝工业的发展在速度上似乎超过了上海。试观：1921—1929 年，上海的缫丝工厂从 58 家发展到 104 家，增加了 79％，丝车从 15770 部增加为 24423 部，增加了 54.8％；同期中，无锡的缫丝厂却从 12 家发展为 46 家，增加了 383％，几近 3 倍，丝车则从 3116 部上升为 12862 部，增加了 412％，超过 3 倍。这里自然不能忽略两者基数的不同，不过体现在两地的发展速度上，反映了 1919 年"五四"运动以后的十

年中,包括无锡县在内的国内投资环境有了相当程度的改善,使得新投资从迟疑转向亢奋。但就具体情况分析,无锡缫丝工业的迅速发展自然还有其内部和外部的根据。

无锡县地处江南平原,靠近太湖,河道处处与其相通,水源洁净。这对于当地缫丝业的生产具有非常重要的意义。其次,太湖沿岸的苏州、宜兴、江阴、吴江、常州、金坛和溧阳等地夙来都是盛产蚕茧的地区,无锡与它们密迩相邻,不仅在原料取给上远较上海为便利,而且由此而派生的是,无锡丝厂能够比上海的丝厂可以早收到蚕茧半个月到一个月的时间。这种时间上的优越条件,对竞争性和投机性都非常强烈的现代缫丝业来说,其意义是非同一般的。① 不仅止此,无锡的丝厂还可以在每年春、夏、秋三季新茧收成时,将鲜茧烘焙三四小时,名为半烘茧,随即上车。这种半烘茧缫出的丝量较之全烘茧可增加 4%—5%。这更是上海缫丝厂无法与之比拟的。②

况且无锡广大农村劳动资料丰富,大量的手工业缫丝工人身手灵巧,技术娴熟,劳动工资低廉。1924 年的调查报告说:无锡丝厂各类工种工人的日工资都较上海为低,其幅度大抵在 3%—7% 之间。而在工时上,她们又较上海为长,每日劳动 $12\frac{1}{4}$ 小时,而上海缫丝工人每日只作工 11 小时。工资水平低而工时长,仅仅就这两项而言,无锡缫丝厂所支付的生产费用就比上海的大约减低 15%。③

---

① 参见 Lillian M. Li: *China's Silk Trade: Traditional Industry in the Modern World 1842—1937*,剑桥 1981 年版,第 167 页。
② 《蚕丝史料杂编》(未刊稿),转见《无锡蚕丝业资料》,第 107 页。
③ The Shanghai International Testing House: *A Survey of the Silk Industry of Central China*, p. 33。

表3　　　　　无锡、上海缫丝厂工人日工资比较　　　　　单位：元

工别 地区	正车工	替车工	盆工	抄茧工	丝间工	拣废丝工
无　锡	0.40	0.32	0.24	0.40	0.44	0.24
上　海	0.43	0.33	0.25	0.37	0.45	0.27

资料来源：*A Survey of the Silk Industry of Central China*，第33页，1925年。

此外，在厘金税负上，无锡丝厂的税、捐负担也较上海的为低。1924年的调查反映：在无锡，丝厂可以按干茧交付厘金，也可以按制成的生丝交付。当地政府规定：干茧1担（100斤）征厘金税8元；如按生丝交付厘金，则按干茧460斤制成生丝1担的标准交税。因此制厂丝1担，只需交厘金36.8元。事实上缫制1担生丝所需干茧在600斤或稍多一点，远在460斤以上。所以，如果把缫制一担生丝所需的蚕茧运往上海时，最少也须支付厘金48元左右。可见在厂丝的生产成本上，仅厘金一项，无锡的丝厂便可较上海的减轻11元的负担。[①] 尤其是这种税负上的差额到1928年还扩大到16.93两。[②] 另就运输费用来看，无锡所产厂丝须集中到上海出口，而运输生丝到上海所需之运费远比运输蚕茧到上海缫制后出口要低廉很多。所以，据一位从事丝业产销的日本行家综合各方面的条件作估计后说：无锡所产厂丝较上海所产的在成本上每担可以减低30两。[③] 这就是为什么不少从事丝厂经营的资本家在20年代宁愿离开上海而到无锡择址建

---

① *A Survey of the Silk Industry of Central China*，pp. 33—34.
② 蚕丝业同业组合中央会编纂的《支那蚕业大观》称：1928年上海丝厂所产每担生丝需负担的税额是，茧厘金税45.36两，子口半税10.03两，合计55.39两，而无锡丝厂所产每担生丝的税负是，茧厘金税32.89两，子口半税5.57两，合计38.46两，其差额为16.93两。东京1929年版，第353—354页。
③ 《支那蚕丝大观》，第360页。

厂的内在原因。1896年在上海租地设厂的永泰丝厂厂主薛南溟到1926年在租期30年届满后，毅然决定将全部机器设备拆迁无锡。很明显，沪锡两地生产成本的悬殊肯定是他做出此项决定的一个主要根据。

无锡所具有的优越条件促使当地的缫丝工业在20世纪20年代进入了繁荣时期。这十年中，新建丝厂达35家之多，丝车设备从1919年的三千余部增至1922年的六千余部，1928年又突破了1万部，到1930年达到了一万五千余部的高峰。这样的增长速度在国内其他产丝区是罕见的。

无锡丝厂的产量，由于史料散佚，初创时期，已无从查考。现在但知：1928年，无锡所产丝为21210担，1929年增为26666担，各占当年全国生丝出口量的11.7%和14.04%[1]；此项产量数字如果与当年厂丝出口总额作比较时，所占比重还将更高。据《关册》记载，1928年，全国厂丝的出口量为123170担，1929年为123045担，那么无锡所产厂丝则各占17.22%和21.67%。[2]

当无锡的缫丝工业处在繁荣时期，从事操作的工人在43200人，占全县各业工人67888人的63.6%[3]，足见它在当地经济中占有重要地位。20世纪20年代，无锡曾以轻工业发达见称，而以棉纺、面粉和缫丝三业为全县工业中的三根台柱，其中以缫丝业最为突出。1929年，无锡12种主要工业的投资额和营业额的统计表明：占全县主要工业投资总金额52.3%的棉纺厂和14.3%的面粉厂，各占全县主要工业营业总额的18.5%和

---

[1] 《锡报》，1930年1月30日，转引自《无锡蚕丝资料》，第63页。

[2] Synopsis of the External Trade of China，1882—1931年，第五次海关十年报告附录，第191页。

[3] 《中国劳动年鉴》，1932年，第11页。

11.1%，而占投资总额 20.3% 的缫丝厂，却居总营业额的 54.7%。[①] 由此可见，无锡的缫丝工业可说是一项本轻利重的工业。它在当地的三大行业中居于非常突出的地位，对当地经济发展提供了巨大的动力。

在缫丝业繁荣时期，几乎所有无锡的丝厂，特别是资力较强，经营有方的厂家，年年都能获得可观的利润（利润统计见表4）。

表4　　无锡部分丝厂利润统计（1927—1928）

		裕昌、慎昌	永泰、锦记	振艺	泰孚	乾甡、乾丰、五丰	乾元	义丰
营业资本（万元）		9.8	14	14	7	24.6	6	5
利润（万元）	1927年	约15	13	9	4.2	约28	1	3—4
	1928年	10	7—8	11	4	4—6*	?	?

* 1928年利润统计仅包括乾甡、乾丰厂。

资料来源：原载《锡报》，1928年1月28日，1929年2月13日，转见《无锡蚕丝业资料选辑》，第64—65页。

上列统计自然不能全面反映无锡众多丝厂实现利润的实况，但可以作为说明这一现象的部分参考。

1929年，世界经济危机爆发，国际市场上生丝贸易陡然下落，严重打击了中国生丝的输出，无锡缫丝业的盛况因之迅速消退。1930年，原先获利的众多丝厂都因丝市不振，出现亏蚀。1931年以后，中小丝厂或停工减产，或亏蚀闭歇；大型丝厂则处于勉力维持，无锡缫丝业遂进入不景气的时期。

[①] 见本文中1929年无锡12种主要工业投资额和营业额统计。

1929年无锡12种主要工业投资额和营业额统计

工 厂 类 别	投资金额（元）	占总金额的%	营 业 额	占总营业额的%
12种主要工业合计	11771440	100	98827010	100
其中：棉纺厂	6160000	52.33	18313000	18.53
面粉厂	1680000	14.27	10976500	11.10
缫丝厂	2388000	20.29	54084000	54.73

原编者注：①本表数字为1930年2月统计。

②本表中丝厂营业额为54084000元，似超过实际情况。据《无锡年鉴》另一材料统计，1929年(按丝厂会计年度应为6月1日至次年5月31日，故此数据很可能指1928年会计年度)无锡各丝厂共产生丝22210担，价值22010000两，折合规元30593900元，即使如此，无锡缫丝厂的营业额仍大大超过纱厂业，甚至超过纱厂和面粉厂两业的总和。

③12种主要工业系：棉纺、缫丝、面粉、染织、翻砂、织袜、油、碾米、皂碱、制镁、造纸、织绸等。

资料来源：《无锡年鉴》，转见《近代无锡蚕丝业资料选辑》，第86页。

（二）广东珠江三角洲的现代缫丝工业

广东珠江三角洲是中国民族资本现代缫丝业的另一重要中心。这里河网纵横，土壤肥沃，气温高，雨量充足，一年四季都宜于植桑育蚕，年可收茧达六造到八造之多。① 珠江三角洲手工缫丝业长期享有盛誉。

1873年，侨商陈启沅在手工缫丝业广泛发展的基础上，于南海创建继昌隆缫丝厂。从此现代缫丝业遂在珠江三角洲起步，并迅速地扩散到相邻各县。其中以顺德发展最为迅速，也最著成效。此外，番禺、三水虽然也设有丝厂，但其发展，并不显著。

---

① *The Chinese Repository*, 1848年，第8号，第427页。

到19世纪90年代初,珠江三角洲大致已建立了50—60家缫丝厂。① 到20世纪初,有记载称:机器缫丝业已经成为珠江三角洲的主要工业了。② 仅顺德一地在1902年,据说就已有丝厂86家,置备丝车34600部。③ 另据日本人的一项调查,1906年在广州附近的机器缫丝厂有厂名、厂址和工人人数可据的有174家,惟经常有开办倒闭的变化。④ 另据1910年的材料称:三角洲的丝厂为109家,丝车42100部。⑤ 辛亥革命后,广东是资产阶级革命的发祥地和革命政权的根据地。三角洲在1912年增建丝厂达162家,丝车增加到65000部。⑥ 第一次世界大战期间,海运困难,影响了华南生丝的外销。但同时又因欧洲交战各国由于军需;大量消耗棉、毛原料,民间衣着原料缺乏,转求之于生丝,丝价因之上涨。⑦ 这无疑也刺激了三角洲的缫丝厂赶缫生丝外运。⑧ 也许出于这两方面的原因,在统计数字上表现为:1918年,三角洲的丝厂数较1912年虽减为194家,但丝车却增加为72200部,意味着丝厂的合并和规模上适度的扩大。20年代上半期,珠江三角洲缫丝业的生产表现为持续上升,1926年,丝厂增加到202家,缫丝车增达95215部,为三角洲现代缫丝业的发展臻于

---

① 《海关十年报告》(1882—1891年)广东,第577页。
② 《海关十年报告》(1892—1901年),三水口,第264页。
③ 《珠江三角洲蚕桑生产历史概况》,《顺德县档》,顺德档案馆藏,第38页。
④ 《清国事情》,日本外务省通商局1907年版,第771—781页。
⑤ 同上。
⑥ 《珠江三角洲蚕桑生产历史概况》,第38页。
⑦ 据记载,珠江三角洲生丝价格在1915年每担约为港币600元,到1920年上涨至港币1550元。见李本立:《顺德蚕丝业的历史概况》,《广东文史资料》,第15辑,1964年。
⑧ C. W. Howard and K. P. Buswell: *A Survey of the Silk Industry of South China*, 1925年版,第8页。

最高峰。过此以后,国际市场丝价日渐降低,而国内捐税反见增重[1],遂令资力较弱的丝厂不得不停产或闭歇,缫丝业上升的势头受到了遏抑。及至30年代,更由于世界经济危机爆发,国际市场丝价动荡,三角洲的缫丝业也便与江南地区的缫丝业一样,转趋于长期不景气的状态,缫丝厂及主要设备丝车日趋于消减。下表统计基本上反映了三角洲在甲午战争后40年间的变化情况。

珠江三角洲民族资本缫丝厂及其设备统计
表 5　　　　　　　　　（1890—1934）

年别	丝厂数（家）	丝车数（部）	资　料　来　源
1890	50—60	?	《海关十年报告》（1882—1891年），广东,第577页。
1900	约100	?	《海关十年报告》（1892—1901年），广州,下卷,第262页。
1902	86*	34600	《珠江三角洲蚕桑生产历史概况》（未刊本），顺德县档。
1910	109	42100	同上。
1912	162	65000	同上。
1918	147	72200	《广东建设厅生丝检查所四周年年报》,1935年刊,第6页。
1921	180	90064	同上。

---

[1] 粤丝运销欧美市场每磅平均价格在1925年为5.64美元,1926年为4.71美元,1927年为4.02美元(见《珠江三角洲蚕桑生产历史概况》,顺德县档);国内价格广东14/16丝在1925年每百斤为1160元港币,1926年为980元港币,1927年为1000元港币,1928年为970元港币(见国外贸易委员会丛刊:《广东工商业——丝》,1934年刊);在捐税方面以厘金为例:1924年5月,粤丝每百斤出口厘金原额及附加为9.39元,1924年9月为11.02元,1926年1月为12.75元,1927—1928年为14.32元(见《广东建设厅生丝检查所四周年年报》)。

续表

年别	丝厂数（家）	丝车数（部）	资料来源
1923	194	97000**	见《国际贸易导报》，第2卷，第10号，第3页。
1926	202	95215	《广东建设厅生丝检查所四周年年报》，1935年刊，第6页。
1929	141	72455	同上。
1930	121	62292	同上。
1931	111	57255	同上。
1932	58	30243	同上。
1933	68	36288	同上。
1934	37	19505	同上。

* 仅指顺德一地。

** 见《国际贸易导报》，第10号，第3页。

如果就上述统计中丝厂的地理配置作一考察时，我们可以发现，三角洲的现代缫丝厂基本上是分布在与广州相邻的各县乡镇。与江南地区存在显著不同的是，它们并不集中在城市里。这对于丝厂在原料供应和劳动力的取给上有很大的便利。在与广州相邻的县城中，顺德和南海两县是缫丝业最为发达的地区，尤以顺德县为突出。20世纪20年代初，当珠江三角洲缫丝厂发展到180家和丝车九万余部时，顺德一地便设有丝厂135家，丝车5.5—6万部左右，雇用工人不下6万人。[1] 其后各年丝厂、丝车虽有升降的变化，但顺德县所占的压倒地位却长期未变，南海的

---

[1] C. W. Howard and K. P. Buswell: *A Survey of the Silk Industry of South China*, 1925年版，第18页。

情况则略逊。因此,从全国现代缫丝业发展趋势的变化来考察时,我们看到,从20世纪的20年代到30年代,即从缫丝业的繁盛时期转变为萧条时期,三角洲的缫丝厂是与之同步升沉的。这个现象在三角洲非常集中地反映在顺德和南海缫丝工业的兴衰上。

珠江三角洲缫丝业分布(1926—1934)

表6　　　　　　　　　　　　单位:丝厂:家;丝车:部

地别	年别	1926	1929	1930	1931	1932	1933	1934
顺德	丝厂	154	99	81	73	39	50	24
	%	76.3	67.8	66.9	65.8	67.2	73.5	64.8
	丝车	71235	47848	41226	37210	19677	26487	13273
	%	74.8	66.0	66.2	64.9	65.1	72.9	62.9
南海	丝厂	45	45	38	36	18	16	12
	%	22.2	30.8	31.4	32.4	31.0	23.5	32.4
	丝车	22330	23677	20106	19085	10066	8851	6786
	%	23.4	32.6	32.3	33.3	33.3	24.3	34.7
番禺	丝厂	1	1	1	1	—	1	—
	%	0.49	0.68	0.82	0.90	—	1.4	—
	丝车	650	450	480	460	—	500	—
	%	0.68	0.62	0.77	0.80	—	1.37	—
三水	丝厂	2	1	1	1	1	1	1
	%	0.99	0.68	0.82	0.90	1.72	1.47	2.70
	丝车	1000	480	480	500	500	450	450
	%	1.1	0.66	0.77	0.87	1.6	1.2	2.3
合计	丝厂	202	146	121	111	58	68	37
	%	100	100	100	100	100	100	100
	丝车	95215	72455	62292	57255	30243	36288	19505
	%	100	100	100	100	100	100	100

资料来源:1.1926年,见上原重美:《支那蚕丝大观》,东京,1929年,第945页。

2.1929—1934年,见《广东建设厅生丝检查所四周年报》,第6页。

上列统计表明：当珠江三角洲的缫丝业处于繁盛年代，例如1926年，顺德县拥有的丝厂、丝车各居三角洲丝厂、丝车总数的70%以上；南海县则分占20%以上。这就是说三角洲现代缫丝业中有90%—95%左右的丝厂和丝车集中在这两个县份。这一基本状况无论在兴旺和萧条的岁月都不曾发生重大的变化。另一方面，从1929年以降，三角洲缫丝业在国内外市场动荡中，生产几乎是直线下降的。从1926年到1934年，前后不到十年，停歇的丝厂和丝车在顺德为80%以上，在南海为70%以上。这种强烈的动荡源于当时华南地区生丝外贸剧烈跌落的影响。有关这一方面的问题，本文在论述华丝对外贸易的情况时还将涉及。

二 现代缫丝工业的资本和缫丝业中的租赁制

在中国现代纺织业中，棉纺和缫丝居于首要地位。但从资本和生产规模方面考察，缫丝业远不如棉纺业。一般地说，中国现代工业在其产生、发展过程中，都面临资本不足的问题。这个问题涉及面很广，但就现代棉纺业而言，当它迈过初创时期的艰辛后，在资本的筹集上比较顺畅地进入发展阶段，发展速度也相对地迅速。20世纪20年代初，国内大型纺纱厂层见叠出，就可作为有力的证明。而现代缫丝业的发展情势则不同。在它产生后的相当长的时期内，一直遭受手工缫丝业的顽强抵制而影响其发展速度。诚然，历史上中国是以手工缫丝输出为国际生丝消费提供卓越贡献的国家。无论在江南地区或珠江三角洲，手工缫丝业都有牢固的基础。当现代缫丝工业到来时，迅速发生了不仅只是手缫业，而且还有手工丝织业为争夺原料供应而发生多次严重冲突。更为严重的是，我国蚕茧生产方式落后，质次量低，也长期拖住了现代缫丝业发展的步伐。进入 20 世纪后，在我国现代缫丝业略有发展的情况下，蚕茧供应不足更加成为突出的问题了。据估计：1910 年，上海及江浙地区已有丝厂 57 家，拥有丝车 16100 部。如全部正常投入生产，年需干茧 322000 担，才能满足需要。但 1913 年，来自江、浙两省的干茧仅 90102 担，1915 年虽见增加，也只有 108019 担，仅能满足上述地区丝厂需茧量的三分之一，即使全部都供上海一地 43 家工厂使用也还短缺所需蚕茧的 58%。①蚕茧供应的严重不足，迫使许多丝厂在一年内差不多有 3 个月乃至半年的时间无法进行生产。机器休闲意味着资本呆滞。这历来是投资者最所畏惧和顾忌的。此外，国内生丝外销从进入 19 世纪 70 年代之后，便为外国在华洋行所垄断，其价格既听命于国际市场之变化，又饱受外商洋行的无理勒索，缫丝业经营者往往不能主宰自己的命运。这是从不正常的社会关系上迫使原不充裕的中国工业资本不敢在现代缫丝业上放手投资。不过，在国际市场处于正常状态时，经营厂丝生产，也还是有利可得的。所以一部分资本家在价值规律的无形推动下，从事于现代缫丝业生产的尝试。与这种复杂情况相适应，现代缫丝业在经营过程中产生了一种被称为"租赁制"的独特制度。因此，在对中国现代缫丝业的发展及其资本状况进行考察时，势不能不首先对长期推行于该业的"租赁制"进行一点探索。

缫丝业租赁制的特点集中表现在：拥有丝厂固定资产（包括厂房、缫丝机械和其他设备）的业主和直接从事缫丝生产业务的实际经营者，分别属于不同的资本家。丝厂的所有权和经营权并不掌握在同一资本家的手中。所以，在缫丝业中有所谓"产业股

---

① 徐鼎新：《试论清末民初的上海（江浙皖）丝厂茧业总公所》，《中国经济史研究》，1986 年第 2 期。

东"和"营业股东"的区分。他们根据双方订立的租赁合同：营业股东在承租期限内按月向产业股东支付租金，丝厂在经租期间，盈亏概由营业股东负责，与产业股东无关。租期一般以一年为期居多，间或有以三年为期的。这种租赁制度在中国厂丝主要生产地区都相当广泛存在，而以江南地区最为普遍。上海、无锡的丝厂中奉行租赁制的几乎占当地全部丝厂的90%左右。[1] 广东珠江三角洲的丝厂在推行租赁制上虽不若江南地区普遍，但也占有相当的比重，一般估计不低于50%。[2]

丝厂租赁活动中也不排除另一种方式，即承租者既是产业股东，同时又在承租丝厂里投资附股，兼作营业股东，成为集双重身份于一身的资本家。这类资本家大抵资本力量雄厚。[3] 有说这种方式最初是由无锡缫丝业资本家薛南溟所创。大约在20世纪初，薛在经营永泰丝厂获取重利后，为笼络得力助手，特将厂房和机器设备作为实业出租，按月收取固定租金，不负丝厂营业上的风险；同时薛又以营业股东的身份，与其主要助手合伙，承租他自己的产业。在这种租赁方式中，营业股东一方在承租期中往往支付较高的租金。因为这种方式对于像薛南溟一类的资本家来讲，乃是左右逢源，万无一失的。如果丝厂获利，他们不过是从未实现的盈利总额中，预先以租金形式抽提了相当一部分的利润，受到影响的则是从业职员，后者应得的红利额无形中被减少了。万一营业失利，作为产业股东，他们的固定资产可以超然事

---

[1] 上海情况见《上海市缫丝业同业公会档案》卷号140，无锡的见全国经济委员会蚕丝改良委员会编：《蚕丝改良事业工作报告》民国23年。

[2] 参见乐嗣炳：《中国蚕丝》，民国24年世界书局报，第259页；李本立：《顺德蚕丝业的历史状况》，《广东史资料》，1864年，第15辑，第115页。

[3] 参见实业部中国经济年鉴编委会：《中国经济年鉴》，下册，商务印书馆1934年版，第258页（K）。

外，不受牵连。所以，人们把这种巧妙而严酷的剥削方式称之为"封建性租金剥削和资本主义剥削混合一体的一种落后的经营方式"①，可说是触及实质的评断。薛南溟在1912—1920年间经营永泰、锦记、隆昌、永盛和永吉五家丝厂（共有丝车1814部）时，就是采取这种经营方式的。

很可能是由于薛南溟实践的影响，在无锡，这种兼产业股东和营业股东于一身的经营方式，在当地缫丝业中占有相当比重。1930年，无锡缫丝同业公会档案反映；当地48家丝厂中，兼产业股东和营业股东于一身的丝厂不少于17家，居三分之一左右。②在上海，这种经营方式也并不罕见，出租的产业主"一面收取租利，一面又往往再在承租的丝厂里投资搭伙，分润红利"③。不过从租赁企业总体上看，仍以所有权和经营权相分离的形式为大多数。因为引起资本家投资兴趣的是最大的利润和最低的风险。租赁制使得产业股东的投资利益比之"置田收租、存款银行、经营典当仓库"更为优厚④，同时在资本的安全上又不承担任何风险。所以，为一般有经济实力而又较为保守的资本家所欢迎。

根据1927年调查报告称：在接受调查的上海八十余家丝厂中，只有9家丝厂是由投资者直接经营的。它们是瑞纶、信昌、宝泰、久成、元元、协安、厚福、通纬、元丰永等厂，其余十分之九的丝厂"皆系租厂营业"。从丝厂资本来看，凡自置厂屋设备的经营者，资力往往比较充实，对厂内每部丝车所投放的营运资本在150—200两之间；而租营丝厂的经营者对丝车投放的营运资本只有100—150两之间。1927年，上海各丝厂共有丝车

---

① 《无锡永泰丝厂片断》，《无锡文史资料》，第2辑。
② 参见《无锡蚕丝业资料》，第67—70页。
③ 徐鼎新：上引文。
④ 参见《无锡蚕丝业资料》，第68页。

22168部，流动资金合计约在320—350万两；固定资产方面，不计厂房地价，每置1部丝车所需费用（包括动力机械所需价值在内）约需银60两，建造厂屋，每部丝车至少需银200两，合计每置1部丝车，便需投资250—260两。所以，拥有丝车300部的中型丝厂，固定资产的投资额约在75000—80000两之间。上海丝厂中，规模较为宏大的如瑞纶、宝泰、信昌、久成、允余等厂，所拥有的资本多的在20万元，少的在10万元以上。而资力薄弱的小厂所备资本只在二三万元到10万元之间。[①] 另从资本组成上看，1927年，上海93家丝厂中，只有5家属于独资经营，其余的都属合资经营，各厂的平均资本为5万元，往往由10或12个投资者组成。这些投资者大都是丝厂主持人的亲友。[②] 另据《中国经济年鉴》记载，接受调查的上海100家丝厂的资本合计在2325800两，当时尚有7家丝厂的资本不详，如一并计入，估算最高不会超过250万两，平均每家在2000两左右。每年丝厂在新茧上市时需要资金最为殷切，均向银钱两业借贷。所以上海丝厂大都负债累累。[③] 综合这三项实地调查的内容，集中地反映了一个确凿的现实，即上海的缫丝厂从资本的性质和数量上考察时，大抵是以合资经营的中小型丝厂为主要的构成者，其资本大多在10万元以下，少有在50万元以上的大型厂。

在江南地区，无锡缫丝业虽然有重大发展，但其丝厂的资本状况则与上海酷似，也以中型丝厂居多。截止于1930年，在无锡设立、有资本可查的62家缫丝厂的资本状况来看，拥有资本

---

① 《上海丝厂业的调查》，《经济半月刊》，卷2，第12期，1928年6月15日。
② 北京经济讨论处：China Silk Filature, Chinese Economic Journal，卷3，第1期，第590页，1928年7月。
③ 《中国经济年鉴》，1934年，下册，第250页（K）。

在2万元以下的有12家，居全部丝厂的19.3%；有资本在2.1—5万元的有34家，居全部丝厂的54.8%；有资本5.1万—8万元的有14家，占22.5%，拥有资本在10万元以上的仅2家，占3.2%。① 可知其丝厂资本绝大多数集中在2—5万元之间。另从1920—1931年，亦即无锡缫丝业进入繁盛年代来看，这期间在无锡一共新建了41家缫丝厂。这些新建厂的资本状况可分别就建厂资金和实业资金两项来考察：41家丝厂中，建厂资金在1万至3万两的有6家，占新建厂的14.6%；3.1万—5万两的有25家，占60.9%；5.1万—8万两的有8家，占19.5%；8.1万—10万两的仅有2家，占4.8%。可知80%的新丝厂所投放的建厂资金集中在3.1万至8万两之间。这是一个现象。上述新建的41家丝厂中有实业资金可供查考的只有29家。其中实业资金1万—3万两的有3家，居29家丝厂的10.3%；3.1万—5万两的也是3家，也占10.3%；5.1万—10万两的有19家，居65.6%；10.1万—15万两有3家，也占10.3%；15万两以上的只有一家（即1927年设立的民丰丝厂，有实业资金17万两），占3.4%。表明了大多数丝厂的实业资金集中在5.1万两到10万两之间；5万两以下和10万两以上的均居少数。如果再就上述41家新建丝厂置备的缫丝车数量来看，丝车在100部—300部的丝厂为26家，占全部新建丝厂的63.4%；301部—400部的为11家，占26.8%；401部—500部和500部—600部的各为2家，各占4.8%。试将这三种情况综合起来考察，可知即使在无锡缫丝业处于兴旺的年代，丝厂的资力及其规模也都是以中型的丝厂为多。有资本在50万两以上和丝车在500部以上的大型丝厂在无锡可说是凤毛麟角，为数罕见。如果进一步将其与上海缫丝厂的

---

① 杨大金：《现代中国实业志》，商务印书馆1938年版，第132—136页。

资本情况结合起来考察，完全可以说江南地区现代缫丝厂是以中小型丝厂居优势，是上海地区现代缫丝业资本构成的主要特征。

那么，广东珠江三角洲的情况又是如何？

珠江三角洲缫丝厂的资本情况看来也不例外，也以中小型丝厂居于优势。20世纪初，有记载称：广东"丝厂合本多在二万两之谱"[①]。1911年农商部的调查反映：广东顺德机器缫丝厂86家中，拥有资本在2万元以下的有19家，2.1万—3万元以下的有32家，3.1万—4万元的27家，4万元以上的仅有8家。可见顺德丝厂中69％的丝厂资本在2万到4万元之间，资本在4万元以上的厂家还不到10％。[②] 其后虽稍有发展，但其基本情势并无重大变化。这可以从1924年对顺德144家丝厂丝车配备的统计上得到证明。这144家丝厂中，备有400—500部丝车的约占半数，而有丝车500—700部和200—400部的各居25％。其中最大的一家建在顺德县的容奇地方，有丝车760台，而最小的一家仅有丝车100部。[③] 可见从设备方面考察，虽然距辛亥革命十多年之后，其发展仍然没有越出中型丝厂的范围。

珠江三角洲丝厂的资本组成也是以集股为主。20世纪20年代，创办一座配备400—500部丝车的中型丝厂，大约需资本5万到10万元[④]，而小型厂则只需2万元或1万元。[⑤] 三角洲的丝厂在营运资本上突出地依靠当地的银号、钱庄融通，其贷款期限一般为15天，也有待该造生丝缫制后偿还的；利息高昂，通常在1分5厘（15％）。三角洲缫丝厂在进行利润分配时，从来不

---

① 桂坫等：《南海县志》，卷4，第40页，1910年刊。
② 农商部：《第1次农商统计表》，1912年编，第162—175页。
③ C. W. Howard：前引书，第122页。
④ 同上。
⑤ 参阅李本立：前引文，第115页。

提公积金，习惯上将全部利润统统分光。这说明三角洲的丝厂资本家只满足于小生产者简单再生产的方式，很少及时接受资本主义经营方式，力求企业扩大再生产的进行。缺少公积金的丝厂一遇市场呆滞，金融吃紧时，就非常缺乏应急的力量。诚然，这种不留（或少留）公积金的分配方式并非珠江三角洲一地的独特情况，而是全国各地缫丝厂几乎都有的通病，所不同的仅是程度上的差别而已。这种分配方式注定缫丝厂生产设备陈旧。不少早已是破烂不堪（包括丝车在内）的生产工具，都不能及时进行必要的修理和更新，造成整个缫丝业机械设备落后，生产技术因循守旧，几十年无所改进。所以，到20世纪20年代以后，中国现代缫丝业虽不乏极少数大型丝厂的存在，但从整体上看，丝厂规模却是日益狭小。从我们在前面所列的上海、无锡和珠江三角洲丝厂基本情况的统计来看，1921年，上海的丝厂平均每家有丝车272部，但到了1929年，却减为234部；同期中无锡则从285部下降为279部，珠江三角洲则从500部降为496部。应该着重指出从1921—1929年，这十年乃是中国现代缫丝业处于繁荣发展的年代，而各地缫丝厂主要设备的平均数字不是增加，反而减缩，成为中国缫丝业面临危机的严峻标志。造成这种现象的原因当然是多方面的。外部的如国际生丝市场多年动荡不稳，外商洋行在生丝贸易上的垄断，特别是因其垄断而产生了价格上极不合理的压抑等等。[①]但就内部的主观因素观察，缫丝业中的租赁制度所带来的消极后果，确实是难辞其咎的。

因为租赁制的经营特点，决定了产业股东和经营股东都不

[①] 有关外商洋行垄断华丝输出对中国现代缫丝业发展的危害，张迪恩同志的论文《外国洋行垄断生丝输出对上海地区丝厂业的影响》分析比较周详，可供参阅，详见《中国经济史研究》，1988年第1期。

会、也不愿去重视机器设备的保养、维修和更新，更谈不上进行技术改造的试验。对于产业股东来说，兴建丝厂，置备丝车及其他设备，其目的全在于出租。在江南地区，计算租金以丝车为标准（实际上是将厂房及其他设备分别摊算在每部丝车租金之内）。从上海几个"租厂合同"的内容来看，20世纪第一个十年间，每部丝车每月约需支付租金2两到3两①，稍后增加到4—5两。② 发表于1928年的一项调查报告，曾对丝车租金的演变作过一点说明："向例每（部丝）车月租约需规银2.5两，近年逐渐增加；如厂屋狭窄，生财不甚完备之厂，每车月租在3.5两上下，如厂屋宽敞，生财完备者，月租约4两上下。倘租客竞争，更有高至4.5两者。但租额每月以3.5两至4两为多数。"③ 无锡丝车的租价和上海大致相同，每部丝车每月规银3—4两。④ 惟珠江三角洲丝厂出租办法与江南地区不同，它的计价不以"丝车"为标准，而以全厂笼统计价，按年计算租价，通常年租8千元至1万元。⑤

就江南地区丝车出租情况而言，如果每部丝车租金从低计算为月租3两，年收入在36两。上面提出每部丝车的全部投资在250两—260两，因此只要出租7年，便可收回全部投资（无锡

---

① 上海丝档：《德润公司与永利丝厂租厂合同》，《富润缫丝公司与大纶丝厂租厂合同》见卷号404；《合股租开祥成丝厂合同》，《合股租开洽盛丝厂合同》，见卷号394。
② 上海丝档：《上海丝厂协会委员会致上海特别市政府社会局函》，卷号410，民国17年12月24日。
③ 《上海丝厂调查》，《经济半月刊》，卷2，第12期，1928年6月15日。
④ 《无锡永泰丝厂片断》，《无锡文史资料》第2辑。
⑤ 李本立：《顺德蚕丝业的历史状况》，《广东文史资料》，第15辑，1986年；也有作者称丝厂年租在6000至8000元的，见李威士：《广东省蚕丝业的贸易及其衰落》，《广东文史资料》第16辑，1964年。

的记载称,一般在5年内即可收回全部投资)。事实上每部丝车至少可以使用30年。所以,即使在缫丝业处于动荡岁月,产业股东的收入也是"丰厚而稳定"的。产业股东凭借租赁制稳收厚利的客观事实,在当时具有巨大的诱惑力,它吸引了形形色色的资金拥有者向它倾注。在这方面可以看到:在江南既有蚕丝业界的领头人、上海丝茧总公所首任总理杨信之在上海建立延昌恒丝厂、继任总理沈联芳建立上海振纶洽记丝厂和恒丰丝厂、该所协理黄撂臣创设上海坤记丝厂,又有无锡巨商薛南溟、周舜卿,南浔王姓商人,洋行买办出身的祝兰舫、吴子敬、王亦梅等,还有无锡荡口地主华绎之、经营鸦片起家的常熟商人苏嘉善;在广州则有经营丝庄、银号出身,掌握十余家丝厂的岑国华;丝商出身的邓裔卿,顺德地主苏氏和容奇地主杨鉴轩;银号业巨头谭玉泉、陈海东等等以及不少与他们有广泛联系的侨商。① 他们热衷于设厂出租,企望"年年出租,岁岁收息",把投资现代缫丝工业视同地产投资一般,甚至认为比"置田收租"为更丰厚、更可靠的营生。对于这些具有产业股东身份的投资者来说,他们自然不存在改进企业技术设备的观念和兴趣。

另一方面,对于资力比较薄弱的营业股东来说,租赁制的特点也便于他们无需筹集庞大资本,便可从事厂丝的生产。所以,每逢国外丝市腾涨,销路顺畅,有丰厚利润时,营业股东便急不可待拼凑资金,收茧租厂,利用租赁制所提供的便利,尽快挤入缫丝生产行列。尽管在丝销俏利时节,产业股东往往索取高额租金,但也不会冲淡营业股东必得厚利的雄心;一旦丝市转疲,便

---

① 分见"上海丝档",卷392;徐鼎新:前引文;《外商洋行掠夺华丝出口的片断史料》,《上海文史资料选辑》1979年第1辑,第130页;李本立:《顺德蚕丝业的历史概况》,《广东文史资料》,第15辑1964年,《无锡蚕丝业资料》,第68页。

是他们赶紧收缩的无声命令。出现于 1919 年年中的一些情况，很为营业股东"盈则抢做"的活动提供了生动的写照。当时第一次世界大战结束不久，欧洲各国放弃战时限制的措施，市场开始对外开放，并且对各种物资的需求都表现为十分紧迫和急切。①国际市场丝价也在看涨，这一信息促使营业股东跃跃欲试。于是处于休闲中的上海缫丝厂在很短时间内"均被租赁"，即使是地处荒僻的丝厂，也无一向隅。② 引人瞩目的是，在这为期短暂的生产活动中，每家营业股东所支出的仅仅是二三万两的营运资本，却进行了高达二三十万两的营业额③，使当年上海缫丝工业的生产形成一个小小的高潮。但是，国际经济变化无常。所谓市场繁荣又往往包含着不浅的虚假成分。到 1920 年，国际丝价再度惨跌，上海的丝厂更由于当时汇率不利于出口，以及国外丝市呆滞，重新遭遇到严重的难关。④ 为数众多的营业股东又想方设法挣脱合同束缚，以致不少在匆忙中恢复投产的丝厂，又不得不在短期运转之后，重归闭歇。由此可见，中国现代缫丝工业之所以屡被指摘为投机性特别浓厚的行业，从租赁制运动的轨迹上不是也可以发现这种论断的内在根据吗！

与世界上一切事物的存在和发展无不具有正反两面的特点来看，缫丝业中的租赁制的作用也是复杂的。它有积极的一面，同时也存在着消极的另一面。这消极的一面一直为人们所揭露，所熟知，处处时时受到非议。但是，租赁制并未因固有的弱点而被排斥在社会经济运动之外。相反，它却是一贯顽强地在运行中展示自己的积极面。这就是说，在半殖民地半封建的旧中国，不论

---

① 《海关十年报告》(1912—1921 年)，上海，第 26 页。
② 《民国日报》，民国 8 年 4 月 23 日。
③ 《沈骅臣致上海市社会局第二科函》，《上海丝档》，卷号 143。
④ 参见《海关十年报告》(1912—1921 年)，上海，第 27 页。

生产领域或流通领域，在社会平均利润率都未能真正形成的条件下，租赁制能够起到动员最大限度数量的商业资本和社会闲在资金，使之注入生产领域，为社会创造和积累巨大财富，在发展社会生产力方面产生了巨大的效益。缫丝业租赁制显然是顺应该业资本短绌而产生，它的使命在于使资力薄弱的丝业资本家能够在不失时机的情况下投入社会生产活动。从这一意义上说，租赁制又是对中国现代缫丝业的发展起了某些有利作用的。但是，租赁制固有的弱点同时也限制了企业再生产规模的扩大，到头来阻碍了现代缫丝工业生产的进一步发展。这是从经营制度本身所体现的发展和不发展的问题，也是从另一个侧面反映了中国现代缫丝工业在发展过程中所存在的复杂而重大的矛盾。

三　华丝对外贸易的变化与中国现代缫丝工业的衰落

（一）华丝外销的基本情况与生丝生产结构的变化

历史上中国是东方输出生丝的主要国家。第一次鸦片战争前，当生丝生产全赖手工缫制的时期，就有记载说，在1830年到1833年之间，每年平均从广州输出的生丝已达4300担左右，1834年到1837年间的年平均外销量上升到1万担。第一次鸦片战争影响了1838—1842年间的生丝出口，年平均外销量暂时下降为2500担。[1] 1843年，上海开埠后，生丝输出量又见回升。1845年，上海生丝的输出在5000担左右，几乎接近当年广州生丝的出口量。其后各年迅速增加，超过了广州。到1858年，仅

---

[1] H. B. Morse: *The Intenational Relation of the Chinese Empire*，伦敦，1910年，第1卷，第168，336页。

上海一地的生丝输出便达6.8万担以上。① 尽管如此,当时生丝的出口量不过占国内生丝产量很少的一部分。生丝价格变动的幅度主要是以国内市场需求的变化为依据;对外输出在价值上还不起影响作用。② 19世纪50年代后期,美国琼记洋行的上海代表的报告也在这方面反映了这样的情况。这个报告说:"由于内地生丝价格高,生丝商人的态度非常坚定",也就是"买方的价格意见远不及卖方的价格意见有力,所以我们只能成交1000包"③。

1873年,中国民族机器缫丝业于广东南海起步。大约过了十年,上海民族缫丝业随之兴起。生丝出口贸易遂突破手缫丝包揽全部的现象;随着岁月推移,手缫丝在对外贸易上的地位日益让位于机缫丝。

试就历年生丝出口的总情况来考察,甲午战争后,华丝出口在总体上仍表现为上升的状态,但其速度甚为缓慢,各年度间上升幅度也很微弱。如以1895年华丝的总出口量为基数,到19世纪末(1899年),生丝的出口量只增加33%。可是进入20世纪第一个十年,上升的幅度反而减低了,这十年中,1909年的生丝出口量是最高的一年(129784担),较之1895年,仅仅上升17%;1910年后的十年中,生丝出口虽呈现转机,但十年中最好的年景,即1919年的出口量不过只上升了49%。20年代是中国生丝生产和输出都表现为最兴旺的时期,其间颇有几年上升的幅度在15%上下波动,而以1929年为最高,达172%。1930年以后,由于世界经济危机的冲击,生丝出口表现为剧烈下降。因

---

① Morse:前引书,第366页。
② S. Wells Williams: *The Chinese Commercial Guide*,香港1863年版,第137页。
③ Augustine Heard and Co, *Archives*, *Prices Current*, *Shanghai*, 1857年9月,12月及1958年1月,转见Lilliam M. Li: *China's Silk Trade: Traditional Industry in the Modern World*, 1842—1937, 1981哈佛版,第70页。

此，从全局变化上看，从1895年到1929年，35年间，中国生丝出口的上升幅度不到1倍。孤立地看，这个现象或者可以差强人意，但如果将之与同期中东邻日本生丝出口景况作对比时，便显见华丝出口速度瞠乎其后了！

其次，华丝出口总趋势所反映的另一个重要内容是，机缫丝在对外输出日居重要地位，表现了华丝外销构成的变化。从时间上看，1914年乃是厂丝取代手缫丝在出口上具有关键性变化的一年。这一年，华丝出口总数为108589担，其中机缫丝达到56766担，居总数的52％。自此以后，除了极个别的年份（如1915年），机缫丝在华丝的出口中都占主导地位，最高时（1928年）曾达68％的比重（详见本文附表1）。应该指出，此项比重上的变化乃是包含了多方面意义的。它在一方面固然反映了厂丝在出口上取代手缫丝的演变历程；但在另一方面也透露了这种取代很不彻底，手缫丝在对外贸易中并未因厂丝的抬头而绝迹；三十多年中，它仍然在华丝的出口中保持了32％到48％的地位，反映了中国现代缫丝工业生产水平的相对低下。

此外，还有一个值得注意的现象，就是在不同地区，生丝出口结构变化的速度也表现为颇不相同的状况。

大家知道，近代中国生丝输出，基本上是通过广州和上海两大口岸出口的。根据统计，广州地区机缫丝的出口量到1884年已经在数量上超过手缫丝，居于优势地位。当年广州出口生丝总额6553担中，机缫丝的出口额为3437担，占有52％的比重。并且随着岁月推移，这个比重还在不断提高，到1890年占76％；再过了十年，又上升为97％，就是说几乎囊括当地生丝的出口了（详见附表2）。但上海生丝出口构成的变化便颇为不同。在这里手缫丝在生丝的出口中所占的优势地位一直维持到1911年，其后才开始让位于机缫丝。这一年经上海出口的生丝39104担中，机缫丝为20306担，居52%，仅占微弱多数，相当于广州地区在1884年所反映的生丝输出构成的景况。但随后上海厂丝出口量递增，到1914年便占当地生丝出口量的98.5%的绝对地位。相对于广州生丝输出构成的变化，上海地区手缫丝对于厂丝的抵制比之珠江三角洲有更大的顽强性。可是上海地区厂丝一旦在出口上取得优势地位后，便以加速度的速率增长。它只花了三年时间就完成了广州在15年中（从1884—1900年）所达到的成果（详见附表3）。由此可见，在适应国际市场需要上，厂丝对于手缫丝的取代显然是大势所趋，无可阻挡的。如果进一步从历年生丝总出口量和机缫丝出口量的增长速度作比较时，就更能说明这一现象的合理性。为了便于比较，仍可以1895年两者的输出量作为基数。1910年，当生丝出口总数只上升26%时，厂丝的出口量已增加为136%；1919年，前者速度增为149%，后者则增为232%；再过了十年，生丝总出口量以增加72%为其最高速度时，机缫丝的上升则达到454%，即增加三倍半（参见附表1）。因此，从生丝出口贸易变化上看，厂丝对于手缫丝的取代显然是无法逆转的历史必然。从对外输出上退落下来的手缫丝向厂丝让出国外市场，回到它固有的国内市场去。

一般说来，贸易取决于生产，同时也反过来给生产以一定的影响。就缫丝业而言，联系本文第一部分在论述江南地区和珠江三角洲在不同时期、丝厂、丝车增减的变化，往往可以从生丝对外贸易的升降中找到依据。正因为如此，中国现代缫丝工业发展过程中不能不暴露两方面的问题。第一，它揭示了中国现代缫丝工业生产之所以长期处于不稳定状态，根本原因之一，在于它的销路过分依赖国际市场。这自然也与近代中国丝织业工厂化水平低下密切相关。而国际市场往往因各国政治经济矛盾复杂而变化无常，从而影响到中国机器缫丝工业在当年或下一年度生产规模的涨缩，在生产安排和发展上不能不陷于被动地位，不能掌握自己的命运。其次，就生丝出口的总情况来说，20世纪一二十年代，中国现代缫丝工业虽然进入比较兴盛时期，但在生丝出口数量上并未出现重大突破；机器缫丝业的崛起和对外输出递增，乃是以牺牲手工缫丝业为代价而取得的。从生丝出口构成的演变反映，厂丝对于手缫丝的取代经历了相当长的历程，即使到20世纪30年代，手缫丝在全国生丝出口构成上仍还占有36%的比重，表明中国现代缫丝业发展步履迟缓。所以，从缫丝业的整体发展而言，它在对手缫丝取代过程中面临随同资本主义发展而来的痛苦；同时，又因在应付国外市场所处的被动地位，不能依据自身力量进行扩大再生产，从而又必须承受着资本主义发展不足的痛苦。长期以来，中国现代缫丝业就是处在这种发展与不发展的矛盾中，经历着艰难而曲折的历程。

以上是以近代中国缫丝业的外销和生产方式变化上，说明它在中国近代化过程中所暴露的具有特殊性的矛盾。但是，在现代缫丝业发展过程中，投给近代中国社会以最大影响的乃是它在国际贸易的争夺战中不断受到外国势力排挤、倾轧，以至从历史上的优胜者转变为现实的失败者，从而加剧了近代中国社会经济的动荡程度。这可以从华丝对外贸易的历史演变加以申述。

（二）中、日生丝贸易竞争与国际市场的变化

当中国现代缫丝业在19世纪70年代兴起时节，国际市场生丝供应主要依靠中国的出口。当时生丝消费量最大的欧洲市场乃是华丝销流的重要场所，主要的买主是法国。但到八九十年代之交，由于美国丝织业的迅速发展，国际生丝市场的销售状况出现了新的变化。到20世纪初，美国在购买上海输出的生丝上开始与法国相抗衡，不久便超过后者。同时，在90年代以前，几乎

全部向欧洲大陆行销的广州生丝[①]现在也在美国市场逐渐占有一定的地位。到1900年，美国进口生丝高达1126万磅，超过法国成为当时世界上消费生丝最多的国家。[②]从此，美国生丝市场的重要地位，显见与日俱增。

　　国际生丝市场新变化的另一面是日本缫丝工业在1868年明治维新之后有了迅速发展，生丝输出量因之增加。1880年，日本生丝输出量为1.5万担，相当于当年华丝输出量的六分之一；到甲午战争爆发，14年间，日本生丝输出量虽然逐年上升，大体上还只在华丝出口量的30%—50%之间徘徊，华丝在国际市场还保持着较大的优势，不过也已经明显地感觉到日丝的强烈竞争。进入20世纪第一个十年。华丝出口量在总的趋势上虽还持续上升，但增长指数仅仅在10%—20%之间，而且起伏不定。可是同期中，日本生丝的出口量猛升，增长势头坚挺，十年之间几增两倍。1906年，当华丝出口量达11万担，仅维持在1895年的水平上，而日丝则从5.8万担上升为10.4万担，增长79%，几乎与华丝输出量相埒，而其增长势头丝毫不见回缩；终于到1909年，在生丝的输出量上，日丝第一次超过了华丝。严峻的是，从这一年以后，日丝出口量超过华丝的差额竟然逐年扩大，以至于到1917年，竟达华丝输出量一倍以上；其后十年，又扩大为两倍以上。到了30年代上半期，华丝在日丝的竞争下，外销地位更见陵替，其输出量甚至不能维持1895年的水平，而日丝的出口量则递增至当年的9倍，超过华丝外销量达6—7倍以上（详见附表4）。40年间，中、日生丝出口量的升沉起伏，何

　　[①]　参见《海关十年报告》(1882—1891)，广州，第554页。
　　[②]　Shichiro Matsui: The History of the Silk Industry in the United States，纽约，1930年版，第37页。

其深刻地反映了华丝在国际市场上节节败退的惨痛景象！

国际生丝市场上，华丝败退的原因是多方面的：有生产关系方面，也有生产技术方面的。两者往往错综复杂地交织在一起，发挥着消极阻碍的作用。

近代中国半殖民地的社会条件，严重妨碍了生丝外销独立地位的建立。19世纪六七十年代之交，外国在华洋行差不多已经控制了华丝对外贸易渠道。中国民族现代缫丝业是在国家半殖民地程度逐步加深的过程中兴起的。无论是在珠江三角洲还是江南地区，设立在广州和上海的外国洋行早在民族缫丝厂诞生时节，都已经完成了它们在生丝外贸渠道上的垄断。它们利用一切办法切断华丝生产者和经营者与国外市场的联系，从而使华商对国际市场的变化、国外消费对象的不同要求、国外丝织业生产的变化以及生产技术的发展，都处于茫然无知的地位。近代世界商情顷刻万变，特别是在中、日两国为追逐国际生丝市场的斗争日趋激烈的情景下，华丝的生产者却对国外丝情闭塞无知，这就无异于自我摧残。

譬如，19、20世纪之交，美国已经成了国际生丝市场最大的买主。它对于生丝质量的要求很不同于欧洲大陆的消费者。华丝生产，过去一向以满足欧洲大陆的需要为准绳，具体地说，就是主要以满足法国买主的要求。当时法国丝织业的生产水平不曾提高，仍旧是用手织机织造高级丝绸。它对于生丝原料的规格注重于条纹小（即生丝要细）、拉力强，以便织成最薄的绸料。而新兴的美国丝织业乃是在机器生产高度发展的基础上成长起来的，所运转的是高速的动力织机。这种织机对生丝原料的要求特别强调匀度（即生丝粗细一致的程度）和规格统一。1902年，美国生丝协会曾对所有产丝国家发出呼吁，要求采用统一的缫丝方法，生产规格一致的生丝，以便美国丝织业不需经过复摇，便能用于生产,使生产成本得以减低。[1] 由于中国生丝出口假手于外国洋行,从事生产的厂家自身既不注意国外商情变化,同时又在洋行封锁国外市场消息的情况下,完全不了解美国消费者对生丝质量所提的新要求,依然我行我素,无动于衷。与此相反,日本缫丝业界却非常重视美国所发出的质量要求,并在实际行动上立即将其直缫丝车改造为再缫丝车,使其所产生丝最大限度地注意匀度的提高。[2] 同时,日本丝厂又加强生丝产品的技术检验,对生丝的纤度、强力、节头、拉力等方面,力求符合美国制定的规格标准。不仅止此,日本政府一直重视日丝输出的进展,指导并协助民间开拓国际市场。它在19世纪后期就以很大的注意力采用西方科学传授的有关养蚕的方法,着手改进生丝原料的质地,并且在生丝生产上引进西方技术。[3] 到了1897年,日本政府又进一步在横滨设立生丝检验站,1900年又提出生丝水分检查的规定[4];同年为了鼓励生丝输出,取消生丝出口税。[5] 所有这些措施,都在推动日丝输出上起了有力的积极作用。反观我国,封建清政府不但没有注意到支持华丝输出的重大意义,而且对于外国在华洋行垄断华丝外销所造成的恶果,既熟视无睹,也无力过问。华丝在生产方法的提高和对外输出的改进上,都无法从政府方面获得政策上的关怀和支持。所以,到20世纪初,当日本缫丝业锐意改进其产销环节,全力开拓国外市场时,华丝在国际生丝市场,特别是在日益扩大的美国市场上,不能不在竞争中处

---

[1] C. W. Howard: 前引书,第7页。
[2] C. W. Howard: 前引书,第7页;The Imperial Kyto Sericultural Institute: *The Silk Industry of Japan*, 1909年,第135—136页。
[3] 参见《海关十年报告》(1882—1891年),上海,第324页。
[4] 里默:《中国对外贸易》,三联书店1958年版,第104页。
[5] 今井五介:《日本蚕业发达史》,昭和二年版,第53页。

于相对的劣势。这种劣势日益明显地反映在19世纪90年代以后国际市场对中、日生丝的销售状况上。据对外贸易统计：从1893—1902年，国外市场销售生丝年平均为291465担，其中华丝销售量居38.2%，日丝占20.3%；而1903—1905年，年平均销售量增为322040担，华丝销售量所占比重却降为33.8%，日丝则上升为25.8%；到1906年，华丝输出量所占比重再见下落，日丝又见上升，两者在国外市场的销售量就非常接近了。[1] 这是从国际生丝市场全局考察中日生丝销售量的变化，还不能充分暴露问题的严重性。因此，为了深刻理解这种升降变化的严峻性，有必要进而把视线集中在美国市场中、日生丝输出量的变化上。前面提到，19世纪末20世纪初，由于美国丝织业的迅速发展，已经使它成为世界生丝消费的最大市场。因此，谁在美国生丝市场上占有优势，谁便有可能成为世界生丝的主要供应者。

历史的实际表明，19世纪60年代后，美国丝织业开始发达，当时所需原料，主要来自中国。浙江南浔丝商提供复摇土丝，最为美国丝织厂所乐用。所以，1865—1869年间，美国生丝年平均输入额51万磅中，来自中国的为6.7万磅，占输入量的13.1%；而日丝输入不过1.4万磅，仅占输入量的2.7%，可说

[1] 中、日生丝在国外市场销售状况
(1893—1906) 单位：担

	1893—1902 （十年平均）	%	1903—1905 （三年平均）	%	1906	%
国外市场总销售量	291465	100	322040	100	349876	100
华丝输出	111398	38.2	108718	33.8	110486	31.6
日丝输出	59077	20.3	82942	25.8	103836	29.7

资料来源：《关册》（中文）1906年总论，第11—12页。

是微不足道。但其后十年，情况迅起变化。1875—1879年，美国生丝输入量年平均增为134.4万磅，输自中国的则为41万磅，较十年前的年平均输入量增加了5倍强，占输入量的30.4%；但输自日本的生丝来势更猛，达48.5万磅，较十年前增加了33倍，并且占美国生丝输入额的36.8%。[①] 也就是说，在美国市场上，日丝输入量第一次超过了华丝。出现这种升降变化的主要原因在于华丝质量，长期以来不但不见改进，反有退步，特别是搀杂作假，在美国市场上信誉日见降低。为日丝加紧输入提供可乘之机。1874年，美国丝业协会的一项报告中评论这一变化时说："八年以前（大约在1865年左右），日丝搀杂正像华丝今日所做的那样。当时中国人对于输往美国市场的生丝在复摇和洁净上都非常注意，以致日丝在美国市场上被排除，几将绝迹。但是，日本人发觉了自己的失误，于是尽力设法改良。近年来它所输入的生丝表明已逐渐适合我国市场的需要。日本人如果决心挽回它所失去的市场，中国人现在正向他们提供良好的时机。"[②] 应该说美国丝业协会报告的评论是语重心长的，它提醒中国人及时注意改良生丝质地，否则将蹈日本旧日的覆辙，失去美国市场。但是，这样一个有益的劝诫竟然不曾引起华丝生产者的重视。

中国缫丝业生产的保守和日本的力求改良精进，这两种决然不同的生产态度终于导致中、日输美生丝在美国市场上的地位迅速变化。下列统计尖锐地反映这种升沉变化的踪迹。

[①] Pan Shu-Lun: *The Trade of the United States with China*, New York, 1924, 第146页。

[②] *Annual Report of Silk Association of America*, 1874, 第46页, 转见 Pan Shu-Lun: 前引书, 第147页。

表7　　　　美国生丝进口国别统计（1880—1922）　　　单位：千磅

年　别	美国生丝进口量	中国 输入量	中国 占美国进口%	日本 输入量	日本 占美国进口%
1880—1884	2892	1303	45.0	994	34.4
1885—1889	4656	1132	24.3	2258	48.3
1890—1894	6152	1468	23.8	3284	53.4
1895—1899	8896	2516	28.3	4315	48.5
1900—1904	12492	2971	23.8	6108	49.1
1905—1909	17800	3356	18.8	9834	55.2
1910—1913	23804	5254	22.2	15676	65.6
1914—1916	29695	6128	20.6	21178	71.2
1917—1918	34684	6343	18.3	28236	81.5
1919	44817	9099	20.3	33727	75.1
1920	30058	5932	19.7	22904	76.2
1921	45355	9587	21.2	31704	69.9
1922	50712	8378	16.5	40029	79.0

资料来源：Shu‐Lun Pan: *The Trade of The United States With China*，第146、152页。

上述统计反映：19世纪80年代前半期，在美国市场上，华丝年平均输入量尚居微弱多数，但到后半期情势便改观了。1885—1889年，日丝输美的年平均达225万磅余，较1880—1884年的年平均输入量增加44%，并且在绝对量上也超过华丝的输入量。从此以后，日丝输美加速度上升，到第一次世界大战前夕，输美日丝数量竟达1500余万磅，占美国进口生丝总量的65.6%，换言之，美国生丝消费量半数以上依赖日丝供应。

与此同时，中美生丝贸易在绝对量上虽然也有若干增加，但在美国市场所占地位却在江河日下。从1880年到1904年,在短短的20年间,日丝在美国市场从只占34%的基础上上升,达到占48%—55%的范围内浮动;华丝地位的变化恰恰相反,它从几占半数(即45%)而降落为四分之一(即24%)的地位。随后在1905—1913年,相近十年间,输美日丝又增至65%(即达三分之二),华丝则继续下降为15%(即不足五分之一)的地位。这个变化的情景反映了一个具有深刻意义的内容,即从1880年以后30年间,在美国丝织业迅速发展时期,日丝输美数量与美国丝织业的扩充同步上升,华丝则表现为持续的逆转。在这种情势下,纵使华丝输美量年有微弱的增加,也是少有意义可言。对于华丝的产与销,这实是一个非常不祥的征象。然而,更加严重的变化还是在第一次世界大战爆发之后。

第一次世界大战揭幕后,海上运输发生了重大困难。1918年,外国往来中国各口及外洋船舶数不到6万艘,全部吨位不足1900万吨,比1913年减少了1.5万艘船只和1000万吨位。同期中,国际海运运费猛增。1918年,从上海到伦敦的运费上涨为每吨50英镑,从上海经太平洋到美国的运费上涨到每吨70美元,而1913年的相应运费仅2英镑和5美元。[①] 从另一个角度说,这是民族航运业发展千载难逢的时机。但中国航业界却没有掌握这一稍纵即逝的良机。中国航业在大战期间发展缓慢,投入航业的资本微薄。从1914年到1918年,中国新增轮船仅263只,吨位仅增37486吨。[②] 可是日本航业界却非常珍视这个机会。日本的造船工业和航运业在大战期间都有显著的发展。1913年,

---

① *Synopsis of the External Trade of China*,1882—1931,《海关十年报告》(1922—1931),附录,第163页。

② 严中平等编:《中国近代经济史统计资料选辑》,科学出版社1955年版,第227页。

日本造船业能建造总吨位1000吨以上船只的造船厂只有5家，资本额为2550万日元，到1918年，能造千吨以上船只的船厂增加到53家，为战前的9倍，资本额则增达16305万日元，为战前的5倍。① 建造的轮船在1914年为79艘，共82800吨，1918年则增为443艘，共540500吨，四年之间，造船能力竟增加5.5倍，并且接受欧洲国家的订货，开始对国外出口船只。②

日本造船和航运两业的重大发展，自然为日本的出口贸易提供了极为有利的条件。所以，在大战期间，日丝享有了远非华丝所可比拟的优越的运输条件，更大规模地涌向美国市场。本文第7表的统计数字表明：1914—1916年，美国进口生丝从前一期的年平均2300余万磅上升为2900余万磅，增加近600万磅，其中华丝输入只增加87万磅，日丝则增加550万磅，各占当年美国生丝进口量的20.6%和71.2%；1917—1918年，美国生丝进口量与前一期相比较，华丝输入只增加21万磅，日丝则剧增705万磅，各居美国当年生丝进口的18.3%和81.5%。两者在比重上向相反方向的变化，深刻反映了华丝在美国市场的地位日益退缩，而日丝则加速地膨胀。不过这种令人瞩目的变化，从美国的长远利益考虑，并非有利。引起了美国有识之士的不安。1918年，美国驻华商务参赞安立德（J. H. Arnold）说："美国非养蚕

① **日本造船事业发展情况**（1913—1918）

年 别	能造1000吨以上船只的造船厂数	资本额（千日元）	造 船 工场数	能造1000吨以上船只的船台数	能容纳1000吨以上船只的船台数	工人数（人）
1913	5	25500	6	17	30	26139
1918	53	163050	57	57	37	97355

资料来源：日本造船协会：《日本近世造船史（大正时期）》，第355页，转见楫西光速等著：《日本资本主义的发展》，商务印书馆1963年，第117页。

② 楫西光速等著：《日本资本主义的发展》，第117页。

之国，但销丝较他国为多。中国输出之丝，（过去）运往美国者居其半数。美国销路今且有增无减。近年来美国丝业公会颇思改良华丝。其致力之点，在使华人改良其制丝之方法，俾可用于美国高速率之织机。惜向中国政府商量无效。（现在）美国之丝从中国运去者，不足五分之一，非因其质不佳，实由其制法之不合用。"因此，安立德反复强调："中国丝业颇有发展之机会，美国销场亦有扩充之希望。"① 言外之意热望华丝及时改进生产方法，争取美国市场的青睐。但是华丝在生产方面受到租赁制所固有的消极作用的制约，大多数主持生产活动的资本家难以焕发改进生产技术的热情和动力。而在对外销流上，华丝又不能摆脱外国洋行在外贸方面的垄断，大量的贸易利润在流通过程中为外国势力所攫夺。更兼当时北洋政府在连绵不断的军阀内战中变动频繁，它从根本上不能给生产事业的发展提供任何有益的支持。凡此种种，使得处境艰难的民族缫丝业资本家，虽然痛感美国生丝市场华丝遭受日丝的残酷排挤，思图作某些努力，但力单势孤，更无政治后援；尽管面临大战期间暂时出现有利的国际条件，但在生产和流通的改革上却不能有所作为。

20世纪20年代，从国际全局上看，是资本主义世界经济处于相对稳定的时期。交战各国从疲惫不堪的战时经济转向和平经济的第一阶段，都以全力谋求社会经济秩序的恢复；同时，在战时获得特殊利益的美国，战后仍然继续维持经济繁荣。因此，在国际经济交往过程中更显示出美国市场的重要性。就世界生丝贸易状况而言，20年代日本缫丝技术又有新的突破，由直缫改为复摇，进而又采用了更先进的多绪立缫丝车，产量和质量都在继续提高，博得美国消费者的喜爱。从而日本生丝输往美国的数量

---

① 《申报》，民国7年2月14日。

又有增加。与 1921 年相比，1922 年输往美国的日丝增加了 830 万磅，使得它在美国市场上又以上一年只占 69% 的比重重新上升为 79% 的垄断地位（参见第 7 表）。

在中国，20 年代正是进步和反动两股势力处于大搏斗的狂飚时期。人民群众爱国主义热情高涨，多次出现轰轰烈烈的抵制外货运动，给国内资本主义经济发展以新的刺激。处在国内经济有所发展的情况下，中国的对外贸易也有了相应的扩大。就机器缫丝业而言，不论是生产和输出，在总的倾向上都是上升的，但上升幅度不大（参见本文附表 4）。这是因为，一方面由于外国洋行在生丝对外贸易上的控制和垄断，使华丝外销不能突破旧有格局。中国民族缫丝业资本家长期忍受这种经济掠夺。直到 1921 年，才开始有上海丝业资本家沈骅臣组织华通贸易公司，自营生丝出口[1]，但规模很小，未能在国外成立贸易分支机构。其后又有上海允余丝厂资本家丁汝霖，久成丝厂的莫觞清，各将其本厂所产厂丝直接销售到美国和法国。[2] 到 1928 年，又有资本家薛寿萱等在中国银行家张公权支持下，组织通运生丝贸易公司，办理经销生丝业务，曾先后在纽约、里昂、伦敦和苏黎士等地设立国外代理机构，但经营一二年后便告结束。[3] 应该说，所有这些努力在当时都是难能可贵的，可惜只局限于少数资本家的力量，难以持久，成效不大，不能使长期形成的华丝外贸方式出现带有根本性的变化。而在另一方面，世界大战以后，以美国市场为主导的国际生丝市场上，日丝的独占地位不见减弱，反而更

---

[1] 《民国日报》，1922 年 7 月 28 日。
[2] 《莫觞清草拟救济江浙皖蚕桑及振兴厂丝业计划之说明》，《上海丝档》，卷号 113。
[3] 参见：The Bureau of Foreign Trade Ministry of Industry: *Import and Export Annual*, Shanghai, 1933, 第 344 页；《无锡蚕丝业资料选辑》，第 360、361 页。

见巩固和加强。相形之下,华丝在输出的绝对量上虽见增加,但在美国市场的地位较前更见降落。

表8　　　　　　　美国生丝进口国别统计　　　　　单位:包

年 别	生丝输入额	中 国		日 本	
		输入额	占美国进口%	输入额	占美国进口%
1923	350202	81662	23.3	254856	72.7
1924	440860	56155	12.7	375070	85.1
1925	497934	70474	14.2	422125	84.8
1926	539563	78824	14.6	455890	84.5
1927	565105	62064	10.9	500093	88.5
1928	585159	56127	9.6	521887	89.2
1929	587013	83349	14.2	484840	82.6

资料来源:1. 1923年数字见范师任:《中国丝业对外贸易之史的观察》,《社会杂志》,卷1,第2期,1931年2月。

2. 1924—1929年见钱天达:《中国蚕丝问题》,黎明书局1936年版,第76页。

如将1923—1929年美国生丝进口的来路与本文第7表的统计作比较考察时,可以发现:1923年日丝输美数量较前有所减缩,并且它在美国生丝市场所占比重也从上一年的79%降落为72%,而华丝所占比重则相应提高,从16%上升到23%。应该指出,出现这一现象完全是由于偶然的因素造成的。因为1923年9月1日,日本关东发生了大地震,东京和当时日本惟一的生丝输出港横滨,都遭到了彻底的破坏。一时间使得以日丝为主要来源的美国丝织业界陷入恐慌,纷纷传说日本蚕丝业全部毁灭。美国生丝协会甚至宣布在未接到日本震灾的详细报告之前,暂时停止同日本的生丝交易。美国市场上的丝价立即因之猛涨,从震灾前每磅8.25美元，在几天之间上涨到12美元。① 美国市场在缺乏日丝顺利供应的情况下，华丝的销售量遂相应上升。但这种情况为时非常短暂。因为日本这次大地震，受灾区域仅限于东京和横滨两地；而日本缫丝工业主要集中在关西地区和东海道及信州一带，并未遭到灾害。同时日本政府在灾后全力恢复生丝输出，迅速开辟神户为新的生丝输出港。到9月12日，即震后第12天，便恢复了日丝输出业务。② 所以，见于本文表8及附表4的统计数字，都表明到1924年，日丝的出口不论在世界范围的市场上还是在美国一国，不仅恢复了原来的规模，而且还略有新的增长；而华丝出口的前景却颇不乐观。在美国市场上，从1924年以后的五六年中，它只能在占12%—14%的比重上浮动，较前更加低落了。到1928年，在美国市场，日丝进口几达90%的比重，而华丝只占9.6%。相形之下，更见其步履维艰，不寒而栗。至于以法国为主要买主的欧洲市场，日丝也并未完全放手不顾。中、日之间在欧洲市场上同样展开竞争，不过没有像争夺美国市场那样剧烈。华丝在法国市场虽然略居优势，但在日丝竞争下，也渐露捉襟见肘之状。1900年，法国蚕丝进口量为538万公斤，其中来自华丝的进口为313万公斤，居法国生丝进口量的58%，当年日丝输法为56万公斤，仅占10.5%。过了20多年，到1922年时，法国生丝进口量上升为575万公斤，而输入法国的华丝反而降为295万公斤，退居51%的比重。③ 此中有华丝质

---

① 今井五介：《日本蚕业发达史》，昭和二年东京版，第72页；《文史资料选辑》（上海）1979年第1辑，第132页。

② 今井五介：前引书，第72—73页；张迪恩：《关于无锡缫丝工业发展的几个问题》，《中国社会经济史研究》，1985年第4期，第83—84页；《文史资料选辑》（上海），1979年第1辑，第133页。

③ 范师任：《中国丝业对外贸易之史的观察》，《社会杂志》，卷1，第2期，1931年2月。

量欠佳的原因，也有日丝展开竞争的后果。20世纪20年代末，法国里昂丝商公会曾多次函电上海出口丝商公会，反复提到："中国厂丝品质不良，引起法国市场绝大之困难与危险。此间销丝者行将另觅来源。深望缫丝方法有所改善，并加以严格之检验。"所谓"另觅来源"显然是有具体内容，并非虚声恫吓。因这则电文还同时声明："其他产丝国家如日本、意大利又多进步之际，中国生丝品质之降低必起绝大影响。"[①] 这就非常清楚地反映了在法国市场上，日丝受欢迎的程度已在华丝之上，而且这种倾向还在继长增高。由此可见，在20年代，尽管中国现代缫丝业还处在有所发展的时期，但由于生产方法的保守和外国缫丝业的竞争加剧，早已潜伏着深刻的危机。所以，从世界市场的变化观察华丝的前途时，它在实际上已经成为国民经济发展过程中一个不容乐观的严重问题了。

（三）世界经济危机与中国缫丝工业的衰落

1929年秋，美国爆发了经济危机，并向各国蔓延，到1933年发展成为席卷资本主义世界的经济危机；随后又继之以长期的萧条。世界主要资本主义国家的经济陷入了严重的动荡。从1931年起，英、日、美、法等国在严重的货币信用危机威胁下，先后宣布放弃金本位制，采取货币贬值，造成资本主义世界金融混乱的局面。大约到1930年、1931年之交，半殖民地半封建的中国日益明显地感受到世界经济危机冲击波的袭击。特别是各主要资本主义国家为了转嫁国内经济困难，加紧对外商品倾销，并高筑关税壁垒，限制商品进口。中国市场对于这种强有力的冲

---

① 《里昂丝商公会忠告改善缫丝方法》，转见《工商半月刊》，卷3，第7号，1931年6月。

击,强烈地反应为物价跌落、贸易停滞、市场萧条、工厂停工减产,以致整个社会经济跌入了惶惶不可终日的境地。在这种形势压迫下,中国缫丝业不得不从有限的繁荣岁月,过渡到经济动荡不安的30年代。

国际生丝市场销售量的升降一向是中国缫丝业生产增减的风标;同时从19世纪70年代以后,生丝的价格决定权已从国内转移到国际市场,先则决定于里昂,继则取决于巴黎。20世纪初,当美国成为世界生丝最大的买主后,纽约又取代了巴黎的地位。1929年,世界生丝价格因美国危机开始动荡。华丝价格在美国市场逐年跌落;1928年,每磅华丝价格为5.03美元,1929年跌落为4.56美元,1930年后的几年中,丝价持续下泻,跌落的幅度日益扩大,到1934年最低时仅及1928年丝价的24%![1] 以这样倾泻不已的世界丝价冲击资本不足、器械不良的中国现代缫丝工业,毋怪其不处于手足无措的境地。于是上海市场强烈地表现了厂丝售价反低于生产成本的反常现象。1930年底,上海中等厂丝每担生产成本在1050两,市场成交价格却只有850两。[2]

[1]

美国生丝市场华丝价格统计

(1928—1936)

年别	每磅华丝市价(美元)	指数 1928 = 100	年别	每磅华丝市价(美元)	指数
1928	5.03	100	1933	1.53	30.4
1929	4.56	90.6	1934	1.21	24.1
1930	2.80	55.7	1935	1.56	31.0
1931	2.61	51.9	1936	1.71	33.9
1932	1.57	31.2			

资料来源:《十年来之蚕丝事业》,《十年来之中国经济》,上册,第C3页。

[2] D. K. Lieu: *The Silk Reeling Industry in Shanghai*, 1933, 第8页。

1931年初，上等厂丝每担生产成本核算在1300两，市场售价却在1000两以内，每担丝价低于生产成本在300两左右。① 1932年，国民党政府为救济丝业困难，允许推销陈厂丝每包补助银100两，并免征出口税和特捐。可是纽约市场B级白厂丝价格只合华银445两，里昂、伦敦A级的也不满600两，而工厂生产成本须1000两左右②，厂丝成本与售价的差额扩大到400两左右。外销疲滞，虽有救济，也难奏实效。1933年，这种景况仍未见改善，每担厂丝生产成本在800元以上，市场售价却只在500元左右徘徊。③ 兼以1929年以后，主要资本主义国家相继高筑关税壁垒，对进口商品征收高额进口税。如原来生丝进口免税的美国，这时也开始征收25％以上的蚕丝进口税④，这对华丝输出无异雪上加霜。所以，从1930年起，华丝出口量明显地下降。当年生丝输出量比1929年减少3.8万担；1931年减少5.4万担；1932年、1933年，华丝在国外市场价格继续跌落的情况下，出口量较1929年各减11万担和12万担。1934年，国际市场丝价毫无转机，再见跌落，其售价之低为历史上所未有，每磅华丝仅值美元1元多一点。纽约市场华丝价格较前一年降落26％，在里昂则跌落37％，上海丝价因之平均又降落37％。⑤ 所以，1934年厂丝出口竟降至5.4万担，成为历史上我国生丝出口量最低的

---

① 《无锡丝厂同业公会、上海丝厂同业公会呈行政院财政部、实业部文》，《上海丝档》，卷号145。

② 《上海丝业同业公会呈上海市党部文》（民国21年7月6日），《上海丝档》，卷号213；亦见《纺织周刊》卷2，第21期，1932年6月3日。

③ 何炳贤：《民国22年我国工商业的回顾》，《国际贸易导报》，卷5，第15期，1933年12月。

④ 参见高景岳：《无锡缫丝工业的发展和企业管理的演变（1904—1956)》，《中国社会经济史研究》1983年第1期。

⑤ 中国银行总管理处：《中国银行民国23年度营业报告》，第36页。

年头（详见附表4）。

国际市场丝价剧烈跌落，华丝出口数量频年下降，迫使中国现代缫丝业的生产进入20年代，面临严重危机。上海、杭州、无锡以及珠江三角洲的现代缫丝厂都不得不在艰难的境遇中挣扎。

在上海，1930年，在外贸呆滞情况下，缫丝业生产已露拮据现象。当年开工丝厂虽然还维持在98家（也有说107家）之多，但相当一部分因产品打不开销路，不能坚持正常生产。到1931年，丝厂中停工、闭歇的迭起，能正常进行生产的丝厂便减为70家。1932年更因日本侵略者于年初蓄意发动"一·二八"侵略战争，上海闸北为缫丝业生产比较集中地区，在战争爆发后首遭重大破坏；也因战争上海市面更形凋敝。全市能勉强开工的丝厂，有说只有31家。① 同期中，浙江丝厂也为不景气现象所笼罩。1930年，"经营丝厂者，大都亏本停业，所受经济损失，以最低额估计，每厂至少二十万元，总共在五百万元以上，超过固定资产价值之二倍。"② 当年冬季，南浔梅恒裕丝厂因销路不畅，首先停业；1931年春，杭州虎林公司、双林竞新丝厂，以周转不灵，也相继停闭。及至"九·一八"日本侵略东北，引起金价暴落，金融奇紧，各厂更无力维持，于是杭州纬成公司、天章丝厂、湖州模范厂、嘉兴裕嘉分厂，均先后停车告歇。"一·二八"上海战争发生，除杭州丝厂外，全省丝厂几乎全部停工。1932年春仅肖山丝厂一家复工，到秋天，能复工的丝厂仍然寥寥无几。③

转入1933年，上海丝厂生产状况更有点飘忽不定。年初由于日丝倾销，丝市很不景气，开工的丝厂仅有二十余家；到六七

---

① 《纺织周刊》，卷2，第25期，1932年7月1日。
② 周君梅：《浙江丝业之过去现在与将来》，《纺织周刊》，卷3，第3期。
③ 同上。

月间，国外丝价略见上升，开工丝厂一度增加到百余家。7月以后，丝价又落，并且一蹶不振。大多数丝厂无力支持，旋又相率停工。到10月初，能维持开工的竟不到20家！① 当年上海海关《关册》甚至称只剩有11家丝厂勉强开工！② 1934年，上海丝厂生产的困难依然如旧。尽管这一年蚕茧价格意外低廉，最优的蚕茧价格也只及1930年的三分之一，但丝价毫无转机，反见跌落，每担竟只值400元，远在成本之下。③ 丝厂生产，岂只无利，反要赔累不堪。所以茧期以后，上海一百多家丝厂中，开工投产的不过在二十家左右。而且这二十多家丝厂在投产后一个月中，也因一再出现的不利商情，迫使它们一个又一个地相继停歇。④

进入1935年，上海缫丝业生产情况稍见好转。由于美国和欧洲市场生丝消费量增加，上海生丝出口因之略呈活跃。据统计，当年上海出口的白厂丝达38146包，较1934年的10893包，几增1.5倍。⑤ 另据上海商情检验局报告，1935年6月份，上海生丝出口为3580包，7月份增至5800包，8月份又增加到6981包，较6月份增约1倍。与此同时，丝价也呈上升，高等沪白厂丝在8月份的市价为580元，较7月份的510元的价格上涨14%。⑥ 此外又因"银价渐趋稳定，外汇较跌，成本日见减轻"。

---

① 《中华日报》，1934年11月8日。
② 《关册》，1933年，上海口，第50页。
③ C. Y. W. Meng（孟长冰）: *China-An Economic Review for 1934*, *The China Weekly Review*, LXXI, 1935年1月19日，第258页。
④ Paul K. Whang（汪仲芳）: *The Silk Industry of 1934*, *The China Weekly Review*, LXXI, 1935年1月19日，第270页。
⑤ 《江苏建设月刊》，卷3，第3期，1936年3月1日，转见《无锡蚕丝业资料》，第365页。
⑥ 《工商半月刊》，卷7，第20期，1935年10月15日。

停歇中的丝厂又陆续复工,上半年开工的丝厂在上海计有 23 家①,嗣后又陆续增加到 33 家②,丝业前途似见乐观。但是,享受丝价回升利益的,实际上并非中国民族资本家。因为到 1935 年,绝大部分的华丝出口业务仍必须依赖外国洋行经营。据 1935 年 8 月刊行的《中行月刊》所反映:"近来各厂出品之最高'白厂丝',批于洋行者每担计三百八、九十元。"这就是说,丝厂资本家所能实现的生丝价值是每担 380—390 元,而不是 580 元。可见即使银价趋稳,国际市场丝价增高,中国民族资本家仍难享其利,况且这一年缫丝原料供应紧张,当年运送到上海的蚕茧原料总计不及上海丝厂全年生产所需的五分之二。③ 所以民族缫丝业资本家尽管面对市场丝价上升,但仍然愁眉锁眼,"对内苦于原料不足,对外苦无向外国直接贸易之坐庄"④,丝厂复工的步子迟缓难前。1936 年,上海丝厂因上一年茧产歉收,原料供应不足;上半年开工丝厂寥寥可数。到二月间开工的丝厂只有 6 家,4 月增为 8 家,5 月份因新茧渐次登场,开工丝厂增至 15 家,6 月间又续增至 42 家,7 月间一度增加到 49 家,运转丝车达 11118 部,为全年丝厂开工最高的月份。到 10 月,又以原料供应不继,茧本高涨,又出现陆续停工待料的现象。到年底,全市能维持生产的丝厂只剩有 32 家,全部缫制的厂丝约 25000 担左右。⑤ 这种在生产上时见起伏的景象一直延续到 1937 年抗日战争的发生。

---

① 《工商半月刊》,卷 7,第 15 期,1935 年 8 月 1 日。
② 《上海市年鉴》1937 年版,下册,第 32 页 N。
③ 《民国二十四年机械丝厂调查表(上海市)》,《上海丝档》,卷号 106。
④ 《上海市丝厂业同业公会委员会复江海关税务公司公署函》(民国二十五年一月七日),《上海丝档》,卷号 107。
⑤ 《上海市丝厂业同业公会复上海通志馆函》(民国二十六年二月二十六日),《上海丝档》,卷号 103。

江南地区缫丝业另一中心无锡，一向是注视上海商情起伏而决定进止的。它在经济萧条年代的变化，也非常具有典型性。

1930年，正是无锡缫丝业步上巅峰时期，就有报导预测它已面临"盛极而衰"的局面。① 当年10月间有关记载透露：无锡县维持开工的丝厂平均每家约须亏蚀二三百金；当地丝厂资本总额约共250万两，而1930年五六个月的亏蚀、消耗总额已达400万两以上，超出资本总额几及一倍半。② 到10月初，无锡县丝业同业公会不得不召集全县丝厂代表，共商应付办法。各厂家在权衡全局后，"金以丝销日见呆滞，……本邑丝厂已将破产。决议依照上海办法，于本月7日后（即旧历中秋节后）各厂一律停业，其有解货关系者，得俟解丝终了后，再行停业"③。所以，1930年下半年，在经济危机冲击下，陆续歇业的丝厂计达十五六家，失业工人达二万余人。④ 1931年的情况仍然是险象丛生，当年32家丝厂的营业资本总共不过141万两，而亏损额合计却达176万两⑤；当年能维持开工的丝厂只剩有13家。⑥ 因此，1932年上半年，春茧上市时，几乎无人问津。往年改良种售价每担从低也需90元，现在最高的售价也只有25元，可谓惨跌！稍后因欧洲市场略现松动，开工丝厂陆续增至21家，但大多是代人缫制陈丝、陈茧，一待茧尽，仍归于停歇。⑦ 这种萧索景象延续到1933年10月，都不见改观，当年勉强开工的丝厂，据说

---

① 《锡报》，1930年1月18日，转引自《无锡蚕丝资料》，第194页。
② 《工商半月刊》卷2，第20期，1930年10月16日。
③ 同上。
④ 《工商半月刊》，卷3，第12期，1931年6月15日。
⑤ 《无锡丝厂调查册》（民国二十年七月），《无锡丝档》，年号113。
⑥ 《江苏全省缫丝业之鸟瞰》，《国际贸易导报》，卷4，第8号，1933年1月。
⑦ 《纺织周刊》，卷2，第34期，1932年9月2日；《工商半月刊》，卷4，第19期，1932年10月1日。

只有25家。① 转入次年初,丝市似见好转,开工的丝厂有23家②,但仍因丝价下跌,外销枯涩,开工丝厂遂又由23家下减为16家③。

1935年,蚕茧价格仍维持低廉水平,生丝外销也稍见转机,缫丝生产有利可得,部分停工丝厂在利润驱使下也逐渐复工;同时上海一部分丝商来无锡租厂经营,更引起当地缫丝业资本家的重视。不过,这一年在无锡缫丝业的生产经营中,出现了一个集供产销为一体的联营组织,成为当地缫丝业艰难竭蹶中一服新的兴奋剂。这就是由无锡永泰丝厂资本家薛寿萱发起,邀集当地资力较强的丝厂资本家如乾甡的程炳若、王化南,泰丰的张子振,振艺的许受益,鼎昌的钱凤高和瑞昌的郑海泉等,酝酿组织"兴业制丝股份公司"。具体的方法是从控制原料入手,即兴业公司所属各厂集中统一收茧,原茧统一分配;但各丝厂仍保持其独立的经营权;在生产方面,兴业公司准备全部租下其他已开工的或未开工的丝厂,统由公司安排其投产或停工;开工经营的丝厂则由公司投资,达到控制生产的目的。在外销方面,利用永泰销丝机构,直接从事外销,摆脱外商洋行操纵和朘削。事实上以永泰丝厂为中心的兴业公司类似辛迪加的资本主义垄断组织。

兴业公司于1935年积极筹备,而于次年春茧上市前正式成立。在收购原料方面,为这家公司所控制的茧行共四百余家,分布在苏、浙、皖、鲁各省。计有金坛全县的茧行,溧阳全县茧行的70%,江阴全县茧行的80%,宜兴全县茧行的半数,常州二十余家和无锡的六七十家。此外江苏苏州、南京、淮阴等地,浙

---

① 《中华日报》,1934年1月8日。
② 《大公报》,1934年11月9日。
③ 《中华日报》,1935年1月28日。

江的湖州双林镇、嘉兴，山东的临塘、安徽的亳县以及广东、湖北等省都有兴业公司所控制的茧行收茧。全部收茧人员达千余人。1936年共收（鲜）茧50万担以上。在缫丝生产方面，公司基本上控制了无锡县三十余家丝厂，占绝大多数，全部丝车计达6000部。每日生产生丝85担。①

在全面控制供产销的条件下，兴业公司在投入营运后的第一年（即1936年）即获得一倍于资本的利润（当时兴业公司实收资本为25万元，1936年实现的利润达50万元）；其他开业的丝厂也实现了各倍于其资本的利润。②事实说明，为了摆脱经济萧条而组织起来的联营组织，凭借垄断行业的优势，操纵原料收购价格，基本上控制本行业的生产和流通，并且在开发市场、扩大经营、排斥和兼并处于劣势的中小丝厂，树立独占地位，从而实现了高额利润，在较大程度上恢复当地缫丝工业的生机。但是，以永泰丝厂为中心的兴业公司所依托的基础是脆弱的。它不能消除参加联营成员之间的利害矛盾。特别在公司营运过程中，在生产和外销上获实惠最大的恰是永泰丝厂及其资本家薛寿萱本人，以致引起其他具有实力的丝厂资本家如乾甡的程炳若、泰丰的张子振等的不满，他们不甘心居于永泰丝厂附庸的地位。所以，开业仅仅一年的兴业公司在进行利润分配后便难以为继，而于1937年6月宣告结束。不久，日本发动侵华战争，无锡缫丝业面临重大破坏，不得不于当年冬陷于全面停工。

世界经济危机给予珠江三角洲缫丝业的打击也很严重。从厂丝出口情况看，甲午战后三十余年间，经广州出口的厂丝，经常

---

① 《无锡永泰丝厂史料片断》，《无锡文史资料》，第2辑，1981年3月。
② 高景岳：《漫谈抗战前的无锡缫丝工业》，《无锡文史资料选辑》，第1辑，1962年5月。

居全国厂丝出口半数以上，最高时曾达87%，1927年后，特别是世界经济危机袭击之后，才急遽下降（参见附表5）。

与江南生丝外销去向相比较，美国市场对广州生丝的输出具有更加重要的意义。20世纪20年代，广东生丝输往美国市场的约占其总出口量的46%—70%；欧洲的法国买主在1925年以前所购买的广州厂丝，仅占其输出量的30%左右。1925年以后，美国市场上日丝对华丝的排斥日见严厉，粤丝销售量涨落不定，因之输往法国的数量稍见增加。即使如此，输往法国的粤丝也只达其出口总数的一半左右。[①]

由于在国际市场上，中、日生丝长期竞争并日趋于激烈，广东生丝的出口价格从它的最盛时期每担约值港币二千余元逐渐跌落。[②] 1925年，输往美国市场的珠江三角洲生丝价格每担只值港币1160元。两年后又跌落为港币一千元左右。1928年，续跌为

[①] 广东生丝输出国别统计
(1919—1929)   单位：包（每包80斤）

每年5月—翌年4月	输出总数	美 国	%	法 国	%
1919—1920	66294	41508	62.6	22966	34.6
1920—1921	39387	35854	91.0	11971	30.3
1921—1922	53765	41831	77.8	11698	20.9
1922—1923	66098	47342	71.6	17407	26.3
1923—1924	56420	37648	66.7	17436	30.9
1924—1925	61045	30412	49.8	29790	48.8
1925—1926	65403	31803	48.6	33164	50.7
1926—1927	66679	37787	58.2	28167	42.2
1927—1928	54848	26140	47.6	28531	52.0
1928—1929	58163	26927	46.4	29773	51.2

资料来源：《国际贸易导报》，卷1，第7期，第22—23页。
② 参见《广东建设厅生丝检查所四周年年报》，第18页；李本立：《顺德蚕丝业的历史概况》一文中称：1922年广东生丝价格每担达港币2400元，而后几年保持在2000元上下。见《广东文史资料》，第15辑，1964年刊。

港币970元。① 1929年的丝价虽然略见回升，但很不稳定，跌多升少。

广东生丝价格统计

表9　　　　　　　　　（1929—1934）　　　　　单位：担/港币

年别	最高价	指数	最低价	指数	平均价	指数
1929	1063.00	100	910.00	100	977.73	100
1930	898.25	84.5	655.24	72.0	728.65	74.5
1931	920.00	86.5	540.00	59.3	793.43	81.2
1932	700.00	65.8	475.00	52.2	552.50	56.5
1933	625.00	58.8	285.00	31.3	431.67	44.2
1934	360.00	33.8	275.00	30.2	298.95	30.6

资料来源：① 1929—1930年据广东生丝统计丛刊；

② 1931—1934年据广东生丝检查所每日丝市行情；转见《广东建设厅生丝检查所四周年年报》，第18—19页。

上述一系列统计数字说明，在世界经济持续萧条的岁月里，广东生丝出口价格的跌落幅度十分剧烈。从1929年以后几乎是直线下跌；到1934年，无论是生丝的最高、最低或平均价格，其跌落幅度几乎都较1929年的价格下跌70%左右，给缫丝生产带来重大困难。

与珠江三角洲生丝价格持续跌落的同时，广东生丝出口数量也呈江河日下。如果以1929年粤丝输出总数59228包作为基数，1930年尚无重大变化，但1931年的输出额便见急转直下，只有3.2万余包，仅为1929年的54%；1932年则保持上一年的水平；1933年稍有增加，也只有3.5万包，为1929年的六成。可是

---

① 国民政府西南政务委员会国外贸易委员会：《广东工商业——丝》，1934年刊，第20页。

1934年又出现狂跌景象，输出量竟缩至3万包以内，不到1929年的半数，成为历年粤丝出口最低的记录。①

国际市场丝价频年下跌，粤丝出口量又年复一年缩减，势必给以依靠外销为主的广东缫丝业极其沉重的打击。就珠江三角洲全区而论，1926年曾有丝厂202家，丝车9.5万余部，到1931年，开工丝厂减为111家，投入运转的丝车只有5.7万余部，有半数左右的丝厂和丝车处于闭歇和休闲状态。1932年，情况进一步恶化，能维持开工的丝厂只有58家和丝车3万余部；1933年虽较上一年稍见好转，但并无长足进展，而1934年又有猛烈的变动，能开工的丝厂只有37家和1.9万余部的丝车。②可见随同1930年经济危机的发展，五年之间，珠江三角洲的丝厂和丝车几乎都消减了四分之三。至于三角洲缫丝业重镇如顺德、南海两地，遭受世界经济危机冲击的程度更为强烈。1926年，顺德原有丝厂154家和丝车71235部，遭经济危机冲击后，1932年开工丝厂减为39家和丝车19677部，各为1926年的25.3%和27.6%；到1934年，情况更见恶化，只剩有丝厂24家和丝车13273部，各为1926年的15.5%和18.6%，就是说6/7的丝厂和丝车在劫难逃。同期中，南海的丝厂和丝车也从1926年的45家和22330部，降为1932年的18家和10066部，各为1926年的40%和45%；1934年又进一步减为12家和6786部③，各为1926年的26.6%和30.3%，也就是说四分之三的丝厂和丝车销声匿迹了。由此可见，世界经济危机和长期萧条给予广东缫丝业生产的打击是非常沉重的。丝厂闭歇，直接影响到女工失业。1932—

---

① 《广东建设厅生丝检查所四周年年报》，第18页。
② 同上书，第6页。
③ 1926年的数字见上原重美：《支那蚕丝业大观》，第945页；1932年、1934年的数字见《广东建设厅生丝检查所四周年年报》，第6页。

1933年，仅珠江三角洲，失业女工在5—6万人之多，男工约3—4千人；同时缫丝工业的萧条，间接上也给农村带来重大的损失。据估计：一家丝厂开工，最少可以使3000家蚕农得以维持生计；桑叶一担在丝业生产正常时期，可以卖到3元左右，1933年却只值1元甚或数角；干茧一担在正常时期可卖至220—230元，萧条时期只值100元左右，还少有问津者。① 十分明显，缫丝业的凋零和衰落并非只是工业、贸易方面的损失，实际上它是从一个侧面反映了整个国民经济危机日益迫近！

结 束 语

上述分析表明：中国现代缫丝工业在甲午战后40年间所经历的是一个有所发展而又不能充分发展的过程。从总的发展进程来审察，它有过自己的繁荣时期，但为时短暂。40年中绝大部分的岁月处在困顿多于顺畅的境遇之中。在中国现代缫丝工业兴起和发展时期，它突出地表现了过分依靠国外市场作为自身存在和发展的凭借，疏忽甚至可以说放弃了国内市场的开拓。只是在对外输出受阻时，才转而与手缫丝争夺国内市场以维持自身的存在。正因为缺乏国内市场的有力支持，中国现代缫丝工业不可避免地表现为严重的脆弱性；而变幻无常的国际市场成了中国现代缫丝工业的生产和流通经常陷入动荡态势的一个根源。从而它无法建立起坚实而健全的经济基础。在这个问题上，尤须强调的是外国洋行对于外贸渠道的控制和垄断，是摧残中国生丝贸易，并使之逆转的一股邪恶的势力。这乃是半殖民地社会条件所产生的

---

① 易中：《250年来中国丝业对外贸易之回顾》，《新广东月刊》，第18期，1934年6月。

必然后果。

中国现代缫丝工业无力奠定坚实经济基础的另一重要因素，在于国内封建半封建统治势力的遏制和阻挠。人们如果将中国现代缫丝工业在本世纪一二十年代的生产和输出的量和值和前往年代作纵向比较时，这个时期自也不失为中国缫丝工业发展的高峰。但是，当人们进一步把这个"高峰"移放到世界生丝产销的总情况作横向比较时，中国现代缫丝工业所取得的成就不仅变得黯然失色，而且还会明显地感觉到在它的背后已经隐藏着深刻的危机。在这个问题上，国家政权对于所在的社会生产起的是积极的推动或是消极的阻挠作用，是极为关键的。日本生丝对世界市场的渗透和占领，每在关键时刻，都可以发现日本政府强有力的扶持，从而取得重大进展。在正常的生产和贸易的时期，日本中央政权运用各种措施，从提高生产、改进从育蚕到缫丝的生产方法，不失时机地引进先进的生产工具，以及加强产品的质量检查；在流通方面，它有力地支持国内商人发动"生丝直（接）输出"运动，制止外国洋行垄断生丝输出的活动；在税捐上更给予优惠，规定国内输送不收捐纳；到20世纪初，为了鼓励出口，更发展到免除出口税。一旦遭遇非常情况，如1923年关东大地震时，日本政府更以全力支持缫丝业的生产自救活动，在最短时间内协助恢复输出。所有这些来自日本政府政策上的关怀和扶持，使得日本缫丝工业在丧失美国市场之后若干年，竟然能够卷土重来，到20世纪20年代甚至成了左右美国生丝市场的垄断者。反观中国的情况，恰是判若天壤。国内政局扰攘，内战频仍。中央政权对于生产事业根本谈不上政策性的保护和扶持。与此相反，对于生产事业的征发，则悉索敝赋，不遗锱铢。试就缫丝业而言，从原料到成品，无一能免税捐。在江南地区，茧有茧捐，省际之间运输须纳过境税，进口落地则有子口半税；及缫制成丝出口时，又须缴正附各税。① 综合各种税项，每百斤生丝共须负担捐税在103两左右，约占生丝成本10%左右。② 在珠江三角洲，蚕丝业捐税名目更是繁多。如乡局的桑地有公粮，有护沙费，桑有桑花捐，茧有茧头捐、茧乡佣、茧厘等等；乡间丝厂运丝进广州，须缴纳广州入口税，还有炮台捐和厘金税等等。③ 粤丝出口，每担合计须缴纳各项税款达97元左右，占生产成本8%左右。④ 中国现代缫丝工业的生产者和经营者背负着这样沉重的税负，求其与日丝竞争而不失败，宁非幻想！况且这还只是就税捐一项而言，而封建半封建统治集团对于现代工业的压迫和阻挠，岂只限于苛捐杂税？历史反复表明了：包括现代缫丝工业在内的中国现代工业企求真正发展，首先而且最迫切需要解决的，乃是推翻半封建半殖民地的反动统治，实现独立、自由、民主的新的社会政治经济关系。在本文所涉及的历史时期，离开了这个根本问题，侈谈工业化，无异乎南其辕而北其辙，不仅徒劳无益，反而拖住历史前进的步伐。中国现代缫丝工业在甲午战争以后40年的全部历程，为这一基本经验提供了充分而有力的证明。

---

① 20世纪20年代，江、浙两省干茧每百斤收正税银（厘金）8元，在安徽省为6元；省际间运输须纳过境税1元，进口落地须交子口半税1.5两；制成丝后（每百斤平均约需干茧6担），出口时每担必纳正附各税10两6钱2分。

② 据《上海丝档》称："统计厂丝一百斤，由茧缫丝，内外完纳捐税数十道，实合值百抽十以上。"见《上海丝业总公所呈财政部农商部函》（1920年11月24日），《上海丝档》，卷号140；另参见《中国实业志》（江苏省），实业部国际贸易局，1933年初版。

③ 在珠江三角洲，制成一担生丝的原料估计，需缴纳各项税捐共17元多，从乡间丝厂运丝到广州，须缴广州入口税每担13元多，另有炮台捐8元多，厘金9元多，海关出口税每担13元多，计每担生丝到广州时，就须缴纳各项捐税厘杂共约53元之多。见李威士：《广东省蚕丝业的贸易及其衰落》，《广州文史资料》，第16辑，1964年。

④ 《珠江三角洲蚕桑生产历史概况》，顺德档案馆藏，第47页。

中国生丝出口量及白厂丝出口量统计

附表1 （1985—1933）

年别	华丝总出口量（担）	指数	白厂丝出口量（担）	指数	白厂丝占华丝总出口量比重
1895	110621	100	27056	100	25
1896	88409	76	27041	99.9	31
1897	116609	105	41485	153	36
1898	108821	98	41050	152	38
1899	148100	133	49435	183	33
1900	97207	88	35277	130	36
1901	129196	117	49938	185	39
1902	119698	108	50557	187	42
1903	94823	86	43979	163	46
1904	125426	113	47287	175	38
1905	105919	96	45347	168	43
1906	110506	99	45821	168	42
1907	116213	105	50296	186	43
1908	129090	117	49206	182	38
1909	129784	117	51674	191	40
1910	139226	126	63969	236	46
1911	129925	117	55416	205	44
1912	158038	143	59157	219	37
1913	149006	135	69541	257	47
1914	108589	98	56766	210	52
1915	143097	129	63139	233	44
1916	122243	111	68286	252	56
1917	125820	113	73103	270	58
1918	124954	113	64187	237	51
1919	165187	149	90038	332	55
1920	104315	94	56043	207	54
1921	151064	137	87483	323	58
1922	143478	130	89248	330	62
1923	138423	125	77470	286	56
1924	131275	119	81047	322	62
1925	168017	152	103289	382	61
1926	168563	152	107279	397	64

续表

年别	华丝总出口量（担）	指数	白厂丝出口量（担）	指数	白厂丝占华丝总出口量比重
1927	160002	145	101889	377	63
1928	180186	163	123170	455	68
1929	189980	172	123045	454	65
1930	151429	137	100242	370	66
1931	136186	123	86736	320	64
1932	78219	71	57334	212	73
1933	77080	70	60708	224	79

资料来源：《1895—1931年见海关十年报告》，(1822—1931)，上海，卷1，第191页。1922—1933年见《海关贸易报告》。

广州生丝出口统计

附表2　　　　　　　　(1881—1900)　　　　　　　单位：担

年别	出口总数	手缫丝出口量	占出口总数%	厂丝出口量	占出口总数%
1881	11526	11526	100.0	—	—
1882	9556	8302	86.9	1254	13.1
1883	11835	8978	75.9	2857	24.1
1884	6553	3116	47.6	3437	52.4
1885	7024	2567	36.5	4457	63.5
1886	15620	8462	54.2	7158	45.8
1887	12927	4207	32.5	8720	67.5
1888	6883	1760	25.6	5123	74.4
1889	15147	4928	32.5	10219	67.5
1890	13595	3278	24.1	10317	75.9
1891	16805	4659	27.7	12146	72.3
1892	22858	4171	18.2	18687	81.8
1893	18389	1951	10.6	16438	89.4
1894	20338	2159	10.6	18179	89.4
1895	23103	2474	10.4	20629	89.3
1896	24621	2411	9.8	22210	90.2
1897	24660	1933	7.8	22727	92.2

续表

年别	出口总数	手缫丝出口量	占出口总数%	厂丝出口量	占出口总数%
1898	36710	2655	7.2	34055	92.8
1899	36987	2375	6.4	34612	93.6
1900	32075	1037	3.2	31038	96.8

资料来源:《海关十年报告》(1882—1891),广州,第554页。《海关十年报告》(1892—1901),广州,第177页。

附表3　　　　上海生丝出口统计
　　　　　　　　(1900—1920)　　　　　　单位:担

年别	出口总数	手缫丝出口量	占出口总数%	厂丝出口量	占出口总数%
1900	33689	27447	81.5	6242	18.5
1901	51221	38620	75.4	12601	24.6
1902	46209	33871	73.3	12338	26.7
1903	24487	15340	62.6	9147	37.4
1904	38276	27460	71.7	10816	28.3
1905	30420	19306	63.5	11114	36.5
1906	34225	23582	68.9	10643	31.1
1907	35501	23296	66.6	12205	33.4
1908	38109	24897	65.3	13212	34.7
1909	41670	25749	61.8	15921	38.2
1910	45430	25018	55.1	20412	44.9
1911	39104	18798	48.1	20306	51.9
1912	30790	10360	33.6	20430	66.4
1913	22788	2136	9.4	20652	90.6
1914	20210	871	4.3	19339	95.7
1915	30366	455	1.5	29911	98.5
1916	26506	366	1.4	26140	98.6
1917	28062	412	1.5	27650	98.5
1918	25688	202	0.8	25486	99.2
1919	36023	467	1.3	35556	98.7
1920	20728	561	2.7	20167	97.3

资料来源:F. D. Fong: *China's Silk Reeling Industry*, *Monthly Bulletin on Economic China*,卷7,第11号,1934年11月,第491页。

(原载《中国经济史研究》1989年第1期)

附记：本文在撰写过程中，承张迪恳同志提供《上海丝档》史料（抄件），谨申谢意。

中日生丝输出比较表

附表4　　　　　　　　（1880—1937）　　　　　单位：千担

年　别	中　国	指数 1985=100	日　本	指　数 1985=100	日丝输出为华丝的%
1880	82	74	15	26	18.3
1881	66	59	18	31	27.2
1882	65	58	29	50	44.6
1883	65	58	31	53	47.6
1884	68	61	21	36	30.8
1885	58	52	25	43	43.1
1886	77	69	26	45	33.7
1887	79	71	31	53	39.2
1888	77	69	47	81	61.0
1889	93	83	41	70	44.0
1890	80	72	21	36	26.3
1891	102	92	53	91	51.9
1892	101	91	54	93	53.4
1893	94	85	37	63	39.3
1894	99	89	55	94	49.5
1895	111	100	58	100	52.2
1896	88	76	39	67	44.3
1897	117	105	69	119	58.9
1898	109	98	48	83	44.0
1899	148	133	59	102	39.8
1900	97	88	46	79	47.4
1901	129	117	86	148	66.6
1902	120	108	81	139	67.5
1903	95	86	76	131	80.2

续表

年　别	中　国	指数 1985 = 100	日　本	指　数 1985 = 100	日丝输出为华丝的%
1904	125	113	97	167	77.6
1905	106	96	72	124	67.9
1906	111	100	104	179	93.7
1907	116	105	94	162	81.0
1908	129	117	115	198	89.1
1909	130	117	135	232	103.8
1910	139	126	148	255	106.4
1911	130	117	145	250	111.5
1912	158	143	171	294	108.2
1913	149	135	202	348	135.5
1914	109	98	171	294	156.8
1915	143	129	178	306	124.4
1916	122	111	217	374	177.8
1917	126	113	258	444	204.7
1918	125	113	243	418	194.4
1919	166	149	286	493	172.2
1920	104	94	175	301	168.2
1921	151	137	262	451	191.2
1922	143	130	344	593	240.0
1923	138	125	263	453	190.5
1924	131	119	373	643	284.7
1925	168	152	438	755	260.0
1926	169	152	443	763	262.1
1927	160	145	522	900	326.2
1928	180	163	549	946	305.0
1929	190	172	575	991	303.0
1930	152	137	470	810	309.2
1931	136	123	561	967	412.0
1932	78	70	549	946	703

续表

年别	中国	指数 1985=100	日本	指数 1985=100	日丝输出为华丝的%
1933	77	69	484	834	628
1934	54	49	507	874	938
1935	76	68	555	956	730
1936	63	57	505	870	801
1937	69	62	479	825	694

资料来源：中国：见各年关册。

日本：1880—1914见：*Silk: Replies from the Commissioners of Customs*；第203页。

1915—1930见：H. D. Fong：*China's Silk Reeling Industry*，第486页，表Ⅱ；

1931—1937见：《日本纤维产业史》，日本纤维协议会，1958，卷1，第941页。转见LilliAn M. Li；前引书，第86—88页，表16。

中国厂丝输出的地区构成

附表5　　　　　　　　（1895—1931）　　　　　　　　单位：担

年别	全国出口厂丝	上海出口	占全国出的%	广州出口	占全国出口的%
1895	27056	6276	32.2	20629	76.3
1896	27041	5293	19.6	22210	82.1
1897	41485	11429	27.5	22727	54.8
1898	41050	7207	17.6	34055	82.9
1899	49435	11422	23.1	34612	70.0
1900	35277	6242	17.7	31038	87.9
1901	49938	12601	25.2	35200	70.5
1902	50557	12338	24.4	36466	72.1
1903	43979	9147	20.8	33301	75.7
1904	47287	10816	22.8	34521	73.0
1905	45347	11114	24.5	32378	71.4
1906	45821	10643	23.2	33622	73.3
1907	50296	12205	24.2	36746	73.0
1908	49206	23212	26.8	34558	70.2

续表

年 别	全国出口厂丝	上海出口	占全国出口的%	广州出口	占全国出口的%
1909	51674	15921	30.8	34590	66.9
1910	63969	20412	31.9	42453	66.4
1911	55416	20306	36.6	34178	61.7
1912	56678	20430	36.0	33721	59.5
1913	69342	20652	30.2	45429	66.5
1914	54016	19339	35.8	33042	61.2
1915	59762	29911	50.0	26955	45.1
1916	65813	26140	39.7	36198	55.0
1917	69003	27650	40.0	38951	56.4
1918	60994	25486	41.7	33457	54.9
1919	83470	35556	42.6	44992	53.9
1920	53756	20167	37.5	32164	59.8
1921	79259	28027	35.4	48750	61.5
1922	84110	29458	35.0	49351	58.6
1923	70394	94649	35.0	43153	61.3
1924	37086	24776	33.9	45746	62.6
1925	90496	39854	44.0	53482	59.1
1926	97139	39358	40.4	52088	53.6
1927	91935	41161	44.8	46795	50.9
1928	105162	52701	50.1	48688	46.3
1929	123045	54146	44.0	52852	42.9
1930	100242	42062	41.4	46582	46.4
1931	86736	28155	32.4	39480	45.5

资料来源：各年海关关册统计。

论汉冶萍公司的创建、发展和历史结局

在一个经济落后的封建国家里，现代钢铁工业的产生和发展，往往被认为是这个国家向资本主义近代化过渡期中具有重要意义的标志。中国资本主义近代工业始于19世纪70年代迈上历史舞台。但是，作为钢铁工业企业的汉阳铁厂却是迟至90年代才开始出现。尽管在它产生之前六年，曾有贵州青谿铁厂的筹建，但毕竟未曾投产，只能算作一种探索。所以，汉阳铁厂的产生乃至后来汉冶萍煤铁厂矿公司的成立，不能不是中国近代史上一件值得重视的事件。严峻的是，汉阳铁厂以及后来的汉冶萍煤铁公司的产生和发展，恰是在中国社会半殖民地化日益加深的历史条件下展现其历程的。因此发展的过程艰难曲折。历经三十多年的风风雨雨，这家一度颇具生机的现代企业，终于以衰落败坏而告终。此中兴衰成败的经验和教训，即使在过了半个多世纪以后的今天，仍然有值得追索和反思的意义。

一 官办时期的汉阳铁厂

从1891年9月动工，为中国造轨制械引进西方现代生产技术而建造的官办汉阳铁厂,终于在1893年10月崛起于长江中游的汉水之滨。这是一家现代钢铁煤焦的联合企业,拥有生产生铁、熟铁、贝色麻钢、西门士钢、钢轨和铁货六大厂;机器、铸铁、打铁、造鱼片钩钉四小厂,"统计全厂地面,东西三里余,南北大半里"①。此外还有大冶铁山开矿机器、运矿铁路(通至黄石港)、汉阳水陆码头,以及马鞍山、王三石煤井工程等,规模宏伟。它的预期产量为日产生铁100余吨,精钢、熟铁100余吨,年可产3万余吨。②

主持和推动此项工程的湖广总督张之洞确是怀有建立钢铁厂的宏图远略和重大决心,惜缺乏周密计划和充分准备,同时也缺少对现代科学技术知识的必要准备,以致在钢铁厂的选址、购置机器和燃料基地的开拓上都出现程度不同的失误,使铁厂在建造过程中遇到了重重困难。

在铁厂选址方面,张之洞坚持建在汉阳大别山下,固然也有一定的理由。但汉阳大别山下地势低洼,作为钢铁厂址并不相宜。外国技师贺伯生(Hobson, H.)指出:"汉阳地段虽可填筑,究不如实地之佳。请自省〔城〕至黄石港中间一段另觅高地,相距虽远,轮船一日可达,照料尚无不到,不必拘定省城。"③盛宣怀从原料取给方面认为:"武昌设厂,铁石、灰石皆须逆运,恐运费太巨。"他也认为在"黄石港近灰石山处觅定高址,安置灯机"④。李鸿章表示:"铁矿运远煤,费用更巨。或谓

---

① 张之洞:《炼铁全厂告成》(光绪十九年十月二十二日),《张文襄公全集》奏议,卷34,第1—2页,(以下简称《张集》),1928年刊。
② 张之洞:《查复煤铁枪炮各节并通盘筹划折》(光绪二十一年八月二十八日),《张集》,奏议,卷39,第7页。
③ 《蔡锡勇等致张之洞电》(光绪十六年五月二十七日),《张之洞电稿》(抄本)。
④ 《盛宣怀致张之洞电》(光绪十六年四月初七日),《张之洞电稿》(抄本)。

西洋多以铁石就煤，无运煤就铁者。炉厂似宜择煤矿近处安设。"① 但所有这些意见，都未能改变张之洞的决定。以致仅为厂址增高，须填土九万余方，耗去并不充裕的开办费用三十余万两。②

其次，在燃料的取给上，铁厂在投产之前，不曾为自己找到可靠的燃料基地。尽管张之洞在设厂之前曾派员先后到湖南、湖北、四川和江西各省广泛查勘煤矿，曾发现萍乡煤矿蕴藏量丰富，质地优良，但嫌离汉阳遥远，运输困难；他如湖南、湖北、四川所探测到的煤矿多以煤质不佳，或储量浅少而不合用。最后在1891年决定开发湖北大冶王三石煤矿和江夏马鞍山煤矿，以应铁厂日需燃煤数百吨的需要。可是王三石煤矿经三年开采，耗费约50万两，取得一些成绩③，正准备向深处开采时，"煤层忽然脱节中断"，冒出大水，迫使采掘中辍。④ 同期中开发的马鞍山煤矿则因"磺多灰多"，煤质不佳，不能单独使用，必须"搀合湘煤，或搭用开平焦炭，方能炼成焦煤"，而"开平之炭，道远价昂"⑤。1895年，开平二号焦炭"在津交货用南洋船运，每吨价6两，包运汉〔阳〕，每吨价九两七铁"⑥。随后价格迭涨，吨需价12两，而质地反见下降。1895—1896年，开平所运焦炭

---

① 《李鸿章致张之洞电》（光绪十六年三月十五日），《李文忠公全集》，电稿12,（以下简称《李集》），1905—1908年刊。
② 张之洞：《致江宁刘制台》（光绪二十年六月十七日），《张集》，电牍17, 第14页。
③ 《北华捷报》（*North China Herald*），1894年6月1日，第845页。
④ 张之洞：《查复煤铁枪炮各节并通盘筹划折》（光绪二十一年八月二十八日），《张集》，奏议，卷39, 第3页。
⑤ 张之洞：《铁厂招商承办议定章程折》（光绪二十二年五月十六日），《张集》，奏议，卷44, 第4页。
⑥ 《蔡锡勇致张之洞电》（光绪二十一年十月初三日），《张之洞电稿》（抄本）。

货色尚佳,"于生铁炉尚见合用",但随后运来的焦炭,"货色日坏一日,甚至不能称为炼铁之炭"①。可见为铁厂命脉所系的开平焦炭是难以依恃的。

由于对现代科学技术知识了解不多,张之洞在为铁厂订购炼铁机器的设备上也出现失误。

时至19世纪后半期,工业先进国家在炼钢的主要方法上,有英国人贝色麻(Bessemer, H.)在1885年发明的贝色麻法(Bessemer Process,即转炉炼钢法),和1867年德国人西门子(Siemens, C. W.)与法国炼钢专家马丁(Martin, P.)合作指导下发明的马丁法(Siemens Martin Process,即平炉炼钢法)。前者或称酸性法,它不能解决脱磷问题,只能冶炼含磷成分低的铁矿石,炼成纯钢;后者亦称碱性法,能排除铁砂中的磷质,炼出纯钢。而且它的优点还在于可以用大量废钢铁作原料,也可以使用劣质煤。所以,它的发明和使用迅速取代贝色麻的转炉法,向世界各国推广。美国在1868年引进这项技术。到1870年,这项技术也传到俄国。②

张之洞在两广总督任内原拟在广州筹办铁厂,他并未查清铁矿石和煤炭燃料的所在,便急忙致电驻英公使刘瑞芬及继任的薛福成,代为承购炼铁厂机炉。承办机炉的英国梯赛特机器厂告知清驻英使馆:"欲办钢厂,必先将所有之铁石、煤焦寄厂化验,然后知煤、铁之质地若何,可以炼何种之钢,即可以配何种之炉,差之毫厘,谬以千里,未可冒昧从事。"③薛福成据以转告

---

① 《盛宣怀致张翼、陈霭亭函》(光绪二十四年二月初一日),《汉冶萍公司》(二),盛宣怀档案资料选辑之四,上海人民出版社1986年版,第6页。
② 参见杨沛霆著:《科学技术史》,浙江教育出版社1986年版,第211—215页。
③ 叶景葵:《卷盦书跋》,转见《洋务运动》第8册,第526页;亦见汪敬虞编:《中国近代工业史资料》,第2辑,第468页。

张之洞，但未引起张的重视。他复电说："以中国之大，何所不有。岂必先觅煤铁而后购机炉？但照英国所用者购办一分可耳。"[1] 结果梯赛特厂照英国所用酸法配置大炉（贝色麻炼钢炉），另以碱法制一小炉（小马丁炉），交与汉阳铁厂。不想大冶铁矿石的成分中含磷量较高，贝色麻炉在冶炼中难以排除，以致所炼产品不符要求。汉阳铁厂正是带着这个致命的弱点于1894年5月投入生产的。遗憾的是铁厂在当时虽焦虑所炼钢轨质地不纯，但迟迟无力究明造成这种后果的缘由。

汉阳铁厂开工后，由于焦炭供应困难，原来设计两个化铁炉同时齐开的计划不能实现，只能有一座化铁炉投入生产。[2] 这座化铁炉从1894年5月25日升火，27日产铁，日夜出铁8次，共50余吨，间或达到67吨。[3] 到10月间，终"因焦炭炉工未成，又因经费不能应手，既未能多购湘煤，又未便多买洋炭"，被迫"暂行停炼"[4]。到了1895年8月，赖远道运来开平煤矿焦炭与马鞍山所产焦炭掺和使用，"始将生铁大炉重复开炼"[5]。终以煤铁不能相辅为用，勉强支持到12月5日，又因开平焦炭不继，重又"封炉"[6]。这种时开时停的不正常生产状况，使铁厂所拥有的巨大生产能力远未能发挥。铁厂从1894年5月开工，在将近一年半的时间里，仅仅生产了生铁5660余吨，熟铁110吨，贝色麻钢料940余吨，马丁钢料550余吨，钢板、钢条1700余吨。[7] 即使对产品的质量存而不论，这5600吨的生铁产量不过相当于两座化铁

---

[1] 叶景葵：《卷庵书跋》。
[2] 张仲炘等纂：《湖北通志》，卷54，1911年修，1921年刻本，第20页。
[3] 张之洞：《张集》奏议，卷34，第22页。
[4] 张之洞：《张集》，奏议，卷39，第18页。
[5] 同上。
[6] 《蔡锡勇致张之洞电》（光绪二十一年十月十九日），《张之洞电稿》（抄本）。
[7] 《铁政局致张之洞电》（光绪二十一年八月二十七日），《张之洞电稿》（抄本）。

炉两个月的生产能力而已。至于创建汉阳铁厂的全部经费,据张之洞奏称:至1896年5月,铁厂"改归商办"为止,"统共实收库平银五百五十八万六千四百十五两;实用库平银五百六十八万七千六百十四两"①。

1894年,中日战争爆发,随后又因战败签订了《马关条约》。清政府既耗用了庞大的军费,又被迫支付巨额赔款,财政困窘万分。它再也无力为各省官办企业提供财政拨款。1895年8月2日,清政府发布"上谕"说:"中国原有局厂经营累岁,所费不赀,办理并无大效;亟应从速变计,招商承办,方不致有名无实。"②当时汉阳铁厂每月支出"总需七八万金"。张之洞正焦虑"以前欠债无从筹还,以后用款无从罗掘"③。清政府中央颁发"招商承办"的指示正好为他卸却重累。

在"招商承办"名义下,张之洞最先瞩望于洋商。他几番指示铁厂总办蔡锡勇:"望速分电比国、德国各大厂,速派洋匠前来估包。所有盘川等费不过数千金,可由官出。务望切商,勿再耽延。"④过了一个星期,他又电蔡锡勇,指摘华商"类多巧滑,若无洋商多家争估比较,定必多方要挟,不肯出价",并说"已分电许星使〔许景澄〕及上海瑞生洋行,转询英、德各大厂,派人来鄂省看估面议"⑤。第二天,他再电蔡:"既包铁厂,则大冶铁山及江夏、大

---

① 张之洞:《奏明炼铁厂用款咨部立案折》(光绪二十四年闰三月十三日),《张集》,奏议,卷47,第16页。
② 朱寿朋编:《光绪朝东华录》,卷128,中华书局1958年版,第11页。
③ 《张之洞致蔡锡勇电》(光绪二十一年十月二十六日),《张之洞电稿》(抄本)。
④ 同上。
⑤ 《张之洞致蔡锡勇电》(光绪二十一年十一月初四日),《张之洞电稿》(抄本)。

冶、兴国各煤矿均拟一并与铁厂包与商办。望告各洋行知之为要。"① 一周之内,连发电文,何其明确地反映了张之洞亟欲将铁厂包与洋商的急切心情。事实上在张的推动下,1895年秋冬以来,就有英商陶秘深、柯第仁、贺士当、法商戴马陀等英、法钢铁厂经理,先后来湖北商洽,愿以银500万两附股合办,先缴100万两,另附股400万两,增加炉座机器,添开煤井,大举采炼,得利由官商均分。② 自然,在这些洋商的后面还存在着外国驻华公使、领事的支持,他们也"屡来婉切询商,坚欲承揽"③。法国的戴马陀甚至要求"每日到厂细看,索铁厂机器价目全账"④。但是,刚刚经历了中日战争创痛的人民大众对外国侵略者深恶痛绝。当汉阳铁厂将"包与洋人"的消息传出后,不仅社会舆论哗然,群起激烈反对,统治阶级内部也议论纷纭。为张之洞联系洋商的蔡锡勇在"揆度时势"后,也劝告张之洞:铁厂"包与洋人似不如包与华人为宜"⑤。在各方面的压力下,张之洞不得不放弃了原来的打算,在无可奈何中转向盛宣怀招手。

时任津海关道兼津海关监督的盛宣怀原是淮系势力的代理人。他长期在北洋李鸿章的扶持下,从事近代企业活动,掌握着轮船招商局、电报局和华盛总厂;同时与英、美、日势力广有接触,是一位颇具能量的洋务官僚。甲午中日战后,李鸿章一时失势;盛本人在天津道任内也因"采买军米,侵蚀浮冒",受到官方弹劾和舆论的谴责,"意甚自危"。当他获知张之洞邀办铁厂,

---

① 张之洞:《铁厂招商承办议定章程折》(光绪二十二年五月十六日),《张集》,奏议,卷44,第2—3页。
② 同上。
③ 同上。
④ 《王洪霆等致张之洞电》(光绪二十一年十二月初九日),《张之洞电稿》(抄本)。
⑤ 《蔡锡勇致张之洞电》(光绪二十一年十月二十八日),《张之洞电稿》(抄本)。

表示"欣然愿办",并亲自到湖北"汉阳铁厂、大冶铁山、马鞍〔山〕煤井等处"作调查。在商洽过程中,盛宣怀提出以兼办铁路作为承办铁厂的条件。他认为如果掌握了铁路的修筑,便可为铁厂所产钢轨找到可靠销路,则铁厂所需的运营资本便"可在铁路经费内挹注"。不难理解,资本主义现代企业的经营,理应非常重视产品的销路。产销顺畅就是表示实现利润有可靠的保证。从这个意义上说,盛的要求毋宁是合情合理的。所以张之洞也认为"盛若办铁路,则铁厂自必归其承接,如此则铁厂全盘俱活"①。恰在这时,清政府决定将芦汉铁路交由直督王文韶和张之洞"督率商办"。在张之洞急于摆脱巨累的心情下,盛宣怀的要求获得了完满实现。从此通过汉阳铁厂的承办,盛、张之间的结合,成为盛宣怀在甲午战后政治经济活动中的重要奥援。②

1896年5月14日,张之洞札委盛宣怀督办汉阳铁厂。声称"湖北铁厂即归该道招集商股,官督商办"。"所有厂内厂外凡关涉铁厂之铁山、煤矿、运道、码头、轮剥各船,……及应办一切事宜,……均由该道一手经理"。"但随时择要禀报本部堂查考。"③同时在"招商承办章程"中就若干主要方面议定:铁厂"嗣后需用厂本,无论多少,悉归商筹";官办时期的用款,"拟自路局购办钢轨之日为始,所出生铁售出,每吨提银一两,按年核计,共出生铁若干,共应银若干,汇数呈缴,以还官局用本";"俟官用还清之后,每吨仍

---

① 《张之洞致砚斋中堂》(光绪二十二年),转引自汪敬虞编:上引书,第471页。

② 有关这方面,盛宣怀自己并不隐讳,1907年11月,他在致张之洞的密函中称:"侄……回念甲午以后,离合肥,就庇宇下,接汉阳铁厂,成京汉路,以及互保拳乱,会议商约,相随鞭策,幸免愆尤。……"见《汉冶萍公司》(二),第649页。

③ 张之洞:《札委盛道督办汉阳铁厂》(光绪二十二年四月初二日),《张集》,卷100,公牍15,第12页。

提捐银一两,以伸报效"。而在铁厂销路方面要求"现今议造各省铁路,所需钢轨及应用钢铁料件,系属大宗,拟请奏明,无论官办商办,必要专向湖北铁厂随时定购";在税赋上要求"所有湖北铁厂自造钢轨及所出各种钢铁料,并在本省或外省自开煤矿,为本厂炼铁炼钢之用,应请奏明免税十年"①。

1896年5月23日,盛宣怀到汉阳铁厂任事,汉厂遂从官办过渡到官督商办企业,当年7月,经张之洞、王文韶奏请设铁路总公司,保举盛宣怀充任督办。9月间得清政府批准,铁路总公司遂于年底在上海成立,盛便以督办身份奏明先造芦汉铁路,次第展造苏沪、粤汉铁路。②

二 官督商办时期汉阳铁厂的扩充和萍乡煤矿的开发

概括地说,官督商办时期的汉阳铁厂在盛宣怀主持下,主要完成了两项基础工程:查清了铁厂主要产品钢铁质量不符合规格要求的根本原因,进而对铁厂的重要设备进行改建和扩充;其次,为铁厂建立可靠的燃料基地而全力开发江西省萍乡煤矿。在盛宣怀十余年的经营下,这两方面都取得了比较满意的成效。应该肯定这是汉阳铁厂在官督商办时期所表现的主要成绩。但与此同时,盛在招集商股上,特别是在开发萍乡煤矿所需庞大资本的集掇上,未能博得社会支持。他便不计利害,转而仰求外国资本的贷款,从而使铁厂、煤矿的发展受到了帝国主义,尤其是日本

---

① 张之洞:《铁厂招商承办议定章程折》(光绪二十二年五月十六日),《张集》,奏议,卷44,第2,10,11,12页。
② 参见胡钧:《张文襄公年谱》,卷3,第18页,盛同颐:《盛宣怀行述》,《洋务运动》(八)第56、59页。

帝国主义的阻挠，使得正在开发过程中的矿山和投产后的铁厂，不能为中国社会经济发展发挥其应有的促进作用。以下试就这些方面分别进行探讨。

(一) 招徕汉厂资本

盛宣怀接手汉阳铁厂后，亟待解决的是企业资本的筹集。他原寄望于社会的支持，在招商章程中着重宣扬对早期投资者格外优待。章程申述："拟先招商股银一百万两，仍以一百两为一股。自入本之日起，第一年至第四年按年提息八厘，第五年起提息一分。此为本厂老商，必须永远格外优待。办无成效，额息必不短欠；办有成效，余利加倍多派。嗣后气局丰盛，股票增价，其时推广加股，必先尽老商承认，有旧票呈验，方准其纳入新股，以示鼓励旧商而杜新商趋巧之习。"① 但是，甲午战后的几年中，江南的资本市场对投资工矿企业深存疑惧。即使如利润丰厚的民族资本棉纺企业，在集资上也遇到很大困难。上海资本市场的流动资本宁愿大量地进出于外汇、金、银买卖的投机活动上，博取暴利，而对工矿投资则越趄不前，反映了资本市场不健全的特征。况且官办时期的汉阳铁厂，少有成效可言。盛接办后仍因"化铁无煤"，生产很不正常，半年后便亏本二十余万两②，到1897年底亏空达七十余万两。③ 所以，章程虽以额息、余利"格外优待"相招引，但务实的投资者则报以冷淡的态度，用盛宣怀自己的话说就是"商股闻风裹足"。盛只得利用个人关系，调

---

① 张之洞:《铁厂招商承办议定章程折》(光绪二十二年五月十六日)，《张集》，奏议，卷44，第8页。

② 盛宣怀:《寄北京翁叔平尚书张樵野侍郎》(光绪二十二年十月二十五日)，《愚斋存稿》，卷25，电报二，第18页。

③ 《盛宣怀寄张之洞函》(光绪二十五年十二月初六日)，《汉冶萍公司》(二)，第180页。

动他所控制的轮船招商局、电报局、中国通商银行等企业的资金,作为商办铁厂初期的资本。

表1　　　　官督商办汉阳铁厂初期资本构成

投资者	数额（库平银，两）	占总额%
轮船招商局	250000	25.0
电报局	222000	22.0
中国通商银行	328500	32.8
萍乡煤矿	100000	10.0
钢铁学堂	39000	3.9
南洋公学	6000	0.6
古陵记	36500	3.7
上海广仁堂	20000	2.0
总　　计	1000000	100.0

原编者注：古陵记是盛宣怀家族化名；广仁堂是盛以办慈善为名的单位。
资料来源：《汉冶萍公司所存创始老股账》，转见武汉大学经济系：《汉冶萍公司史》（油印本）。

表1统计说明，汉阳铁厂在官督商办初期的资本构成中，90%左右得自盛宣怀所掌握的洋务企业，只有5%左右的资本集自民间。不过民间投资的内情并不清楚，大抵是盛个人的或其亲友的资金。1906年，盛宣怀向张之洞追述汉厂集资情况时说："侄从前敢于冒昧承办〔汉厂〕，所恃招商、电报、铁路、银行皆属笼罩之中，不必真有商股，自可通筹兼顾。"[1] 这一自白恰好为上述铁厂资本构成作有力的印证。同时也表明沪、汉两地拥有资金的富商巨贾对汉厂集资的反应是非常冷淡的。

这时盛宣怀争取到素具经营资本主义企业经验的郑观应担任

---

[1] 《盛宣怀致张之洞函》（光绪三十二年正月初六日），《汉冶萍公司》（二），第538页。

汉厂总办,从事整顿。

表 2　　　　　　　萍乡煤矿创办资本构成

投资者	数额（库平银,两）			占总额%
	首次入股	二次入股	小计	
汉阳铁厂	200000		200000	20
轮船招商局	150000	80000	230000	23
铁路总公司	150000		150000	15
电报局		220000	220000	22
香记等商户	100000	100000	200000	20
总　计	600000	400000	1000000	100

资料来源：张赞宸：《奏报萍乡煤矿历年办法及矿内已成工程》，《萍乡煤矿调查本末》，转见陈真编：《中国近代工业史资料》，第三辑，第441页。

(二) 开发萍乡煤矿

在整顿工作中，郑观应和盛宣怀持有相同见解，首先要解决汉厂燃料供应问题。郑强调"本厂需煤焦如人生之需五谷"；并在亲自调查供应汉厂燃料的各矿后指出："马鞍山李士墩之煤，质劣而松，虽经过洗煤栈炼之焦炭，仍不合算，所出之煤只可用为炉火耳。宣城之煤乃柴煤，非烟煤，于锅炉不合用。东流之矿山已钻至十余丈深，所验煤层厚不满尺，杂质亦多，再钻十余丈，仍属如是，应即停工，以免糜费。"与此同时，他了解到"萍乡煤最好，可成上等焦炭"[①]。

当时汉厂所用焦炭主要来自开平煤矿和英国来货，成本奇重。萍乡煤焦因技术不过关，质量不稳定。郑观应建议"速派妥

---

① 郑观应：《致督办汉阳铁厂盛京卿书》，夏东元编：《郑观应集》，下册，上海人民出版社1988年版，第997页。

谙之员前往认真整顿"。他指出如果萍焦在化铁、炼钢上合用，按时价计便较开平和英焦每吨可便宜五六两之多，"现在（汉厂）生铁成本每吨总在十八、九两之数，若能全用萍焦以代开焦和英焦，则生铁成本亦不过十二、三两而已。生铁成本合宜，制出钢铁料之成本亦因之可减"①。也就是说焦炭成本的轻重决定着铁厂产品的盈亏。而汉厂当时每月消耗焦炭在5000吨左右②，绝不是一个轻微的数额。所以郑观应在整顿汉厂的步骤上首先从焦炭供应入手，是很有眼光的措施。

不过，郑观应主持汉阳铁厂为时短暂，前后只有半年时间。但为开拓铁厂事业所提建议为汉厂的发展起了积极作用。1898年4月，他建议盛宣怀委派张赞宸为萍乡煤矿总办，积极购置机器设备，进行大规模开发。

与汉厂商办初期集资情况酷似，开发萍矿开始也遇到了资本招集不易的难题。但是为了支应汉厂煤焦急需，萍矿开发，势又不允稽延。所以，萍矿初创时所有需用资本，都是向钱庄和商号借贷的。③ 1899年，萍矿才开始集股，股金陆续缴交。因此有所谓创始老股（即首次入股）和续招老股（即第二次入股）的区别。到1904年，招集资本达库平银100万两。投资者仍不外乎盛宣怀所能控制的几家企业和少量私人资本。④

---

① 郑观应：《上督办汉阳铁厂盛京卿条陈》，《郑观应集》，下册，第1050页。
② 参见郑观应：《整顿汉阳铁厂条陈》，《郑观应集》，下册，第1039页。
③ 张赞宸：《奏报萍乡煤矿历年办法及矿内已成工程》，《萍乡煤矿调查本末》，转见陈真编：《中国近代工业史资料》第3辑，第443页；另参见张赞宸于1901年11月25日《致盛宣怀密函》称："萍矿创办之初，礼和未借款〔1899年8月15日〕之前，专赖外间挪移，并无丝毫股囊。"见《汉冶萍公司》（二），第260、75、76页。
④ 参见1901年7—8月《萍乡煤矿有限公司招股章程》中称："查萍乡煤矿创办两年有余，经之营之，规模业已粗具，矿务已见成效。查创之初，尚未招集商股，惟轮、电报局及另星附股，共已收得库平银一百万两。"见《汉冶萍公司》（二），第250页。

表2统计中首次入股的"香记等商户"大抵是盛宣怀自己及其亲友的投资。张赞宸在1901年在致盛的密函中提到:"前宪台所入现款萍股十万两,其上海股票所填姓名、籍贯,伏乞赐示,以便照缮册报。"①

1901年,萍矿继续发布招股章程,企望续招库平银250万两。② 同时它还委托郑观应向广州、澳门招徕股份,结果也并不理想,只集得广州商人大约1000股以内的股份,而澳门则因"富商已落如晨星,其后人多出外贸易"③,入股者不多。看来私人资本对于基础工业如铁厂、煤矿的投资仍然顾虑很深。所以,到1907年(光绪三十三年),盛宣怀电告张之洞说:"萍矿资本系五百数十万,只有股份一百五十万,余皆借贷,以礼和、大仓两款为最钜。"④

萍矿的开发无疑是一项庞大的工程。它既急需引进多种新式采掘机械,改变落后的生产方法;又必须赶快修建水陆交通,配备运输工具。这就不是初期陆续集掖的100万两资本所能应付。因此,为购置机器,盛宣怀于1899年向德商礼和洋行借款400万马克(实收库平银130万两),以轮船招商局财产及萍乡煤矿所属财物作担保,而以借款中的四分之三仍存礼和洋行,作为支付国外购置机器设备的款项。⑤

---

① 《张赞宸致盛宣怀密函》(光绪二十七年十月十五日),《汉冶萍公司》(二),第261页。

② 《萍乡煤矿有限公司招股章程》(光绪二十七年六月),《汉冶萍公司》(二),第250页。

③ 《郑观应致盛宣怀密函》(光绪二十七年十二月二十九日),《汉冶萍公司》(二),第265页。

④ 《盛宣怀寄张宫保》(光绪三十三年四月初三日),《愚斋存稿》,卷72,电报49,第19页。

⑤ 参见徐义生编:《中国近代外债史统计资料》,第32页。

开发萍矿的工作有轻重缓急之分,而改善矿山对外交通,以利机械设备运入和煤焦尽快外运,显然是刻不容缓的工程。盛宣怀完全同意汉厂、萍矿负责人关于燃料、钢铁和交通三者之间连锁关系的看法,"有萍,乃可炼钢铁、减开焦;有路,乃能开洋矿,免搁本"①。但为资力所限,拟议中修建铁路改善矿区对外交通的计划,只能小范围地进行。所以决定从"安源至〔萍〕河十四华里,先用厂轨运造"。现因"萍无现银,先赊厂轨,将来只可作为厂商附搭萍股"。而安萍路修成后,"煤焦可出,机器可入",估计每吨运费可节省 8 钱。与此同时,盛又强调此后不宜再掷巨款用于土法开矿,而"洋矿亦须从减省办法,由渐而来"②。这些原则性的意见对萍矿的规划和开发,无疑都起了积极作用。

不过,仅仅修造安萍一段铁路,仍然难以发挥运输上的效益;更何况"萍地煤矿之旺,过于开平,铁矿之佳,白泥之好,银、锑等矿之多,实是吾华一大利薮"③。然而"利薮"能否充分利用,全在于交通是否便捷。所以,萍矿只有竭力用分期修建铁路的办法,克服资本拮据的困难。1901 年 5 月,矿局将安萍铁路向醴陵延伸,于 1903 年 2 月完成;同年又向株州伸展,于 1905 年竣工,全长 180 华里,称为萍株铁路。④ 当时粤汉铁路铺轨尚未到达株洲。株州以下的运输则利用矿局自备的三十余艘轮

---

① 《盛宣怀致张赞宸函》(光绪二十四年十一月十三日),《汉冶萍公司》(二),第 75 页。

② 张赞宸:《奏报萍乡煤矿历年办法及矿内已成工程》,《萍乡煤矿调查本末》,转见陈真编:《中国近代工业史资料》第 3 辑,第 443 页;另参见张赞宸于 1901 年 11 月 25 日《致盛宣怀密函》称:"萍矿创办之初,礼和未借款〔1899 年 8 月 15 日〕之前,专赖外间挪移,并无丝毫股囊。"见《汉冶萍公司》(二),第 260、75、76 页。

③ 《张赞宸致盛宣怀函》(光绪二十五年正月初四日),《汉冶萍公司》(二),第 81 页。

④ 参见凌鸿勋:《中国铁路志》,世界书局 1963 年版,第 238 页。

船（吃水3呎5吋）和雇用民船，取道湘江，输运到汉阳。综计萍矿每年藉轮船运送煤焦约占总数的四分之一，其余四分之三则专赖大、小民船（每船约装五六十吨）分送。① 结果出现了船户舞弊，严重影响煤焦质量。1906年，从湘潭运送煤焦12万吨。其中9万吨交民船输运，沿途搀杂、灌水，使优质煤焦运到汉阳时竟成劣货。② 主持萍煤运输业务的卢洪昶一再要求添购轮驳，强调"局驳一日不添，煤质一日不能一律，而〔萍〕煤之声名一日不能起，即起亦必致败坏"③。对此，盛宣怀的认识也逐渐加深。1907年，他从汉厂总工程师赖伦处了解到："煤焦一吨装车以前，中含水质百分之四，至抵汉阳往往增至百分之十四矣。而煤焦吨数亦仍其旧，并不增加。""汉厂洋工师以应用下炉吨数试验，每见炭质不足，火力减率，屡经化验，均谓水质过多，是沿途偷漏加水似有可据。"而且据赖伦估算："一年所运，其以水易去之煤焦约及十分之一，即价值十余万金。"④ 因此他也深感问题严重。然而从根本上解决这个矛盾也只有期待粤汉铁路从株洲段以后的延伸。

由于萍矿是在汉厂急需煤焦的状况下进行开发的，所以边建边产。就矿山的全貌而言，它以江西省萍乡县东南的安源为中心，从1898年创办后，矿局还陆续购买附近用土法开采的煤井、田山约一千三百余亩。矿区周围共长92.7165公里。⑤ 全部工程

---

① 参见顾琅：《中国十大矿厂记》，商务印书馆1916年初版，第49—50页。
② 《卢洪昶致盛宣怀函》（光绪三十二年二月十五日），《汉冶萍公司》（二），第550页。
③ 同上。
④ 《盛宣怀致卢洪昶函》（光绪三十三年八月初七日），《汉冶萍公司》（二），第632页。
⑤ 参见傅春官：《江西农工商矿纪略》，转引自陈真编：前引书，第452页；《汉冶萍公司》（二），第583页。

表 3　　　　萍乡煤矿煤焦产量（1898—1907）　　　　单位：吨

年别	煤炭产量	焦炭产量
1898	10000	29000
1899	18000	32000
1900	25000	43000
1901	31000	63000
1902	56000	82000
1903	122000	93000
1904	154000	107000
1905	194000	114000
1906	347000	82000
1907	402000	119000
合计	1359000	764000

资料来源：侯德封编：《第五次中国矿业纪要》，第 483—484 页。

据 1904 年的报告称：主要有机矿平巷三条，直井一口，安装矿轨、煤车、电车、钢缆、起重、打风、抽水、砧石各种机器；又有矿山基地、总局与各厂栈房屋、大小机器制造厂、大小洗煤机、洋式炼焦炉、造火砖厂、电灯、电话等设备；在矿外置有栈房、码头、轮驳（其中深水轮船大小 4 号、浅水轮船 4 号、钢驳船 4 号、大木驳船 3 号、小木驳船 17 号）等，工程浩大、规模宏伟，是当时最具现代化水平的一座矿山。在生产上，当时直井每日可产生煤 300 余吨，上、东、西三平巷每日产煤在 300—400 吨，一、二号洋式炼焦炉每日炼焦达 60 余吨，机矿有土炉 50 座，月可炼焦 3000 余吨，连同各土井厂，合计每月可炼焦炭 13000 吨。就成效而言，萍矿从 1898 年创办迄至 1904 年底，共已运交汉厂焦炭321000余吨，出煤191000余吨；仅就焦价一项计算，萍矿所产每吨只需洋例银11两，较以前购用开平焦炭，每吨连同运费需银十六七两，七年中便已为汉厂节省开支160—170万两。① 可见从全矿历年措施、矿内外已成工程、机器购和生产状况等方面考虑，萍矿所创造的效益，在当时国内矿山的开发上，是居于上流的。1904年之后，它的生产状况仍在不断改善。1908年的一则报导称：萍矿煤井窿口除废弃者外，尚有7处。每昼夜可出煤1300吨；炼焦方面不计土炉数十座外，另有炼焦洋炉36座，每日可炼焦炭600吨。② 所有这些记载，表明了萍矿在官督商办期间，无论在开发和建设上，都是卓著成效的。

上述统计表有力地反映了萍矿在官督商办期间产量稳步上升的趋势；而1903年和1906年由于萍株铁路的萍醴和醴株两段陆续建成后的刺激，产量上升的比数更见明显。不过就总体而言，萍矿生产潜力仍因运输力量的制约，不曾充分发挥。1907年春间，在钻通紫家统大煤槽后，安源机矿日产量进展到一千六七百吨，但运输能力未曾同步提高，矿次堆积煤焦达数万吨。盛宣怀只得指示："暂勿尽量采挖，每日以出煤一千一、二百吨为限。"③ 同年九月，盛在验收汉阳新钢厂的同时，亲到萍乡矿山考察，"乘窿内电车，约四里许，始达正槽"。他发现：萍矿每月能炼焦炭1万吨，而且在质量上胜过开平和日本来的焦炭。如炼铁1吨，用萍焦只需1吨，而以前用开平或日本焦则需两吨，相比之下，"大相悬殊"。而且萍矿现又添造洗煤机、炼焦

---

① 张赞宸：《奏报萍乡煤矿历年办法及矿内已成工程》，转见陈真编：前引书，第三辑，第443、447、448页。
② 《时报》，1908年2月18日。
③ 《盛宣怀咨端方、瑞良文》（光绪三十三年二月二十三日），《汉冶萍公司》（二），第584页。

炉，所产煤炭"月计可出三万吨，足供添炉之用，兼销日本等处"。一旦"昭山〔即易家湾〕铁路接成，并造成浅水轮船，便可每日出煤三千吨。以二千吨炼焦炭，一千吨售块煤，并能制造火砖以济厂用"[①]。至此，萍乡煤矿的开发基本上可告完成。计其全部投资，自1898年开办到1907年，共达五百余万两[②]，差不多与汉阳铁厂的创办费相同。然而萍乡煤矿所提供的效益绝不是这500余万两的资本所可衡量的。首先从局部上看，萍矿建成，彻底解决了一直困扰着汉厂的燃料供应矛盾。特别是从1900年英国势力以讹诈手段强占开平煤矿以后，江南数省使用机器采煤的，就只有萍乡煤矿"脉旺质佳"。一旦中外形势发生突变，列强对华封锁时，"则沿江一带兵商轮船、工厂、铁路，皆将惟萍煤是赖"。所以，萍矿开发及其成功，"东南缓急有可恃之煤，地方无外权侵入之害"[③]；既是中国现代煤矿采掘工业发展的一个可贵的转折，又是推动中国资本主义工业、交通进一步发展的有力保证。其意义确不限于一厂一隅而已。

（三）扩充汉阳铁厂

与萍乡煤矿开发和建设的同时，汉阳铁厂适应国内外形势的要求，力图扩充。当时清政府兴建芦汉铁路，任盛宣怀为铁路总公司督办，汉厂钢轨的销路有了可靠的保证。然而，一向妨碍汉厂发展的燃料问题，虽因萍矿效益日著，逐步获得解决；但钢料

---

① 《盛宣怀致张之洞密函》（光绪三十三年十月二十五日），《汉冶萍公司》（二），第650页。

② 《商部尚书载振等奏》（光绪三十一年四月十二日），《清户部抄档》，转见汪敬虞编：前引书，第495页；参见盛宣怀：《寄武昌张中堂》（光绪三十三年六月二十二日），《愚斋存稿》，卷72，电报49，第25页。

③ 《盛宣怀咨端方、瑞良文》（光绪三十三年二年二十三日），《汉冶萍公司》（二），第582页。

生产量少、质低的难题，始终未能突破，迫使汉厂在亏蚀中逡巡不前。

1901年5月，盛宣怀擢用译员出身的李维格为汉厂总稽核[①]，责成他考核铁厂经费，"杜绝内外糜费"。据李维格分析，汉厂局面不能开拓的症结在：办事缺乏章程，厂事散漫；技术人才未及时培养，技术上受外国挟制；原料（锰精、火砖等）不能自造，炼钢成本难以减轻；而销路不畅，则因铁厂产品种类太少，除钢轨、生铁外，别无可售。亟需派人出国调查欧美各国产销情形。[②] 到次年9月，他又在致盛宣怀的说帖中建议以铁就煤，在萍矿创立炼铁厂；利用兴国煤矿自制锰精，以节省购买外国原料费用；又强调"外洋铁厂积数十百年之阅历，可法必多"，再次自荐出国考察。[③] 事经盛宣怀同意，于1902年10月出国。11月初，他便从日本神户寄来参观八幡制铁厂的报告。据了解："该厂规模、人才远过于我"，"且机器炉座之精之量，远在汉厂之上，实东方劲敌"，而其弱点在"铁矿〔石〕须远求于大冶、高丽、九州三处，我之可望立脚在此一着耳"。当时八幡制铁所也面临经费困难，视情形数年内未必有重大变化。目睹日本炼铁业发展景况，促使李维格产生了紧迫感。他向盛宣怀极力建议："我及早整顿，纵使不能远销日本，中国市面非彼所能喧夺也。"[④] 正当他

[①] 李维格系译员出身，光绪二十二年四月（1896年5月），盛宣怀任李为汉厂总翻译；1897年4月又札委铁路总公司职务。其时李还在《时务报》馆兼职，在苏、沪间往来。1901年升任汉厂总稽核，实际上居会办地位，当时总办是盛宣怀之侄盛春颐。参见《汉冶萍公司》（一），第583页，（二），第244页。

[②] 详见《李维格致盛宣怀函》（光绪二十七年三月二十日），《汉冶萍公司》（二），第236—237页。

[③] 《李维格致盛宣怀说帖》（光绪二十八年八月二十五日），《汉冶萍公司》（二），第292—293页。

[④] 《李维格致盛宣怀函》（光绪二十八年十月初四日），《汉冶萍公司》（二），第295页。

准备离神户绕檀香山赴美国时，接到盛宣怀急切召回的命令，只得"废然而返"①。这对于为中国振兴钢铁事业的李维格无疑是一重大打击。他深感在铁厂办事牵制太多，遂向盛表示："出洋以前，实诚心欲办好此厂；折回以后，知时局不可为，此心遂灰。"② 他要求离厂，以表示对汉厂人事组织和经营管理的不满；但同时又托萍矿总办张赞宸向与盛交甚笃的杨学沂(绶卿)透露款曲。

盛宣怀比较了解李维格经营现代企业的才干。他为李求去之事征求杨学沂的意见，杨转达李之求去实因"名实不符，事权不属，中外不和，廪糈不给"。就汉厂实际情况，杨请盛考虑，如认为李是可用之才，就不妨当面说清汉厂将作较大改革，届时"总办可去，公司可易，棒糈可增，所谓成败利钝，一以委之，即其所求以为应"。据杨学沂观察，"此君〔指李维格〕之长，在兼谨明达，不参私见；此君之短，在游移文弱，中无主宰。然与贤阮〔指盛之侄盛春颐，时任汉厂总办〕挈量高下，实尚略胜一筹"③。盛宣怀权衡得失，接受了杨的建议。1904年1月，盛宣怀向日本兴业银行借款300万两合同签订后，随之派李维格"出洋考查铁政，采办机器，选雇洋匠"，以振兴汉阳铁厂。李遂于2月23日启程，径赴美国，转往欧洲，于同年10月21日回国，前后历时八个月。④ 这次考察收获丰富，对汉厂的发展起了关键作用，最主要的是找到了汉厂产钢质量不符标

---

① 《李维格致盛宣怀函》(光绪二十八年十二月初一日)，《汉冶萍公司》(二)，第304页。

② 《李维格致盛宣怀函》(光绪二十九年正月初七日)，《汉冶萍公司》(二)，第304页。

③ 《杨学沂致盛宣怀函》(光绪二十九年正月初八日)，《汉冶萍公司》，(二)，第305页。

④ 据档案，李维格出洋考察前后计有两次。近年出版的专著对此都未作分辨。全汉昇：《汉冶萍公司史略》，第103页，和夏东元《盛宣怀传》第388、520页，在叙述李维格出洋考察问题上也混同了1902年和1904年的情况。

准的根本原因。

李维格出国时携带大冶铁石、萍乡煤焦及汉厂所炼的钢铁，请英国伦敦钢铁化学专家史戴德（Soad，J. E.）化验。化验结果表明：大冶铁石、白石，萍乡焦炭并皆佳妙。铁石含铁量60％—65％，胜过英国、德国、西班牙各主要钢铁国家，"大冶之铁，实世界之巨擘"；焦炭则等于英国最上之品。可见汉厂所产钢轨、钢料不符标准全在于"炼不合法"。原来汉厂购置的贝色麻炉系酸法，不能排除铁石中的磷质，而大冶矿石又是含磷较高。因此所炼钢轨含磷多，含炭少；磷多则脆，炭少则软。汉厂工程师卜聂在炼钢过程中，减少含炭成分，使其柔软，以免断裂。但柔则不耐摩擦，又易走样，往往不到使用年限，就必须更换。所以沪宁铁路公司化炼轨样后，拒绝收用。而用马丁炉碱法炼成的鱼尾板等钢，沪宁公司称为上品。可见汉厂如采用碱性马丁炉炼钢，便可炼出优质钢。① 经过周密的调查研究，李维格接受了史戴德建议，决定废去原来的酸性贝色麻炉，全部改用碱性马丁炼钢炉；新聘4位工程师，分别负责生铁炉、钢厂、轧轴厂、修理机器厂的业务。李回国后向盛宣怀详细报告改造汉厂的各项措施，都得到盛的支持。同时盛又在批示中宣布：任李维格为汉厂总办，"即日驰赴汉阳总办厂务"，代理总办张赞宸② 在交卸后，专力注重萍乡煤矿及运道、轮驳、煤焦销路；同时表示汉厂"用人办事"给予李维格全权办理，盛将不作"丝毫掣

---

① 详见李维格：《出洋采办机器禀》（光绪三十年十二月十二日）《汉阳铁厂调查本末》，转见陈真编：前引书，第三辑，第408页；《李维格记汉冶萍》，《东方杂志》，7年7期，调查第1，第61—63页，转见汪敬虞编：前引书，第476页。
② 原总办盛春颐于1903年冬离厂，盛宣怀委派张赞宸代理。见《汉冶萍公司》（二），第373页。

肘"①。于是汉阳铁厂进入了改造和扩充阶段。这期间，拆去原有的贝色麻炼钢炉和 10 吨小马丁炉，安装 30 吨碱性马丁炉 4 座，150 吨大调和炉 1 座；同时改建轧钢厂、钢轨厂、钢板厂、车辘厂和竣货厂；扩建机器修理厂和电机厂。到 1907 年全部工程竣工。② 当年冬 10 月开始出钢。③ 汉厂生产呈现一番新景象。为满足汉厂生产发展需要，大冶矿石产量也相应提高。在盛宣怀督促下，大冶铁矿矿区尽力向外扩充。1904 年，他指示大冶矿"以增建栈厂为名，或以展设运路为言，将界线以外产铁之山多多圈购，即附近铁路两旁有铁之处，亦应设法购入"④。所以，在官督商办期间，汉厂、冶矿的产量随生产调整和改革有了明显的提高。

从汉阳铁厂投产后的总趋势来看，1894—1895 年，事属初创，又处在官办时期，原难期成效；1896 年改为官督商办后，生产能力呈逐步上升，从年产一万余吨逐渐增加到 3.8 万吨；1904 年 10 月以后，汉厂改建工程全面铺开，影响了次年的产量，但到 1906 年便见转机，且有较大上升，生铁产量达 5 万吨以上，说明改建的措施是必要而成功的。生产生铁主要是为改炼成钢，1907 年以前，汉厂原已产钢，但因史料散佚，迄未见确切而系统的记录；大冶矿山的开发，主要在满足汉厂需要，其产量大致随汉厂生产提高而相应上升，惟 1904 年日债借款成立，除供应汉厂之外，输往日本的矿石数量增加，较大地刺激了矿石产量的提高。

---

① 《盛宣怀批候选郎中李维格禀》，《中外日报》，1905 年 3 月 28 日。
② 丁格兰著、谢家荣译：《中国铁矿志》，1923 年 12 月版，第 246 页。
③ 《东方杂志》，7 年 7 期，转见汪敬虞编：前引书，第 476 页。
④ 《盛宣怀致解茂盛密函》（光绪二十九年十一月二十八日），《汉冶萍公司》(二)，第 390—391 页。

表4　汉阳铁厂、大冶铁矿主要产品产量（1894—1907）

年别	汉阳铁厂 生铁	汉阳铁厂 铁	钢（吨）	大冶铁矿石（吨）
1894	4635 吨	900 记罗		
1895	4362 吨	300 记罗		
1896	10532 吨	855 记罗		17600
1897	23423 吨	955 记罗		39000
1898	22486 吨	450 记罗		37500
1899	24028 吨	360 记罗		40000
1900	25890 吨	50 记罗		59710
1901	28805 吨	330 记罗		118877
1902	15800 吨	500 记罗		75496
1903	38873 吨	180 记罗		118503
1904	38770 吨	570 记罗		105109
1905	32314 吨	350 记罗		149840
1906	50622 吨	175 记罗		197188
1907	62148 吨	250 记罗	8538	174612

注：记罗，即 Kilo，系 Kilogram 之缩写，即公斤。

资料来源：1.1894—1895 年产量见《盛宣怀档案资料选辑之四》，《汉冶萍公司》（二），第 105—106 页。

2.1896—1907 年见《汉冶萍商办调查历史》，第 1 册，第 40 页，1913 年造册。

3.大冶铁矿石和钢产量见丁格兰：《中国铁矿志》，下册，第 209、399 页。

1907 年，一位外国记者比较全面而具体地报导了汉厂的生产设备和已经达到的生产能力。他指出：汉阳铁厂能够供给造船、建筑及桥梁工程所需的各种结构钢材，还有铁轨和铁钉。该厂新的机器设备，包括三座高炉（一座尚在兴建），每日能熔生铁大约 450 吨到 500 吨；三座平炉，每炉熔铁 30 吨；一座熔铁 10 吨的旧炉；一座金属搅合机，生产能力为 130 吨；一座刮轧齿轮机、一座孔及角型轧钢机、一座轧钢轨机、一座轧钢板机以及为钢锭加热而设的煤气清尘机。这些设备每天能轧制合于英国标准部件的精整产品1000吨。还有一些作为辅助用途的旧机床与新机器同时工作，也能发挥作用。现在开工的两座旧的高炉，每月生产各种等级的生铁6000吨。除了轧钢机以外，全部机器均为电动；同时工厂内全用电灯照明。此外，该厂拥有几乎取之不尽的燃料和铁砂的供应。估计大冶铁矿，仅露天开采，每年就能供应铁砂100万吨；而萍乡煤矿年产上等焦煤也在100万吨。汉厂、冶矿和萍矿一共约雇有工人2万名。[①]这位记者详尽地报导了铁厂的成就，同时也为铁厂的前途作了十分乐观的判断，甚至认为"湖北省在不久的将来成为中国的匹茨堡"。看来他并不了解横在汉厂进一步发展面前的重重困难。在这方面，汉厂总办李维格在1909年4月"汉冶萍煤铁厂矿有限公司第一届股东会"上所作的报告，是值得重视的。他说："去年（1908年）只有钢炉三座，现第四座五月间可以告竣，第五座年内亦可蒇事。……目前每日约可出钢175吨至200吨，五月第四炉成，约250吨至275吨。第五炉成，约325吨至350吨。而第三号生铁大炉其机器于（光绪）三十三、四年（1907—1908年）陆续运到，现已十成八九，约九、十月开炼。是则年内全工告成后，共有大钢炉五座，小钢炉一座，生铁大炉一座，生铁小炉二座，于此作一小结束，以待时会之来再作扩充。"然而，完全实现上述计划，"约尚需银八十万两另"[②]。因此，这80万两的运营资本如何比较顺利地获得，便成了汉厂生产力进一步发挥必须克服的一重难关。尽管盛宣怀在1907年受汉厂扩建工程次第

---

① Wright, A. *Twentieth Century Impressions of Hongkong, Shanghai and other Treaty Ports of China*, 1908年出版，第707—708页。

② 《汉阳铁厂总办李维格报告》,《汉冶萍煤铁厂矿有限公司商办第一届帐略》，第22—23页，出版年不详。

完成的乐观气氛所浸染，认为："明年以往，大利将见，商股争投如水趋壑，二千万元（股本）已操左券。"① 但这毕竟只是一个想象。汉厂的前景无疑又处在资本之能否顺利招徕的十字路口上。

三 商办汉冶萍煤铁厂矿有限公司的成立、发展与日本势力的楔入

（一）汉冶萍公司的成立和发展

迄至1907年，作为我国最早建立的现代钢铁工业、汉阳铁厂在繁重的改建过程中扩大了生产能力。当时正值国内各省纷纷筹划修造铁路，迫切地需要钢轨、桥料；同时国际市场也对汉厂提出要求。正如盛宣怀所说："现今各省铁路开造，需用钢轨、桥料甚多；美国太平洋及日本、香港各处均来购铁。"② 可见市场开拓已不成为汉厂发展的难点。但是，资本不足的难题却长期困扰着汉厂，而且越来越成为它前进的障碍。

当时汉厂、萍矿所费投资已达一千三百余万两，但所招股本不过250万两。厂矿所需支出，除了预支日本矿价、预支京汉轨价两项，合计银300万两外，其余的主要依赖钱庄、商号的借款，计达七百余万（两），年需支付利息六七十万两之多。③ 在如此沉重的利息负担下，一遇金融市场出现头寸紧张时，汉厂、

---

① 盛宣怀:《致翰林院侍读学士》(光绪三十三年十月十四日)，《盛档·丁未亲笔函稿》，转引自夏东元:《盛宣怀传》，第390页。
② 《盛宣怀致岑春煊函》（光绪三十三年三月中旬），《汉冶萍公司》（二），第590页；另《汉冶萍制铁采矿公司公启》（光绪三十三年八月二十二日）中称："本国如浙、皖、闽、粤等省，外国如日本、北美洲、南洋群岛定购汉轨、萍焦者，现亦踵趾相接。"《汉冶萍公司》（二），第633页。
③ 盛宣怀:《致张中堂》(光绪三十三年七月初六日)，《愚斋存稿初刊》，卷72，第29页。

萍矿便面临"追呼勒逼","性命绝续于呼吸"之间。①特别是维持汉厂现有的生产,还必须继续添置机器设备。就是说在汉厂、萍矿已支付投资一千三百余万两之外,"尚需添炉,将来非二千万两不成"②。

为了减轻厂、矿沉重的利息负担,盛宣怀企望从扩招资本上寻求解脱途径。当时上海金融界对投资民族资本现代企业的情绪日见提高。1905年以后的几年中,不但轻工业中的民族资本棉纺业、面粉业和新创的卷烟业,而且重工业中的山东中兴煤矿公司、山西保晋公司、安徽铜官山矿区、四川江北厅矿区等,都先后从社会上集掖到相当数量的私人资本。这个现象很使盛宣怀感到鼓舞。但他毕竟有多年经营现代企业的经验,"深知附股衰旺,只问〔企业〕有利无利",而金融市场流通的股票价格,"亦以给息之多寡定票价之涨落"③。可是汉厂、萍矿自官督商办以来,十年都未发放股息;现在招股对私人资本究有多大号召力,确实是很难预测的。况且到1907年,厂矿的经营实况表明,汉厂亏本,萍矿见盈;结算到1906年的账略载明:汉厂亏商本二百四十余万两,萍矿结至同年闰四月盈余银三十余万两。社会上普遍认为"制铁不如采煤得利之速"④。针对这种现象,盛宣怀指出:

---

① 《盛宣怀致袁世凯函》(光绪三十三年十月下旬),《汉冶萍公司》(二),658页。

② 《盛宣怀致王锡绶函》(光绪三十三年七月初一日),《汉冶萍公司》(二),第610页;如果单就汉阳铁厂而言,其情况是:"本厂〔汉厂〕所用商本已七百数十万两,照李郎中〔李维格〕预算,尚须添本二百万两。是铁厂用银一千万两,方能成就。"《盛宣怀致张之洞函》(光绪三十三年七月十一日),同上书,第616页。

③ 《盛宣怀致李维格函》(光绪三十三年四月二十八日),《汉冶萍公司》(二),第598页。

④ 《盛宣怀致张之洞函》(光绪三十三年七月二十一日),《汉冶萍公司》(二),第616页。

如将铁厂和萍矿分别集资,"则萍煤招足甚易",而"汉厂人皆震惊于旧亏太巨,成本过重,虽老股亦不肯加本,新股更裹足不前"①。在处理这个矛盾上,盛宣怀的对策是"将萍乡有利之煤矿,并入汉阳亏本之铁厂,方可多招商股"②。从开拓中国煤铁工业的利害和成效上考察,盛的决定无疑具有较高的战略眼光。

在取得清中央重臣张之洞和时任湖广总督赵尔巽的支持后,盛宣怀便于光绪三十四年二月(1908 年 3 月)向清政府奏准设立商办汉冶萍煤铁公司。为使集股工作顺利开展,盛决定截至 1908 年止,清理汉厂、萍矿和冶矿的全部开支账目,同时对它们所拥有的资产,分别进行估算,并且在第一届股东大会上公布。其具体内容为:

表 5　　汉、冶、萍煤铁厂矿产业估算(1908)

名　称	款项(两)
汉阳铁厂	12270000
大冶铁矿	11300000
萍乡煤矿	15500000
码头、轮驳	1690000
扬子江公司〔扬子机器公司〕股份银	50000
共　计	40810000

资料来源:《汉冶萍煤铁厂矿有限公司商办第一届账略》,第 17—20 页;亦见全汉昇:《汉冶萍公司史略》,第 128 页,香港 1972 年版。

---

① 《盛宣怀致张之洞函》(光绪三十三年七月二十一日),《汉冶萍公司》(二),第 616 页。
② 《盛宣怀致吕海寰函》(光绪三十三年七月二十日),《汉冶萍公司》(二),第 615 页。

表6　　汉、冶、萍煤铁厂矿支出款项（1890—1908）

名　称	款项（两）
产业正本	16748400⁺
煤、铁、货物、材料往来及转账活本	5712000⁺
共　　计	22460400⁺

资料来源：同上表，第11—16页；原账略所列总数为：22460538两余。

上列估值和厂矿支出的情况表明，厂矿的资产较其支出款项几在1倍左右，说明汉、冶、萍厂矿具有相当雄厚的经济实力。

至于集股办法，经盛宣怀及其亲信和新股发起人反复磋商后，议定章程："公司应由老股创办人，与新股发起人，合招二千万元，每股五十元，合成四十万股"；"老股库平银二百万两〔指官督商办时期所集股金〕，照折银元后，由老股创办人，招收银元足成五百万元之数"；"新股一千五百万元，由新股发起人担任招足"①。另在《呈农工商部注册文》中又特地申明：经奏准"老商〔即老股〕必须永远格外优待。如办有成效，余利多派，嗣后推广加股，必先尽老商承认，以示鼓励"；并宣称"老股银五百万元现已收足；新股银一千五百万元尚未开招"②。

1908年，汉冶萍公司开始招集新股。恰在这时，清政府改电报局为官办。持有电报局股票的各省商人多愿售出电局股票；

---

① 《盛宫保奏改汉冶萍煤铁有限公司之条件》，《时报》，1907年11月18日。
② 《汉冶萍公司呈农工商部注册文》（光绪三十四年二月），《汉冶萍公司》（二），第675页。

避免与邮传部缪葛。① 同时向盛宣怀探询汉冶萍商办及集资情况。盛在答复中不乏渲染。他说："汉冶萍煤铁现已发达，其利之薄必更胜于轮电。现已注册永归商办，以后必能成一完全商办公司，总协理董事均照商律，悉由股商公举。……现在股份甚为踊跃。即如电报商人，皆愿卖去电票买此汉冶萍股票，目下尚未开始，而纷纷投股，已经收足八百万元。"② "不久即可收足"③。并宣扬："如得电价〔电票价〕一百七十五元，便可买汉冶萍〔股份〕三股半，官利八厘，已可收十四元，只要余利四厘，便可得三十四元，若照〔汉冶萍〕预算表，将来二三分利操券可得，即以一百七十元官余利二分计之，便可得三十四元。比较死守电票，安险厚薄，不待智者可决。"④ 但集股的实况却不像盛所宣扬的那样动人。从"盛宣怀档案"的记载中，人们看到：到1908年9月，盛东渡日本就医时，汉冶萍公司还只招集到股东八百余万元；同年十一月下旬（旧历十一月初二日），他回到上海后不久，又陆续招集到一百余万元。⑤ 到1909年2月，仍只"集成真实商股一千万"元⑥；同年四月底，集股款额才突破1000万元，达1014万元，其中"外埠商股五万七千元"⑦。于是汉冶萍公司于同年5月16日在上海召开第一届股东大会，会后

---

① 参见《盛宣怀复香港电局温》（光绪三十四年四月二十日），《盛宣怀未刊信稿》，（以下简称《未刊信稿》），中华书局1960年版，第104页。
② 《盛宣怀致温佐才再启》（光绪三十四年四月），《未刊信稿》，第105页。
③ 同上。
④ 同上。
⑤ 《盛宣怀致陆凤石尚书》（光绪三十四年十二月二十日），《未刊信稿》，第147页。
⑥ 《盛宣怀致河南抚台吴重熹再启》（宣统元年二月初二日），《未刊信稿》第155页。
⑦ 《盛宣怀致宗子载函》（宣统元年三月初十日），《未刊信稿》，第164页。

据说商股反应"亦甚踊跃"①；到7月，集股达一千一百余万元，其中优先股为一千万元②；但到12月初，实收股份仍不过1200万元。③ 在1909年的第一次股东大会上，盛宣怀在报告集股情况时说："截至戊申〔1908〕年底，头等老股库平银二百万两，合银元三百万元；二等新股二百五十八万六千余元；三等新股二百四十一万三百余元，共八百万元。己酉春〔1909年〕，续收二等新股二百十余万元，共成一千十余万元。"④ 另据1913年造册的《汉冶萍商办调查历史》的记载，公司从1908年到1911年辛亥革命，各年招集商股的演变情况，有如下表所列。

表7　　汉冶萍公司新招股本统计（1908—1911）　　单位：银元

年　别	新招股本	湖南公股	股息拨作股本	合　计
1908	1631583			1631583
1909	3135836			3135836
1910	1226835			1226835
1911	89552	724800	627754	1442106
合计				7436360

资料来源：《汉冶萍商办历史调查》，第28—29页。

综合上述各方面的记载，都表明汉冶萍公司成立前后，招集商股的进程颇为迟缓；到1910年，充其量只招集到股金一千二百余万元，与原期集股2000万元的目标相去甚远。这不能不影响到汉冶萍公司的发展速度。

在资本严重不足的条件下，汉冶萍公司在1909年4月召开

---

① 参见《未刊信稿》，第170页。
② 《盛宣怀致吴蔚若阁学函》（宣统元年六月初四日），《未刊信稿》，第176页。
③ 《盛宣怀致袁珏生函》（宣统元年十月二十四日），《未刊信稿》，第186页。
④ 《汉冶萍煤铁厂矿有限公司商办第一届账略》，第2页。

了第一次股东大会。盛宣怀被推选为公司总理（即总经理），被选担任公司各厂矿总办的有：汉厂李维格，冶矿王锡绂，萍矿林志熙。他们各就所掌管的企业在大会作了有关生产经营的报告。李维格强调汉厂所炼生铁的质量已被"欧美行家称为极品"，国外销路远至美国、日本和南洋群岛；在国内，"上海翻砂厂已惟汉阳生铁是用。"从1905年到1908年，生铁的销售量最低时为产量的52.4%，最高时达88.9%；钢轨的销量也见增加，在1907年还只销2224吨，1908年便增为14942吨，增加5.5倍以上；而1909年业已在订的销售量已达58943吨。① 大冶总办王锡绂称：冶矿自盛宣怀接办后，逐年扩充，年产量已达30万吨，其中供应汉厂的已达20余万吨，其余的销往日本。更可贵的是冶矿在浮面所藏之铁，"俯拾皆是，工省利厚"，而矿藏丰富，"全山皆铁，取之无尽。""供应汉厂则绰绰有余。"② 论及萍乡煤矿的产销远景更是乐观。据林志熙称：萍矿在开通小坑大槽以后，外销数量日见上升。它有力地抵制了日本来煤对汉口市场的占领。据江汉关统计，1906年，汉口进口的东洋煤达12万吨；萍矿投产并加扩充后，1907年，汉口进口洋煤便减为8万吨，次年再度缩减为三万五千余吨，而萍煤在汉口市场销售量则相应增长。更令人注目的是，过去往来长江的商轮，一向在上海启程时，便将往返所需的煤炭一次备足，到汉口后便不作补充。现在由于萍煤质佳价廉，商轮遂一变过去在上海上水时预装下水所需之煤，反而在汉口下水时并备上水之煤，这个变化无疑是意味深长的。此外，平汉路火车过去一向赖开平、临城等处煤炭供应。现在则从黄河以南，全部改用萍煤了。所以，萍矿的销售市场已

---

① 《汉冶萍煤铁厂矿有限公司商办第一届账略》，第23、25、26—27页。
② 同上。

不仅仅囊括武汉，而且逐步扩充到上海，抵制开平和东洋来煤的销流。① 这不能不是另一个令人为之鼓舞的现象。

如果说，上述三位总办所提供的内容难免掺杂有渲染的成分，那么，具体到公司成立后所属各厂矿生产逐年发展的景况究是怎样的呢？

1908年，汉厂在使用新机器的情形下，每日可产生铁250吨，但还只能满足本厂制钢的需要，它不得不在当年退掉不少外单位的订货要求；预料1909年第三座化铁炉投产后，生铁产量可翻番上升，那时便可接受本厂以外的订货。1908年，炼钢车间的产量达800吨，其质量经化验表明超过欧洲的上等产品；为汉厂需要而开发的大冶铁矿，1907年日产上等矿砂在1000—1500吨左右②；萍乡煤矿1907年日产煤约达1000吨。当时正添置新机器和改善开采方法，估计在装配工程完成后，日产量可上升到3000吨左右。据说到那时，"扬子江流域必无乏煤之虑"了。③转入1909年，汉厂新化铁炉于二、三月间投产，当年生铁产量猛增到130000吨，质量保持优良。为供应国内各铁路需要而制造的钢轨、搭钉等所用生铁在33250吨，较上一年增加5000吨。这一年大冶铁矿的产量达303000吨，其中输往日本的在十万余吨。不过冶矿当时亟需新投资，为进一步扩充做准备。萍矿当年产量达64万吨，其中17万吨制成焦炭，基本上满足了汉厂的需要。萍矿所产之煤，供汉厂消费的，在当年为78000吨，而销流于汉口市场的则达215000吨。④

---

① 《汉冶萍煤铁厂矿有限公司商办第一届账略》，第23、25、26—27页。
② 《通商各关华洋贸易全年清册》中、英文本，1908年，汉口，第43页，以下简称《关册》。
③ 《关册》，中、英文本，1908年，长沙，第38页。
④ 《关册》，中、英文本，1910年，汉口，第57页。

随同产量的增长，公司所属厂矿在市场的销路也日见拓展。据公司账略所载，1908年，汉厂供应京汉、苏、浙等路钢轨、钢料的销售额仅为77万余两，但次年供应面便有所扩大。浙路、苏路之外，闽路、广九、南浔、津浦、长株等路都来求货，销出钢轨另件达3100余吨，销售额达149万余两，比上年几增1倍；到1910年，销售额又上升为202万余两。在生铁方面，1908年销售额仅89万余两；而1909年，在国内供应津、沪、粤、汉、浔、蜀、湘、豫等省，国外则销往美国、日本、澳洲、西贡、香港等地，总共4.4万余吨，收进销售金额上升到113万余两，较上年增加21.6%；1910年，销售额又见新景象，达142.8万余两，与1908年相比较，增加了37.7%。萍矿在1908年，售煤收银在82万两，次年则增为150.2万余两，较上年增加82%；1910年则收银183万余，为1908年的2倍以上。该矿焦炭的销售额在1908年为107万余两，1909年的则为113万余两，所增不多；但1910却陡然增加到188万余两。所以，1909年和1910年，公司的总收支上便出现盈余，1909年为1.09万两（合银元15400元），1910年为4.5万两（含银元64151元），两年共余5.64万两（合银元79551元）。① 公司开始进入了稳步发展状态。1911年头九个月，"公司出货顺利，销场畅旺，各省铁路……纷向汉厂定轨"②。10月间武昌起义，汉阳虽居战略要地，但战事发生后，汉厂并未立即遭到损失。可是公司及所属厂矿的主持人却惊惶失措，擅离职守。汉厂、冶矿总办先后逃离武昌，避居上海。在群龙无首的情况下公司急忙遣散外国技术人员和本国工人。正在生产中的化铁炉仓惶中竟被弃置，"火熄炉冷，其中所

---

① 详见《汉冶萍公司商办第二届、第三届账略》，有关各页。
② 《汉冶萍公司第四届账略》，第1页。

存铁水凝结成块"。以致后来复工时，不得不用炸药炸开，才能从事修复；同时又须更换炉中火砖，而火砖必须从欧洲购买，运输费时。直到1912年11月和12月才先后修复两座化铁炉；炼钢炉也于同年12月复工。所以，1912年，汉厂所产生铁便只有8758吨，生熟钢2527吨。[①]另据1912年4月13日公司的营业报告称：汉阳铁厂和萍乡煤矿结算至1911年10月21日（即旧历八月底）止，总共出售生铁77756吨，收入1909851.63两；铁轨23491.933吨，售价为1246183.69两；钢板等1374吨又838.5公斤，售价89688.22两；出售煤斤及焦炭得价2575216两。四项共计5820939.54两。大冶铁矿的账表结算至1912年2月17日（即旧历年底）为止。销货收入为213679.41两。三家厂矿合计为6034618.95两。而1910年销售的总收入则为7810000两，减少了170余万两的收入。[②]当年公司亏空达287万余两（详见本文附表3）。大约到1913年后，公司所属各厂矿生产情况才进入比较正常的状态。当年生铁产量估计在13.5万余吨，各种钢货约共计9.8万余吨；萍矿出煤56万吨，其中16.5万余吨炼为焦煤；大冶产矿砂48万吨。这一年公司各厂矿略见扩充，在汉阳添造新化铁炉1座，新炼钢炉1座，并适当扩充了钢板厂、钢轨厂及火砖厂；在大冶又购置新铁矿；在萍乡则进行新的开采。[③]公司总收支的差距虽见缩小，但仍难扭转亏空状况。

1914年，第一次世界大战爆发，钢铁为交战国重要军用物资，需要量激增，供不应求。更兼欧亚之间海运出现重大困难，外国输华数量顿见减少。海关统计称：1914年，我国钢和铁的

---

① 均见《关册》中、英文本，1912年，汉口，第64—65页。
② 《捷报》，1912年4月20日，转见汪敬虞：前引书，第498页。
③ 《关册》，中、英文本，1914年，汉口，第494—495页。

进口量为 230551 吨，1915 年减为 125658 吨，仅为上一年的 54.5%；1916 年为 145847 吨，1917 年又降为 123268 吨，1918 年略见增加为 149117 吨[①]，仍只是 1914 年进口量的 64.6%。国外钢铁进口量下降，明显地减轻了国内钢铁市场竞争压力。与此同时，钢铁的市场价格也因战争而步步上升。自 1916 年到 1918 年欧战结束，生铁市价最低时每吨约 160 元，最高时达 260 元；钢的价格也相应上涨。[②] 这就是说，欧战期间中国钢铁工业生产的外部条件有了相当大的改善，有关企业理应有重大的发展。然而汉冶萍公司的生产却不见重大的突破。

表8　　汉冶萍公司主要产品产量统计表（1914—1919）　　单位：吨

年 别	生 铁	钢	矿 石	煤	焦 炭
1914	130000	55850	505140	694764	194414
1915	136531	48367	544554	927463	249165
1916	149929	45043	557703	950000	266419
1917	149664	42651	541699	946080	239798
1918	139152	26994	628878	694433	216014
1919	166096	3684	686888	794999	249016

资料来源：1. 生铁、钢、矿石见丁格兰：《中国铁矿志》下册，第399，209页；
　　　　　 2. 煤、焦炭：见侯德封：《第五次中国矿业纪要》，第484页。

考察上述统计，欧战期间汉冶萍公司主要产品中，生铁和煤的产量有小幅度的上升，但呈现为起伏不定的状态；钢和焦炭的产量则逐年下降，只有铁矿石的产量呈逐年上升。它们之间的变化颇不协调。从总趋势来看并无重大发展。这种现象的形成自然

[①] 《关册统计》，有关各年。
[②] 全汉昇：《汉冶萍公司史略》，第189页。

有多方面的原因。但其要害则是与日本在 1904 年以后历次贷款合同的制约密切相关的。20 世纪初，日本金融势力多次利用汉冶萍公司营运资本拮据的困难，想方设法，**渗透侵略力量**，严重损害了公司独立自主的地位，最后被迫降为日本势力的附庸而无法自拔。为了说明这个重大转折的由来，有必要对汉冶萍公司经由外债与日本势力所产生的瓜葛作一追索，借以了解一个经历了千辛万苦而已露发展前景的煤铁联合企业，是怎样丧失了有利时机，反而以日益衰落败坏作为自己的历史结局。

（二）汉冶萍公司的外债与日本势力对它的扼杀

本文第二部分指出，盛宣怀在接办汉阳铁厂后曾遇到招集资本的困难。但为解决汉厂燃料问题而开发萍矿的措施，势难迁延。盛宣怀遂求助于外国贷款，作为开发萍矿的营运资本。1898 年，盛派卢洪昶向德国华泰银行（Wavschauer）代理商礼和洋行（Carlowitz & Co.）借款 400 万马克（约合银 132.9 万余两），为期十年。这可说是汉冶萍公司举借外债的嚆矢。

但萍乡煤矿在使用这笔贷款时很不得当，"款项随到随即浪费净尽"[①]。当时美、日、比利时各国都存染指萍矿的企图，尤以日本势力为急切。到 1902 年，盛宣怀续向礼和洋行商洽新贷款，因双方条件悬殊，延未成立。日本势力急忙以"购运大冶矿石预借矿价"名义，主动与盛联系，从而开始了日本与汉冶萍公司之间愈来愈为密切的经济关系；而且从此以后，日本贷款基本上垄断了汉冶萍公司对外举借资金的渠道。近年来有关公司举借日债问题的研究和有关史料的发掘，都有较大进展。武汉大学经

[①] 《汉冶萍之历史借款沿革》，《大陆银行月刊》卷 1，第 3 号，第 49 页，1923 年 9 月。

济系编的《旧中国汉冶萍公司与日本关系史料选辑》，根据中外档案和公司存档，做了细致的考核。将公司对日举措的长期或不定期的每笔借款的数额、抵押、担保、利率、还本办法等等，都作了详细的统计。读者从该《选辑》的阅读中可以了解到公司举借日债的全貌。本文所要进行的只是就其中几笔在不同时期对汉冶萍公司发展产生重大影响的日债进行剖析，用以说明它们对公司发展前途的扼杀。

1. 1904年"预售矿石"借款

发端于1902年而签订于1904年，由日本兴业银行提供300万日元，用于"预售矿石"的贷款是日本势力楔入汉厂、冶矿的第一个典型事例。引人注目的是，为这项贷款进行联系、商洽的并不是一般商人，而是日本驻上海总领事小田切万寿之助。而小田切的一切行动又是严格听命于日本外务省的指示。不仅止此，据有关揭示：日本对汉厂的重大借款活动，都是经日本内阁会议通过，由内阁总理大臣做出裁决。特别是包括这次对汉厂300万日元贷款在内，日本对华贷款的绝大部分来源，也是出自日本大藏省的资金，日本兴业银行不过是名义上的经手人而已。①

在商洽这笔贷款的过程中，日本势力惟恐"其他外国人"对蕴藏丰富的大冶铁矿"也有觊觎之意"。所以，日本外务大臣小村寿太郎指示小田切，在商定期限届满前，要在"确定我方权利的情况下，满足盛宣怀的贷款要求"②。随后他便对贷款的数额、利息、年限及担保品等方面都作了具体指示。其中处处掩藏着日本政府的政治意图。比如他明确指示小田切在磋商中必须注意：

---

① 代鲁：《汉冶萍公司所借日债补论》，《历史研究》，1984年第3期；另据《日档》，《日本对华借款》第134页注明，这次贷款资金是由日本大藏省储金局贷出。

② 《日本外务大臣小村寿太郎致驻沪总领事小田切万寿之助》（明治三十五年十二月二十七日），《日档》，76/68。

"(1) 借款定为日元两百万元，倘必须增加则定三百万元，利息长年6厘，以30年为期；(2) 以大冶矿山、铁路、房屋及一切机器等类，作为该借款之担保。此项矿山、铁路房屋及一切机器等在该期限内不得让与其他国家，亦不得再作为担保之用。"①所以，小田切在与盛磋商时，一再强调大冶铁矿权益不得让与日本以外的其他国家，也不可以铁矿权益作为借用日本以外的其他国家贷款的担保；而归还贷款的手段则规定为从出售给日本的铁矿石价值中扣除，不还现款。②

不难理解，这次日本提供300万日元贷款的主要目的，在于长期控制大冶铁矿，以保证其本国的新兴钢铁工业（1897年创建的八幡制铁所）在原料上的可靠供应。所以，小村寿太朗殷切指示小田切："尽量巩固汉阳铁厂与八幡制铁所的关系；防止大冶铁矿落入他国之手，此实为确保我国制铁所发展的必要措施。为此目的，尽可能将借款期限延长。这就是目前定为30年的理所在"，而且"无论如何，30年的期限必须予以坚持"③。

经过相近一年的磋商，日本势力利用各种方法，终于在1904年1月15日与盛宣怀签订了《大冶购运矿石预借矿价正合同》。《合同》从若干方面制约了汉厂的活动。它首先标明此项300万日元贷款"以30年为期，年息6厘"（第一款）。此项贷款的担保是"以大冶之得道湾矿山、大冶现有及将来接展之运矿铁路、及矿山吊车并车辆房屋、修理机器厂（此系现在下陆之修理

---

① 《小村外务大臣致小田切总领事》（明治三十六年二月五日），日本外务省编：《日本外交文书》，卷36，第2册，第205页。

② 《小田切总领事致小村外务大臣电》（明治三十六年二月六日），《日本外交文书》，卷36，第2册，第199页。

③ 《小村外务大臣致小田切领事》（明治三十六年三月十日），《日档》，76/168。

厂）为该借款担保之项"。"此项担保在该限期内不得或让、或卖、或租与他国之官商，即欲另作第二次借款之担保，应先尽日本"（第二款）。在偿还贷款的方法上则规定："以制铁所按年所购矿石价值给还本息，不还现款"（第四款）。而作为偿还手段的铁矿石价格则以低于市价标准，订定"头等矿石每吨日本金钱3元，二等每吨日本金钱2.2元"（第五款）。极不正常的是第七款的规定："借款合同期限既订明三十年，则每年应还本项，便以金钱十万元为度。如每年〔《盛档·汉冶萍公司》作'某年'〕制铁所收运吨数价值仅敷还息，则先尽还息，是年应还本项，便迟至下一年归还。又如制铁所收运矿石价值，除抵还借款利息外，尚有多余，大冶矿局即将此多余之数，尽数抵还本项，利随本减。倘本项逐渐减少，计算不到三十年便可还清，则大冶矿局暂停数年还本，以符合三十年期限；此暂停还本数年内，矿价抵息外，多余之数，制铁所付交现款"[①]。合同笔触虽尽量迂回，但日本势力全力争取长期独占大冶矿石的野心则是昭然若揭的。从"正合同"的主要内容来看，日本势力的预谋可说是充分实现了。从此汉厂、冶矿的独立自主地位受到破坏，招致无穷损害。

"预借矿价"借款成立后，汉阳铁厂以借款的一部分从事更换不适用的设备，从国外买进制造钢铁所需的各种机器设备，同时进行扩建工程。但由于芦汉铁路次第竣工，铁轨需求量减少，原来各处订购的生铁业务也见下降，汉厂经常出现存货堆积的现象，以致资金周转常感困难。同时汉厂为适应事业的扩展，计划制造约3000吨的轮船，以便产品能迅速对外运输。为筹措这笔

---

① 武汉大学经济系编：《旧中国汉冶萍公司与日本关系史料选辑》，上海人民出版社1955年版，第113—115页，（以下简称《汉冶萍与日本关系史料选辑》）；亦见《汉冶萍公司》（二），第387—388页。

制造费，它又向日本资本家大仓喜八郎请求借款50万日元；此外，萍乡煤矿也为进一步扩充，特托汉厂介绍，也向大仓组洽商借款35万两以应急需。对于这两项借款要求，日本驻汉口领事永泷特向外务大臣寄去密函，建议外务省"鼓励大仓接受对方要求"，他深恐日本资本家如不接受，"势必会由德国资本家贷与"①恰在这时，日本政府农商务、外务、大藏三大臣于8月21日联名向内阁总理大臣提出"请议案"。他们要求日本政府要确立对华贷款总方针，避免枝枝节节地应付小额贷款。他们在"请议案"中明确表示："经过认真研究，认为帝国政府对此如不确定将来之方针，而徒然随着问题发生，进行小额贷款，则仅流于一时之姑息，恐有不能达到最终目的之虞。为此，希望阁议先决定附记甲号之方针作为原则；然后再由外务大臣根据乙号之旨意训令汉口领事"。他们所建议的"附记甲号之方针"的主要内容是：(一)为确实扶植帝国在汉口方面之利权，并对中国将来之形势有所准备起见，特采取下列手段：(1)大冶铁矿及萍乡煤矿之采掘权，将来应看准时机，使其全归于我国；(2)上述两矿之经营，……必须以聘用日本技师负责业务为条件，提供资金，其管理权亦须归于我国。(二)上述手段之实行，以表面作为商业关系较为便利。因此，应通过制铁所长官着手进行，逐渐扩大其权利。(三)与本件历来有关系之日本兴业银行、三井物产会社及大仓组，将来亦须适当利用之。(四)为此目的，贷款及其他必需使用之资金，约在日金五百万元之内。(五)应避免与英国之冲突，与德国之冲突亦务须避免"。他们所说的训令汉口领事的"乙号之旨意"的主要内容则是："关于汉阳铁政局

---

① 《日本外交文书》，卷38，第2册，文体号1110，转见《汉冶萍与日本关系史料选辑》，第123—124页。

及萍乡煤矿借款案：借款金额要大，利息减低，并延长大冶铁矿采掘权之年限；再加铁政局及萍乡煤矿作抵押，聘用日本人为技师为负责业务，等等。"① 这项"请议案"立即在日本内阁会议通过，并于次日、即8月22日，由内阁总理大臣桂太郎签署内阁第七号批示："关于汉阳铁政局及萍乡煤矿借款案，决定帝国将来方针之件及有关该案之致汉口领事训令之件，照请议案办理。"②

此项史料的披露，极有助于人们看清楚当时日本贷款的内蕴及其所包藏的祸心，特别是日本当局对公司多次借款要求几乎无所拒绝的内在缘由。

尽管1904年公司借款还只是日本贷款的初试刀锋，但它在经济外所企求的目的已有相当的暴露。盛宣怀对之不会无所觉察。所以他也存另谋借款途径的打算。

1910年2月25日，美国人经营的《时报》，和日本《东京朝日新闻》同日发布了一则消息：汉冶萍公司在3月22日与美国西雅图西方钢铁公司及旧金山大来公司订立合同，以中国所产原料卖给美国。合同当事者中国方面为盛宣怀，美国方面为哈巴特·劳和罗巴特·大来。③ 这则消息顿时引起日本官场骚动。日本驻沪总领事有吉奉小村外务大臣命令探听虚实。他于26日下午访问盛宣怀。盛对此毫不隐瞒，直率表示"订合同乃通常之买卖，毫无保密之必要"。他还告诉有吉："大来公司原属太平洋轮船公司之代理店，该轮船公司……乃常运汉阳生铁至美国出售，

---

① 《日临时兼任外务大臣桂太郎致大藏大臣曾祢第112号机密函》（明治三十八年八月二〔十〕日），转见《汉冶萍与日本关系史料选辑》，第125—126页。

② 《汉冶萍与日本关系史料选辑》，第126页。

③ 《日本外务大臣小村致上海总领事有吉明第13号电》（明治三十四年三月二十五日），转见《汉冶萍与日本关系史料选辑》，第158页。

获得意外好成就。"近来"向我方〔汉冶萍公司〕申请，商定一定期限，缔结购买合同，我方因当时一切规模设备均已扩大完整，故答应接受对方之要求"。"至于代价，则照历来随时卖价计算，汉阳交货，每吨订为十三美元，七年半期满后，更可续订七年半，价格照旧。数量每年至少三万五千吨，至多七万吨。"当有吉探询大来何以要到萍乡视察？盛答以："大来本系太平洋轮船公司之代理，当然有视察之必要。"①这使有吉领事满怀狐疑，以致向小村外相报告时不安地推测："就其前后情况和语气来看，可以察觉，当还有其他某种策划。"②对此日本政府极其敏感地认为：这是美国假商业活动向扬子江渗透势力的表示，需严密注视，提高警觉。

同年4月间，日本驻大冶技师西泽从冶矿总办王锡缓的来信中获得："美国人除购买生铁以外，还将购入大冶铁矿"的信息。他立即报告制铁所长官中村，要求"迅即转达总理、外务、农商各大臣"③。

与此同时，西泽向王承缓提出警告称：根据1904年订立的大冶借款合同条款，狮子山（得道湾矿山）系日债借款的担保品，"当然不能出售于他国官商"，"现有及将来扩展之大冶铁矿，亦已属于担保品之列，因此，即令美国贩卖之矿石，系从其他矿山采掘，亦不得*利用大冶铁路进行搬运"，他要求王承缓"慎

---

① 《日驻沪总领事有吉致外务大臣小村第23号机密函》（明治四十三年三月二十八日），《汉冶萍与日本关系史料选辑》，第159—160页。
② 同上。
③ 《日驻大冶技师西泽致制铁所长官中村函》（明治四十三年四月十七日），转见《汉冶萍与日本关系史料选辑》，第162页。
* 《汉冶萍与日本关系史料选辑》，第162页将此句译为"亦不得不利用大冶铁路……"系误译。经查对《日本外交文书》第43卷，第2册，文件号649，原件作"亦不得利用……"特据以改正。

重考虑"①。日本势力认定"美国购买大冶矿石，不仅出于政略上企图将来在长江流域掌握利权"，而且"是因为美国最优质之铁矿逐渐濒于缺乏，结果不得不乘机插手东亚"。这对于一心要独占大冶铁矿的日本是"绝对不能容许之事"。西泽极为不满地认为，这事中国在事先不知照日本，"不能不说是有损于中日两国之邦交"②。他对制铁所长官表示："像现在这样，把作为担保品的狮子山之矿石供应汉阳〔铁厂〕，则将来二十多年间我国制铁所用之原料，将有陷于枯竭之虞"。他主张"亟需利用此时机，使该矿山成为我国专用，中止对汉阳铁厂之供应"③。令人无限惊讶的是，1904年的借款合同竟然使日本侵略者如此蔑视大冶矿山的自主权和所有权，居然本末倒置，企图实现大冶矿石不能供应汉阳铁厂这种要求。

面对日本的压力，汉冶萍公司主持人的反应非常软弱。在这样的大是大非面前，公司协理李维格却以个人私情作乞怜之状。他在1910年4月23日复西泽的信中说："弟向来办事，于公理之外，最喜参以情意，故非万不得已，不愿即据理直争。况尊处与敝处交谊更非恒泛可比。"盛宣怀也仅仅声辩"此次售美矿石，来电称为不符，而敝处查照合同并无不符之处也"④。日本势力的咄咄逼人与盛宣怀等的软弱而无力的声辩，更加强烈地证明了1904年"预借矿价"合同完全不是正常的资金借贷关系。

在日本的压力下，公司虽在1909年与美国西雅图钢铁公司（Seattle Steel Corporation）订立每年供应生铁和矿石36000吨至72000吨，实际上它只在1910年交付生铁20000吨，矿石约

---

① ② ③ 均见《汉冶萍与日本关系史料选辑》，第162、163页。
④ 《日驻大冶技师西泽致外务大臣小村函》（明治四十三年五月二十日），转见《汉冶萍与日本关系史料选辑》，第165、166页。

24000吨后，便再也不见下文了。⑤

2.1910—1911年"预售生铁"借款

1905年日俄战争以后，日本垄断了我国东北地区和朝鲜市场。日本资本主义的发展正处于实现以重工业现代化为中心的阶段，特别是与军需工业紧密联系的钢铁工业，获得了空前的发展。根据经济上和军事上的需要而创立的八幡制铁所，在日俄战争期间已经有了相当的扩充。但仍远不能满足国内的需要。1901—1905年，日本国内每年平均需要生铁约为12万吨，钢约28万吨；在1906—1910年，两者年平均需要量各增为26万吨和46万吨。可是日本国内生铁和钢的自给率在日俄战后，前者只达到60%以上，后者约达40%。⑥所以，进一步扩充八幡制铁所成了日本政府的紧要任务。

事实上，从1906年开始，八幡制铁所进行以年产18万吨钢材为目标的第一期扩建工程，已于1909年完成。紧接着又制订了以年产30万吨钢材为目标的第二期扩建计划。⑦为了解决原料问题，日本政府于1910年1月派制铁所长官中村雄次郎来华与盛宣怀进行密商⑧，其主要内容就是更有效地由公司供应质优而价廉的生铁和矿石。

大约由于日本需要生铁殷切，这一次"预支铁价"借款洽商过程未费多大周章。当年11月便订定了草合同，1911年3月底

---

⑤ F. R. Tegengren: *The Iron Ores and Iron Industry of China*, Part Ⅱ, 第184页，1923—1924年版。

⑥ 楫西光速等合著：《日本资本主义的发展》导言，商务印书馆1963年版，第50页。

⑦ 参见代鲁：《从汉冶萍公司与日本的经济交往看国家近代化的政治前提》，《中国经济史研究》，1988年第4期。

⑧ 《日外务大臣小村致驻华公使伊集院第59号机密函》（明治四十三年十月十一日），转见《汉冶萍公司与日本关系史料选辑》，第169页。

正式签订《预借生铁价值正合同》。在合同中未提抵押和担保的要求，为历来日本和公司订立贷款合同所罕见的。

"正合同"规定：从1911年到1914年，"此四年内制铁所愿购、公司愿售每年生铁大约一万五千吨之谱"；1915年一年大约8万吨；从1916年起，每年"大约十万吨，以十年为期，至1925年底止。期满后彼此可再议续展十年，仍每年大约十万吨"。在价格方面议定：汉阳船面交货"订定每吨生铁价日本金二十六元"。在质量要求上商定"总以马丁盐基法〔炼钢〕合用为度"①。另在附件中申明："兹因多购生铁，即须多搭矿石搀用"，自1916年起"每年制铁所加购公司矿石十万吨"②。

通过这次贷款合同，日本势力进一步加强了对汉冶萍公司的控制。它使公司在安排主要产品、生铁和铁矿石的生产时，首先要考虑到日本八幡制铁所的需要，下余才能供应本公司生产单位在原料上的要求。这就导致公司日后在生产方向和生产结构上发生变化。此点下文还将述及。

紧随"预支生铁贷款"签约之后，公司又与日本进行1200万日元续借款的磋商。进行这项借款活动，有说是盛宣怀鉴于公司股本合计不过1300万元左右，而公司的全部支出已达3200万余元，即令拓足2000万元股本仍难济事。因此又向日本八幡制铁所、横滨正金银行再次进行预借生铁价日金1200万元的要求。③但据日本正金银行驻北京董事小田切所了解，这是因盛宣

---

① 《日本外交文书》卷43，第2册，文件号660，转见《汉冶萍与日本关系史料选辑》，第169—175、183页。

② 同上。

③ 《汉冶萍之历史及借款沿革》，《大陆银行月刊》，卷1，第3期，1923年9月刊，第50页。

怀鉴于汉冶萍公司历来在营业上负债不少，而主要的债权人之一就是盛自己，"盛氏几乎把自己全部财产充作制铁事业之资金"。现在盛在铁厂事业已逐步得到整顿，而他本人也渐入老境，拟于此时通过募集公司债的手段，以其中一部分作为收回他本人的"通融款项"，另一部分充作"事业扩张之资金"①。在磋商过程中，盛表示要分向各国举债的意向。这是日本方面最为顾忌的。恰在这时，盛宣怀因铁路国有问题受到各方面责难，一度表示暂且搁下借款的活动，但不能取得日方同意。日本方面考虑："今日如失此机会，将来或将产生对我不利之事故，也难逆料。"于是小田切积极建议："以制铁所生铁矿石价款作抵偿，进行一千二百万元以下借款之秘密谈判"，其条件则以"汉阳、大冶财产全部不能为他国借款之担保，如以之作借款担保，则须先同日本商谈"②。这时日本驻华公使伊集院对此更是忧心忡忡："如本案终不能成功，则对将来恐别无保障之途。而且从前经过种种苦心与策划所逐渐赢得的我方对汉冶萍公司的特殊地位，亦将难免毁于一旦。"③此外，伊集院和小田切又都以日本和汉冶萍公司的关系与盛宣怀的个人健康作某种考虑。伊集院指出："由于盛宣怀健康关系以及周围情势，很难预料他在何时死去或者垮台。万一发生上述情况，则关于本仲借款之商谈将较前更为困难，这是不难想象的。"④小田切的表示更加露骨："盛宣怀健康不佳，数

---

① 《日本正金银行驻北京董事小田切致总行代理总经理山川勇木函》（明治四十四年二月十五日），《日本外交文书》，卷44，第2册，转见《汉冶萍与日本关系史料选辑》，第188页。

② 《日本正金银行驻北京董事小田切致总经理高桥电》（明治四十四年四月二十一日），转见《汉冶萍与日本关系史料选辑》，第195页。

③ 《日驻中国公使伊集院致外务大臣小村电》（明治四十四年四月二十六日），转见《汉冶萍与日本关系史料选辑》，第198页。

④ 《汉冶萍与日本关系史料选辑》，第198页。

年之后，必为他人所代替，双方关系将由友谊关系一变而为纯粹利害关系，则借款谈判必较今日更为困难。彼时，购买生铁矿石虽可继续，但此外的目的恐将成为泡影。"① 他们尽管对盛宣怀在商洽借款过程中的游移态度深感不满，但"为我国〔日本〕与汉冶萍公司间的前途关系着想，除非万不得已，不能粗暴从事，此为我国各方所深知"。这究竟是为什么呢？原来"综合全部情况来看，此际，不使其〔指盛〕威望受很大损害，以期利用他；对他不严格追究，灵活使用他。以此手段谋求局面之圆满解决最为得计"②。

在伊集院、小田切和西泽等人的积极策划下，此项 1200 万日元的借款，即《预借生铁价值续合同》，终于在 1911 年 5 月 2 日完成了草合同的签字手续，但在准备签订正合同手续的过程中，爆发了辛亥革命，清政府的统治土崩瓦解，盛宣怀也在仓皇中于 1911 年 10 月 12 日藏身正金银行北京支店长寓邸，旋于年底在日本势力庇护下避居大连，逃亡日本。这期间，日本乘中国国内局势动荡，南京临时政府财政极度困难，便又以提供贷款为手段，勾结盛宣怀妄图实现"合办汉冶萍公司"的梦想。于是 1912 年 1 月 29 日发生了"汉冶萍公司中日合办草约"签订事件。"草约"在全国激烈的抗议和反对下被迫取消，日本阴谋不得不遭到暂时的失败。

3. 1913 年 12 月 1500 万日元大借款

1912 年 2 月，南京临时政府下令废除"中日合办汉冶萍公司草约"。过了半年多，国内反盛声浪有所缓和，盛宣怀于 9 月

---

① 《日本正金银行驻北京董事小田切致总经理高桥电》（明治四十四年四月二十六日），转见《汉冶萍与日本关系史料选辑》，第 200 页。
② 《日本正金银行驻北京董事小田切致总经理高桥函》（明治四十四年八月六日），转见《汉冶萍与日本关系史料选辑》，第 213 页。

间悄悄自日本回到上海。依靠他的一班亲信奔走，1913年3月末，在汉冶萍公司特别股东大会上，盛又当选为公司总经理；会后又被选为董事会会长，重新掌握公司大权。5月下旬，公司在上海召开股东常会，提出为厂、矿投入生产，"筹借轻息大宗款项，园活金融机关"①。7月间，董事会授权盛宣怀承办对日本借款的权限；同时委任正金银行上海分行的高木陆郎为代表，前往东京商洽借款事项。②

公司这一活动正投合了日本希图更有效地控制公司的要求。1913年10月，日本外务大臣牧野伸显致驻华公使山座的极密电中透露：为了"进一步加深该公司与我国关系之方针"，在10月14日内阁会议决定："帝国政府令横滨正金银行，大体根据下列条件，贷给汉冶萍公司1500万日元，作为该公司事业扩充及债务清理之用。"主要条件有：（1）事业改良及扩充费为900万日元，高利旧债转换新债费为600万日元，均分三年支付；（2）本利还清，主要以铁矿〔石〕及生铁购价充当，约40年还清；（3）以公司之全部财产作为担保品；（4）日本政府推荐日本人为采矿技术顾问（一名）及会计顾问（一名），由公司聘请，以监督公司事业及会计事务。③ 这些条件都在这次借款合同的条款中得到具体实现。

这次借款合同，按照款项用途，在名义上分作两笔，订立甲、乙两合同。甲合同即"扩充工程借款合同"，金额为900万日元；乙合同即"偿还短期欠债或善后借款合同"，金额600万

---

① 《汉冶萍有限公司商办历史》，第2册，第13页。
② 《公司董事会委任高木赴日接洽借款函》（1913年7月18日），转见《汉冶萍与日本关系史料选辑》，第398页。
③ 《日外务大臣牧野伸显致驻中国公使山座第577号极密电》（大正二年十月二十二日），转见《汉冶萍公司与日本关系史料选辑》，第408页。

日元，借款期限均自合同生效时起算至40年为限；偿还的方法都"以公司售与制铁所矿石、生铁价值作抵"。因此，这两笔借款实际上仍是预借矿价和预借铁价方法的延续。不过也有与过去借款合同重大不同之处。一是明白规定日本对公司今后具有借款优先权，在两合同的第九款中都分别载明："公司如欲由中国以外之银行资本家等商借款项及其他通融资金之时，必须先向（正金）银行商借。如银行不能商借，公司可以另行筹借。"这就是说公司在举借外债时只有与日本联系，不能与其他国家进行任何融通资金的活动。其次表面上同意公司可以提前偿还借款，实际上又作了种种限制。两合同的第四款都对这个问题作了规定："惟如公司以中国自有资本确实招得新股，该股款内拨支所需经费，并偿还新旧一切债款尚有余款，或公司所获利益金内扣除相当官红利及公积金尚有余额，公司愿将本合同借款之本利金数或未经偿还之款全数付还银行时，银行允可照办，惟公司须于六个月前预先知照银行。"[①] 衡量公司当时的生产经营及其公私债务情况，企望公司提出偿还借款，是完全不可能的事。然而合同中着意载上这些条款，据说是为了"预防股东中之反对意见以及政府之干涉"[②]，显见日方的处心积虑。在甲、乙两合同之外，正金银行和公司"均各同意订立别合同"。"别合同"的要害在以下诸款，即第三款规定："公司应聘日本工程师一名为最高顾问工程师"；第四款："公司一切营作、改良、修理工程及购办机器等，应允与前款所载最高顾问工程师协议而实行"；第五款："公司应聘日本人一名为会计顾问。"第六款："公司一切出入款项应

---

① 均见《九百万扩充工程借款合同》，《六百万偿还短期欠债或善后借款合同》，《汉冶萍与日本关系史料选辑》，第439—446页。

② 《汉冶萍与日本关系史料选辑》，第427页。

允与会计顾问协议而实行。"① "别合同"迫使公司及其所属厂矿从生产到经营的一切重要活动,都必须取决于日本势力的决定了。

此项合同正式签订后,公司内外啧有烦言,北洋政府也很表不满。为解决公司内部矛盾,1914年3月7日,公司在上海召开股东大会,极力强调借款之必要。当时盛称病不出席,委托董事王子展作说明。王强调公司当时的困境说:"公司自'国有'不成后,内则厂矿经费无着,外则各债环逼,向日往来银行、钱号,丝毫不肯通融,并且追索旧欠,不允付息转期,势将破产,危险万分。董事会不得已始秉承上年股东常会通过之案,赓续辛亥四月借款合同,借日金九百万元,为扩充厂矿增益出货之需,实系履行旧约,并非另借新债。其六百万元一款,系借轻息还重息,借长期还短期,于公司债额,并无出入。""至订用工程、会计顾问一节,俾债主详知此一千五百万元用途,不致涉于滥费,其职务权限,均另订章程。总之,不借债,即破产;与其坐待破产,不如借债整顿。请问股东:破产乎?借债乎?为维持实业计,借款固胜于破产也。"② 王子展这一席话完全是避重就轻,隐瞒日本野心,掩饰借款实质,是一篇哗众取宠之词,然而博得了股东的鼓掌和赞同。③ 至于北洋政府的反对,在盛宣怀的陈说和公司在1914年1月23日对北洋农商部的复文都未能取得谅解后,日本势力便出面直接干预。日驻华公使山座向北洋政府代理国务总理、外交总长孙宝琦送去充满威胁的警告书,极言此次借款合同对正金银行、汉冶萍公司及日本制铁所三方都有利,三方"互相辅依,各享其利",而"世论纷传之损失利权等语,毫无所

---

① 《汉冶萍与日本关系史料选辑》,第447页。
② 《汉冶萍有限公司商办历史》,第2册,第20页。
③ 同上。

据"。接着警告孙宝琦"勿为他人僻见谬言所惑，漫然破坏已成之议，致酿国际纠轕①。"同时山座考虑到汉冶萍借款一事"属农商总长主管范围，对总长张謇加以警告，亦颇为重要"。遂于2月23日特为合同事往访张謇，强词夺理，反驳当时舆论对日本的指摘，最后甚至声明："合同现已成立，现在若加以废弃，于理断不允许；若擅自强行，必致酿成国际纠纷而后已，故提请充分注意，勿出此无谋之措施。"日本公使反复以酿成国际纠纷相威胁，迫使张謇最后表示"愿采取适当办法以维持此次之借款合同"②。日本外交大臣在获悉山座与张謇谈话内容后，再次指示："日后不论中国方面如何提出，须断然主张合同有效"；"以适当方法，说服中国当局，并提出警告，不得轻举妄动，以免累及邦交。"③于是，山座又于3月3日会晤孙宝琦，再度警告："倘中国政府出以意外之措施，则必发生极大纠纷。"④ 在日本势力更番施展压力下，北洋政府被迫停止了干预。1500万日元大借款就在这样的情势下成立。

1914年，1500万日元大借款成立之后，公司还常因运营资本不足或其他临时困难，曾继续向日本举借债款。本文在前面曾提到公司向日借款共在20次以上。但以公司举借日债的全部历程来看，大体上在第一次世界大战之前，当公司尚处于相对发展阶段，这期间所举债款在公司的改建和扩建中虽多少起了一定的

---

① 《日驻中国公使山座致北洋政府代理国务总理外交总长孙宝琦警告书》（大正三年二月二十一日），转见《汉冶萍与日本关系史料选辑》，第491页。
② 《日驻中国公使山座致外务大臣牧野第81号机密函》（大正三年二月二十四日），转见上引书，第492—495页。
③ 《日外交大臣牧野致驻中国公使山座第106号密电》（大正三年二月二十八日），转见上引书，第497页。
④ 《日驻中国公使山座致上海总领事有吉明第24号密电》（大正三年三月四日），转见上引书，第498页。

作用；然而苛刻的条件已使公司深感受束缚之苦。1918年欧洲大战结束之后，国际上钢铁价格呈急剧跌落，公司经营一向落后，所遇困难更加严重。更兼国内政局动荡，内战频起，大冶、萍乡都经常面临南北兵差供应不绝的境地。公司所属各厂矿生产滑坡，几难维持。这期间向日本借款，条件自然更加苛刻。1927年元月200万日元的借款就是一个典型的事例，在这里就不作详论。但需要稍作回顾的是，严重影响公司发展，使之在生产方向和结构上发生转变，从而损害其发展生机的，则是与上述三次债款有非常密切的关系。如果我们将这三次借款成立前后与公司所属厂矿生产状况变化相联系，就可以比较清晰的了解它们对公司生产所起的阻碍作用。

  日本提供贷款的目的是为八幡制铁所获取可靠的原料供应；大冶矿石是日本的主要猎取对象。1904年的合同以最低的价格和30年的漫长期限为保证制铁所的原料来源开其端；1911年的"预支铁价合同"虽是以售购生铁为目的，但附件中特别注明"加购公司矿石10万吨"；1913年的借款合同也订明以"所订矿石生铁价值归还"，并在合同及其附件中规定，在40年的期限中，公司每年要交付日本制铁所优质矿石60万吨，生铁30万吨。可见长期而大量提供矿石乃是日本提供贷款的要害。

  为了保证合同的执行，公司的生产方向从1904年以后明显地出现变化。这就是大冶铁矿石生产迅速上升的原因。1904年，预借矿价合同订立的当年，大冶产量为105109吨，如以此作为基数，到1910年便增加到343076吨，为1904年的2倍以上。这七年间，除了个别年份，输往制铁所的矿石大抵占冶矿产量的50%，最高时达73%。1911年及1913年两次合同先后订立，大冶矿石产量在公司的各项主要产品中更见突出了。1915—1920年的年产量已经是1904年的4—7倍左右。同期中公司生铁产量虽然也见增加，但它显然不是刺激矿石产量剧升的主要因素；主要的是这几年输往制铁所的矿石量频年上升，均在各年产量半数以上。到1925年，公司生铁生产虽已停歇，但铁矿石产量仍维持在1904年的2倍到3倍的数量，几乎全部输往制铁所（详见本文附表2，《矿石生铁输日数量统计》）。矿石的生产和输往日本数量的演变过程充分表明了：在商业外衣掩护下，我国矿石资源被掠夺的景象是极其触目惊心的。

其次，公司生铁产量的变化虽不如矿石那样突出，但也有类似之处。1911年预借铁价合同成立，汉厂生铁产量也在逐年增加，输往日本的生铁数量也是直线上升。试以1911年公司生铁产量83337吨和当年输日数量19164吨作为基数考察：到1915年，生铁产量仅增63%，而输日数量却为1911年的265%；又如1920年生铁输日数量居当年铁厂生产的59.7%；1922年更见尖锐，当年汉厂生铁产量不过148424吨，较1911年仅增78%，而输日数量却达116346吨，为1911年输日量的5倍左右。1924年，生铁产量下降为26977吨，输日数量却高达122306吨，这表明即令穷铁厂全年生铁生产，也不足以充日本当年的需索。反顾公司自身钢的生产，从1911年生产3.8万吨以后，10年中不见进展，长期停留在5万吨以下，到1922年之后，更是处于停顿状态了（参见附表3）。

论及公司生产设备的变化，人们所见到的乃是生产结构的不合理的变动。汉阳铁厂的开办原是以"造轨制械"为目标。1894年投产后，虽然经历了改建、扩建，在1910年增开250吨炼铁炉1座，同时加开30吨炼钢炉1座，1911年再添30吨炼钢炉1座，但炼铁、制钢的生产能力大体上互相适应。可是1904年预借矿价合同成立后，冶矿产量连年增加，而冶炼能力未有重大扩充，形成了采掘能力和冶炼能力的严重失衡。及至1911年预借铁价合同签订后，15年内须供应日本生铁114万吨，又迫使公司不得不扩充炼铁设备。1915年在汉厂增建了250吨炼铁炉1座，同时在大冶开办新铁厂，建450吨炼铁炉两座，可是炼钢的生产能力并未相应扩充，使炼铁和制钢之间生产能力的合理比例也遭到破坏。① 其后果就成了原以生产钢轨、钢料为主的汉冶萍公司逐步变为以采矿石及炼生铁为主要生产任务的单位了。其结果严重扼杀了正在兴起的中国钢铁事业发展的生机。

如果再就这一时期汉冶萍公司和八幡制铁所的变化作一横向比较时，问题的严重性就更加尖锐了。

试先就生铁产量的变化作考察。1900年，八幡制铁所的生铁产量仅876吨，汉冶萍公司则已达25890吨，显见公司居于优铁势。1904年预借矿价合同成立，到1911年，大冶矿石输往制铁所的数量连年递增，占该所矿石输入量的50%—78%，该所生铁产量在1906年便突破10万吨（100570吨），到1911年则达147668吨，可说是加速度上升。反观公司的生铁产量却表现为徘徊不前，从1900—1905年，滞留在4万吨以内，直到1910年才突破10万吨（119396吨）。其后10年中，大冶输日矿石每年大抵居冶矿产量的50%上下，制铁所和公司在生铁产量的差距也就愈来愈见扩大。例如，1916年，制铁所生铁产量达302058吨，公司的生铁产量不到15万吨（149929吨），只及制铁所生铁产量的一半，至于钢的产量，公司在1907年才有记载，当年产量为8538吨，而制铁所已达141877吨；到1910年，公司产钢只有50113吨，制铁所已增达209740吨。1911年，预借铁价合同成立，制铁所有了更加充裕的生铁来源，钢产量更见稳步上升。1914年世界大战爆发时，公司的钢产量还只维持在55850吨，而

---

① 参见代鲁：《汉冶萍公司所借日债补论》，《历史研究》，1984年，第3期。

制铁所的钢产量已增加到333795吨；到1918年大战终了，公司当年仅产钢26994吨，制铁所则突破40万吨，达453824吨。[①] 其差距之大，何其惊人！在这里，如果对公司和制铁所两家现代企业发生生产变化的内因暂置不论，那么，像日本这样一个钢铁资源非常贫乏的国家，它的制铁所却能在不到30年的时间，便获得了如此迅速的发展，离开了历次"借款合同"为制铁所提供优质而又廉价的矿石和生铁，是根本无法实现的。

此外，还可以从矿石和生铁的价格问题进行考察。1904年以后，历次订立的日债合同都规定了十分低廉的矿石和生铁的售价，严重损害了公司的利益。特别是在第一次世界大战期间，公司矿石和生铁的售价不合理问题更加尖锐。

第一次世界大战爆发，钢、铁消耗剧增，市场供不应求，价格高涨。国内在大战前，生铁价格每吨约为20两左右；到1916年1月，已上涨到每吨40两，到1918年8月，更升至每吨190余两。[②] 就日本市场而论，战争使日本无法从英美及海外进口钢铁制品；同时，日本国内的造船业和机械工业当时正趋于全面发展，耗费量大，价格猛涨。1914年上半年，生铁价格每吨为46日元，1918年7月到9月，东京市价上升到每吨480日元，上涨达10倍之多。[③]

[①] 本段所述制铁所生铁和钢的产量，均据安永度平主编：《八幡制铁所五十年志》，昭和二十五年（1950年）版，公司的各项产量参见本文附表3。

[②] 战前生铁价格见全汉昇著：《汉冶萍史略》，香港中文大学1972年版，第189页；1916年的价格见《盛宣怀未刊信稿》，第265页；1918年8月的价格见麓健一：《日本钢铁工业概论》，第206页，转引自代鲁：《汉冶萍公司所借日债补论》，《历史研究》，1984年第3期。

[③] 1914年上半年日本市场生铁价格见代鲁：前引文，《历史研究》，1984年第3期；1918年7—9月东京市价见《第二次中国矿业纪要》，第135页。另据楳西光速等在：《日本资本主义的发展》中称："与1913年相比较，1918年，〔日本〕生铁价格暴涨10倍以上。"

然而公司运交日本的矿石和生铁价格，受历次借款合同价格的约束，不能随市场价格变动而改变，长期维持在头等矿石每吨3日元，生铁每吨36日元。这便使公司的售价收入长期受到重大的损失。虽经公司多次交涉，1917年和1918年，矿石交价增至三日元四十钱和三日元八十钱；生铁交价加至92日元和120日元。即使如此，仍远在东京市价每吨480元之下。从1914—1918年五年内，公司运交日本矿石达150余万吨，生铁20余万吨，仅卖价与市价的差额一项，损失至巨，一般估算大抵在1亿元左右。①

第一次世界大战期间，公司的收支状况由于钢铁价格剧升出现了转机。公司历届账略反映：它在1909年和1910年曾略有盈余，共计银元79551元。1911年因战争损失，由盈转亏，当年亏空230余万元，而且亏空状况一直持续到1915年，五年中共计亏银720余万元。转入1916年，公司财务才由亏转盈，当年盈余180余万元，并也持续到1919年，历年盈余合计在11378735元（详见附表1）。因此，这一时期曾被称为公司的"黄金时代"。过去曾有不少论者惋惜公司不曾抓紧这一时机，尽速归还

---

① 关于欧战期间，公司矿石、生铁输往日本，价格上所受损失，过去学者作过不同估算，现简略转录，供参考：（甲）侯厚培在其著作中说："欧战期中，公司售与日本生铁，约计30万吨，……公司损失4000万元，若与铁砂合计，公司于欧战期间所贡献于日本者，约合华银11550万元。"见《中国近代经济发展史》，上海大东书局，民国18年版，第129—130页；（乙）吴景超称："据中华矿学研究会的估计，欧战期中，公司售与日本生铁约30万吨，矿石约100万吨，可炼生铁60万吨，彼时生铁市价，最高约国币200余元，最低亦需160元，即以每吨160元计算，此60万吨生铁，可售国币一万四千余万元，其中除去成本4千余万元，尚有1万万元之利，约合当时日金2万万元。"见《汉冶萍公司的覆辙》，《新经济半月刊》，卷1，第4期（民国28年1月）；（丙）陈真在《汉冶萍煤铁厂矿大事年表》中称："欧战期中，公司售与日人生铁约计30万吨，每吨华银30元，铁砂约100万吨，每吨华银1.5元，而当时生铁时价最低为每吨160元，铁砂100万吨可炼生铁60万吨，每吨炼费最高30元；公司贡献于日本者约华银11000余万元，日金每元换华银5角，约合日金23000万余元。见陈真编：《中国近代工业史资料》第3辑，第517页。

日债,为公司争取兴旺的前景。实际上持这种观点的论者只注意到公司经济状况的良性变化,忽略了处于半殖民地社会日益恶化的条件下,面对强盛的日本侵略者,哪能容许在经济关系上保持平等互利的地位?况且从1904年公司举借第一笔日债开始,日本便制定了方针:"借款期限以尽可能长期为得策。"1915年,公司有鉴于日债使公司吃亏太大,也曾想作改变这种状况的尝试。当年六月间,孙宝琦被推选任董事长后,酝酿募集内债偿还日债的计划。日本正金银行上海分行经理小田切对此立即作出反应,他威胁孙宝琦说:"夫所借之款〔指公司历次日债〕到期不还不可,期不到强还之亦不可。还款方法,合同具在,不得容易更改。倘拟违约还款,必致牵动局面。"[①]一声"牵动局面"的恫吓,提前归还日债的拟议便无疾而终了。如果人们注意到八幡制铁所战时利润率由1913年的11.4%递增到1918年的112.6%这一事实时[②],就可以意识到这个企业战时利润量的剧增,其中很大的一部分就是来自公司低价提供的矿石和生铁的转化。日本势力是无论如何也不会允许公司提前偿还债务的。这个严峻的历史事实值得人们深刻思考。

第一次世界大战结束,国际市场钢铁价格跌落;日本东京生铁售价随之报跌。1918年,汉阳一号生铁在东京的市价每吨曾达435日元,1919年则下降为170日元,1920年再跌为119日元,仅为1918年价格的27%;同时钢的价格也相应跌落。[③] 国内钢铁市场价格跌落程度更加厉害。1920年和1921年,每吨生铁价格大约45元左右,仅及1918年每吨180余两的16.9%;钢

---

① 中央研究院近代史所藏:《小田切来函》(民国四年六月七日)见汉冶萍公司案及附件,转见全汉昇:前引书,第170页。
② 楣西光速等:前引书,第116页。
③ 《第二次中国矿业纪要》,第134页,1926年12月。

的市价每吨约80元至110元。① 汉冶萍公司短暂的战时繁荣景象到1920年便已一扫而空了。

但是，与钢、铁和矿石价格不断跌落的同时，公司日债借款累计结欠额却愈积愈巨，每年的利息负担也随滚随大。第一次世界大战结束及20年代，公司长期日债结欠额达3000多万至4000多万日元，每年单在利息支付上常达一百数十万银元。② 从1920年起，公司的收支状况重现亏空。随后几年虽然作了种种努力，力求从扩充销路上找出路，但得不偿失，以致到1922年，亏空额竟增达366万余元（参见附表1）。从1920年到1923年，四年的亏空额累计达841万余元；而战时所实现的利润盈余处理非常不当，除了以相当大的部分作为历年股息分配外，还以1000万元的代价购买永和废矿及鄱乐煤矿等。③ 所以，一旦重现收支不抵的情况时，便只有陷于减产或停产的途径。1921年底，汉厂炼钢炉被迫全部停产④；翌年，日产250吨的化铁炉"以陈旧不堪用"，也于年底停炼。⑤ 新建的大冶铁厂两座炼铁炉虽先后在1923年4月和1925年5月投产，但都维持不到一年，各在1924年和1925年底先后停炼。⑥ 只有为供应日本制铁所需要的大冶铁矿在日本顾问直接管辖下，继续维持开工。⑦ 至于萍乡煤矿的生产则因汉阳铁厂和大冶新厂的停工，煤焦需要量锐减，产量随之降低，1926年后煤和焦炭的产量都明显跌落，再也不曾恢复旧日兴旺景象。至此，以炼钢制铁为专业的汉冶萍公司长期处于奄

---

① 《第二次中国矿业纪要》，第127页，1926年12月。
② 代鲁：前引文，《中国经济史研究》，1988年第4期，第119页。
③ 参见陈真：前引书，第三辑，第517页。
④ 《第二次中国矿业纪要》，第126页。
⑤ 同上。
⑥ 丁格兰著，谢宗荣译：前引书，下册，第248页。
⑦ 《第三次中国矿业纪要》，第142页。

奄一息，沦为单纯为日本开采铁矿石的殖民地性的企业了。

结 束 语

汉冶萍公司从其前身汉阳铁厂于1896年创办之后，在半殖民地半封建的历史条件下，为开拓中国现代钢铁工业起了筚路蓝缕的作用。

就历史的全局审察，汉冶萍公司正是在近代中国处于"满天风雨"的年代诞生的。在它创建后不久，便由于帝国主义在甲午战后加急了侵华步伐，激发了义和团运动反帝狂飙；其后爆发了为争取独立、共和的辛亥革命，客观上刺激工商事业的发展。但不久，革命的成果被以袁世凯为代表的旧势力窃夺，随之军阀割据、内战频仍。汉冶萍地区在相当长的时期内成了湘、鄂、赣、黔诸军进出攘夺的战场。处在如此动荡的社会政治形势下，汉冶萍公司的发展历程不能不表现为以曲折岖崎、荆棘满途为其特点的。事实上汉冶萍公司的全部遭遇正是半殖民地半封建社会条件下，中国近代工业发展的缩影。

汉冶萍公司面临的环境是恶劣的，但并不排斥在它自身发展过程中出现过比较顺利进展的时期，取得一些令人信服的成就。这就是公司从1898年以后相近10年中所取得的进展。这期间，经营铁厂和萍矿的主要负责人面对社会殷切期望和责难，专心锐意为扭转铁厂的危局作了尽心的努力，使之逐步转上正常生产的轨道。在这里值得一提的是汉厂、萍矿的主持者李维格和张赞宸以及他们的得力助手们的劳绩。他们为开拓企业所作的策划，在具体工作上的督促和部署，都在很大程度上体现了现代企业家的风格。作为全面领导技术生产的李维格具有比较广阔的视野，在层出不穷的困难中，科学地论证了中国钢铁工业所拥有的优势和新点。通过调查，他掌握国内外钢铁生产技术的长短优劣，从而立足于开发国内资源，调动、发挥企业内部潜力，以不甘落后的精神，取长补短，力图与日本钢铁事业的发展相争衡，从而推动了旧铁厂的改建，辟划新铁厂的设施，使生铁和钢的生产出现了稳步上升的势头，为汉冶萍公司日后的恢宏局面奠定了基础。应该指出，在汉冶萍公司发展的全部历程中，这一时期可说是最具生机、最富活力的岁月。可惜为时短暂，当日本资本借贷款形式实行控制的企图日渐得逞时，公司在生产上的奋搏精神也就相应而减弱，并且随着日债数额递增而消失殆尽。论者往往以第一次世界大战时期汉冶萍公司实现较大盈利的岁月（1916—1919年）作为它的"黄金年代"。这表面上不无道理，实际却是一种缺乏辩证考察的观点。它忽略了在偶然性的虚假繁荣的背后早已潜伏着深刻的危机。事实表明，汉冶萍公司是在盲目乐观、丧失警惕的思想状态下陷入谷底的。

有关日本债款的性质和作用的剖析，勾勒了汉冶萍公司是如何从一个独立自主的企业逐步转变为日本资本附庸的过程。1904年，当公司与日本资本开始形成借贷关系时，公司虽已遭到经济损失，大冶铁矿的生产开始受到了日本势力的约束。但是，这时汉阳铁厂的改建、扩充，萍乡煤矿的开发，以及矿路的兴建等等，都是在自主的状态下，根据公司本身要求而制定行动措施的。可是从1911年与日本资本签订600万日元预支铁价借款后，继之又进行了1200万日元的预支铁价续借款，特别是到1913年成立1500万日元大借款以后，公司与日本资本联系的内容从实质上发生了重大的改观。从此公司在生铁、钢和煤焦的生产上、矿石资源的开发上，以及企业的扩充与否的决定上，事事都要仰承日本资本的鼻息了。实际上从1911年以后，公司与日本资本联系的内容，已经完全变为日本资本对汉冶萍公司的掠夺，并且随着岁月推移，掠夺的程度愈见加深。在这个直接关系于汉冶萍公司兴衰存亡的重大问题上，作为公司总〔经〕理、董事长的盛宣怀有其不容推卸的责任。

辛亥革命前夕，日本侵略者自我画供，表白了他们运用与盛宣怀之间的"友谊"，"利用他"和"灵活地使用他"，达到了染指汉冶萍公司的阴暗目的。辛亥革命的炮火摧毁了盛宣怀赖以生存的封建政权的基础，但无碍于他以公司总经理和董事长的身份左右公司的命运。日本势力对于盛宣怀的"灵活使用"不特没有减弱，反而更加无所忌惮了。况且辛亥革命之后，盛宣怀为私利驱动，在与日本势力商订债务及其他关系公司命运的活动中，更是迁就日本利益，扮演了助纣为虐的角色。因此，历史地评说盛宣怀与汉冶萍公司成败功过时，人们既不要抹煞他在公司初创时期所做的贡献，来自盛宣怀的领导和支持，在地球的东半面，中国毕竟建立起一个雄伟的重工业基地，这是不能忽视的事实。但是，也没有任何理由可以借以掩饰他与日本势力之间进行种种损害公司利益的联系，终于陷公司于不能自拔的破败命运。所以，认为盛宣怀在辛亥革命之后，由于社会政治地位的变化，而将其阶级性格概括为"最后转化为民族资本家"，或者"以民族性较强的资本家身份终其生"的观点，看来都还缺乏必要的历史实际的有力支持。

附表1　　汉冶萍公司历年盈亏额统计（1909—1923）

年　别	盈		亏	
	洋例银（两）	合银元（元）	洋例银（两）	合银元（元）
1909	10934.375	15400.53		
1910	45547.713	64151.71		
1911			1634065.603	2301500.85
1912			2039173.615	2872075.52

续表

年别	盈 洋例银（两）	盈 合银元（元）	亏 洋例银（两）	亏 合银元（元）
1913			1092256.772	1538389.82
1914			71687.261	100967.97
1915			275555.213	388105.93
1916		1878496.83		
1917		2801872.20		
1918		3779904.47		
1919		2918463.63		
1920				1279588.44
1921				511835.03
1922				3666876.36
1923				2952609.86

资料来源：1. 1909—1915年洋例银盈亏数字见《汉冶萍公司商办历届账略》（第1届至第8届，光绪三十四年至民国四年）。

2. 1909—1923年银元盈亏数字见《第二次中国矿业纪要》，第126—127页。

汉冶萍公司历年运交日本制铁所矿石和生铁数量

附表2　　　（1900—1934）　　　单位：吨

年别	矿石 产量	矿石 输制所数量	矿石 占产量的%	生铁 产量	生铁 输制铁所数量	生铁 占产量的%
1900	59710	15476	25.9			
1901	118877	70189	59.0			
1902	75496	48169	63.8			
1903	118503	51268	43.3			
1904	105109	59990	57.0			
1905	149840	72000	48.1			

续表

年别	矿石 产量	矿石 输制所数量	矿石 占产量的%	生铁 产量	生铁 输制铁所数量	生铁 占产量的%
1906	197188	105800	53.65			
1907	174612	100000	57.3			
1908	171934	127000	73.9			
1909	306599	95600	31.2			
1910	343076	96210	28.1			
1911	359467	121000	33.7	83337	19164	22.9
1912	221280	192980	87.2	7989	15752	197.2
1913	459711	273900	59.6	97513	14800	15.2
1914	505140	292400	57.9	130000	15000	11.5
1915	544554	298350	54.8	136531	50936	37.3
1916	557703	284500	51.0	149929	40950	27.3
1917	541699	323495	59.7	149664	49684	33.2
1918	628878	321100	51.1	139152	50000	35.9
1919	686888	356730	51.9	166096	60000	36.1
1920	824490	385950	46.8	126305	75460	59.7
1921	560000	249900	44.6	124360	63300	50.9
1922	580000	294144	50.7	148424	116346	78.4
1923	486631	303650	62.4	73018	57345	78.5
1924	448921	331011*	73.7	26977	122306	453.3
1925	315410	361067*	114.4	53482	32297	60.4
1926	85732	105215	122.7			
1927	243632	183193*	75.2			
1928	419950	398410	94.9			
1929	344939	391140	113.4			
1930	377667	391380	103.6			
1931	314359	254515	80.9			
1932	382000	330000	86.4			
1933	366339	368170	100.5			
1934	382800	468420	122.4			

* 原编者注：1924 年、1925 年和 1927 年输往制铁所矿石中包括象鼻山矿石，其数量各为 84872 吨、116818 吨和 29474 吨。

资料来源：1. 矿石：1900—1922 年见丁格兰：《中国铁矿志》，下册，第 209 页；1923—1930 年及 1931—1934 年份见侯德封：第四次、第五次《中

国矿业纪要》，第 367、500—501 页。
2. 生铁：1911—1922 年见丁格兰：上引书，下册，第 399 页；1923—1925 年转见陈真编：《中国近代工业史资料》，第 4 辑，第 746 页。
3. 矿石、生铁输往制铁所数量均据汉冶萍公司档案《杂卷》，转引自《旧中国汉冶萍公司与日本关系史料选辑》，第 1122、1123 页。

附表 3　　　　汉冶萍公司主要产品产量
(1896—1934)　　　　单位：吨

年别	生铁	钢	矿石	煤	焦炭
1896	10532		17600	—	—
1897	23423		39000	—	—
1898	22486		37500	10000	29000
1899	24028		40000	18000	32000
1900	25890		59710	25000	43000
1901	28805		118877	31000	63000
1902	15800		75496	56000	82000
1903	38873		118503	122000	93000
1904	38770		105109	154000	107000
1905	32314		149840	194000	114000
1906	50622		197188	347000	82000
1907	62148	8538	174612	402000	119000
1908	66410	22626	171934	392000	108000
1909	74405	39000	306599	557670	117000
1910	119396	50113	343076	610447	172000
1911	83337	38640	359467	610014	170000
1912	7989	2521	221280	225711	29835
1913	97513	42637	459711	686855	176825
1914	130000	55850	505140	694764	194414
1915	136531	48367	544554	927463	249165
1916	149929	45043	557703	950000	266419
1917	149664	42651	541699	946080	239798

续表

年　别	生　铁	钢	矿　石	煤	焦　炭
1918	139152	26994	628878	694433	216014
1919	166096	3684	686888	794999	249016
1920	126305	38260	824490	824500	244919
1921	124360	46800	560000	808971	206087
1922	148424		580000	827870	225000
1923	73018		486631	666939	208900
1924	26977		448921	648527	190100
1925	53482		315410	286232	96400
1926			85732	75715	11400
1927			243632	183349	8000
1928			419950	163821	7500
1929			344939	233311	11000
1930			377667	147946	6600
1931			314359	163144	7257
1932			382000	183389	9400
1933			366339	172874	14000
1934			382800	104131	

资料来源：1. 生铁：1896—1922 年见丁格兰：《中国铁矿志》，下册，第 399 页；1923—1925 年见谷源田：《中国之钢铁工业》，转引自陈真编：《中国近代工业史资料》，第 4 辑，第 746 页。

2. 钢：丁格兰：上引书，下册，第 399 页。

3. 矿石：1896—1922 年见丁格兰：上引书，下册，第 209 页；1923 年见侯德封：《第四次中国矿业纪要》，第 367 页，1924—1934 年见《第五次中国矿业纪要》，第 500—501 页。

4. 煤、焦炭、侯德封：《第五次中国矿业纪要》，第 484—485 页。

(原载《中国经济史研究》1991 年第 2 期)

从开滦煤矿联营看中国近代煤矿工业发展状况[*]

1912年6月,由英国势力控制的开平煤矿和民族资本经营的滦州煤矿以所谓"中外联合"名义,成立了开滦矿务总局。历史表明,这种联合实际上不过是开平煤矿玩弄花招,逐步实现其兼并滦州煤矿的手段。对于英国商人,这种联合助长了他们得陇望蜀的野心;而对于一部分有志于发展民族工矿实业的滦矿资本家,其结果则是带着失败者的创伤,在万般无奈的情景下发出了"天知我"的心声,发泄其极度的愤懑。这种呼天诉苦,充分暴露了半殖民地条件下民族企业发展前景的苍凉和暗淡。

联合后的开滦煤矿在英国势力的操纵和管理下,全力投身于生产和经营的改善上,不断取得成果,以致到20世纪30年代,它的总产量竟居我国当时机械开采的煤炭总产量的25%—29%。[②] 因之,它在旧中国煤矿工业中的功能和作用,特别是它

---

[*] 本文的撰写,承南开大学经济研究所同志借阅他们辛勤收集和整理的一部分开滦矿务局的档案史料,谨申谢意。

[②] 据侯德封编《第五次中国矿业纪要》第45表数字计算,1934年版。

在生产力的提高和销售市场的开拓上，都有值得重新探索和分析的必要。

一　开滦煤矿的生产发展

英国势力乘1900年八国联军入侵时机，从开平督办张翼手中诈占开平煤矿后，立即在生产上着手排除矿井积水，于当年10月25日复工。①并从欧洲雇用不少技师对矿山生产方法进行技术改革。②而在经营管理上及时采用西方的簿记方法，防止贪污浮报，消灭工资账上的空额。③从而开平煤矿的生产经营逐渐步入正轨。1901年，开平公司改进和补充唐山和林西两矿的生产设备，并且对1898年建造的唐山第3号矿井进行加深，并更新机器设备。④特别是1906年开平矿务局装置了发电机，以电力代替蒸汽，用于矿内提升和抽水等方面。⑤到1907—1908年，这种更新机器设备的工程大体完成。因此，开平煤矿在当时已经拥有年产200万吨左右的生产能力。比之1900年，它的生产能力提高了1倍以上。⑥至于滦州煤矿，它在1902年筹建过程中，所有的机器设备均购的是最新式的德国机器。由于主客观原因，它的生产潜力在当时远未发挥。所以，1912年两矿联合，势必构成了开滦煤矿的生产设备在当时全国的煤矿工业中，具有最为新颖的特点。而且经过联合后的调整，劳动组织更趋合理。在工资

---

① 《捷报》，1900年10月31日，第923—924页。
② 《捷报》，1907年8月17日，第394页。
③ 《捷报》，1901年7月31日，第203页。
④ 《捷报》，1901年7月31日，第202—203页。
⑤ 《关册》，1906年，天津，第28页。
⑥ 《关于1901—1908年开平公司业务发展情况备忘录》，1908年11月24日，开滦档案，M1115—25，转见丁长清《开滦矿的储量、质量和产量》（未刊）。

制度上开始逐步试验以计件工资制代替计时工资制，全力培养技术工人。特别是由于两矿联合，自然地消除了彼此争夺市场的斗争。开滦煤的销场便从华北一隅迅速地向我国东南各口和华南广大地区拓展。这种由于内部机制上的改善，必然导致产销新景象。它充分反映在表1（见下页）所列的统计数字中。

表1反映，作为能源工业，开滦矿务局产销数字的浮动在很大程度上显示了社会经济发展变化的迹象。如果我们就1912—1932年开滦煤矿产销数量的变化来看，这期间它们尽管出现过升降的变动，但在总的趋势上大致都呈现为持续上升的势头。若将这20年分为前后两个10年来考察，可以看出，在1912/1913—1921/1922年的10年中，其产量成直线上升，10年中增加了1.5倍，在近代煤矿业的发展中可说是一种罕见的速度。这是由于爆发了第一次世界大战和战后1919年在我国发生了规模空前的五四运动。这两大事件对中国资本主义的发展曾起了积极的促进作用。国内各行各业新工厂的涌现，和原有工厂的扩充，成了这一时期经济发展的主要特征。它们急切需要大量能源的供给。开滦煤矿的生产显然受到有力的推动。而后一个10年，即1922/1923—1931/1932年，开滦生产发展则表现为波浪式的状态。导致这种起伏现象的主要原因之一在于国内社会政治形势的动荡。20世纪20年代，为帝国主义导演、扶持的军阀割据战争此伏彼起，爆发于1922年的第一次直奉战争使华北地区动荡不安，造成金融恐慌，工矿生产深受其害。其后还不到两年，即1924年夏秋，江浙两省军阀宣战厮杀；紧随之第二次直奉战争再起，京汉、津浦铁路都因之中断。运输瘫痪造成市场萧条，工业生产陷于停顿。这些都直接影响煤炭的生产、运输和消费。开滦煤矿在这10年中，从整体上看，产量虽然仍有一定发展，但其势头已难与前10年相比拟了。

表 1　开滦矿务局的产销统计（1912/1913—1935/1936）

年度	煤产量（吨）	指数 1912/1913=100	煤销量（吨）	指数 1912/1913=100	销量占产量的%
1912/1913	1693196	100	1728296	100	102
1913/1914	2532166	149	2411038	139	95.2
1914/1915	2877498	169	2690135	156	93.5
1915/1916	2884976	170	2667743	154	92.5
1916/1917	2932109	173	2766141	160	94.3
1917/1918	3254018	192	2996669	173	92.1
1918/1919	3398375	201	3128677	181	92.1
1919/1920	4201888	248	4010980	232	95.5
1920/1921	4363899	258	3775536	218	86.5
1921/1922	4085510	241	3536027	205	86.6
1922/1923	3874975	228	3712925	214	95.8
1923/1924	4464814	263	4284157	247	95.9
1924/1925	4204850	248	3230808	186	76.8
1925/1926	3581714	212	3227214	186	90.1
1926/1927	3683299	218	3993520	231	108.4
1927/1928	4958368	292	4220062	244	84.6
1928/1929	4414592	260	4098463	237	92.8
1929/1930	4812718	284	4486367	259	93.2
1930/1931	5541802	327	4170600	241	75.2
1931/1932	5262311	310	4573721	264	86.9
1932/1933	4874540	287	3734673	216	76.6
1933/1934	4223022	249	3673064	212	86.9
1934/1935	4699000	277	3655508	211	77.7
1935/1936	3898000	230	3602289	208	92.4

资料来源：开滦档案：《开滦煤矿历年总稽核年报》，产量和销量数字均见王玉茹《开滦煤矿的资本集成和经营效益分析》（未刊）。

根据联合后开滦煤矿历年总产量递增的数字，如果进一步考察开平和滦州两矿在开滦总产量的构成上各自所做贡献如何时，人们将从表2所列统计看到，两矿在开滦总产量构成中所占地位随同岁月迁移，有很大的变化。

表2　开滦矿务局的产量构成（1912/1913—1935/1936）　单位：吨

年度	开滦矿局煤总产量	开平公司煤产量	占总产量%	滦州公司煤产量	占总产量%
1912/1913	1693196	1290010	76.2	403186	23.8
1913/1914	2532166	1653832	65.3	878334	34.7
1914/1915	2877498	1419859	49.3	1457639	50.6
1915/1916	2884976	不详	—	不详	—
1916/1917	2932109	1396708	47.6	1535401	52.4
1917/1918	3254018	1626040	49.9	1627978	50.1
1918/1919	3398375	1466553	43.2	1931822	56.8
1919/1920	4201888	1629474	38.8	2572414	61.2
1920/1921	4363899	1713290	39.3	2650609	60.7
1921/1922	4085510	1738685	42.6	2346825	57.4
1922/1923	3874975	1618836	41.8	2256139	58.2
1923/1924	4464814	1779891	39.9	2684923	60.1
1924/1925	4204850	1650566	39.3	2654284	60.7
1925/1926	3581714	1367090	38.1	2214626	61.9
1926/1927	3683299	1324441	35.9	2358818	64.1
1927/1928	4958368	171326	34.6	3245107	65.4
1928/1929	4414592	1607356	36.4	2807236	63.6
1929/1930	4812718	1614234	33.5	3198484	66.5
1930/1931	5541802	1774609	32.0	3767193	68.0
1931/1932	5262311	1648193	31.3	3614118	68.7
1932/1933	4874540	1583936	32.5	3290604	67.5
1933/1934	4223022	1435713	34.0	2787309	66.0
1934/1935	4699255	1682189	35.8	3017166	64.2
1935/1936	3898000	1316625	33.7	2581375	66.3

资料来源：开滦档案：《开滦煤矿历年总稽核年报》，转见丁长清《开滦煤矿的储量、质量和产量》（未刊）。

表2统计表明，开平、滦州两矿联合之后二十余年中，开平的年产量在头几年的开滦总产量中尚占较大的比重；但从1916/1917年后逐年见减，在总产量比重上退居次要地位。同期中滦州煤矿的产量却在稳步上升。1912/1913年，即两矿联合之初，滦州的年产量只占开滦总产量的23.8％，但到1917/1918年，历时不过5载，滦州的产量便上升为开滦总产量的二分之一以上，而且在继续递增；到1923—1924年度，它的年产量居总产量的60％以上，最高时达68％，而且这个比例关系一直维持到30年代的前期。因此，统计数字的变化给人们提供了一个强烈的印象：开平、滦州两矿在开滦总产量构成中所占地位从1916/1917年以后是朝着逆反方向变化的，其反差程度也随岁月迁移而愈见其加深。这就是说，英国势力控制的开滦煤矿能够长期维持高额产量，主要是依赖滦州煤矿所提供的贡献。

二 开滦矿务局对国内市场的开拓

开滦矿务总局是在辛亥革命爆发的年代诞生的。辛亥革命虽说是一场不彻底的资产阶级革命，但是南京临时政府揭橥的"振兴实业"政策，和经由这场革命相对提高了资产阶级的社会地位，都对中国近代资本主义工商企业的发展起了积极的推动作用。稍后，又逢第一次世界大战，西方参战国家的工业生产都受战时经济约束，无法维持正常的产销关系。国内工业乘时而起。于是在中国资本主义工矿企业面前出现了一个顺利发展的环境。开滦矿务局紧紧掌握了这个大好时机，全力调整生产，并且在提高产量的同时，又锐意经营和改善秦皇岛港口的吞吐能力。在华北地区则以天津为重镇，尽力向相邻中小城镇扩大销场。同时又加速开拓东南沿海口岸，确立以上海为中心，进一步向长江中上游拓展新市场。此外，南方的广州也成了它伸手捕捉的目标。

20世纪一二十年代，中国煤炭市场的货源，基本上可划分为3个方面：直接自国外的进口，如日本煤、安南煤、印度煤等等，其中以日本煤的输入量占最大比重；其次属于外国势力控制下在国内生产的煤炭，如东北的抚顺煤，华北的开滦煤等；第三是由民族资本经营的煤矿，它们虽已兴起有日，惜规模狭小，产量不高，在市场上不居重要地位。

为了拓展销售市场，开滦矿务局调整了开平和滦州两矿在天津的原有阵地，以便向天津以外的北方市场扩充。在第一次世界大战爆发之前，由德国势力控制的井陉煤矿力求在天津扩大销路，与开滦展开竞争。开滦煤田距天津仅80公里，可说是近在咫尺，尤其在运输手段上既有铁路可供利用，又自备轮船畅达津门，在这方面占很大优势。返观井陉煤矿距天津在280公里，远销途中虽也有铁路可资利用，但须经正太、京汉和京津三路转运，不能直达，大费周折。特别是在利用正太和京汉路时，必须在石家庄重行装卸，运输费用因之增加①，在售价上难以与开滦煤在天津市场争衡。世界大战结束后，天津市场上开滦煤的输入在1918—1925年，年达70万吨左右；1925—1928年，年达60万吨；同期中输往天津的井陉煤斤由于数量甚少，以致没有留下具体记载。② 到了30年代上期，天津市场煤炭销量扩大，据1931—1934年的记载反映：这4年天津的煤销量分别为103万吨、107万吨、106万吨和108万吨，其中赖开滦供应的各年占

---

① 当时正太、京汉两路不同轨，正太路采用3.28英尺的狭轨，京汉路则用4.85英尺的宽轨，所以在石家庄必须换车，重行装卸。见《第二次中国矿业纪要》第33页。

② 参见第二次、第三次《中国矿业纪要》，第32—33、267页。

77.5%（80余万吨）、83.7%（89万余吨）、64.4%（68万余吨）和55.7%（60万余吨）；而同期中井陉煤在津销量只在13—17万吨之间，仅占市场销量的13.5%—16.2%，远非开滦煤的对手。在这里还须一提的是，民族资本煤矿如山西阳泉、大同等矿，这时已经逐渐在天津开辟销路，其销量虽然不大，如在上述时期中，大同矿在天津的销量以1932年为最高，达8.5万余吨，占当年津市总销量7.9%；阳泉矿的销量则以1934年的5.6万余吨为最高，占当年总销量的5.2%。① 它们的销量与开滦相比较实无足轻重，不过能够在强大的开滦席卷天津煤市的情况下，占有一席之地，未尝不是民族矿业在重重困难中所争得的可贵成果。

　　开滦煤尽管垄断了北方的天津市场，然而在开滦矿务局的目标中，最有吸引力的销场乃是华东的上海地区。这一地区对开滦的重要性不仅在于当地工厂林立，商业繁盛，交通便利，是中外贸易和轮运业的中心，而且还因为上海可作为沿长江上溯，经汉口向更遥远的内地城镇销流煤斤的枢纽。同时它还可以作为沿海运输销往华南各地的中转站。所在，从1900年后，上海便成了英国控制的开平煤矿所亟想拓展的市场。但是，在19世纪八九十年代，上海所需燃煤主要依靠国外供应，其中以日本来煤为主。20世纪初，开平力图扩大它在上海的销售，但成效不著。及至1912年开滦矿务公司成立，该公司上海经理处发现了1909年便在开平矿务公司上海办事处充当跑街的刘鸿生，是一位富有推销能力的职员。当时开平驻沪办事处经理、英国人葛尔德虽能操流利的汉语，但在开拓开平销售市场上却是一筹莫展。那时在上海畅销的煤炭中有山东淄博煤、博山煤，东北的抚顺煤，华东

---

① 以上数字均见侯德封编《第五次中国矿业纪要》，第122页。

的贾旺煤、淮南煤，国外输入的则有越南的鸿基煤和日本煤等等，惟独开平煤的市场十分狭窄，销流不畅。① 在这种状况下，开滦公司重用刘鸿生，提拔为公司买办，期望他打开局面。刘便对上海煤炭销售状况作深入调查，他以大量用煤的老虎灶和华商纱厂为突破口，逐渐打开销路；同时针对用户不满于开滦供煤不分等级，优劣混杂的弊病，向公司建议将统煤分级出售，按质论价，用户可以根据不同需要采购。这个措施立即博得用户的欢迎，从而逐渐为开滦煤拓展了在上海的销路。② 嗣后他又将开滦煤的销售业务"扩展到宜兴、溧阳等地的烧窑业中去"③；并且还代表开滦矿务公司向津浦铁路局推销煤炭。当时正值第一次世界大战，开滦矿务局自备轮船被英国政府征用，秦皇岛码头滦煤充斥，无法外运。赖刘鸿生设法，租用轮船数十艘，包括租用招商局行走天津——上海的轮船在内，陆续运输秦皇岛积煤到上海。此项运输活动前后达三年之久④，使得开滦矿务局即使在运输条件十分困难的1914—1918年，仍能在上海年销40万吨左右⑤，从而牢固地保持了上海市场。

作为开滦买办，刘鸿生的职责及其活动地区是在上海及长江一带推销开滦的煤炭，处理与销售业务有关的问题。刘自1912年担任开滦买办后，十年中为开滦公司拓展市场作了不少贡献。1922年初，开滦上海经理处经理巴汉在致开滦总经理那森的信件中说："刘鸿生为人颇有才智，他对上海——更重要的是对上

---

① 参见许敏《实业家刘鸿生》，《上海研究论丛》第5辑，第244页。
② 参见许敏上引文第244—245页；上海社会科学院经济研究所编《刘鸿生企业史料》上册，上海人民出版社1981年版，第4页。
③ 《刘鸿生企业史料》上册，第4—5页。
④ 同上书，第7、9页。
⑤ 同上书，第8页统计表。

海周围地区——的煤业知识,很少人能和他相伦比。……对我来说,他的意见经常是十分宝贵的";特别是由于上海及长江一带的"中国大型商业企业宁愿通过他们本国的同胞才来和我接洽的为数不少。他在最近6个月中曾经为我们介绍了3位新纱厂经

表3　　上海煤市开滦煤和日本煤销售量比重统计（1911—1924）

年份	上海煤市的总销售量 数量（吨）	指数（1913年=100）	开滦煤 销售量（吨）	占煤市总销售量的%	日本煤 销售量（吨）	占煤市总销售量的%	其他煤 销售量（吨）	占煤市总销售量的%
1911	1099821	78.79	154839	14.08	819126	74.48	125856	11.44
1912	1189378	85.06	185734	15.64	887131	74.71	114513	9.65
1913	1395959	100.00	281999	20.20	917172	65.70	196788	14.10
1914	1467585	105.13	399442	27.22	854543	58.23	213600	14.55
1915	1337287	95.80	415664	31.08	743767	55.62	177856	13.30
1916	1461531	104.70	480196	32.86	814857	55.75	166478	11.39
1917	1515155	108.54	513194	33.87	791587	52.24	210374	13.89
1918	1315006	94.20	384977	29.28	733034	55.74	196995	14.98
1919	1458529	104.48	606949	41.61	650033	44.57	201547	13.82
1920	1696275	121.51	885258	52.19	554326	32.68	256691	15.13
1921	1935962	138.68	906420	46.82	637319	32.92	392223	20.26
1922	1838869	131.73	756819	41.16	562860	30.61	519190	28.23
1923	2083219	149.23	976457	46.87	610193	29.29	496569	23.84
1924	2073502	148.54	977592	47.15	588369	28.38	507541	24.47

原注：日本煤一栏不包括日本在中国所控制的各煤矿运销量在内。

资料来源：根据英商壳件洋行1923年6月30日及1927年6月30日所编的上海煤炭存销报告整理,转引自《刘鸿生企业史料》上册,第8页。

理，其煤斤年需量分别为10000、10000和7000吨"[1]。事实上到20年代初，开滦煤在上海及长江下游各口岸的销量在1923年已达1112051吨，占开滦矿务局当年总销量的25.01%，1924年上半年销售量所占比重也大致相似。[2]

为了更加有效地为开滦煤开拓京沪沿线的销路，特别瞩目于新兴工业城市无锡、常州等地的煤炭市场，刘鸿生于1926年决定在江阴兴建一座可供3000吨轮船卸煤用的码头。江阴码头建成后，开滦煤便可以由水路运到江阴卸货，然后由江阴经90华里的水路运往无锡、常州一带。这样便可从节省运费上使滦煤成本减低，以便用更低的售价取代当地市场上一直占有优势的峄县和贾旺的燃煤。[3]

开滦公司上海办事处经过多年的激烈竞争，在上海地区既从华商手中夺取煤炭市场，同时也有力地冲击了久踞上海的日本来煤的优势地位。表3统计数字系统地反映了这一互为消长的变化历程。

上述统计反映了开滦煤和日本煤在上海煤市销量变化的基本状况。1911—1912年，当开滦矿务公司成立之初，上海煤市上开滦煤所据地位远在日本煤之下，它的年销量不过占上海煤市总销量的14%—15%，日本来煤（不包括日本控制的抚顺煤）则稳居鳌头，达74%；嗣后由于开滦上海经理处的积极经营，两者在销量上所占比重逐渐出现了有利于开滦煤的变化。到1919年，即第一次世界大战结束的第二年，开滦煤在上海煤市的销量虽然

---

[1] 《开滦上海经理处经理巴汉致总经理那森函》，1922年1月14日，开滦档案，M—10400，转见丁长清《开滦煤矿的市场经营策略》，《南开经济所季刊》1986年第1期。
[2] 《刘鸿生企业史料》上册，第22页。
[3] 参见《刘鸿生企业史料》上册，第64、65页。

还略低于日本煤,但两者行将持平的形势已很明显。从 1920 年起,开滦煤在上海煤市的销量终于转为优势了。造成这种变化的原因是复杂的:它既与开滦矿务公司上海经理处积极经营取得成效密切相关,同时也受到欧战期间海上运输困难的限制,特别是日本政府利用欧战时机,积极在其国内发展轻重工业,耗煤量猛增,对华输出量相应减少。更不应忽略 20 年代前半期,日本侵华加剧,我国多次掀起抵制日货运动,也影响了日本煤输沪数量。比如,1924 年,输入上海的煤斤总量达 2239495 吨,来自日本的仅 718315 吨,只占输沪煤市总额的 32%;同年开滦煤的输沪数量则增至 789599 吨,占 35%。① 尽管到 20 年代后期,如 1927 年和 1928 年,日煤输沪量都在 114 万余吨,各占当年 36.6% 和 33.5% 的比重,略胜于开滦煤输沪的数量和比重。但这种情况并未维持多久,到了 30 年代初,便又完全改观了。1931—1934 年,输到上海煤市的日本煤和开滦煤在比重上明显地起着逆反方向的变化:开滦煤基本上维持在 33%—39% 的比重,最高时达 45.4%,在数量上年达 100 万吨到 130 万吨左右;日本来煤输沪量却逐年下降,所占比重在 1931—1933 年只在 13% 到 18% 之间浮动,1934 年更降为 8%。② 应该指出,这种现象在 30

---

① 《第二次中国矿业纪要》,第 82 页。
② 参见《第五次中国矿业纪要》(第 121 页)输入上海煤市的日本煤和开滦煤数量比较表:

单位:吨

年别	输入上海煤市总量	%	日本煤输入量	占总量%	开滦煤输入量	占总量%
1931	3259905	100	614953	18.8	1283971	39.4
1932	2790847	100	369173	13.2	1266932	45.4
1933	3314554	100	520458	15.7	1117841	33.7
1934	3184788	100	255054	8.0	1132308	35.5

年代前期出现，也有多方面的原因：有属于市场竞争的因素，也有由于"九一八"事件发生后，国内广泛开展抵制日货运动的影响。而最主要的原因还在于日本国内产业结构发生变化所导致。从30年代初起，日本国内经济发展方向开始以重工业、化学工业的急速扩展和出口产业显著发展为其特征[1]，产业结构的重心便从轻工业向重工业过渡，军工生产和出口商品生产迅速繁荣起来。日本国内对煤的需要量大为增加。于是它不仅减少了对外输出煤炭数量，而且还增大了它所控制的抚顺煤的对日本的供应量。出于这种基本情况的变化，使开滦煤在1936年抗战全面爆发之前的一段时期中，能够牢固地占据了上海煤炭市场的优势地位。

对于开滦矿务局来说，上海口岸的重要意义不只在于它是滦煤在东南地区的销售中心，而且还是它向长江中上游销流的枢纽。前面提到在通州、苏州、无锡、常州、江阴、镇江、南京和芜湖等地设立的分销机构，都便于输运到上海的滦煤能够顺利地扩散于长江流域的中游各地，进而销流到上游的工业城市。

比如，一向是长江上游工商业中心的武汉在进入20世纪后，近代工业有所发展，新工厂不断涌现，煤炭需要量日见其增。据估计：当时武汉每年煤的消费量大致和天津相近，在100万吨左右[2]，其中一部分由萍乡、大冶、六河沟、临城等处煤矿供应外，而大宗煤炭货源则依赖"由上海运来的开滦煤"[3]。此外，日本煤和由日本控制的抚顺煤也占有一定的比例。不过进入30年代，日本为了满足国内市场的需要，严格控制煤炭输出量。于是武汉煤炭市场上，日本煤及其控制的抚顺煤在输入量上遂与开

---

[1] 参见楫西光速等著《日本资本主义的发展》，商务印书馆1963年版，第260页。
[2] 第二次《中国矿业纪要》，第84页。
[3] 同上书，第83页。

滦煤起了逆反方向的变化，表4统计可为印证，从而开滦煤以武汉为据点，在华中地区建立了重要的销场。

武汉煤市日本煤、抚顺煤、开滦煤输入量变化

表4　　　　　　　　（1931—1934）　　　　　　　单位：吨

年别	输入武汉煤炭总量		日本煤		抚顺煤		开滦煤	
	总量	%	量	占总量%	量	占总量%	量	占总量%
1931	763558	100	50000	6.5	100000	13.1	65558	8.5
1932	895274	100	40000	4.4	78000	8.7	69218	7.7
1933	807525	100	14000	1.7	10000	1.2	101821	12.6
1934	832873	100	3250	0.4	—	—	118074	14.1

资料来源：据第五次《中国矿业纪要》编制，第123—124页。

此外，我国华南的重要工商业城市广州也有开滦煤的足迹。这是因为广州相邻地区煤产不多，一向依赖省外供应；开滦矿务局依靠自备海运力量，使滦煤能够远涉南疆，惟初期为数不多。1928年的记载反映：广州煤市的货源以往主要来自日本控制的抚顺和台湾两地，开滦来煤尚属有限。如当年来自抚顺的煤为8.7万吨，台湾的煤为7.4万吨，两者合计，占当年广州煤市输入量47万吨的33.6%，而开滦来煤年仅7.4万吨，只占总输入量15%。① 不过到了20年代后期，由于广州开展的抵制日货运动比较彻底，严格禁止日本货流通。开滦则利用"合办"名义，自称国产煤，向广州政治当局要求取代台湾、抚顺在广东省的煤炭供应。② 30年代初，开滦煤在广东省煤市的供应量有所扩大，1932年，它在广州销售量达13.2万吨，占当年全市销量的

---

① 第三次《中国矿业纪要》，第274页。
② 《矿业周报》第2集第32号，第520页，1929年。

22.4%，1933年的销量则突破20万吨，已占全市总销量的33.8%，1934年再度上升为22.4万余吨，占全市总销量的40%，同期中则不见台湾和抚顺来煤的记录。[1] 顺便指出，在开滦矿局拓展广州煤市的同时，也涉足汕头，据称年销量大抵在5万吨左右。[2] 由此可见，开滦煤不避长途跋涉，经过多年竞争，到30年代在拓展华南煤市上也获得了相当的成效。

从开滦矿务局在上述各口岸及其相邻地区开拓煤市的历程和实际业绩来看，天津和上海无疑是矿务局在南北两地的主要销场，而上海所占地位更为突出。开滦矿务局在所作的1931/1932年度的统计称：当年开滦煤的销售量比1912/1913年度扩大了1.74倍，其中天津地区扩大了1.12倍，上海地区则扩大了4.36倍。[3] 国内市场不断扩大，促进矿山生产正常发展，同时保证了矿局在20世纪二三十年代维持繁荣局面。然而，在这个比较繁荣的"中英合办"企业中，"合办"的双方是处在怎样的地位和怎样分享其盈利？这是一个很值得研究的问题，可惜史料散佚，无法充分展开，目前我们只能就某些基本材料作比较简略的探索。

三　开滦矿务总局的盈利和分配

开滦矿务总局是以开发和经营煤斤为主的大型近代企业。尽管这家企业自建船队，经营运输任务，也经营秦皇岛港口、芦台运河和浦东码头等等，但这些业务只居于企业的从属地位，它的主要力量则投放在煤矿开采和煤市的开拓。从1912年矿务总局

---

[1]　第五次《中国矿业纪要》，第124—125页。
[2]　第三次《中国矿业纪要》，第267页。
[3]　1931/1932年开滦矿务总〔经〕理年报。

成立迄至20世纪30年代中期，20余年中，在矿局产销频频上升的过程中，它的资本积累和利润升降状况，据矿务局的档案记载，有如表5所列。

表5　开滦矿务总局利润统计（1912/1913—1935/1936）

年度	资本（元）	指数 1912/1913 = 100	利润（元）	指数 1912/1913 = 100	利润率%
1912/1913	28286671	100	2934737	100	10.4
1913/1914	29491208	104	4786259	163	16.2
1914/1915	29973461	106	5448606	185	18.2
1915/1916	30555071	108	5201094	177	17.0
1916/1917	31099551	110	5776339	196	18.6
1917/1918	31730304	112	8703355	296	27.4
1918/1919	32719641	115	8424101	287	25.7
1919/1920	33638144	119	12067814	411	35.9
1920/1921	35411514	125	10426808	355	24.4
1921/1922	41593651	147	7173126	244	17.2
1922/1923	42433937	150	9205492	313	21.7
1923/1924	41779090	148	10830008	369	25.9
1924/1925	43167190	153	5644272	192	13.1
1925/1926	43778264	155	5336409	182	12.2
1926/1927	44343067	157	9504716	324	21.4
1927/1928	45533087	161	12554555	427	27.6
1928/1929	47180591	167	9462882	322	20.1
1929/1930	56439544	199	9548715	325	16.9
1930/1931	57636164	204	8066234	275	14.0
1931/1932	58610417	207	10291489	351	17.6
1932/1933	59918454	211	3696858	126	6.2
1933/1934	66470090	234	2993806	102	4.5
1934/1935	66500928	235	2581131	88	3.9
1935/1936	66556831	235	2626419	89	3.9

注：资本包括实缴股本、借入资本、公积和未分配利润。

资料来源：开滦档案：《开滦煤矿历年总稽核年报》，转引自王玉茹《开滦煤矿的资本集成和利润水平的变动》，《近代史研究》1989年第4期，第155、162—163页。

试将表5统计与本文第二部分所述的产销情况结合起来考察，它至少可以提供以下几点启示：

首先，在资本积累的量上，开滦煤矿一直保持着平稳而持续增长的势头。从1912年以后的二十余年中，企业资本积累的速度变化显示了前10年（1912—1922）进展比较缓慢，10年中只增加50%；第二个10年速度稍见加快，到1930/1931年度表现为成倍的增加。同时开滦资本积累的来源并非由于新投资的到来，完全得之于利润的转化。这是在半殖民地社会条件下，外国势力控制的以及外国在华企业资本积累的通例，开滦的状况自不例外，反映了这类企业完全属于"一本万利"的基本事实。

其次，试以1912/1913年度的利润为基数，将其后20年的利润量的变化分为前后两个10年，并联系产销变化来考察，那么在第一个10年中，在产量上升1.5倍，销量上升1倍左右的情况下，利润的变化则表现为：增加1倍的有5年，2倍以上的有2年，最高的一年（1919/1920）竟达3倍以上；在利润率的变化上表明：在20%以下有6年，超过20%的为4年，最高一年（1919/1920）的利润率竟达35%。第二个10年（1922/1923—1932/1933）中，企业的产、销呈现波动状态，不如前此10年，频年上升的状况。所以，反映在利润的指数和利润率的变动上是升沉互见，其上升的趋势不若前10年那样坚挺。尽管如此，20年中的年平均利润率则在20.2%。凡此种种，都表明开滦煤矿的利润率是明显地处于居高地位的。为了说明这一现象，还可以选取相应时期有利润记载可查的民族资本煤矿和若干轻工业厂家的资本和利润关系作横向比较，这个事实就更加清楚了。

开滦煤矿与几家民族资本工矿企业利润率变化的比较

表6　　　　　　　　　　　（1912—1935）

年别	开滦煤矿	保晋煤矿	申新一、八厂	申新三厂	福新一、三厂	南洋兄弟烟草公司
1912/1913	10.4	-2.6	—	—	—	—
1913/1914	16.2	-0.4	—	—	10.54	—
1914/1915	18.2	-0.05	—	—	7.08	—
1915/1916	17.0	-1.1	—	—	9.32	—
1916/1917	18.6	15	7.03	—	5.70	—
1917/1918	27.4	3.2	13.39	—	9.90	—
1918/1919	25.7	3.2	18.35	—	13.37	—
1919/1920	35.9	4.2	53.15	—	15.22	—
1920/1921	24.4	1.7	36.65	—	13.53	32.39
1921/1922	17.2	0.9	27.03	—	7.34	26.97
1922/1923	21.7	?	16.46	23.48	2.75	27.23
1923/1924	25.9	?	7.56	12.35	7.41	20.63
1924/1925	13.1	?	—	11.15	3.72	3.2
1925/1926	12.2	-0.4	9.95	13.54	—	8.13
1926/1927	21.4	-1.9	11.89	—	—	15.34
1927/1928	27.6	-12.4	11.65	16.40	—	1.92
1928/1929	20.1	-0.7	13.54	17.67	—	-14.98
1929/1930	16.9	-0.2	18.58	23.59	—	-21.35
1930/1931	14.0	15.1	7.46	—	—	-2.04
1931/1932	17.6	—	18.52	—	—	6.77
1932/1933	6.2	—	16.56	22.18	—	9.38
1933/1934	4.5	—	12.08	—	—	12.09
1934/1935	3.9	—	14.10	—	—	10.71
1935/1936	3.9	—	—	—	—	5.34

资料来源：1. 开滦：见开滦矿务总局利润统计。

2. 保晋：《中国近代经济史统计资料选辑》，第166页。

3. 申新一厂、八厂，申新三厂，福新一厂、三厂：均见《荣家企业史料》上册附录，统计，第622—632页。

4. 南洋公司：《南洋兄弟烟草公司史料》，第276页。

在民族资本煤矿业中,我们目前存有山西阳泉保晋煤矿利润率的记载;其他则是轻工业中的纺织、面粉和烟草各业中经营很具成效的几家企业。它们在20世纪二三十年代都经历过繁荣和艰难的岁月,因此都是具有相当代表性的企业。先就保晋煤矿来看,它记有利润率的年份虽有16年,但有9年处于亏蚀,自无利润可言,有利润的7年,平均利润率为6.18%;1916—1921年虽每年都有盈利,但6年的平均利润率只在4.7%,只有极个别年份利润率达15%,绝大多数年份都只在3%—4%的水平上。至于纺织业中的申新一厂、八厂,在记有利润率的18年中,年平均利润率在16.88%;申新三厂在8年中,年平均利润率为17.54%;面粉业中的福新一厂、三厂在12年中,年平均利润率在8.8%;烟草业中的南洋兄弟烟草公司在9年中,年平均利润率在13.85%,它们明显地都低于开滦矿年平均利润率。特别是在有关的统计年代,申新一厂、八厂和福新一厂、三厂年利润率变动的幅度都很大,南洋烟草公司利润率的起伏更为剧烈,在有利润率记载的13年中,最高时为1922年的27%以上,过了一年,猛降为3.2%,最低的一年只有1.9%,其升落何其剧烈! 以视开滦煤矿历年利润率变动的平稳情形,充分说明在半殖民地社会政治经济条件下,民族资本厂矿企业无力决定自身命运的严峻事实!此外,还可与外资在华企业的盈利作比较。20世纪20年代后期,外资在华企业的年利润率为10%—20%,[①] 至于英国本国公司的年平均利润率在1909—1914年为9.5%,在1923—1929年为10.6%,[②] 相形之下,开滦利润之丰厚和利润率之高,不言而喻。

[①] 雷麦:《外人在华投资》,第293—294页,转见郑友揆《中国的对外贸易和工业发展》(1940—1948),第116页,上海社科院出版社1984年版。

[②] 《经济学家(The Economists)》杂志,1937年2月23日和4月24日增刊,转见吴承明《帝国主义在旧中国的投资》,人民出版社1955年版,第84页。

至此，还可进一步追索开滦矿务总局利润分配中滦州煤矿公司又是处于怎样的地位？

1912年，开平和滦州两公司联合时曾在合同中订明："每年净利在英金30万镑以内，开平公司股东应得百分之六十分，滦州公司股东应得百分之四十分。超过30万镑部分则由两公司股东平分。"据此，两公司的股东从联合之时起到1932年20年中，在净利润的所得上有如表7（见下表）的统计。

开滦矿务总局净利润分配

表7　　　　　　　　（1912/1913—1931/1932）　　　　　　　单位：元

年别	营业总利润 实数	指数 1912/1913=100	两公司分配的净利润 净利润 实数	指数 1912/1913=100	开平公司 实数	指数 1912/1913=100	滦州公司 实数	指数 1912/1913=100
1912/1913	2934737	100	1655749	100	993449	100	662300	100
1913/1914	4786259	163.1	2928386	176.9	1757032	176.9	1171354	176.9
1914/1915	5448506	185.6	3286416	198.5	1971850	198.5	1314566	198.5
1915/1916	5201094	177.3	3177539	191.9	1875422	188.8	1271016	191.9
1916/1917	5776339	196.8	3791987	229.1	2146974	216.1	1645013	248.4
1917/1918	8703255	296.8	6211569	375.2	3299398	332.2	2912171	439.8
1918/1919	8424101	287.1	5995734	362.2	3162910	318.4	2832824	427.1
1919/1920	12067814	411.3	8917456	538.7	4851805	488.5	4335651	654.8
1920/1921	10426808	555.3	7313448	441.8	3850013	387.7	3463435	523.1
1921/1922	717316	244.5	4593785	275.8	2528683	254.5	2065102	311.9
1922/1923	9205492	313.7	6109768	369.1	3313180	333.6	2769588	422.3
1923/1924	10830008	369.1	7330372	442.9	3927004	395.4	3403368	514.0
1924/1925	5640272	192.2	3116238	188.2	1816415	182.7	1299823	196.2
1925/1926	5336409	181.8	2839290	171.5	1663361	167.4	1175929	177.4

续表

年别	营业总利润 实数	营业总利润 指数 1912/1913=100	两公司分配的净利润 净利润 实数	两公司分配的净利润 净利润 指数 1912/1913=100	开平公司 实数	开平公司 指数 1912/1913=100	滦州公司 实数	滦州公司 指数 1912/1913=100
1926/1927	9504716	323.9	6004093	360.6	3322938	334.5	2681155	404.9
1927/1928	12554555	427.8	8368558	502.5	4503393	453.4	3865165	583.8
1928/1929	9462882	322.4	5813374	349.1	3233033	325.5	2580341	389.7
1929/1930	9548715	325.4	5655044	341.6	3231733	325.3	2423311	366.0
1930/1931	8066234	274.9	4064030	245.5	2363294	237.9	1700736	256.7
1931/1932	10291489	350.7	5923656	355.7	3407132	343.1	2516524	380.0

资料来源：开滦档案，据开滦矿务总局总经理年报编制，转引自丁长清《旧中国开滦煤矿的财务管理制度和财务状况》（未刊）。

表7统计表明：开滦矿务总局成立之后，由于企业运转正常，产销两旺，营业总利润虽有时上下波动，但上增的趋势始终未变，有的年度上升幅度在3—4倍，净利润的变动幅度基本上和总利润的升增保持一致。至于开平、滦州两公司的分配情况，我们仍不妨将20年中的变化情形分为两个时期来考察。在第一个10年（1912/1913—1921/1922）开平公司的净利润从99万余元递增为252万余元，增加1.5倍以上；滦州公司则从66万余元增达206万余元，增加了2倍以上。在第一个10年中，开平净利润累计达2643万余元，年平均在264万余元；滦州的累计在2167万余元，年平均在216万元；第二个10年（1922/1923—1931/1932），开平净利润的年平均为307万余元，滦州的年平均则为244万余元。十分明显，净利润的较大部分归开平公司，亦即为英国资本家所攫取，这是一个方面；另一方面，试将开平、

滦州两矿的历年产量变化联系净利润分配时，问题更为突出：在第一个10年，开平的年产量从1916年以后便步入下坡路了，而滦矿的产量却表现为稳步上升。因此，向开滦矿局提供的剩余价值总量中，大部分来自滦州煤矿，然而在净利润的分配上，它却只能占少数，其不合理，显而易见。到了第二个10年，滦矿产量在总局所占比重更加提高，而它在净利润分配上所居劣势地位，不但无所改善，反而更加深了。虽然这是由于1912年不合理的"合同"制约所致，但以追求最大限度利润为目的的滦州矿资本家，20年来竟不闻有丝毫的异议和要求，岂是正常！深究其原因，这是由于在这20年中，国内政局动荡，军阀混战不断，生产事业屡遭破坏，不少办有成效的煤矿如中兴、萍乡、保晋等矿，间或面临亏损、停顿甚至倒闭的命运。而滦州煤矿借与开平联合，依傍英国势力庇护，其资本家年得丰厚利润之外，还享受开滦股票大幅度升水的优惠。这很可能就是他们在净利润分配上即使处于很不公允地位，也不敢有所异议的根源所在。

应该着重指出，开滦的丰厚利润在滦州煤矿资本家间产生的消极作用远不限于此。它甚至使原定的"以滦收开"的目标根本无从实现。

根据1912年"开滦矿务总局联合办理草合同"第17条规定："自本合同签订之日起十年后，滦矿公司应有权可收开平公司之全产，由两造商定公道价值收回。"所以，到了1923年，社会上理所当然地发出了收回开平的舆论。同时北洋政府所属的农商部，直隶省议会等也各从本部门私利出发，催促滦州公司备款，进行"以滦收开"行动。然而滦州公司的当权资本家从狭隘的个人私利出发，不顾国家资源，民族利益的损失，在"收开"的活动上反而听从英国势力的摆布，采取共同抵制"收开"的行动。1925年，英国利益代理人那森少校在听取滦州公司董事们关于"收开"的议论后，他所获得的印象是："滦州公司〔董事们〕的意见是，他们无意进行购买〔开平公司〕，同时也没有力量这样做。压力（指社会的和北洋政府的）促使他们进行磋商，因此他们不得不对这件事情采取一些行动。"① 在这里滦州公司资本家毫无保留地暴露了他们一心依从外国势力的真情。这时节，从广州出发的国民革命军北伐进展顺利，国民政府已经由广州迁到武汉，北洋政府土崩瓦解已是指日可待。充分了解这种形势变化的那森少校与滦州公司资本家商定的应付措施就是"拖延"。开平董事长 W．特纳在一封信中说："使开平和滦州公司彼此之间仅限于从事丝毫无害的，拖延不决的函件往来，而对任何实际行动则进行搁置和推迟。"② 可见滦州公司在20年代的所谓"收开"运动，不过是在英国势力导演下的一幕丑剧。到了1928年，北洋政府在强大的北伐革命军的打击下作鸟兽散，这幕丑剧也便及时收场，无声无息了。

进入30年代，国民政府也曾发动过一场"以滦收开"运动，但其后果适得其反。它在实际上加速了开平公司对滦州公司从"联合"名义上的控制转入名副其实的兼并。

1931年，国民政府责令滦州煤矿"践约收开"，否则政府将依法收回滦矿。因滦矿自1912年与开平联合以来，从未遵照《中国矿法》纳税，政府可以根据《矿法》，责其抗缴矿税，吊销滦州矿权。当时开平和滦州煤矿仅是联合，并非合并。而在产量

---

① 开滦档案：《那森少校致伦敦开平公司秘书公函》，1925年6月6日，转见熊性美：《论英国资本对开滦煤矿经营的控制》，《南开经济研究所季刊》，1986年第2期。

② 开滦档案：《特纳致开滦总经理杨嘉立函》，1925年11月27日，转见熊性美前引文。

上滦州矿占开滦全部产量的65%—68%,开平仅占30%左右(参见本文表2),滦州矿如果停采,开平也就难以维持。在"收开"的行动上,应该说这是一个可收实效的方案。

然而国民政府并未认真制定有力措施,保证这一方案实现。1933年,陈公博任实业部长,他依恃汪精卫的支持,在执行过程中肆意改变了原定方案的要求。他完全抛弃"收开"的目的,而以最大的精力集中在矿区税的征收上。为此他连续发出"训令"。1933年7月5日,他指责滦州煤矿"对于国家法令,历年多未遵守;即如矿税一项,迭经严令催缴,亦迄延不奉行。去岁该公司于呈换矿照时,虽据缴到税款7万元,核计尚不及原欠矿界年租及区税总数十分之一。……且该公司自去岁换领执照后,对于每年应缴区税银54743.06元,亦复未能按期遵缴。……为此特行令仰该公司速将历年积欠区税如数筹足,克日汇解来部,毋再藉延。否则,本部当即根据前年议决之整理该公司成案,认为初步整理未能生效,将矿业权先行撤销,以为进一步之整顿……"① 同年9月,又指责开平公司"既未依法设定矿业权呈领执照,即历年区税亦从未遵缴"②。随后又于1934年3月27日,通过国民政府外交部暗示英国公使:"如有组织适宜及经两公司同意之开滦煤矿公司成立,本部自能对于该煤矿公司发给执照。"③ 英国人对于陈公博的虚张声势及其醉翁之意,都非常清楚,随即送去100万元"预缴矿区税",随后又送上"联合补充合同"。此项补充合同实际上就是通常所说的"合并合同"。"补充合同"于1934年4月16日下午4时送到实业部,当天陈公博

---

① 见徐梗生《中外合办煤铁矿业史话》,上海商务印书馆1947年版,第21页。
② 同上。
③ 参见魏子初《帝国主义与开滦煤矿》第11页;徐梗生前引书第22页。

即予批准。于是原来以开平、滦州两公司各为主体的"联合"，现在经过"补充合同"，两公司的财产都过户给"开滦矿务总局"，这便从法理上承认了英国人领有开滦矿权。而矿权的交涉从清光绪二十六年（1900年）英国人侵开平以来，历经36年，其间清政府、北洋政府都有所顾忌而不敢承认，而国民政府实业部却在短短几天中满足了英国人的要求。彻底暴露了国民政府甘冒天下之大不韪，拍卖国家资源的可耻行径。曾经耸动一时的"以滦收开"运动，从此成了历史的揶揄。

四　余论

20世纪初，在中国资本主义经济有所发展的情势下，英商依恃帝国主义联军侵华时机，霸占了开平煤矿。富饶而优质的煤炭资源，丰富而廉价的劳力都成了外国资本掠夺的对象。经过十余年的经营，为英国势力控制的开平又通过市场倾轧，陷民族资本滦州煤矿于亏蚀竭蹶的境地。英国势力又以软硬兼施的手段，以所谓"联合"名义，成立了开滦矿务总局。作为发展社会经济的一种机制来说，中外联营原也不失为发展资本主义的手段。但是，这种体制的运行，首先必须以国家主权独立自主为其必要前提。离开了这个严肃的政治前提，任何新生产力的出现和崛起，都难以认为是民族经济力的成长，相反，它恰是民族资本主义发展的主要障碍。在一个从封建主义向资本主义过渡的主权国家里，人们可以看到，在资本主义日见壮大的过程中，它有力量从自身机制的运行中，借助于社会的，政治的斗争，有步骤地战胜封建守旧势力的阻挠。这是欧洲工业发展先进国家的历史反复表明了的。然而，在半殖民地的国家里，当帝国主义势力与封建势力相结合时，近代资本主义机制的运行就难以有效地发挥吐故纳新、新陈代谢的作用。从这个意义上说，中国近代企业发展道路的障碍，起着主要矛盾作用的正是外国势力。二十余年来开滦煤矿的生产、消费和分配的全部情况，说明中国虽然引进了新的生产力，却未能获得民族资本主义真正发展的机会；它的全部历程恰成为中国资本主义发展和不发展的历史见证。

开滦矿务总局发展变化的情况还表明，在半殖民地国家的中外合办企业中，从联合的第一天开始，就存在着合并和反合并的复杂斗争。联合企业中的中方资本家经常经受这种矛盾的考验。特别是在民族利益和小集团利益乃至个人利益发生矛盾时，考验的程度就变得非常的强烈。具体到滦矿资本家而言，他们在这个考验面前，从总的状况来说，无疑是失败了。特别是在"以滦收开"的运动中，充分暴露了这一阶级的部分成员的消极性格，或者说他们存有买办性的一面。从这里人们应该记取这个严肃的历史教训。

（原载《历史研究》1992年第4期）

19世纪后半期中国票号业的发展

票号是中国封建社会金融业的主要组成部分。19世纪20年代（清道光初年），它从兼营汇兑的商铺转为专营汇兑的金融组织以后，在调拨资金上为开展埠际贸易服务，起了促进商品流通的重大作用。

一般说来，票号最初是以黄河流域和华北各省为其主要的活动区域，并且以北京为其活动中心。事实上，当票号的业务转入发展阶段后，上海、汉口和福州等地，都曾经是票号在东南地区的重要据点；同时，它的业务也从汇兑而扩充为办理存放款活动，成为完整形态的金融组织。

票号经营汇兑，最初是以商号或个人为对象；为清政府汇兑官款乃是19世纪50年代太平天国起义以后才开展起来的事。从这时以后，票号业务进入了重大发展的时期。因此，过去有的论者十分强调票号和清政府的关系，认为它为清政府起着代理国库和省库的作用。事实上这种看法是不全面的。它忽略了票号即使在为清政府大规模地汇兑官款的同时，也丝毫没有减弱它与商业、贸易的联系。因此，全面地考察和分析票号在19世纪后半期大发展时期的业务活动，有助于正确了解票号职能的发展。本文准备在这方面提供一点初步的意见，请读者和专家指正。

一　关于票号与清政府的关系

19世纪60年代开始，票号与清政府的关系是由于京、协饷的汇兑而逐渐加强的。

清政府历来运用解款、协款制度，支配各省的财政收支。各省在清中央的命令下，征收各项赋税，存入公库，同时在中央批准下，开销支出各项经费，由公库动支。动支之外，所有剩余银两，则需运解邻省或中央。运解中央的称"京饷"；由户部指定款额，拨交其他收支不敷省份的称"协饷"。此项制度开始于雍正三年，一直延续到清末。这种解运中央的"京饷"和拨交邻省的"协饷"，一向都是沿用装鞘运现的制度，官解官交，不准商人参与其事，即使在国内汇兑事业比较普遍开展的情况下，也不许交商汇兑，违犯者要受到惩处。道光八年（1828年），浙江省盈余饷项解京，曾派委员沿途押解，只因"到部投文领批，其银鞘交库，均系商人办理"，便受到了惩处。[①] 当时道光重申："凡遇起解京饷，务饬该委员始终经理，不得假手商人胥役。"[②]

到19世纪40年代后期，汇兑业务在全国已经开展起来，它给社会带来的便利，为世所公认。但京、协饷运现制度仍为清政府严格维持，稍有变动便予惩罚。例如道光二十八年五月，浙江省上解内务府参斤变价4400余两，解饷委员"恐银疏失"，托交"源泉银局汇寄京城万成和号"，然后亲到内务府"呈缴"，只因违反装鞘运现

[①]　《陕西道监察御史邵甲名奏》（道光八年十二月十三日），《军机处录副奏折》。
[②]　《上谕档》（道光八年十二月十五日）。

制度,解饷委员和库吏都受到惩处。① 直到50年代,太平天国农民战争开始时,这种运现制度仍被严格地执行。

(一) 为清政府汇兑京协饷的概况

19世纪60年代揭幕,太平军和清军进入了决战阶段。太平军继1858年摧毁江北大营之后,又在1860年5月再破包围南京的江南大营,乘胜进军,占领苏州。两军在湖北、江西、安徽、浙江等地激战;长江以北,又有捻军活跃于江苏、安徽、湖北、湖南、山东、山西、河北八省。交通阻塞,截断了上解京饷的通道。各省、关无法按照旧例向北京解运京饷。咸丰十一年(1861年),各省应解京饷700万两,由于交通险阻,直到当年阴历八月时,北京仅仅收到京饷100万两左右。在时间上一年已过三分之二,而未解之京饷尚有五百九十余万两②,清政府因之焦急万分。它不得不于同治元年(1862年)十二月准许户部请求,令各省督抚将京饷觅殷实银号"设法汇兑"。

事实上,在战局紧急的状况下,各省、关为解决京饷上解的困难,在未接到清政府中央命令前,就已经利用票号汇兑了。

同治二年初,江西巡抚沈葆桢历陈京饷解现困难时称:"风闻河南一带捻匪不时滋扰,直隶境上复有马贼出没无常,往来行旅,颇多受害",而江西省解运京饷,"前因正站梗阻,改由水路运至湖北樊城登陆,历河南、直隶赴都。现水路虽属疏通,自樊城登陆后,节节可虞,现未敢冒险遄行,致滋疏失。而京师待饷孔亟,又未便耽延。可否暂为变通,交给在江省开设新泰厚记票

---

① 《浙江巡抚吴文镕奏折》(道光二十九年四月),《宫中奏折》。
② 王先谦编:《东华录》,同治朝,卷一。

号兑汇,由该员等具票照单骑迅速入京,在京行凭取实银,赴部交纳。"① 这表明不待北京解禁命令到达,江西省在京饷上解上已自行利用票号汇兑了。及至清政府命令下达各省后,票号便在合法形式下为清政府收解京饷了。据目前接触到的不完全的材料反映,在清政府允许汇兑京饷的命令发布后,交由票号汇兑的省、关最先的是闽海关,它在同治元年交由票号汇兑的京饷计有三笔(包括咸丰十一年的一笔),共计二十余万两。次年便增有江海关、粤海关、九江关、湖北、江西、四川、湖南等省、关,共计汇兑京饷六十六万余两,随后逐年递增。据不完全统计,自1862年到1893年,31年中,经由票号汇兑到北京的京饷一项,计达61587377两,平均每年达一百九十余万两。②

继京饷交汇之后,各省协饷随之也便交由票号汇解。同治四年(1865年),山西河东道应解甘肃兰州协饷三次,共计银8万两,均交平遥票商汇兑。③ 同年奉拨甘饷2万两,交票号元丰玖等字号,汇解陕西藩库。④ 同治七年(1868年),闽海关四成洋税项下,按月各拨银1万两,作为陕西协饷,交由福州阜康银号汇解。阜康则将该款汇至湖北,交陕甘后路粮台转运陕西省运用。⑤ 浙江协济陕甘军饷,自同治八年正月到同治十二年七月,共计428万两,均交由阜康银号汇解。⑥ 到光绪六年、七年

---

① 《江西巡抚沈葆桢奏折》(同治二年二月二十五日),《军机处录副奏折》。
② 据山西财经学院、山西省人民银行合编:《山西票号史料》,山西人民出版社1990年版,第135—136页。
③ 《山西巡抚、布政使王榕吉为汇解甘饷奏折》(同治四年八月初五日),《军机处录副奏折》。
④ 《四川总督骆秉璋奏折附片》(同治四年九月),《军机处录副奏折》。
⑤ 《福州将军兼署闽浙总督英桂等奏折》(同治七年闰四月二十日),《军机处录副奏折》。
⑥ 《浙江巡抚杨昌濬奏折附片》(同治十二年七月初九日),《军机处录副奏折》。

（1880年、1881年），又续由阜康银号汇解192万两。①到1893年，据不完全统计，各省交由票号汇兑陕、甘、新的协饷达四百六十余万两。②

应该指出，1867年，左宗棠率领大军，用兵西北，军饷协济常感缓难济急。他经常依赖票号贷款，解决急需。1873年，在他攻下肃州城时，清政府特拨库银100万两，另由户部拨各省、关协款100万两，总共200万两。左宗棠只领取70万两，而将其余的都作为"划还各台局代借商款，尚不敷银二十万两"③。依此计算，当时为左宗棠办理后勤的各台、站欠各商号的款项在150万两左右，而这些所谓商号，实则就是票号。1875年，左在他所借洋款300万元中，又陆续划还"上冬今春沪、鄂、陕省先后筹借商款本利银一百二十余万两"④。这些事例表明，左宗棠非常重视票号在调度金融上支持他的军事行动。所以，他对票号的贷款总是尽量做到"有借有还"，极力保持信用。他明确表示，他之所以"不肯爽约失信于华商票号者，正欲留此生路，为将来商借地步耳"⑤。票号被左宗棠视为缓急之间的"生路"，也就足以说明它在左的西北军事活动中所起的重要作用了。

70年代，清政府发动的洋务运动，进入全面开展阶段。筹划海防，购买兵舰，次第提上日程。而办理海防经费大多依赖各省协济。各省协济洋务经费则通过票号汇兑。试以江西为例，1875年，户部咨文江西省，从该省"厘金项下每年酌提银30万两，分解

---

① 《浙江巡抚杨昌濬奏折》（光绪六年六月二十六日），《军机处录副奏折》。
② 见《山西票号史料》，第135—136页。
③ 左宗棠：《饷源顿涸筹借款折》（同治十三年十月初四日），《左文襄公全集》，奏稿，卷45（以下简称《左集》）。
④ 左宗棠：《军饷支绌请速筹解济折》（光绪元年八月二十五日），《左集》，奏稿，卷47。
⑤ 左宗棠：《答刘克庵》（光绪二年正月讫六月），《左集》，书牍，卷16。

南北洋海防大臣兑收应用"①。江西省随之于厘金项下提出5万两，作为"奉拨北洋海防经费"，于光绪元年八月间，交南昌谦吉升、三晋源两票号汇付天津直隶总督行馆。②据江西巡抚刘秉璋称：自1875年到1878年三年中，"先后动放厘金三十八万两，发交谦吉升等商[票]号汇解北洋"，而在光绪三年八月，又从厘金项下动用二万两，以1万两交三晋源票号汇赴北洋，另一万两发交新泰厚票号具领，汇往福建。③

经办洋务企业时期，各省机器局之间资金往来，大都依靠票号汇兑。如山东巡抚丁宝桢在1875年创设山东机器局。次年，丁升调四川总督，筹建四川机器局，但成效远不如山东局。丁遂决定从1878年开始，四川省每年向山东筹拨银两，由山东调拨军火相抵。此项银两就是通过四川的票号汇解山东的。④又如1881年，北洋总督李鸿章为加强海防，奏请购买铁甲船，户部咨文四川筹解银30万⑤；1886年，四川续解海防捐输10万两。这些都是交由历年汇兑京饷的百川通、日升昌等九家票号承领，汇解海军衙门的。⑥他如湖南省的海防捐输1892年为一万九千余两，1893年为二万二千余两，均先后交协同庆等票号汇解。⑦1898年，江西解往海军衙门25000两，发交蔚丰厚票号限十日汇赴天津投兑。⑧

---

① 《江西巡抚刘秉璋奏折附片》(光绪六年八月二十六日)，《军机处录副奏折》。
② 同上。
③ 《江山巡抚刘秉璋为汇解海防经费折片》(光绪三年八月二十八日)，《军机处录副奏折》。
④ 《四川总督丁宝桢奏折附片》(光绪五年三月初十日，光绪七年七月十一日)《军机处录副奏折》。
⑤ 同上。
⑥ 《暂护四川总督按察使游智为奏折》(光绪十二年九月十九日)，《军机处录副》。
⑦ 分见《湖南巡抚张煦奏折附片》(光绪十八年二月十七日)；《湖南巡抚吴大澄奏片》(光绪十九年正月二十五日)，均见《军机处录副》。
⑧ 《江西巡抚德馨奏》(光绪十五年九月十日)，《军机处录副》。

90年代,修筑铁路成了洋务事业的重要内容之一。特别是清政府对沙俄这时加速建造东方铁路的意图有所警惕,决定于1891年修建关东铁路。① 所需经费除由户部筹拨一部分外,清中央指定直隶、河南、陕西、山西、四川、山东、湖北、湖南、江宁、江苏、安徽、浙江、江西、广东、福建和台湾16省,每省年拨银5万两。② 据记载,各省拨解关东铁路款项,几乎都由票号汇解。如1890年,广东筹拨的5万两是交百川通、日升昌、蔚泰厚、蔚长厚、新泰厚诸票号汇兑到京③;同年,四川应解铁路经费交日升昌等九家票号汇解④;湖南从1890年到1892年,各年汇解铁路经费均交协同庆等票号汇解直隶总督衙门。⑤ 其他如安徽省1892年应解铁路经费则交"省城号商百川通汇解"⑥;江西省1890年和1891年,及福建省1892年应解的铁路经费均分别交由各该省的票号商汇解。⑦

19世纪后半期,在洋务运动全面开展的过程中,依靠票号沟通各省金融的事例是大量存在的。但由于史料湮没,大多汇兑活动,不见于记载。比如,1876年,轮船招商局通过两江总督沈葆桢奏准,借得官款100万两,购并旗昌轮船公司,其中分由江苏、浙江、江西和湖北各省筹借。依当时官款协济情形,此项借自各省的官款,很可能也是由各该省票号汇交上海轮船招商局的。然而,有关此项官款汇兑的具体情况,迄今未见任何记述。

---

① 中国史学会主编:《洋务运动》,第6册,第265—266页。
② 《总理各国事务奕劻等奏》(光绪十七年三月十二日),《直督李鸿章奏》(光绪十七年五月二十四日),均见《洋务运动》,第6册,第275、277页。
③ 《两广总督李瀚章折》(光绪十六年八月七日),《军机处录副》。
④ 《四川总督骆秉璋片》(光绪十六年十月初四日),《军机处录副》。
⑤ 《湖南巡抚吴大澂奏折附片》(光绪十八年十月二十一日),《军机处录副》。
⑥ 《安徽巡抚沈秉成奏折》(光绪十八年十二月初一日),《朱批奏折》。
⑦ 《江西巡抚德馨奏片》(光绪十七年九月三十日),《军机处录副》;《闽浙总督谭钟麟奏折附片》(光绪十八年九月二十八日),《朱批奏折》。

与此相类似的事例,应该说是大量存在的。

(二)京饷的汇兑与禁汇

从京、协饷的汇解发展到洋务事业经费的汇兑,表明票号业务在很大程度上缓和了清政府财政收解上的困难。从社会经济发展的角度来看,这种调剂地区间金融的汇兑,是很有利于这一时期商品经济的发展。然而,封建清政府并不理解汇兑活动在社会经济发展上的重要意义。一部分封建官僚只是在战局恶化,解现不能的情况下,被迫接受官款汇兑,视为权宜措施。一待时局稍见缓和,便对汇兑京饷提出非议和反对。从19世纪60年代以后,在相近40年间,便发生过四次反对官款汇兑的争议。

同治三年(1863年)四月,即在合法形式下汇兑京、协饷一年之后,御史谢膺禧首先提出反对意见。他借口北京银价上涨,认为凭汇票汇兑官款,并无真正银两进京,造成京中"银日少而价日昂",物价因以腾贵。① 此项奏折得到户部的支持。户部的见解竟是:"部库多收一批汇兑,即京城少进一批实银",奏请饬下各省所解京饷,如"非道路十分梗塞,不得率行汇兑"②。于是,在允准汇兑京饷一年之后,清政府第一次发出禁汇京饷的命令。但是,当时国内战争仍在进行,这项命令除在少数省份外,不可能在全国范围得到贯彻。不少省、关对此提出了实际困难。例如,粤海关陈述:该关"近日关库收税仍无起色,遂致库储愈形匮乏",兼以"粤省距京遥远,路途尚多阻滞",而上解京饷中"有由银号借垫之款,不能

---

① 谢膺禧:《京饷宜解实银疏》(同治三年),《皇朝经世文续编》卷31,户政三,理财下。

② 户部咨文,转见《湖广总督官文等折片》(同治三年七月二十五日),《朱批奏折》。

不仍由银号汇兑"①。闽海关和福建省则以"京饷必须纹银",而福建市肆交易多用"番银"(洋钱),"如停止汇兑,纹银实难凑集"为理由,要求京饷"暂行照案汇兑"②。浙海关也提出:当地交易"向按洋钱定价",习用期票交易,"市肆素乏纹银交往","历次拨解京饷,均由银号通融汇兑"③。四川省则以"解饷至京,陕西为必经之段,道路通塞靡常,长途解运,在在堪虞"④。由于各省所提困难都是实际情况,清政府中央无法强迫它们恢复京饷装鞘解现的办法。因此,这一次禁汇的命令只在少数省份如湖北、江苏、浙江及江海关等得到贯彻,它们或全部停汇解现;或部分汇兑,部分解现。但是,即使在少数省份,此项命令也只在短期内得到执行,并未长期贯彻。

光绪初年,国内阶级斗争稍见缓和,清中央官员又把当时北京银价昂贵、物价上涨的原因,归之于京中"实银之见绌",是由于"汇兑京饷之所致"。于是重提京饷禁汇,恢复解现。⑤在这些官员看来,只要"部库实银充足,京市银两自然足资周转,庶银价、物价可期渐平"⑥。清中央同意这种见解,户部遂"请旨饬下四川、两广、闽浙各总督、福州将军、江苏、广东、福建、浙江各巡抚,自此次奏准,奉到部文之后,各将应解指拨京饷及各关税,装赍鞘委员解京,不得再行汇兑"⑦。

---

① 《广州将军兼署两广总督瑞麟奏折》(同治四年三月二十一日),《军机处录副》。
② 《福州将军英桂等奏折》(同治六年六月初九日),《军机处录副》。
③ 《浙江巡抚李瀚章奏折附片》(同治八年九月二十八日),《军机处录副》。
④ 《四川总督骆秉璋片》(同治六年四月二十五日),《军机处录副》。
⑤ 《福建道监察御史和宝奏折》(光绪二年十一月二十八日);《刑科给事中马相如奏折》(光绪二年十二月初七日),均见《军机处录副》。
⑥ 《给事中崔穆之折》(光绪三年十二月十三日),《军机处录副》。
⑦ 《户部咨文》,转见《闽浙总督兼福州将军何璟奏折》(光绪三年二月十九日),《朱批奏折》。

十分明显，此项命令并未考虑各省关的实际情况。尽管户部对各省的咨文中强调"不得借口委解之难，延不批解"，而各省、关仍然以各种方式进行抵制。

福建省和闽海关重申原来的理由，强调该省、关税收所入都是"番银"，缺少纹银。因此，"就闽省地方情形而论，万难停止汇兑，起解现银"。请求清中央"俯念闽省僻处海隅，纹银稀少，免于起解现银，仍准发商汇兑"①。四川省也仍持由川入陕，道路不宁，沿途仍有"散练游勇，不时出没"，"京饷解现，疎失堪虞"。同时它特地申明："川中领兑商号共有九家，每次兑银十八、九万两，由九家商号分领分缴，不至为难。且各商之总号皆在山西，距京甚近，……该商等在川承领之银，必先知会总号，如京号现银不敷，即由山西总号就近运京，以待委员兑收，并不专恃京号为之周转。"② 显然，这个声明是针对户部及清中央部分官僚不了解汇兑的作用而发的。广东省仍维持上年起解京饷成案办理，即"以起解现银与交商汇兑两者并行，统俟试解妥顺，再行全数装鞘报解，以复旧章"③。但粤海关以历年解款均需票号垫借为理由，仍请交商汇兑。④ 浙江省遵照规定解现，而浙海关仍维持汇兑。⑤ 总之，从各省、关的执行情况来看，大抵与第一次禁汇命令的执行情况相似。尽管户部对此很不满意，但也难以否认和驳回各省、关所提出的困难。所以，只要一有机会，它便重提禁汇的意见。

1883年秋，上海发生了严重的金融风潮，大量钱庄、银号

---

① 《闽浙总督兼福州将军何璟奏折》（光绪三年二月十九日），《朱批奏折》。
② 《暂护四川总督布政使文格奏折》（光绪二年三月二十八日），《朱批奏折》。
③ 《两广总督刘坤一奏折》（光绪三年十月十六日），《军机处录副》。
④ 《两广总督刘坤一奏折》（光绪三年四月二十一日），《军机处录副》。
⑤ 《浙江巡抚梅启照奏折》（光绪三年九月初一日），《军机处录副》。

倒闭。其中，与清政府官员夙有往来的阜康银号在清算中暴露了亏欠公私债款1200万两①，其中有相当一部分属于解部的公款。户部遂借此事故，于1884年再次奏准清政府"饬命各省关，所有应解部库银两，各衙门饭银、京员津贴，以及各省协饷概令委员亲赍，不准再行汇兑"②。在这一次奏折中，户部特重提吏部订定的有关直省批解银两中途失误处分的条例，要求各省关"知所儆惧"。

尽管如此，这一次禁止汇兑京饷的措施同样没有收到预期效果。各省仍然强调自己的困难。福建省除重复原有的困难外，这一次更指出该省收支"所入不敷所出"，而奉拨京、协各饷"俱系着令号商暂先垫解"。至于闽海关，每年"核明六成洋税不敷开报数目，约有七十余万两之多"，都是依靠汇兑庄通融垫解的。针对户部的顾虑，福建省声述票号的垫解方式是："由号商汇解，兑银后由闽省提款给领，可无倒欠之虞。"因此福建省对户部坚持解现的主张，提出异议："与其勉循部议，恐误饷需，曷若稍事权宜，于公有济"，请求清中央准许奉拨京、协各饷"仍暂给商汇兑"，"如将来洋商愿完纹银，市廛足资周转"时，再恢复解现。③毋庸讳言，这显然是搪塞之词。

针对户部坚主解现要求，四川省着重申述该省票号和南方阜康银号不同，都是由山西商人开设，"均系家道殷实"，历年经办"公私款项，从无亏短"；而且川省只许九家票号办理官款汇兑，"皆连环互保"，"以每次解银二十万两计之，每号每次不过汇兑银二万余两，为数无多。……即有意外之虞，一家倒闭，八家分

---

① 《北华捷报》，1883年12月12日；《申报》，1883年12月30日。
② 《光绪朝东华录》，中华书局1958年版，第1666—1667页。
③ 《闽浙总督何璟等奏》（光绪十年正月二十八日），《朱批奏折》。

赔，断不能同日歇业，公款不虞无着"；同时还强调"山东、直隶一带饥民觅食，良莠不齐，亦甚可虑"，况且"近闻山西各处亦多抢劫之案"。因此，请求将川省应解京饷仍准发商汇兑，待山东、直隶"饥民渐少，道路安靖，再行照章改办委解实银"①。广东省仍强调多年来京饷解运依赖票号垫借。它声称：从办理防务以来，广东"库储支绌"，历年起解京饷，都赖票号通融垫汇，随后筹款发还。针对户部担心公款汇兑受损的顾虑，它特地申明，广东解部款项是"由商先交批回，再行付银，权操自我，倒闭何虞"？但为顾全户部意旨，特规定："嗣后广东京饷凡系藩库拨解者，谨遵部行以现银装鞘，派员解现运京；而厘金项下以及运库盐饷，仍旧交商汇兑，以求迅速。"②

对于福建、四川和广东等省实际困难，清政府难以批驳，只得默允。其后，在光绪二十八年和三十年又一再命令各省京饷必须解现，实际上都未曾得到全面贯彻。在这里，我们且不论在国内汇兑日益发展的条件下，强行京饷解现措施的不合理性。而值得注意的是，闽、川、粤等省在申述各该省京饷难以解现的理由中，都一再指出票号垫款的事实。这一现象一方面表示票号在社会金融活动中起着重要的作用，另一方面也反映了它与清政府利害关系的日益加深。自应稍作详细的分析。

(三) 关于京、协饷汇兑的垫款

从19世纪60年代票号开始合法地为各省、关汇兑京、协各饷以后，每年它都经手一笔为数巨大的流动资金。这对于票号业务

---

① 丁宝桢：《川省应解京饷仍发商汇兑片》(光绪十年正月二十四日)，《皇朝道咸同光奏议》卷26。
② 《两广总督张之洞、广东巡抚倪文蔚奏折》(光绪十一年二月二十日)，《军机处录副》。

的发展和经营能力的增强，起着难以估计的作用。由于社会的和经济的各种原因，清政府的地方税收在当时经常是收不足额。但京饷上解期限却有严格的规定，不准拖延。因此，在票号力量增长的条件下，就有力量从为地方政府汇兑京饷而发展到垫款汇解。垫款实际上就是票号对地方政府的贷款。严重的是这种垫款关系一经发生，就年年延续，难以改变。就我们所接触到的不完全的史料来看，广东、福建、浙江、粤海关、闽海关等处都曾与票号发生垫款解饷的事实，其中以广东省和粤海关的情形最为突出。

有材料反映，早在40年代，广东地方财政机构就曾与票号发生过借贷关系，"自道光二十二年（1842年）办理夷务以后，……藩库度支每绌，……向西商贷用"，不过这种贷借是"旋借旋还，无案可稽"①。到了50年代，太平天国农民起义，广东省财政陷入了非常窘迫的局面。60年代曾任广东巡抚的郭嵩焘在概述粤省财政历史概况时，指出：广东在清代"二百年来号为沃区"，各库"每年坐支之外，存数尽多"。"迨咸丰四年〔1854年〕，……库款挪用一空，迄无存者。"从此"广东拨解京饷，多由藩、运二库出具借帖，向各银号汇兑，各库收有饷课，陆续给还"②。所以，清政府中央尽管一再命令恢复京饷解现，禁止交商汇兑，但广东省和粤海关总是请求例外，其关键就在于广东藩库在当时如果离开票号的垫款，就不能如额解运京饷。试以同治八年四月至九月止的征税及应解的实况来看，当时粤、潮二关征税仅收到六十万另一千余两，而应解京饷、广储司公用等项目共需银八十九万二千余两。征与解相差在二十九万余两，只有依赖票号垫款解决。所以，时任两广总督瑞麟说："奉拨京饷及广储司公用定限綦严，协济各省军饷亦属急需，筹解均不

---

① 《东粤藩储考》卷12，不著作者姓名。
② 郭嵩焘：《奉拨京饷酌筹解部情形片》，《郭侍郎奏疏》卷9。

容缓。而关税入不敷支,惟赖与银号商借,缓急通融。"① 进入70年代,关税征收状况不见改善,而京饷解送却不容拖延,只有年复一年向票号"通融"。刘坤一在1877年对此做了比较透彻的说明。他说:"粤海关征不敷解,递年移后赶前,积亏甚巨。所有现年应收之税,早为上年借解之款,是以连年筹解京饷,均向西商先行借垫,俟收有税项,陆续归还。"粤海关应解京饷之所以必须交票号汇兑,"非仅取其妥速,实则借以周转通融"②。根据粤海关监督各年报告,从1860年到1880年,票号为粤海关解送京饷的垫款,年各不同,在60年代,大抵在六七十万两左右,到70年代后期,便经常超过100万两,其趋势明显地上升。

80年代以后,票号为粤海关垫解京饷仍在继续,而且在程度上还有所加深。光绪二十五年(1899年)两广总督谭钟麟力陈广东京饷难以解现的理由时说:"粤海关税收本有定额,而往往征不足数,恒恃西商借垫为转移。旧欠未清,新欠又增;自非移后赶前,无以按期起解。迨至日久,监督欲不借而不能,号商欲不垫而不可,此数十年来关饷汇解之实情也。"③ 谭钟麟的陈述说明了粤海关对票号贷款的依赖程度日益加深。"监督欲不借而不能",深刻暴露了粤海关数十年积习,在关税征不敷解而又无法改善的情况下,使它在解送京饷上无法离开票号的支持;而"号商欲不垫而不可"则又反映了票号与清朝地方政府财政收解上已经形成了非常密切的利害关系,以致欲罢而不能。这对于以商业汇兑为主要业务的金融组织来说,恰是潜伏着深刻的危机。

广东省之外,福建省在依赖票号垫款,解送京饷的情形也很

---

① 《两广总督瑞麟片》(同治八年十月十七日),《军机处录副》。
② 刘坤一:《粤海关应解京饷请仍交商汇兑片》(光绪三年四月二十一日),《刘忠诚公遗集》,奏疏,卷12。
③ 《两广总督谭钟麟奏折》(光绪二十五年五月十六日),《朱批奏折》。

触目。

粤海关历年拨解京饷中票号垫款银数统计

(1860—1880)　　　　　　　　　　单位：两

年　份	拨解京饷中由票号垫借	汇费	资料来源
咸丰十年八月至十一年八月（1860—1861）	575267.982	?	同治三年十二月十八日粤海关监督毓清奏
咸丰十一年八月至同治元年闰八月（1861—1862）	971469.222	?	同治四年正月二十日粤海关监督毓清奏
同治元年闰八月至同治二年八月（1862—1863）	1304426.273	8768.211	同治四年四月二十八日粤海关监督师曾奏
同治二年八月至三年八月（1863—1864）	337619.263	4067.357	同治四年五月初九日粤海关监督师曾奏
同治三年九月至四年八月（1864—1865）	577504.473	21532.44	同治四年十二月十九日粤海关监督师曾奏
同治四年八月至五年八月（1865—1866）	738999.997	34530.62	同治五年十一月十一日粤海关监督师曾奏
同治五年八月至六年九月（1866—1867）	702085.345	32459.78	同治七年正月十二日粤海关监督师曾奏
同治六年九月至七年八月（1867—1868）	793287.414	27868.28	同治八年正月二十二日粤海关监督师曾奏
同治七年八月至八年八月（1868—1869）	1049525.10	20414.28	同治九年正月二十日粤海关监督崇礼奏
同治八年八月至九年九月（1869—1870）	1156998.28	19470.22	同治十年二月十二日粤海关监督崇礼奏
同治九年九月至十年八月（1870—1871）	602065.85	19563.48	同治十一年二月十三日粤海关监督崇礼奏
同治十一年八月至十二年八月（1872—1873）	467560.53	25328.77	同治十三年四月初七日粤海关监督文铦奏
同治十二年八月至十三年八月（1873—1874）	928121.35	28512.84	光绪元年五月二十日粤海关监督文铦奏

续表

年　份	拨解京饷中由票号垫借	汇费	资料来源
同治十三年八月至光绪元年九月（1874—1875）	1330105.62	34020.53	光绪二年六月初六日粤海关监督文铦奏
光绪元年九月至二年八月（1875—1876）	1582693.82	44028.21	光绪三年十月初四日粤海关监督俊启奏
光绪二年八月至三年八月（1876—1877）	2003976.56	35217.22	光绪五年三月十二日粤海关监督俊启奏
光绪三年八月至四年九月（1877—1878）	2191766.11	36391.95	光绪六年三月二十七日粤海关监督俊启奏
光绪四年九月至五年八月（1878—1879）	2615065.48	40238.25	光绪七年十一月初四日粤海关监督荣光奏
光绪五年八月至六年八月（1879—1880）	3034315.95	38342.78	光绪八年八月二十二日粤海关监督荣光奏
光绪六年八月至七年八月（1880—1881）	3491511.06	35544.55	光绪九年九月二十日粤海关监督荣光奏

上述资料均见《清代关税收支报告表》，《军机处题本钞档》，关税类，件存中国社会科学院经济研究所。

1869年，福州将军文煜向清政府请求允许福建解饷继续采取商汇方式。他强调："综计闽省关、藩、盐三库解京各款，每年约在二百万两左右，必须源源拨解。"而福建"税厘征收旺月少而淡月多，淡月解款不敷，不能不向银号挪移凑济"，闽海关"每年解京一百数十万两，其中随时设法借垫，尤不能不向银号通挪。若汇兑一停，则缓急无可相通，即筹解难以应手"①。事实上，福建地方财政在京饷解送之外，即日常经费的支应上也往往求助于票号。试看1874年，福州船政局为奖赏洋监督和洋工匠以及合同期满遣送回国所需经费15万两，清政府指定从闽海

---

① 《福州将军文煜等奏》（同治八年九月初七日），《军机处录副》。

关税收项下拨给。福州将军除从茶税项下拨发7万两外,其余的就是向票号挪借的。① 1876年,福建遭水灾,"库藏奇绌",当年应解茶税、洋药厘金等合计5万两,全部由票号垫解。② 到1879年,福建省向票号挪借款项已达七十余万两。③ 与广东的情形相同,这种垫借关系一经发生,往往是"前欠未清,后挪又继,致年亏一年,愈积愈多,莫能清理"④。

80年代以后,这种情况一直在延续。特别是作为福建财政主要来源的茶税和厘金,由于茶的销路转衰,以及子口税单的使用,影响厘金收入。以致"每年税厘收入,连同海关代收洋药厘金,综计不及一百四十万两"。而每年闽省提拨京饷各款,派还英、俄、德、法洋债,"均需按期批解,刻不容缓";兼以本防练各营兵饷、通商缉捕经费、武员巡洋口粮、船政学堂出洋经费,岁计在二百万两,明显地表现为收入不抵支出。所以,"按期批解"的京饷,就只有长期依赖票号垫借了。⑤

浙江省的情形与广东、福建两省基本相同,多年来也是移东补西。同治八年(1869年),浙江巡抚李瀚章称该省"常、洋两税逐日征收之数,衰旺靡常。每年部拨京饷限于紧迫,势难展缓。历年均赖银号借垫汇兑,陆续收拾洋票归完垫款。遇有征不敷解之时,亦赖移后赶前,筹措垫凑"⑥。从60年代后期以后,这种"移后赶前,筹措垫凑"的情形长期未能改变。以致到20世纪初,浙江省财政"岁缺一百余万",浙海关的收支也"岁短

---

① 《福州将军折》(同治十二年十二月二十七日),《军机处录副》。
② 《福州将军兼管闽海关税务文煜等奏》(光绪二年十月二十九日),《军机处录副》。
③ 《闽浙总督何璟等奏》(光绪四年四月二十一日),《朱批奏折》。
④ 《福州将军兼闽海关税务穆图善奏》(光绪十年十一月初十日),《朱批奏折》。
⑤ 《闽浙总督许应骙奏》(光绪二十五年四月初二日),《军机处录副》。
⑥ 《浙江巡抚李瀚章奏》(同治八年九月二十八日),《军机处录副》。

七八十万",每到拨解京饷,归还洋债时节,都只有用"重息以借商款"①。因此,从广东、福建、浙江等省拨解京饷情况来看,票号对清地方政府调度金融上是起着十分重要作用的。

票号对于清朝政府的财政支持自然不限于京、协饷的解运和垫款汇兑上。多年来,它对于各地驻军在发放军饷上的资金通融;对一些重大的军事活动,如左宗棠在西北用兵时的军费支持,中法战争期中,各省调遣军队过程中的紧急贷款,以及在承平时节各地调遣军队的贷款等等,都起着支持和强化清政府的统治作用。正因为如此,票号与清政府的确存在着密切的利害关系。但是,向清政府贷款以及为之汇兑官款,并非票号业务的全部。票号毕竟是民间金融组织之一,它在促进商品流通、支持埠际贸易开展方面所起的积极作用,有力地推动了社会经济的发展。而这一方面,过去往往被人们疏忽。为了全面了解票号的社会作用,很需要对它在大发展时期在促进社会经济发展方面所进行的活动,作一些必要的分析和补充。

二 票号与晚清商业贸易的发展

在票号的全部业务活动中,它与国内外商业、贸易的联系,始终占有重要的地位。特别是在第二次鸦片战争后,西方资本主义列强力图把侵略势力从通商口岸向内地渗透,强迫清政府签订《天津条约》和《北京条约》,从而使对外开放口岸从五口增加到十六口,即在沿海开放了天津、牛庄(后改营口)、登州(后改烟台)、台南、淡水、汕头、琼州七口,在长江沿线开放镇江、南京、九江、汉口四口,同时沙俄继1852年在新疆取得伊犁和塔尔巴哈台(即塔城)

---

① 《浙江巡抚张曾敭奏》(光绪三十二年三月初三日),《朱批奏折》。

的通商权之后，1861年又增开喀什噶尔（今疏勒县）一口。于是沿海沿江一些重要口岸在商业贸易逐步开展的过程中，发展成为商品集散的枢纽。在这种客观情势推动下，以调剂地区间金融为任务的票号，其业务自也因之比前有了较大的发展。

票号业务发展可以从下列事实得到反映。

首先是票号自身力量的扩大。19世纪50年代以后，在一些商业发达城市，逐年都有新票号的设立；而先前开设的票号也分别向沿海、沿江的口岸发展，纷纷增设分号。截至1874年，票号已经从50年代的12家增至26家。[①] 并迅速地向商业发达城市如上海、杭州、福州、厦门、营口、南昌、桂林、梧州、贵阳、昆明、兰州、肃州、凉州、迪化、归绥等地发展。同期中，设立票号分号的城市，也从先前的27处增加到70处左右。[②] 其后新的票号仍在陆续设立中，但速度稍见缓慢；到90年代，大抵保持在28家，连同它们的分号，在全国初步形成了一个金融汇兑网。

其次，票号的汇兑、存放款各项业务，历来都是与国内外商业贸易密切相关。由于史料散失，迄今我们尚未能收集到当年一些信誉卓著的票号的原始账册，据以分析它们活动的全部内容。因之，我们只能从某些主要的通商口岸商业贸易的活动中，分析金融调度的繁忙景象，借以间接反映票号在其中所起的重要作用。

例如，在商业发达的江南，50年代以前，票号的主要据点设在苏州。当太平天国战争向长江中下游推进时，苏州遭到清军的严重破坏。苏州的票号大多迁移到上海。《申报》在80年代追述上海票号发展历程时就曾指出这个事实。[③]

---

① 山西财经学院、山西省人民银行：《山西票号史料》，第218页。
② 黄鉴晖：《论山西票号的起源与性质》，《山西票号研究集》第1辑，第49页。
③ 《申报》，1884年1月12日。

与苏州情况相似的还有汉口。据记载,汉口在太平天国起义之前,"是一个以完整而富裕的银钱业体系而自豪的";在这个体系中"山西票号的财富更是数以几十万两计算的"①。太平天国战争期间,沿江商业遭到破坏,汉口票号大多数迁往上海。因之,上海在这一时期中成了票号势力增长最快的地方。

五六十年代之交,上海已经明显地成为全国商业贸易的中心。它既是庞大的进口商品向内地城市扩散的主要供应地;同时又是全国农副产品出口的汇集中心。从1865年到1895年,30年中,进出口贸易总值从一亿零九百万关两,增加到三亿一千五百余万关两,其中进口值从五千五百万关两,增至一亿七千万关两,出口值从五千四百万关两,增至一亿四千万关两。②贸易的记录表明,每隔几年,在贸易幅度上就有一个新的扩大。

与这种逐年增长的庞大贸易量集散相适应的,必须是强有力的金融流通。在上海,从事进出口贸易的商人在金融调度上主要是使用钱庄庄票,借以把自己与外商之间的债务关系转变为钱庄与外商之间的债务关系。但是,上海钱庄资力并不雄厚。历史较久的钱庄,如鸦片战争前就已经营的宁波帮方家和李家的钱庄,其资本也只在两万两和四万两之间。③ 80年代中期的记载称:"上海钱庄资本一般都在两万两至六万两之间。"④ 而大钱庄的资本一般在五万两左右,个别的有达到8万两到10万两的。⑤ 然而,上海钱庄在当时对有信誉的商号或商人,"所放之账,辄盈

---

① 《英国领事报告》,1869—1871年,汉口,第191—192页。
② 参见有关各年的海关贸易报告。
③ 上海人民银行金融研究室编:《上海钱庄史料》,第731页。
④ 《英国领事报告》,1875年,上海,第33页。
⑤ 《关册》,1866年,上海,第14页。

数十万（两）"①，支持了对外贸易顺利进行。那么，钱庄的运营资本又从何而来？仅凭它的自有资本连同它所吸收的社会游资，显然是无力承担的。事实上它之所以能够在对外贸易活动中提供数十倍于资本的信用贷款，乃是因为它取得了外国在华银行和中国票号的信用支持。外国在华银行给予钱庄的短期贷款称为"拆款"，其情况需另作说明，这里暂不详述。票号对于钱庄的贷款，习惯的说法叫做"长期"。由于进入60年代以后，票号经手汇兑大量公私款项，需要一个利用闲在资金的渠道。所以，银钱业和商家行栈中具有一定资力和信誉的，便能够从票号取得信贷支持。不过，票号所提供的短期贷款有一个规定，就是随时可以索还。一向注意上海商情变化的《申报》在80年代追述上海金融业发展的历史情况时，曾指出："昔年票号皆荟萃苏垣，分号于沪者只有数家，资本无此时之巨，专以汇兑为交易而不放长期。军兴以来（指太平天国战争后），藏富于官。票号交结官场，是以存资日富。迨东南底定（太平天国失败后），上海商埠日盛，票号聚于斯者二十四家，其放银于钱庄，多至二、三百万两。"②这个记载清楚地反映了票号从不放"长期"转变为放款二三百万两，其变化的关键就在于票号"存资日富"和"上海商埠日盛"。而这二三百万两的贷款自然是在流通领域中发挥借贷资本的作用。这对于当时苦于资金不足的钱庄和某些商号来说，其重要性是不言而喻的。从资金运动的实际情况来审察时，钱庄自然不是票号信贷资金的归宿；贷放给钱庄的资金必然要流到经营国内外商业贸易的商人手中的。所以，票号资金实际上不能不与国内市场的变化有机地发生联系，尽管这种联系是间接的。这就

---

① 《申报》，1884年1月23日。
② 《申报》，1884年1月12日。

是票号的生息资本通过钱庄，以商品经营资本的形式活跃于国内市场。

如果进一步考虑到沿海口岸和广大腹地之间，外国机制品的销售和农副产品的收购所引起的资金流动，无论如何都不能离开汇兑事业的支持，票号所表现的重要作用就更为显著。票号的资本力量是"数以几十万两计算"[①]，远比钱庄为雄厚。而且它在组织上采取分号往来制；在全国各城市，凡设有票号分号之处，都可以直接通汇。70年代中期的记载反映：上海"与内地各省的汇兑业务，以及中国人对通商口岸的交易所签发的票据，全部都经过山西票号。很多山西票号在上海都设有分号。它们的信用很高，据说有力量买卖中国任何地方的汇票"[②]。正是因为这样，从事进出口贸易的华商必须依靠票号的汇兑网，在内地和通商口岸之间进行货款的收解。

不过，对外贸易的实践表明，洋货内销和土特产输出的全部过程，往往不是钱庄或票号一方所能单独完成的。它需要钱庄和票号的合作。有人曾以开封为例，描述内地商人向口岸采购外国商品的过程中，利用钱庄票号在资金上融通和财务清算的实际情况时，指出："开封商人当得悉他所购买的货物须于某日付款若干之后，马上向他往来的钱庄开一张地方性的期票，交与当地山西票号的分号，向该分号买一张汇票寄予他的上海代理人。代理人把汇票送与山西票号在上海的分号，换取该分号的限于当地流通的期票，交与他的捐客。就开封商人的代理人而言，这一交易到此就结束了。代理人收到了货物，用通常的办法运往开封。至于向外国商人接洽并负责交货的捐客，当货物尚在洋行手中时，

---

① 《英国领事报告》，1869—1871年，汉口，第191页。
② 《英国领事报告》，1875—1876年，上海，第34页。

是不能从开封商人处得到货款的。他就要求和他往来的钱庄开出一张期票，用以支付洋行；洋行接到期票后就交出货物。然后他得到开封商人的期票，把它偿还给他的往来钱庄。此时交易对有关方面才算完全清结。"① 应该说，开封商人在贸易活动中依靠票号、钱庄共同支持的事例，是具有广泛代表性的。可见票号业务与商业贸易活动是密切联系在一起的。如果不看到这一点，就不可能了解社会金融活动的全貌。

上面所述，集中地反映票号在上海的活动。上海以外，还可联系长江上游的重庆、华北重要口岸天津和东南沿海的厦门等地的金融活动，借以比较全面地了解票号在沟通口岸和内地商业贸易上的重大作用。

到80年代，重庆已经逐步成为长江上游的经济中心、水陆交通枢纽和对外贸易的口岸。据海关报告称：当时重庆已设有16家山西票号，其经理全是极重乡情的山西平遥县和祁县人。他们实际上垄断了重庆和相邻各省的主要金融业务。这16家票号的总号都设在成都；同时它们在上海、广州、福州、汉口、天津、北京、长沙、南昌、沙市、芜湖、贵阳和昆明等地都设立分支机构。这些票号各拥有资本10万两到30万两。它们力量的强大还表现在必要时，它们联合起来便足以抵抗乃至禁制与它们相竞争的庄号。

四川省的对外贸易在70年代中叶以后，就已经有较大的发展；到1881年，输入四川的外国商品曾高达400万两以上。由于汉口在太平天国战后，金融力量有所减弱，影响了它的中转地位。因之重庆商人大多直接向上海订购进口洋货。1881年，重

---

① 瓦格尔：《中国金融论》（S. R. Wagel: *Finance in China*），1914年版，第123—124页。

庆进口洋货将近占上海进口的九分之一，它的地位仅次于上海、汉口和天津；在许多进口商品中，"重庆作为货物集散中心，甚至超过汉口"①。值得重视的是，上海票号对向重庆内销洋货的商人所提供的信用，是两倍于它在重庆所收的款项。而依靠票号信用经营这类贸易的商号，其经营额常常为其资本额的五倍。②可见票号信用在重庆商人的进口贸易活动中居有何等重要的地位。同期中，集中到重庆外销的四川土产，仅生丝（黄丝和白丝）一项便年达280万两。③ 至于重庆与上海之间商品货币的清算，基本上是依靠两地票号的汇划来完成的。这说明外国商品在开拓西南贸易的过程中，票号为之所起的买办作用，是不可等闲视之的。

重庆的票号到90年代以后，随着贸易开展，存放款业务也日益变得重要起来。1891年，重庆洋货净进口为一百三十七万余关两，而1894年便增加到五百一十一万余关两；同期中，土货出口额也从一百三十八万余关两增加到五百万关两④，四年中进出口值各增三倍和两倍。从而大宗棉纱的购买，大量农副产品的外销，和鸦片买卖等商业贸易活动所需要的资金，以及由此导致的各地区间金融调拨和清算，绝大部分都要通过重庆票号的金融活动来完成。所以90年代以后直到20世纪初，重庆票号的力量也有了重大的增长，以致能够起着左右当地金融市场的作用⑤，明显地受到了社会各方面的重视。

① 《英国领事报告》，1881—1882年，重庆，第16页。
② 《英国领事报告》，1887年，北京，第6页。
③ 《英国领事报告》，1883年，重庆，第70页。
④ 据《关册》有关各年的记载。
⑤ 参见东则正：《中部支那经济调查》上卷，第150页，上海日本人实业协会1915年版。

又如，华北口岸天津，原是票号的发祥地。它从60年代初开埠后，大量商品便从上海转口运来。据记载：从1865年到1894年，30年来进口天津的洋货从七百七十余万关两递增至二千一百余万关两；同期中，出口土货也从一百六十余万关两增至六百八十余万关两。[①] 输到天津的洋货除了少部分销售于直隶本省之外，绝大多数还远销省外各地。例如，山西太原、太谷、平阳、蒲州、潞安、汾州、大同、朔平各府县的市场上，都可以看到从天津分销而去的洋货；同时，还有一部分则越过黄河，销流到陕西省的西安、同州、兴安等地，惟为数不多。此外，河南的彰德、怀庆、卫辉，山东的济南、临清、东昌各府的中级市场上，也都可以发现从天津转运而去的外国机制品。[②] 从天津转口的洋货之所以比较方便地销流到上述各地，就是因为它们得到了票号在金融上的支持。天津票号在上述各省都设有分号，它们之间维系着频繁的金融交往。因之，天津和上述各地的商号或商人只要取得当地票号的信用，便可以把它们之间由于商业贸易而产生的收支关系，通过票号的汇划，达到各地收支的平衡。这种金融上的便利无疑促进了上述有关各地商品流转的速度。

值得进一步指出的是，天津票号在开拓西北皮货贸易的活动中，也是非常明显地起着积极的作用。事实上，天津的外国洋行在60年代就曾几次派出代理人到内蒙古收购皮货，但始终不曾顺利地开展起来。[③] 一直到80年代以后，洋行买办只是因为取得了天津票号的信用支持，才在西北把收购皮货的业务真正活跃起来。天津沙逊洋行买办胡枚平的活动可说是一个非常有力的

---

① 《关册》，各年报告。
② 《关册》，1866年，天津，第88页；1868年，天津，第14页。
③ 《英国领事报告》，1864年，天津，第3页。

例证。

80年代初,买办胡枚平由于取得了与张家口有金融联系的天津票号、恒益裕行(Heng I yu Hong 的译音,实是票号)的信用支持,才在张家口铺开了大规模收购皮货的局面。他在当地收购皮货时,经常用恒益裕票号的期票付款,而皮货卖主则将这种期票向当地与该票号有联系的店铺去兑现。至于胡枚平和恒益裕票号的债务关系,则在天津结算。① 正是由于票号提供的信用,解决了资金调拨困难之后,西北皮货的收购和外销的业务才有大规模铺开的可能。与此相同,销往蒙古的洋货,以及由山西商人经营输往沙俄的两湖茶叶,也是由于天津票号的关系,都以天津为中转站而完成其贸易的全部过程。到了19、20世纪之交,天津的商业贸易又有了较大幅度的发展。频繁的商业交往中更显得金融机构的忙碌。难怪人们反映当时天津的金融组织在支持当地商业发展的重要作用时指出:天津商家往来,"于本地经营,以银号〔指钱庄〕为外库;于埠际贸易,恃票号为调节,……票号和银号之营业因之特盛,而其势力亦因之特大"②。实际上,天津钱庄在金融周转上常赖票号资本通融,其力量以及在支持商业上的作用,是远不及票号为大的。

此外,还可以从南方口岸厦门来考察票号在商业活动中的显著作用。据有关史料反映,厦门票号通过交汇和存款所收进的流动资金,通常是以低利贷放给有往来的钱庄,同时也对一般商店放款,但以对钱庄的通融金额为大③,在对外贸易中,厦门与南洋、新加坡联系一向密切,每日进出口岸的轮船多至十余艘。各

---

① 《字林西报》,1885年4月15日,第347—348页。
② 杨荫溥:《杨著中国金融论》,黎明书局1931年版,第274—275页。
③ 《支那省别全志》第14卷,第1029页。

商号从事商业的营运资本，"动辄向票号汇借通扯"。有的材料透露：1891年，厦门全市商号向票号借款达六七十万两。夙具声誉的商号如厦门文圃茶叶店，一向采办武夷名茶，是一家拥有资本十余万两的商号。但是它在资金周转上，在很大程度上就借助于票号的支持。① 而票号在支持商业的活动中，自然也获得重大的利益。如负有盛名的协同庆票号自光绪六年（1882年）在厦门开张后，"善于会计，熟悉情况，与各方往来交易，迄今十一、二年，获利已有十四、五万金"；他如"蔚长厚、新泰厚亦获利各十万金"；新设立的协和信、源丰润及蔚泰厚"虽来厦未久，而获利亦不少"②。不论新开或旧设的票号，都在一定时期内获得不同数量利润的事实，从一个侧面表明了票号业务开展与厦门商业繁荣的密切关联。自然，当商业出现不景气时，票号也常因商号亏蚀而受到牵累。厦门源通银号原系当地汇丰银行买办叶鹗秋所设，多年来经营茶栈，一直与票号通融资金。1891年5月因周转失灵倒闭，使票号蔚泰厚、新泰厚都受到数万金的损失。③ 又如建茂钱庄，在厦门开设历有年所，夙称"资本富有"。这家钱庄除了经营存放款业务之外，兼营贩运贸易，在牛庄、天津、神户各地设栈运售各货。可是它一向依赖六家票号通融资金。1893年它亏蚀倒闭，票号源丰润、蔚泰厚、协和信、新泰厚、蔚长厚、协同庆都遭牵累，损失近十万两。④ 这些事例从正反两方面说明了票号经营的盈亏，是与商业活动的盛衰密切联系的。这种现象决非限于厦门一地，则又是显而易见的。

从19世纪中叶以后，中国票号业的发展具体地表现在上述

---

① 《申报》，1892年4月7日。
② 《申报》，1891年11月8日。
③ 《申报》，1891年6月20日。
④ 《申报》，1893年11月17日。

的两个方面。仔细地观察这两方面活动所产生的作用时，人们可以看到，从19世纪60年代发展起来的汇兑和垫解京、协饷的活动，无疑使处境险恶的清政府的中央和地方财政取得了一个喘息的时机，使它能够比较从容地从一个方面处理由于农民战争所引起的财政困难。尽管汇兑官款的活动对票号自身的发展来说，有可能获得了充裕的营运资金，从而能够在较大范围内开展信贷活动，活跃社会经济。但是，从根本上说，汇兑官款的最大的得益者是清政府，这是毋庸讳言的。所以，人们把票号对封建政权的支持，视为票号资本封建性的体现，是信而有据的。引人思考的是，这种作用在过去被人们过分强调了，以致忽略了这种金融机构在商业贸易活动上所作出的贡献。从上述若干通商口岸的商业贸易活动的实况来看，票号的信贷以及它和钱庄的配合，加速了口岸和内地城镇商品流转的速度，同时也起到了扩大国内市场的作用。对于处在解体时期的封建中国的经济来说，不能否认，这种作用是具有进步意义的。所以，在考察票号这种经济组织的历史作用时，就应该全面地进行分析，不要因为它与封建清政府的密切联系，而忽视它在社会经济中所担负的使命和所发挥的积极作用。正是着眼于这种经济关系，人们还应该注意到票号资本在它的长期发展历程中所发生的性质上的变化。详细地论述这个问题，显然不是本文的任务，只有容待以后讨论。

(原载《历史研究》，1985年第2期）

晚清财政与咸丰朝通货膨胀

清王朝统治到嘉道之际，已处于由盛转衰的转折时期。爆发于1840年的鸦片战争和战后十年的太平天国农民运动，使清政府在应付内外战争中消耗了大量的战费，对外战争失败后又支付了巨额赔款，这些均成了国家沉重的财政负担。

一 鸦片战争与晚清政府的财政、货币状况

鸦片战争前夜，清政府中央财政收支的总状况已经表现为岁入渐见减缩，岁出频年见增，左藏渐见短绌的景象。

清政府的财政收入一向以地丁、钱漕、盐课、关税和其他杂税为其主要构成，其中以地丁①收入占最重要地位。在一般情况下，地丁约占财政总收入的四分之三，盐课、关税及其他杂税约占总收入的四分之一。据曾任通政使司副使的王庆云称，道光时期，每年财政收入的定额规定为：

---

① 清政府实行的农业税是将历代相沿的丁银，并入田赋征收，通称地丁，亦称"摊丁入亩"，是中国封建社会后期赋役制度的一次重要改革。

名称	金额（两）	占总收入百分比（%）
地丁杂税	33348034	73.82
盐　课	7475879	16.55
关　税	4352208	9.63
总　计	45176121	100

资料来源：王庆云：《石渠余记》卷3，光绪十四年刊印，"直省岁入总数表"。

就上述财政收入定额而言，地丁固然是国家收入的重要来源之一，但在道光朝之前，每年地丁所入已经是征不足额。到了道光朝，又由于西北回疆地区镇压少数民族的战争，黄河、运河频年决口，以及各省不时发生的重大灾情等原因，使地丁收入数额屡屡减少。预计18省额征田粮应为二千五百余万两，可是在1847年，据清军机处档案记载，征收额仅在2000万两，两年以后，又减收为一千九百万两[①]；而云、贵、川、广、闽、甘等七省的地丁收入，已难以满足本省军事支出的需要。与此同时，盐课、关税亦因灾情困扰相应减少。所以，各省财政对中央"欠解"，便成了道光朝以来财政收入上的突出问题。对此，户部在其奏章中说：1843年以前，统计全国各省积欠地丁等项共银5934800两，从1843年至1847年上半年，各省续欠地丁银2064800两，到1847年底，又续欠地丁银1065300两，总共欠银9084900两；截至1848年底，各省陆续完报并豁免的地丁等银共280万两，仍欠770万两之多。户部在详细陈述之后，归纳指出：

---

① 据清军机处档案，转见汤象龙《中国近代财政经济史论文选》，西南财经大学出版社1987年版，第65页附注8。

当时清政府的财政收入已是"旧欠既已延宕，新欠又复踵增"[①]。清中央财政拮据的景象已经无法掩饰了。如果进而联系1838—1849年（道光十八年到二十九年）清政府各年财政收支及其结

晚清各直省实征地丁、盐课、关税、杂税等项岁入岁出表

（1838—1849，道光十八年至二十九年） 单位：两

年份	岁入	岁出	收支两抵
1838	41272732.659	36209382.386	5063350.273
1839	40307372.41	34787590.447	5519781.963
1840	39035229.796	35805162.109	3230067.687
1841	38597458.73	37341583.492	1255875.238
1842	38715060.818	37149811.287	1565249.531
1843	42264528.629	41904903.693	359624.936
1844	40163854.832	38651694.514	1512160.318
1845	40612280.774	38815891.185	1796389.589
1846	39222630.42	36287159.329	2935471.091
1847	39387316.116	35584467.837	3802848.279
1848	37940093.827	35889872.079	2050221.748
1849	37000019.041	36443909.923	556109.118

资料来源：1.1838—1848年数字见《道光十八年至二十八年岁入岁出册》，北京图书馆藏翁同龢家抄本，转见《中国近代货币史资料》第1辑上册，中华书局1964年版，第172页。

2.1849年数字见王庆云《石渠余记》卷3，第47页。

引者附识：中国旧时官府在办理钱粮报销或移交时，编制报表称"四柱清册"。四柱指"旧管"、"新收"、"开除"、"实在"。分别相当于现代会计中的期初结存、本期收入、本期支出和期末结存。"旧管"加"新收"减"开除"等于"实在"。经两次鸦片战争后，"四柱清册"早已散佚。惟翁同龢家抄本所留岁出入数字，尚可反映道光朝后期财政收支情形，特转录，仅供参考。

---

① 据道光二十七年八月二十八日（1847年10月6日）、二十九年三月十五日（1849年4月7日）《管理户部事务潘世恩等奏》，转见彭泽益《十九世纪后半期的中国财政与经济》（以下简称《财政与经济》），人民出版社1983年版，第38—39页。

余的统计进行考察，人们便能更加具体地理解晚清政府财政确已面临严重的挑战。

考察上述各直省岁入岁出表的统计，人们可以概略地理解道光朝后期财政收支的变化：在鸦片战争前夕，清中央政府财政收支尚能相抵，每年结余尚有五百余万两。这个余额如果与道光以前各朝作比较，显见相去十分遥远。须知，清王朝财政在乾隆四十六年（1781年）时，曾有结余七千余万两。[①] 但自嘉庆元年（1796年）至九年九月（1804年10月）10年间，清政府为镇压席卷湖北、四川、陕西、甘肃和河南五省广大地区的白莲教起义，所耗军需饷银多达2亿两之巨，相当于当时清政府5年的全部财政收入。[②] 此后，在道光朝前期，又连年镇压西北回民反清战乱，所耗军费也为数不赀。所以到道光十八年（1838年），就上述财政收支统计看，就只有区区506万两的结余了。

1840年，英国发动鸦片战争，严重破坏了清朝社会经济的正常运转。在战火直接波及的广东、福建、浙江、江苏四省沿海各地，英国侵略军疯狂地破坏和掠夺，广大居民赖以维持生计的生产资料，几被抢掠一空。战争的进程中又使城乡农民、手工业者"废时失业"，濒临"民穷财尽"的境地。[③] 在未受战争直接蹂躏的省份，则因清政府征调频繁，加派勒捐，往往按户需索，计亩征求，居民负担反而倍于常赋，以致民间怨愤纷起，"民之财尽矣！民之苦极矣！"[④] 第一次鸦片战争给广大人民群众制造

---

① 刘锦藻：《清朝续文献通考·国用十二》，上海商务印书馆1955年版。
② 王先谦：《东华录》（道光朝）卷18，光绪二十五年刊印，第16页。
③ 中国史学会主编：《中国近代史资料丛刊·鸦片战争》（四），上海人民出版社1957年版，第77页。
④ 杨松等编：《中国近代史资料选辑》，生活·读书·新知三联书店1954年版，第115页。

的灾难，是无法估量的。

战后，英国侵略者借军事赔款、鸦片烟价和商欠等名目，向清政府勒索去了银2800万元，折合白银1960万两。这笔巨款的半数以上取自商民，约计1510万元，占总数的54%，其余1290万元则取自官库，占46%。[1] 西方侵略者的暴力掠夺，必然地在清政府的财政上投下强烈暗影。上述统计表反映：1843年清政府的岁入为4226万两，岁出为4190万两，两相抵消，仅有余款35万余两，为清王朝建立政权以来国库收支所从未出现过的景况。1843年以后的几年，在岁入上似稍见转机，但国库的储备依然无所改善。以致1848年3月，大学士管理户部事务潘世恩等不得不向道光密奏："现在银库实贮数目除已到未收银20余万两外，截至二月十六日（1848年3月20日）仅存银十二万三千九百余两，比较历年，甚形支绌。"[2] 为了说明库藏支绌真情实况的由来，户部特作详细分析：历年"岁入之数应有四千四五百万两，岁出之数约需三千八九百万两。按额核计，例有盈余"；但是，"以近今十数年计之，海疆、回疆及各处军务，东、南两河工用，南北各省灾务，统计例外用款[3]，多至七千余万两，清查库亏九百余万两；而岁额所入，除豁免、缓征、积欠等款，前后牵算，每岁不过实入四千万两上下"，所以，实际的收支情况是

---

[1] 这里所称"商民"是指广东行商和行商公所；官库是指广东藩库、粤海关税银、江苏地丁正耗银和江苏藩司等。详见严中平主编《中国近代经济史（1840—1894）》上册，人民出版社1989年版，第430—433页。

[2] 《管理户部事务潘世恩等密折》（道光二十八年二月二十三日），见中国人民银行总行参事室史料组编《中国近代货币史资料》（以下简称《货币史资料》）第1辑上册，中华书局1964年版，第168页。

[3] 清代财政上称"河工、赈灾、军费"等为例外支出，依靠"捐例收入和动拨财政结余"来解决。

"入款有减无增,出款有增无减"①。随后,库储情况更见恶化。大学士管理户部卓秉恬不得不又在密折中再度向道光陈述:"截至本年十月三十日(1850年12月3日),国家银库实在现银只有一百八十七万余两,连已拨未解及起解在途各银二百二十五万余两,共银四百一十二万余两。"② 非常具体地反映了国库空虚的景象。这期间知悉内情的内阁官员常为之惶惶不安,所谓"府库日虚,征求益急,当此之时,会计之司左支右绌,一筹莫展"③。

关于道光朝后期国库空虚的缘由,上述通政使司副使王庆云也曾有所论析,颇有参考价值。他说:综核"今昔出入大数计之,盖今之视昔,绌于入者二,溢于出者一。各省地丁岁额三千二百余万,迩来实征,止二千八九百万……盐课岁额七百四十余万,迩来实征,常不及五百万;河工之费,嘉庆时只一百余万两,当时值钱一百余万串,迩来增至三百五六十万两,而银价倍加,是七百余万串矣,四十年间增至五倍"④。国家岁入和岁出呈现为"入者日少,出昔日多",国库安得不趋于空虚?

王庆云在分析晚清财政状况的演变中,提到了嘉道年间"银价倍加"对财政的影响,很值得注意,可惜他仅仅一笔带过,不曾稍作分析。实际上他所说的"银价"问题,就是指嘉道以来日趋严重的"银贵钱贱"问题,它与国家财政盈绌既有密切关系,自然也有其独特的内容,惟两者互相激扬,成为晚清财政货币两

---

① 《大学士管理户部卓秉恬等折》(道光三十年四月十一日),《货币史资料》第1辑上册,第170页。

② 《管理户部卓秉恬密折》(道光三十年十一月十七日),《货币史资料》第1辑上册,第171页。

③ 道光二十六年内阁学士朱嶟语,见《皇朝政典类纂·钱币四》,光绪二十九年刊印。

④ 王庆云:《敬陈正本清源疏》,《道咸同光四朝奏议》,台北商务印书馆1970年版,第901页。

大棘手问题。

众所周知,出现于嘉道年间严重的白银外流问题,源于西方殖民主义者的鸦片贸易和走私。1773年英国东印度公司在印度实行鸦片专卖以后,渐冉形成鸦片走私狂潮。西方列强对华鸦片贸易及其走私活动的直接后果,是使得从16世纪以来中国与欧美的海上贸易情势起了根本变化,它破坏了中外贸易的长期走向,逆转了三百年来中国对外贸易一直维持着的贸易出超和白银入超的局面。可以查阅到的统计资料表明,中国的白银外流至晚在1817年即已开始了;其后十年,中国对外贸易的运作便已经感受到大量白银外流所导致的困扰,其数额从1826—1827年的三百余万两、1830—1831年的五百余万两,一直上升到1833年接近一千万两的事实①,这种逐步上升的趋势继续到鸦片战争前夕,强烈地震动了晚清社会的经济生活。

鸦片战争后,中国白银外流的严重程度仍有增无减,不能不引起国内银价上涨和制钱价值下跌的后果。它有力地冲击了清政府历来规定的纹银1两兑换制钱1000文的标准。1843年(道光二十三年)便有记载说:"近数年来,每洋钱一枚可易钱1300文,银则以6钱之重可易(钱)1000文,较昔加倍。"② 这就是说银1两已合钱1666文。次年又有史料透露:"今银价每两易钱二千,较昔平时钱价盖倍之,较贵时几及三倍。"③ 在京师,据说1845年纹银每两易制钱几及2000文,外省则易制钱二千二三百文不等。④

---

① 严中平等编:《中国近代经济史统计资料选辑》,科学出版社1955年版,第36页。
② 《近代史资料》总2号,第43页,转见杨端六《清代货币金融史稿》,生活·读书·新知三联书店1962年版,第188页。
③ 《石渠余记》卷5,第10页。
④ 《皇朝政典类纂·钱币四》,《中国近代经济史统计资料选辑》,第37页。

在银价上涨、制钱价值相应下跌的同时，晚清铜原料价格却不断上升。这是因为我国原非产铜国家，清政府在1683年（康熙二十二年）开放海禁以后，国内所需铜料，主要是从日本输入。乾隆年间，云南铜矿开始投产，中央和各省所需之铜原料转赖滇铜供应。但是，云南铜矿全蕴藏在深山峡谷之间，省内和省际几无水道可资利用。每年官销铜料1000万斤，全赖人力、马背和牛车输运，极为困难。嘉庆年间，又因矿区管理不善，产量锐减；道光初年其产量已不足以供应京运和各省所需了。1840年，鸦片战争起，各省忙于筹措军费，几乎都停止了协济云南铜运经费，京铜起运极难维持。及至太平军起义后，长江沿线交通枢纽又成为两军更番争夺的据点，铜运遂完全陷于停顿。铜原料来源一旦断绝，制钱的铸造成本随之激增。在这种情况下，久已存在的民间私销、盗毁制钱的活动便更加嚣张起来。因为完好的，即"式好肉圆"的制钱，每文重量为1钱2分，1000枚制钱含铜量重约7斤，而千文制钱却只能购买到铜原料二三斤。因此，毁千文制钱便可得一倍以上的利益①；尤其是私铸小钱获利更为突出。小钱每文仅重一二分，毁制钱1文，便可私铸小钱五六文。②在大利驱动下，民间何所惮而不为？政府法令无从禁止。1853年的史料揭示；由于私毁制钱猖獗，使得当时流通的乾隆六十年和嘉庆二十五年所铸的制钱，在市面上都已不多见了，甚至连道光年间铸造的制钱也因私毁"亦渐少矣"③。这表

---

① 《四川学政何绍基折》（咸丰二年十月十九日）《货币史资料》第1辑上册，第198页。

② 《太常寺少卿松桂折》（咸丰三年五月十七日），《清代钞档》，中国社会科学经济研究所藏。

③ 《大理寺卿恒春折》（咸丰三年二月十二日），《货币史资料》第1辑上册，第203页。

明制钱制度几乎到了难以维持的地步。

不仅止此，鸦片战后出现的新现象也加重了社会动荡。比如《南京条约》允许五口通商，外国资本主义势力渐从华南向北伸延，中外贸易中心渐从广州向上海转移。它所招致的社会后果更加复杂，使此前以广州为中心的旧有商路的繁荣，因之趋于衰落。在广州与湘潭之间，19世纪四五十年代为洋货进口、丝茶出口服务的肩挑背负的劳动者，不下十余万人[1]；闽广之间从事于武夷茶叶搬运的劳动者，据称也有数十万人。[2] 现在他们中的大多数因着贸易中心北移，不得不失去谋生手段，沦于失业和半失业状态。此外，在海上航运方面，《南京条约》保证了外国商船自由出入中国领海。据记载，战前每年来华的外国船只约在100—200艘之间[3]，战后迅见增加。1844年，抵达广州的外国船只有306艘，5年以后便增加到331艘，其中以英国船居多，美国次之。[4]1845年，外国汽船首次作为货船在中国沿海出现；50年代初，大英轮船公司就有若干轮船从事于中国领海的沿岸贸易。"所有这些船只都像载运洋货一样地载运土货"[5]，"它们急于猎取中国货的沿岸运输任务"[6]。从而闽、粤、苏、沪各口无不成为它们直冲横突的目的地，使一向承担沿海运辅业务的中国沙船业蒙受毁灭性的打击。1843—1850年任闽浙总督的刘韵珂，

---

[1] 容闳：《西学东渐记》，商务印书馆1934年版，第54页。

[2] 《中国丛报》（China Repository）1943年6月号，第331页；向达辑录：《伦敦英博物馆所藏鸦片战争史料》，《中国近代史资料丛刊·鸦片战争》（四），第293页。

[3] 梁廷枏：《粤海关志》第24卷，转见姚贤镐编《中国近代对外贸易史资料》第1册，中华书局1962年版，第312—313页。

[4] 黄苇：《上海开埠初期对外贸易研究》，上海人民出版社1961年版，第176页。

[5] 莱特：《中国关税沿革史》，三联书店1958年版，第187页。

[6] 《中国关税沿革史》，第324—325页。

目击江南沙船业受排挤而陵替的景象,不禁惊呼:"福建之漳州、泉州、兴化、福宁与浙江之宁波、台州、温州等府,地多滨海,民鲜恒业,沿海编氓,非求食于网捕,即受雇于商船……自外洋通商以来,商业大半歇业,前之受雇于该商者,多以衣食无资,流而为匪。"①

上述种种情况表明,鸦片战后十余年间,清政府的财政货币,以及社会政治情势,都发生了错综复杂的变化,使得久已存在于国内的民族矛盾和阶级矛盾不断地受到刺激而激化起来。集中这些新旧情况,有力地说明清政权的统治已经面临剧烈变革的挑战。

1851年初,太平天国农民运动在广西揭起义旗。在不到两年的时间里,太平军武装力量从广西出湖南,势不可遏,遍及湖北、江西、安徽、江苏、河南、山东、山西、直隶、浙江、福建、广东、四川、贵州、云南、陕西和甘肃等18个省区。在相持达十余年的内战期间,清政府中央财政收支已面临严重失衡。主持户部的官员多次向中央告急,报告财政岁入已近枯竭景况。他们详细陈述:在进行军事战斗的省份,地丁、漕粮已"无可催征";到了1853年(咸丰三年),税源夙称富裕的省份如江苏省"已请缓征",其邻省山东也"早请留用",余如山西、陕西、浙江因"皆办防堵",它们的"地丁所入万难足额"。至于盐课征收,它原是清王朝财政收入仅次于地丁的一大来源。人们常称:清政府"部库饷源以盐课为大宗,盐课又以两淮为大宗"②。淮盐的运销中,淮北之盐行销地区较小,淮南盐引行销苏、皖、

---

① 《清道光朝留中密奏·刘韵珂片》,《中国近代史资料丛刊·鸦片战争》(三),第492页。

② 曾国藩:《议复楚省淮南引地折》,《曾文正公全集·奏稿》卷36,光绪二年刊印,第19页。

赣、楚（包括湖北和湖南）四岸。但自1853年太平军攻克汉阳、汉口，与清军在长江中下游展开鏖战，长江中下游重要据点大部为太平军占领。所以户部在1853年的奏折中说，"扬州久被贼战，汉口疮痍未复，淮南全纲不可收拾，是盐课所入去其大半矣"；关税征收则因"芜湖、九江、江宁、凤阳等地先后陷入兵事，夔关、苏关商贩亦多裹足"，因此"关税所入仅存虚名"；求助于捐输，近来不仅数量大减于前，且"缓不可待"[1]，户部官员至此时不得不明白承认凡能罗掘的税源"实已无微不尽"，仍无助于财政匮乏状况之缓解。到了咸丰三年六月十二日（1853年7月17日），户部银库结存的正项待支银已只有22.7万余两。多年供职户部的官员说：国家度支"从未见窘迫情形竟有至于今日者"[2]。

处在军事失败、经济凋敝和社会动荡的危急状况下，清政府为了支撑摇摇欲坠的封建统治，明知已处在饷愈靡而愈竭的情况下，但对反人民的内战仍作垂死挣扎。统治集团在财政收入上除了厉行旧有搜括之外，更为进一步聚敛民财寻找新途径。朝臣纷纷献策，建议铸造铜、铁大钱，发行票钞，企图把通货膨胀政策当作在财政上延续清王朝统治的救命稻草。

二 咸丰朝的通货膨胀

1853年（咸丰三年），清政府为坚持内战，决意实行通货膨胀政策。当年4月初，咸丰命令户部发放官票、宝钞；嗣又于月尾，命令户部宝泉局、工部宝源局鼓铸量轻面值大的铜铁大钱。

---

[1]《管理户部事务祁寯藻等密奏折——沥陈库款窘迫军饷难筹情形》（咸丰三年六月十六日），《货币史资料》第1辑上册，第175—176页。

[2]《货币史资料》第1辑上册，第176页。

这两项决定一向被视为咸丰朝"货币改革"的主要内容,不过两者的酝酿和实行过程中所反映的情况,颇不相同,特分别论述其演变过程。

(一)铸造大钱的演变

咸丰二年(1852年),在镇压农民运动的内战中,清政府面临财政匮乏,军饷难筹的窘境。当年有四川学政何绍基、御史蔡绍洛,次年又有大理寺卿恒春等奏请变通钱法,铸造大钱。咸丰要户部议奏。户部复称:可"试行当十大钱,每文以六钱为率",并称"当五十一种或可与当十大钱一并试行",随即得到咸丰允准;他命令户部宝泉局、工部宝源局开铸用铜少、面值大的铜钱。①

按清制,鼓铸制钱在"顺治元年,每文重一钱,后改重一钱二分至一钱四分;康熙年间复改重一钱,后又改重一钱四分;雍正年间改重一钱二分,至今遵行"②。咸丰三年五月,政府准在开铸当十、当五十的大钱时,其重量分别改为6钱和1两8钱。③这就是说,铸造当十大钱1枚,用铜量只相当于10枚制钱的一半;当五十的只及原来用铜量的十分之三。同年十一月十四日(1853年12月14日),巡防大臣绵愉等又奏请推广,添铸当百、当五百、当千大钱,并建议所铸大钱"分两不必过重,但求磨镟精工。如当千大钱以2两为率,当五百、当百大钱以次核算递减"④。咸丰迅表同意,并在上谕中指示户部:"通行各直省督抚

---

① 参见《货币史资料》第1辑上册,第197—205页。
② 《大理寺卿恒春折》(咸丰三年二月十二日),《货币史资料》第1辑上册,第202页。
③ 《铜政便览》卷4(抄本),转见彭泽益编《中国近代手工业史资料》第1卷,中华书局1957年版,第571页。
④ 《巡防王大臣绵愉等折》(咸丰三年十一月十四日),《货币史资料》第1辑上册,第206页。

均照此次所定分两，一体铸造，以归划一。其民间应纳税课钱文等项，均照部议，准以大钱交纳，其应交银者，并准其按照制钱两串折银一两之数抵交。"① 从此，不仅中央的户部、工部鼓铸大钱，各省也奉命设置机构，仿照户部成式铸造。于是，福建、陕西、云南、热河、甘肃、河南、湖南、湖北、山东、江苏和浙江等省都相率开炉铸造大钱。

随着铸造大钱地区的扩大，面值也越铸越大，而单位面值的含铜量却一再减低。清政府当权者显然把铸造大钱视为搜括财政收入的工具。据史料记载，在强制增大铜大钱面值的行动中，清政府获得的利益，有如下表所示。

表2　清政府铸造铜大钱强制增值的幅度及其净利

大钱种类	每枚重量（两）	工本（文）			按工本计算的净利	
		工银	料银	合计	文	倍数
当　千	2.00	76	38	114	886	7.8
当五百	1.60	60	30	90	410	4.6
当　百	1.40	30	20	50	50	1.0
当五十	1.20	16	16	32	18	0.56
当　十	0.44	7	7	14	-4	-0.29

资料来源：《中国近代手工业史资料》第1卷，第570页。原编者附注：铜大钱始行于咸丰三年六月。最初分两种，计当十大钱和当五十大钱。当十每文重6钱，当五十每文重1.8两。当年十一月又铸各种大钱并减轻当十、当五十重量。上表各种大钱是按改革后的重量计算。另，上表按工本计算的净利栏，见《财政与经济》，第89页。

上表说明：如果以铜大钱的铸造成本与其额面的法定价值作

---

① 《咸丰三年上谕：著各省铸当五至当千大钱》，《清朝续文献通考·钱币二》。

比较时，当千、当五百铜大钱的法定价值，各规定为制钱 1000 文和 500 文，实际上它们的金属比价（即料银所值）各只合制钱 38 文和 30 文，各被政府强制增殖 886 文和 410 文；如按工本（工银加料银）计算，当千、当五百铜大钱的工本合计，也不过各在 114 文和 90 文。所以，铸造当千、当五百铜大钱的净利，各为其工本的 7.8 倍和 4.6 倍；其他如铸造当百、当五十及当十等大钱的利益，在清政府官员的有关奏折中也都有所反映：即铸当五十的铜大钱可获"一本一利"，铸当百大钱可实现"一本两利"[①]，而当千、当五百大钱的所得，更是可观，无怪清政府官员指出"获利之厚孰过于此"[②]。惟独铸造当十铜大钱却是亏本的，所以在庆锡的原片中也提到"铸造当十文者，得不偿失"[③]。

铸造铜大钱虽然获利不赀，无如铜原料供应短缺，成了执行过程中一大难题。为此，咸丰于 1854 年 4 月 17 日指派惠亲王绵愉、恭亲王奕訢等试铸铁大钱。过了一个月，绵愉等复报筹划情形，称：经过"再三商酌，定为设立铁钱百炉，陆续招募……每炉一张……按现市采买城里残破锅铁，每斤京钱 30 文计算，再除杂料各费，每炉每日约可盈余京钱 60 吊文。按日后贩运山西平铁每斤京钱 80 文计算，每炉每日约可盈余京钱 40 吊文。将来添至百炉……但能撙节办理，所余尚多，于经费大有裨益"[④]。可见清政府从铸造铜大钱发展到铸造铁大钱，其着眼点全在于博取财政收入，尽管它打着铸造铁钱有利于市面流通的幌子，但它丝毫不考虑用这种贱金属充当铸币的原料，在人民经济生活中会

---

① 《朱批庆锡片》（咸丰四年十一月初七日），《清代钞档》。
② 《货币史资料》第 1 辑上册，第 212 页。
③ 《朱批庆锡片》（咸丰四年十一月初七日），《清代钞档》。
④ 《惠亲王绵愉等折——报告铁钱试铸有效》（咸丰四年三月二十日），《货币史资料》第 1 辑上册，第 221—222 页。

造成怎样的恶劣后果。

更有甚者，在铁钱投入流通之后，户部竟然进一步奏称："铁既可以抵铜，铅似可以佐铁"，也博得咸丰允准和支持，派钱法主事会同宝泉局监督，于咸丰四年八月投入试铸铅钱的活动。① 不过，铅钱在市面上使用时间极为短促，有说它只在北京一地流通，用作搭配散钱之用。大约到咸丰五年以后就不见铅钱流通的记载了。

据铁钱局历次呈报，自咸丰四年三月起至咸丰五年十月底，该局共铸造正额及额外当十文大铁钱并铁制钱，共合京钱五百七十二万余吊②；又自咸丰五年十二月百炉开齐时起，至咸丰九年五月，共铸正额钱九百三十余万吊。③ 两者合计在一千五百万余吊，如折合制钱（通常京钱2吊等于制钱1串），则铁钱局历年所铸当合制钱七百五十一万余串。咸丰九年七月，铁钱在市场流通中受到民间强烈抵制，以致铁钱跌价过猛，核算已不敷成本，延至七月二十八日，由户部奏准裁撤铁钱局。

由于史料散佚，现在已经难以统计全国自1853年（咸丰三年）以后历年所铸大钱的总数量。有的统计称：从1853年到1861年，户部宝泉局和工部宝源局铸造的铜大钱合银约计450万两，铁钱局铸造的铁大钱合银约在375万余两，总共约合银826万余两。④ 但是，这个数字就其内涵，只能反映清中央各局所铸铜铁大钱的数值；京外各省所铸大钱数量完全无法得到反映。因

---

① 《管理户部事务祁寯藻折——请试铸铅钱》（咸丰四年六月初六日），《货币史资料》第1辑上册，第223页。

② 《惠亲王绵愉等奏》（咸丰五年十二月初三日），《货币史资料》第1辑上册，第233页。

③ 《铁钱局监督杨宝臣呈》（咸丰九年五月十五日），转见《财政与经济》，第80页。

④ 《财政与经济》，第114—115页。

此，上述统计只能说是不完全的。它的全部数字仍有待于史料的继续发掘和整理。

（二）强制滥发官票、宝钞

咸丰元年，在廷臣议论鼓铸大钱的同时，还有人建议行用票钞，以解救财政濒于匮乏的危机。当年九月，御史王茂荫奏《请行钞法》，可说是咸丰朝第一个建议行钞的官员。

王茂荫力主行钞，但反对铸造大钱。他比较深入地分析两者的利弊得失后，认为"钞之利不啻十倍于大钱，而其弊则亦不过造伪不行而止"①。他还从货币流通的历史中汲取经验教训，指出行钞和铸大钱两者在运作以后虽都"难以经久"，但行钞却是"不能久中之尚可久者"②。在这个认识基础上，他指出过去行钞的十种弊端，同时有针对性地提出他所设计的9项行钞办法，尤以其中第2项"酌钞之数"（即限制发行数量）和第5项"筹钞之通"（即建立钞币的信用），很见深思熟虑，精密周详，值得稍作介绍。

在"酌钞之数"上，他指出："钞无定数，则出之无穷，似为大利，不知出愈多，值愈贱。"这是很有见地的观点，是针对滥发钞币必然招致钞币贬值而言的。因此，如要保持钞值稳定，就必须限制钞币的发行数量。他具体建议仿照清初顺治年间成例，每年先造10万两钞币，试行一两年，"计可流通，则每岁倍之；又得流通，则岁又倍之"；但发行总额，以1000万两为限。这是依据清政府当时财政岁出入年在4000万两左右作为考虑基础的。所以他强调"行之以渐，限之以制，用钞以辅银，而非舍

---

① 《御史王茂荫请行钞法折》（咸丰元年九月十九日），《货币史资料》第1辑上册，第317页。

② 《货币史资料》第1辑上册，第318页。

银而用钞"①。只要银与钞的联系不割断，就可以防止钞币滥发，造成通货膨胀的弊病。

王茂荫所建议的第五项"筹钞之通"，其中心意旨在建立和巩固钞币的信用。他深知钞币只有流通无阻，方能体现它的价值。因此，他要求政府发放款项，"部库均可酌量以钞搭放"，所发之钞"许捐生兑作捐项"，"外省发银号之钞，许其解充地丁……该省每年应拨放款项，该藩司酌量以银与钞各半发给，领钞者均令就各该州县钱粮银号兑换。该银号得钞，仍可为办解钱粮之用"②。他认为如此运行，有利于宝钞的流通，便可维持宝钞的价格。如果银号故意勒掯，不肯兑换，或兑换扣减不肯如数，许民人指控，治之以罪。

在理论上，王茂荫的条陈符合财政学和货币学原理，在方法上也稳健可行。但是，他所建议行钞法的要害，是以允许钞币随时兑换现银为基础的。这一点极不符合中枢准备行钞的意旨，因之得不到咸丰的支持，户部便以"窒碍难行"议驳。③

一年后，福建巡抚王懿德也奏请"暂筹变通，改行钞法，以济要需"。王懿德自称曾在京师、山东和关东等地服官，目睹这些地方官民铺户都使用钱票，十分方便；近年他又来到福建任职，看到省城福州及外府州县，处处流通或银票，或钱票，或番票（外国纸币）。在民间经济往来上甚至有付与现钱而不受，情愿用票的情形，"皆因携带甚便，取用不难"。他甚至有所感触地说：一般铺户"不过一稍有身家之人，合城皆信而用之。皇上为天下主，酌盈剂虚，饬造宝钞，颁行各省，人人应无不乐用"。

---

① 《货币史资料》第 1 辑上册，第 318 页。
② 同上书，第 320 页。
③ 同上书，第 323 页。

从这种主观愿望出发，他进而强调发钞数量和种类"不宜过多，多则难行"，并且要求各省向士农商贾晓谕：缴纳地丁钱粮及各类关税，数额达一两的，都用钞缴纳，不足一两的，仍用银钱完纳等。十分明显，王懿德并不了解政府发行钞币，乃是政府依据特权，强制发行的不兑换券，它与私人铺户所发的银、钱票，在性质上是完全不同的。正是在这个关键问题上，户部对他的主张所作的议驳击中要害。户部说："民间行用铺户银钱各票，因实有现银，实有现钱，持票即可支取，故其用周流而无滞。是票乃取银取钱之据，并非票即为银，票即为钱也。若用钞，则钞即为银，钞即为钱；与铺户各票之持以取银钱者，较然不同，必致民情不信，滞碍难行。"① 况且现在政府库藏支绌，银与钱都患其匮乏，如何能以虚有其名的"钞"作为"酌盈剂虚"的手段。王懿德"所请改行钞法之说"只能得到"应毋庸议"的结果。同年九月间，又有一位左都御史花沙纳上疏，也奏请行钞，其内容大多与王茂荫所奏相似；但也有一个重要的不同，就是在花沙纳的奏疏上，银钞只能充交官项用，不能兑现②，而王茂荫的主张可交官项，亦可兑现银。大抵出于这一重大的区别，花沙纳的奏疏迅速获得咸丰皇帝的支持。

就在这时节，在江南进行的内战日趋激烈，前线军情，屡报败讯。咸丰三年初（1853年2月），太平军破九江、下安庆、陷池州，3月上旬前锋直逼南京。前线索饷急切，而户部无款可筹，急切地向咸丰密奏度支状况。在"焦灼"万状下，咸丰向军机大臣发出上谕，强调"军兴三载，糜饷已至二千九百六十三万

---

① 《货币史资料》第1辑上册，第322—323页。
② 详见花沙纳《请停捐举人、生员，并酌行钞法疏》，《道咸同光四朝奏议》，第1066—1081页。

余两……现在部库仅存正项待支银二十七万七千余两,七月应发兵饷尚多不敷……若不及早筹维,岂能以有限之帑金供无穷之军饷乎?"①咸丰要求军机大臣等"及早筹维"。事实上户部和亲王大臣等也确在多次集议,但他们提不出合于咸丰旨意的办法。直到咸丰二年底,户部和亲王等还只主张在缓解财政困难上行用银票、期票,对发钞则持迟疑态度,表示"钞法可徐图而未可骤举"②,显然,这是违反咸丰旨意的。

随着内战形势日益严峻,咸丰只得直接亮明主张。1853年4月,他便向内阁发去"著即行使官票"的上谕。称:"据花沙纳等……所拟章程各条尚属周密。著即照所称定为官票名目,先于京师行用,俟流通渐广,再行颁发各省一律遵办。"值得注意的是,上谕中强调:"官票之行,与银钱并重,部库出入收放相均。其民间行用银钱私票仍听其便,商贾交易亦不致稍有抑勒……总期上下相信,历久无弊,即使国用充裕,官票照旧通行。"③这就明确地将官票与民间行用的银钱私票在性质和作用上都作了区分,要求两者同时在市面流通。

时过半年,咸丰又于九月十八日(1853年10月20日)再发上谕,对发行票钞作进一步规定:"银票即是实银,钱钞即是制钱,核定成数,搭放搭收,以期上下一律流通。"令户部制造钱钞,颁发中外,与现行银票,相辅通行。④

又两月,到十一月二十四日(1853年12月24日),咸丰又

---

① 《谕军机大臣等》(咸丰三年六月己丑),《咸丰朝东华录》卷24,光绪二十五年刊印,第25页。
② 《定郡王载铨等折——驳花沙纳行钞办法并请发行银票期票》(咸丰二年十二月二十六日),《货币史资料》第1辑上册,第327—329页。
③ 《货币史资料》第1辑上册,第352页;《咸丰朝东华录》卷20,第28页。
④ 咸丰三年九月十八日上谕:《著户部制造宝钞》,《货币史资料》第1辑上册,第367—368页。

发"著即发行宝钞"的上谕，称："比年以来，银价日昂，民生愈困。小民输纳税课，每苦于银贵，而转运制钱又多未便。朕……酌古准今，定为官票宝钞，以济银钱之不足，务使天下通行，以期便民裕国。著照部议，凡民间完纳地丁、钱粮、关税、盐课及一切解部协拨等款，均准以官票钱钞五成为率。官票银一两抵制钱二千，宝钞二千抵银一两，与现行大钱制钱相辅而行。其余仍交纳实银，以资周转。京外各库应放之项，官票宝钞亦以五成为限……总期官民交益，上下相孚，并准五城殷实铺户具折承领宝钞，俾民间自行通用。"① 由此可见，从咸丰三年二月到十一月，在不足九个月的时间里，咸丰连续发出三次谕旨，一再强调从速发行官票宝钞，迫使户部迅速转变迟疑态度。从此造成票钞在全国泛滥。

官票、宝钞都是政府强制发行的不兑换券。官票代表银两，又称银票，其面值有一两、三两、五两、十两、五十两五种；宝钞代表制钱，又称钱票，其面值有五百文、一千文、一千五百文、二千文、五千文、十千文、五十千文和一百千文八种。②

为了有效地发放票钞，户部在咸丰三年二月底（1853年4月）奏请设立第一批官银钱号，即乾豫、乾恒、乾丰、乾益，俗称"四乾官号"，以户部宝泉局和工部宝源局所铸钱文作为"票本"，发行"京钱票"，用以发放八旗兵饷。③ 次年十月（1854年11月），又设立第二批"五宇官号"即宇升、宇恒、宇谦、宇

---

① 咸丰三年十一月二十四日上谕：《著即发行宝钞》，《咸丰朝东华录》卷29，第37页；《货币史资料》第1辑上册，第377—378页。

② 官票、宝钞的图样及其大小，可参见彭信威《中国货币史》，上海人民出版社1965年版，第810、811页。

③ 《管理户部事务祁寯藻等折》（咸丰三年二月二十七日）、《户部尚书肃顺折》（咸丰十年十月初三日），《货币史资料》第1辑上册，第469—470、474—475页。

泰、宇丰等官银钱号，也是为了发行"京钱票"，用以收兑宝钞，以利宝钞流通。这种办法，实际上是仿效民间钱庄、银号在发行"会票"、"期票"的同时，并经常发行"银票"和"钱票"。从"五宇官号"承办宝钞工作后，户部又进一步扩大宝钞发行数量。原先户部宝钞只有五百文、一千文、一千五百文和二千文四种，这时（咸丰五年）又扩大到发行五千文、十千文、五十千文和一百千文票面额的大钞。①

为了保证宝钞能够在国内流通，防止官役拒收、搭配等弊端，刑部配合中枢，在咸丰四年二月拟定了官役不遵定章拒绝搭放票钞处罚的办法，经咸丰批准，通行全国照办实行；同年四月，吏部也拟定官役拒绝搭收钞票，该管上司议罪办法。但实际上，大多数督抚、将军、都统等对推行纸币一事，采取观望和阳奉阴违的态度。所以，在推行将近一年之后，即到咸丰四年下半年，只有福建、山西、陕西等少数省份比较认真贯彻，其他各省大都观望。咸丰为此大为恼怒，严厉训斥说："前经户部奏请令各省开设官钱局，推行官票，添铸铜铁钱及各项大钱，当经降旨允准。原经费支绌，全赖钱法流通无滞，庶足以利民用而济时艰，乃迄今日久，仅据福建、山西、陕西各省抚奏明遵办，其余各省未将见办情形奏报。该督抚等如果悉心经理，何至拖延一载，迄无定章。总由地方官畏难苟安，怠玩因循，实堪痛恨！"②命令各省迅速改变态度。1854年便有江苏、云南、四川、热河、直隶、湖北、江西、浙江等省设立官银钱局，1855年有山东、河南、安徽、吉林、甘肃设立，1856年有湖南等省继之设立③，

---

① 《管理户部事务贾桢等折》（咸丰五年十月十三日），《清代钞档》。
② 上谕档（咸丰四年正月），中国第一历史档案馆藏。
③ 详见《咸丰初年各省设立官钱局及推行官票宝钞情况表》，《货币史资料》第1辑上册，第464—468页。

各省招商承办官钱局，发行"局票"，推广大钱票钞。从而票钞在全国泛滥，一发而不可收拾。被清政府视为救命稻草的通货膨胀政策无可挽回地步上恶性膨胀的道路。

三 恶性通货膨胀的严重后果

从鼓铸大钱、发放票钞的过程中，人们看到正是咸丰本人及其统治集团在内战紧急关头和财政匮乏的状态下，急切企望通过发行劣币和票钞，挽救其垂危的统治。但是，以咸丰为首的统治集团又是一个颟顸而粗暴的集团。它拒绝承认社会经济运动有其固有的客观规律。朝臣中如王茂荫那样对货币运动的特征有比较深刻认识的，几乎是绝无仅有。但是，王茂荫的合理建议不但得不到重视，反而被咸丰毫无根据地申斥："看伊奏折，似欲钞之通行；细审伊心，实欲钞之不行"，并被调离户部[1]，实即解除他对"币制改革"的发言权。不宁唯是，封建统治者又总是强调王权具有无限强制作用。他们认为货币的面额价值可由国家规定，所谓："国家定制当百则百，当千则千，谁敢有违。"[2] 咸丰甚至在朱批中说："盖大钱之畅行与否，全视在上之信与不信。"[3] 这样惟君主意志决定一切而不遵从客观经济规律的做法，不可避免地要受到客观规律的制裁和惩罚。

鼓铸成色低下的铜铁大钱投入使用后，流涌领域中同时存在银两、制钱和铜铁大钱；市场交易活动中随之出现了金属含量较低的通货将金属含量较高的通货逐出流通领域的现象，这就是货

---

[1] 《清文宗实录》卷123，1937年影印本，第29页；亦见《货币史资料》第1辑上册，第395页。
[2] 《货币史资料》第1辑上册，第208页。
[3] 同上书，第209页。

币流通界劣币驱逐良币规律在发挥作用。① 这种现象曾在16世纪英国金融市场出现过②，现在可说是在中国货币流通界再次显示这一规律的作用。清政府的官员对此却少有认识，他们只是在实际生活中诧异地发现："大钱出而旧钱稀，铁钱出而铜钱隐"③，形象地反映了劣币驱逐良币现象的存在。

1854年初，当铜铁大钱开始投入流通时，当十、当五大钱尚可流通，待至当五十、当百大钱出现于市场时，立即遭到使用者的抵制。民间对这种劣钱"或任意折扣，或径行不用"④。当年7月，有史料反映：即使制钱缺乏，大钱也不能取信于民，城乡粮食交易陷于停歇。御史伍甫祥奏称："近因京外各处贩卖粮食来京者，不肯使用大钱，致外来粮食日少，粮店纷纷歇业。"⑤大钱行市也不断跌落，"始而每吊价值五六百文，后则日甚一日，每吊只值三百余文，今日毫无行市矣"，导致"各行商贾心皆摇动，议论沸腾，一概不用大钱"⑥。而且民间钱铺到咸丰四年甚至公议钱价，"于大钱一项，官铸者七成折算，私铸者四五成折算"⑦，具体说明了大钱的实际价值已远低于名义价值。更加严

---

① 这里所说的"良"与"劣"两词，并非指铸币技术的优劣，而是指用来制造硬币的金属价值。参见马歇尔《货币、商业与信用》，商务印书馆1997年版，第63页。

② 参见《简明不列颠百科全书》第3卷，中国大百科全书出版社1985年版，第369页。

③ 《掌山西道监察御史宗稷辰奏》（咸丰五年十一月十八日），《清代钞档》。

④ 《通政使李道生折》（咸丰四年闰七月十五日），《货币史资料》第1辑上册，第267页。

⑤ 《清文宗实录》卷137，第15页。

⑥ 《给事中仙保折》（咸丰四年十月十五日），《货币史资料》第1辑上册，第271页。

⑦ 《左都御史周祖培折》（咸丰四年闰七月十九日），《货币史资料》第1辑上册，第270页。

重的是,"兵民虽有大钱,无处买物,困苦情形,不堪言状"①。铜大钱贬值愈演愈烈,"民间将当千大钱只作七八百文,或五六百文售用,当五百者作三四百文售用"②。与此同时,物价便起剧烈波动。在市场交易进行中,如用大钱付偿,"每京钱千文之货,出售时增钱二三百文,如不用大钱则价仍其旧"③。商品与货币的运作竟表现为"同一买物,同一用钱,于大钱则增价,于制钱则减价"④。铜大钱已无法履行其通货的职能了。由于民间对大钱抵制愈演愈烈,到1854年7月,咸丰不得不采纳户部意见,停铸当千、当五百大钱。⑤次年,当百、当五十大钱也告停铸,市面上只流通当五、当十两种铜大钱,但其实在价值也在不断贬低。到咸丰七年,它们的所值只抵"折二、折三"⑥。咸丰九年初更进一步贬值到"以十当一"⑦。于是民间私铸更形猖獗。以致人民生计日蹙,争讼繁多,社会治安经常暴露不安景象,强壮者肆行盗窃,老弱者流为乞丐,旗民贫不聊生。更加严重的是,大钱已难以在城乡之间流通,"北京当十钱文出京数十里外即不能行使"⑧。这表明清政府当权者虽欲借政治特权,将自身的财政危机转嫁到城乡人民头上,但它无法强迫北京城外商人和农民向京都运送商品和粮食,去换取不断贬值的大钱。从理论上说,如果撇开市场的供求因素,商品价值与货币价值的比价,是

---

① 《给事中仙保折》(咸丰四年十月十五日),《货币史资料》第1辑上册,第272页。
② 《御史呼延振片》(咸丰四年六月十五日),《清代钞档》。
③ 《工科给事中宋玉珂奏》(咸丰四年七月二十一日),《清代钞档》。
④ 《鸿胪寺卿倪杰折》(咸丰四年闰七月初七日),《清代钞档》。
⑤ 《清史稿》卷124,志99,食货5,钱法。
⑥ 《御史陈庆松片》(咸丰八年正月二十七日),《清代钞档》。
⑦ 《署刑部侍郎袁希祖奏》(咸丰九年四月十九日),《清代钞档》。
⑧ 《货币史资料》第1辑上册,第289页。

以社会平均必要劳动量为准的。它不是帝王意志所能随心所欲的。缺乏常识的咸丰却认为货币价值是由国家制定的，当百、当千都由政府决定，这表明他根本分不清货币的面额价值和货币的实际购买力内涵上的不同。对此，王茂荫曾非常清楚地指出："官能定钱之值，而不能限物之值。钱当千，民不敢以为百；物值百，民不难以为千。"① 这就是说国家可以规定它所发行的货币的面额价值，但无法规定货币的实际购买力。国家行政权力无论如何不可能改变货币流通规律。而违反了这一客观规律所引起的经济后果是不堪设想的。紧继咸丰三年发行铜大钱之后，私铸活动日见加剧。不仅京中如此，"天津、通州等处，私铸甚多，潜运入京，以致大钱愈贱"②。制钱和白银比价因之上升，物价迅即涌涨，市场陷于混乱，终至商业活动、人民生活以及社会治安都受到了严重威胁。清政府虽然尽力维持，但到咸丰四年七月，不得不停铸当二百、三百、四百大钱；又三年，到咸丰七年，连当五大钱也因壅滞不堪经奏准停铸。③ 表明了铸造大钱的措施已无可挽救地宣告完全失败了。

那么，官票、宝钞在发行后的命运又如何呢？

咸丰三年十一月，清政府发出银票，各省试行，规定大省12万两，中省8万两，小省6万两。④ 户部奏按5成搭放搭收。⑤ 但在发放票钞时政府根本不考虑设立必要的现金准备。同时户部将前后设立的官银号，即"四乾官号"和"五宇官号"及民间钱

---

① 王茂荫：《论行大钱折》，《王侍郎奏议》卷6，光绪十三年刊印，第4页；亦见《货币史资料》第1辑上册，第208—209页。
② 《清文宗实录》卷137，第16页。
③ 昆冈等纂修：《光绪会典事例》卷890，商务印书馆1908年刊印，第17页。
④ 《朱批劳崇光折》（咸丰三年十二月九日），军机处档案。
⑤ 《清文宗实录》卷113，第12页。

铺定为收兑宝钞的机构，表示准许商民持票兑取现钱。可是在"五字官号"承办钞务后，户部随即扩大宝钞的发行量，并将宝钞的面额提高，从原来的四种即五百文、一千文、一千五百文和二千文扩大到发行五千文、十千文、五十千文和一百千文面额的大钞。据户部称："自咸丰三年十二月行用钱钞起，合之本年（咸丰四年）正二两月应放数目不下一百数十万串。"[1] 在政府不设立现金准备的情况下，试问官银号和民间钱铺怎能有力量进行兑换如此巨额的宝钞？

尽管清政府规定：票银每两作制钱二千，宝钞二千作银1两。但由于无法兑现，到咸丰四年四月，距发钞不过二三个月，票钞价值便频频贬低。在北京市面上，钞一千已只能易制钱四五百文[2]，官票1两仅能易制钱八九百文。[3] 以之与当时银钱行市相比较时，银票市价已贬低到票面额值的30%，随即引起商民恐慌，"大商小贾走相告语，谓毕生贸易，所积锱铢，异日悉成废纸"[4]。任凭政府一再宣示维持币值，但已不能见信于民间。到了咸丰九年情况进一步见恶，票面20两的银票已只抵实银1两；官票银1两仅值制钱二百余文。市面上银钱比价1两换制钱6000余文，说明票钞的贬值率在不断加剧。处在这样严重的情况下，统治集团中部分有识官员不能不为币值贬价将危及社会治安和减弱国防力量而深感忧虑。他们指出："八旗兵丁所得钱粮，皆养赡身家之用，今所领票钞不能买物则日用愈绌，强欲买物则滋生事端。"[5] 而"兵丁……国家所资以守御。今兵丁得钞一千，

---

[1] 《户部议复崇实折》，《货币史资料》第1辑上册，第384页。
[2] 《京畿道监察御史王荣第奏》（咸丰四年四月二十二日），《清代钞档》。
[3] 《云南监察御史李鹤年奏》（咸丰六年十二月初七日），《清代钞档》。
[4][5] 《通政使崇实折》（咸丰四年正月二十七日），《货币史资料》第1辑上册，第381页。

不能抵钱半千之用，衣食将无所资，安望其操防得力"①？不仅止此，另一个严重的问题是，在票钞发放后，清政府的基层政权单位利用银两、票钞和物价的强烈波动，乘机舞弊，加剧了票钞在流通上的困难。例如，收纳课税，政府规定实银和票钞各半，后来改为银七票三。但是课税单位作奸犯科，公然违背政府法令。当时有郡王和御史等分别揭露："京城凡有收项，各衙门于商民交纳……均不肯按奏定成数收受"，在商民交纳钞票时，税收部门百计刁难而拒收，"追银钱入己，则贱价购钞而上解"②。北京崇文门之收税务，火器营之收捐项，内务府之收地租，大兴、宛平之收地丁"或全不收钞票，或只收一二成，收后旋以银买钞票，按五成抵交抵放"，因为"纹银一两可换制钱二千四五百文，以银买钞票只须二千，每两可获四五百文，所以不肯收票，或只收一二成"③。政府的基层官员如此公然舞弊，何怪票钞发行后不能畅通而见信于民。

官员在票钞交纳上的舞弊以及票钞不断贬值情况不仅京城如此，京外情形更见变本加厉。河南省开封府咸丰五年时，官票1两仅易制钱四五百文；宝钞一千起初尚可换八九百文，不久便只能换制钱四五百文，"商民尚不肯收受"④。在山东省济宁府一带，宝钞在1856年开始推行时，每千尚可易钱六七百文，次年便跌落为200文，第三年便"成为废纸"⑤。江苏省清江浦一带在

---

① 《御史吴艾生折》（咸丰四年四月二十四日），《货币史资料》第1辑上册，第399页。

② 《克勤郡王庆惠折》（咸丰四年二月初五日），《清史稿》卷124，志99，食货5，钱法。

③ 《御史伍甫祥奏》（咸丰四年二月十四日），《货币史资料》第1辑上册，第387页。

④ 《河东河道总督李钧奏》（咸丰五年九月初五日），《清代钞档》。

⑤ 《河东河道总督李钧奏》（咸丰八年三月十二日），《清代钞档》。

1857年时宝钞就已"无收受之人"①。湖南地方当局对户部发来的宝钞一直搁在藩库,不使之进入市面流通;当局怀疑"以尺幅之纸,当银三两,其能用耶"②?直隶、河南两省各州县征收钱漕税课均"以现银",或"照现在银价核收现钱","百姓欲搭官票,而官弗之许"③。山东省"藩库搭放票钞,不搭收票钞"④。江苏省州县各地征收地丁、钱粮、盐课、关税,征收衙门只收现银与制钱。⑤ 凡此种种现象,表明各省区往往地自为政,并不严格恪守中央政令,使票钞在全国流通不能不受到重重障碍。

在票钞无限制发行的同时,城乡物价呈现跳跃式上升。咸丰四年六七月间,约当官票发放半年左右,城乡粮价便呈现浮动。北京城外面粉每斤约制钱十六七文,城内则每斤上涨为三十七八文不等;导致北京南城在一两日之间粮铺闭歇达50余家。⑥ 延至咸丰五年底,票钞出现大幅度贬值,北京"日用必需之物,价值(格)无不陡加数倍"⑦。受害最深的是出卖劳动力的群众,他们"佣趁所得钱文,竟不能供一日之饱"⑧,生活质量日趋于恶化。根据中国社会科学院经济研究所保存的北京一家商铺记账簿,从咸丰八年(1858年)起,北京物价上涨幅度更见扩大了。如以1860年日用必需品价格与发放大钱、票钞以前的同类商品

---

① 《江南河道总督庚长奏》(咸丰七年十二月十三日),《清代钞档》。
② 骆秉章语。《骆公年谱》咸丰四年纪事,沈云龙主编:《近代中国史料丛刊》(144),台北文海出版社印行,第69页。
③ 《管理户部事务祁寯藻等折》(咸丰四年九月二十二日),《货币史资料》第1辑上册,第436页。
④ 《河东河道总督李钧奏,又附片》(咸丰五年九月初五日),《货币史资料》第1辑上册,第447页。
⑤ 《通政使参议曾望颜折》(咸丰六年二月初四日),《清代钞档》。
⑥ 《江南道监察御史唐壬森奏折》(咸丰四年七月二十二日),《清代钞档》。
⑦ 《曹登庸片》(咸丰五年十二月初四日),《清代钞档》。
⑧ 《户部尚书柏葰折》(咸丰七年正月二十日),《清代钞档》。

价格作比较,香油上涨了3倍多,硬煤4倍,茶叶5倍,猪肉6倍,羊烛7.5倍。在日用必需品价格持续跃涨状况下,劳动者的工价在1859年名义上虽稍有增加,但远在物价上涨率之下,"从前日得百文而有余,今则数倍而不足","名为酌增,实为暗减","食用愈艰"①。在绝对贫困煎熬下,京城"饿莩相属于道"②,社会不安事件层出不穷。咸丰八年的记载称:自行使大钱、宝钞之后,"贫民之流于乞丐者不少,乞丐之至于倒毙者益多";"贫民负苦终日,所得数百文不得一饱,遑问妻子?""其强者夺食,所在皆有"③。京城如此,京外情况有过之而无不及。试以紧跟清中央积极发放票钞的福建省为例,1858年,当地粮价腾涨,升米索价制钱600余文,铁制钱价贱,每百文只当十文使用。穷人所得工食,每日即进三四百文,只当三四十文之用。时在福州的两江总督何桂清在私人函牍中透露:当地佣工所得"一口不能饱,况欲养家乎"?而且这种情况"已历时过久,百姓真熬不过矣"④!就在当年四月二十六日,福州南台贫民和农民反对使用票钞和铁钱,"其势汹汹",几乎激成民变。⑤

从北京和京外各省城所暴露的情况来看,到咸丰后期,官票、宝钞在货币流通界普遍受到拒绝使用,实际上已丧失作为货币的职能了。所以,延至1862年底,清政府迫于客观情势的变化,不得不准从户部奏折,明文发布规定:"筹拨来年京饷并各

---

① 《彭蕴章等折》(咸丰九年八月二十九日),《清代钞档》。
② 《郭嵩焘日记》卷1,咸丰八年十一月十六日纪事,湖南人民出版社1980年版,第194页。
③ 《御史陈庆松片》(咸丰八年正月十七日),《清代钞档》。
④ 苏州博物馆等编:《何桂清等书札》,江苏人民出版社1981年版,第152页。
⑤ 魏秀仁:《陔南山馆诗话》第9册(抄本),转见傅衣凌《明清社会经济史论文集》,人民出版社1982年版,第271页。

省地丁等项，一律停收钞票。"① 实际上就是全面取消票钞，宣告咸丰朝币制改革的彻底失败。

至此，人们如果要问，从咸丰三年到十一年，历年发放的官票、宝钞究达多大数量？遗憾的是，清王朝统治期间对财经史料的保存很不健全，特别是道、咸二朝，海内分崩，战乱频仍，整个社会处于剧烈动荡之中，政府档案多有散佚。不仅京师有关局厂造币数目难期完整，各省局的造币数额更是无从查考。中国经济史资深学者彭泽益先生根据已经无法谋求完整的清代档案（主要是清军机处档案、户部档案及有关钱法方面档案的抄件），不辞辛劳，爬罗剔抉，初步整理出各方面的有关数字是：(1) 户部银票历年（1853—1860）发行总数计银 9781200 两，截止到 1868 年 4 月 11 日（同治七年三月十九日）为止，收回的银票仅占发行量的 34%，未收回者占 66%（计银 650 万两），所有流散在民间的银票概成废纸；(2) 户部宝钞历年发行总数（1853—1861）共有 27113038 串，不包括各省发行的"省钞"②。应当着重指出，上述数字由于无法将省钞统计在内，只能反映咸丰朝发行票钞总数中占主要的部分。即使如此，其数量也足以暴露清政府利用恶性通货膨胀政策，掠夺人民，荼毒天下，达到了剥肤椎髓的地步。

（原载《近代史研究》1999 年第 3 期）

---

① 王先谦：《东华续录》（同治朝）卷 16，光绪二十五年刊印，第 19 页。
② 《财政与经济》，第 115 页。

20世纪初期的中国钱庄和票号

20世纪最初十年间，中国社会经济由于资本主义的初步发展，表现为深刻的矛盾和动荡。处在动荡岁月里的中国钱庄和票号在自己的发展历程中，面临多种导致金融不稳的因素，诸如对外贸易连年入超，归还外债和偿付战争赔款等等。它们常常由于金融市场的紧张和混乱，遭到不同程度的损害。

在这十年中，中国市场由于对外贸易的进一步发展，仍在持续扩大的过程中。从1900年到1910年，进出口总值从37000万关两上升到84300万关两，十年中增加1倍以上，贸易额增长的趋势与19世纪90年代一样，保持着很高的速度。但贸易的特点突出地反映在入超赤字的急速上升上。与前此十年相比较，19世纪90年代，贸易的入超额多数年份徘徊在四五千万关两之间；1899年是90年代入超数字最高的一年，赤字为6800万关两。20世纪的第一个十年中，竟然有七个年份的入超赤字在一亿到一亿五千万关两之间，1905年最高，达21900万关两。[①] 这表明这十年中对外贸易是在外国进口商品潮涌而来的景象中扩大的。

---

① 参见海关进出口贸易货值统计报告，1900—1911年。

在这十年中,另一个导致中国金融市场波动的因素,是外债的付本还息和战争赔款的偿付。外债是国际金融资本在1895年《马关条约》之后,对华进行经济侵略的主要方式之一。20世纪最初十年,外国势力为攫取铁路修筑权和矿山开采权而进行争夺的过程中,大多以贷款为诱饵,控制中国经济权益。甲午战争以前,清政府对外借款总额达4630余万两,全部外债占财政支出3%到6%。① 当时清政府的财政尚能维持平衡。中日战后,《马关条约》规定中国须偿付日本军事赔款20000万两。清政府财政穷窘,只得举借外债偿付赔款。在列强争夺贷款的情况下,清政府先后举借了"英德借款"和"英德续借款"等外债,合计达库平银35000余万两。② 1900年,义和团农民运动失败,"辛丑和约"在赔款一项上规定为关平银45000万两。清政府无力偿付,于是转变成为分39年摊还的长期外债,本息合计共达98200万余两。③ 据统计,自1894年到1911年,清政府所举外债共110项,债款累计超过了12亿两。1902年以后,按期偿付外债本息年达四千余万两,几占清政府财政支出的半数。所以,每到外债还本付息时节,上海的金融市场便不可避免地出现不同程度的波动。

在这十年中,中国社会经济发展中的另一重要现象,是资本主义经济的进一步发展,它集中地表现在近代工矿企业的积极创建上。

甲午战争后,日趋严重的民族矛盾和阶级矛盾,给民族工矿企业的兴建提供了非常有利的思想基础。"设厂自救"和"抵制

---

① 据徐义生:《中国近代外债史统计资料》,中华书局1962年版,第4—10页,补充吴煦在1862年为筹集进攻太平军军费向阿咖剌银行所借的40万两。
② 徐义生:前引书,第22页。
③ 《光绪三十一年十二月壬寅,户部奏》,《东华续录》卷198,第1页。

外货"的呼声，迫使清政府放松对民间自办实业的限制，民族资本主义企业因之获得了一个短暂的发展时机。据统计，从1895年到1910年，17年中一共设立了资本在10000元以上的工矿企业490个单位，资本额达11100余万元，平均每年设立29个单位，资本655万元。① 特别在1905年1908年抵制外货运动的推动下，国内出现了一次远较19世纪末为热烈的设厂高潮。新设厂矿所拥资本平均在33万元左右，个别企业甚至拥有高达100万元以上的资本②，而1906年和1907年是新式企业兴建最为活跃的两年，"估计每年投资额至少在三、四千万两以上"③。上海金融市场历来是新式企业吸收资金的主要场所。所以，新式企业在创建的活动中不能不与钱庄、票号发生通融资本的关系，从某种意义上说，这是钱庄，尤其是票号在进入20世纪后经营活动上出现的新动向。

作为近代金融枢纽的现代银行，在近代企业初步发展的推动下，在这十年中也出现了明显的发展。前此十年中，国内只有一家由盛宣怀主持的中国通商银行于1897年在上海设立总行，发行货币，经营存放业务，并先后在汉口、北京、福州、天津、广州、镇江、烟台、香港、重庆和汕头等地设立分行。其后十余年中，先则有1905年设立的户部银行（两年后改组为大清银行）和1908年设立的交通银行，均为官办银行；同期中商办或官商合办银行则有浚川源银行（1905年）、信义银行（1906年）、信成银行（1906年）、浙江兴业银行（1907年）、四明商业银行

---

① 参见汪敬虞编：《中国近代工业史资料》，科学出版社1957年版，第657页。
② 参见拙作《辛亥革命前中国资本主义的发展》，《纪念辛亥革命七十周年学术讨论会论文集》上册，中华书局1983年版，第196页。
③ 东亚同文会支那经济调查部编：《支那经济报告书》，1910年，第41号，第28页。

(1908年)、裕商银行(1908年)、浙江银行(1909年成立,后改称浙江地方实业银行)、北洋保商银行(1910年)和殖业银行(1911年)等。统计从1897年到1911年,先后设立的银行共有17家。[①] 甲午以后,各省还设立了以发钞为主要目的的官银钱局有32家。[②] 凡此种种,都反映了中国资本主义经济关系在这十年中有了较大程度的发展。处在这样的历史条件下,中国的钱庄、票号资本的性质及其业务活动自也因之发生不同程度的变化,并出现某些新倾向。本文将在这个方面稍作探索,就正于读者。

一 钱庄业务活动扩大及其对外国资本依赖程度的加深

20世纪揭幕,国内爆发了义和团农民运动。南北各省主要商业城市的金融业都在不同程度上受到冲击。华北地区由于外国侵略军的暴行,损失严重。北京"合城……钱铺三百余家俱被匪徒勾结洋人,抢劫无遗"[③]。在天津局势最为混乱的6月间,外国侵略军在城内抢劫财物,无所不为。据津海关税务司德璀琳(Detring, G.)报告,洋兵"由国库及商民所开钱庄,抢来宝银,计有十兆之多"[④],可见损失之严重。上海的金融业虽然不像北京、天津那样遭到直接损失,但拥有资金的富商大贾,畏惧义和团的排外性,不敢在租界藏身,纷纷收集现金,避居内地,一度使上海金融市场出现银根紧张景象。1900年5月间,上海市场

---

① 《全国银行年鉴》,中国银行1937年编。
② 中国人民银行总行参事室金融史料组编:《中国近代货币史资料》第1辑,第1008—1009页。
③ 仲芳氏:《庚子记事》,科学出版社版1958年版,第36页。
④ 《通商各关华洋贸易总册》,1901年,天津,第5页。

拆息平均尚仅二厘二毫（即2.2‰），6月间便上升到五厘四，最高时曾到达一分。①为防止挤兑和应付市面通货不足的困难，上海的汇划钱庄试行"同业汇划"方法，即"钱庄所出庄票，一律只能限于同业间互相划拨，一概暂不付现"，并在庄票上盖用"此票只准同业汇划，不得付现"的标志。②与此同时，清政府的上海道为了寻求外国金融势力的支持，与各国驻沪领事议订《保护上海城厢内外章程》，其中第五条规定："沪市以钱业为大宗，而钱业须赖银行另拆转输，若银行不照常另拆，或到期收银迫促，钱市一有挤倒，各行生意必皆窒碍。……应请中外各银行东及钱业董事互相通融缓急，务使钱行可以支持"；第六条更订明："钞票〔指外商银行发行的钞票〕应照旧行用，只须道台会同各领事出示晓谕，声明各行票本收银搭几成钞票，由各钱业照付。"③实际上，这两项规定明显地暴露了外商银行乘人之危肥自己肚肠的行径，它们以银行照常拆票为条件换取钱庄在付款中搭配钞票，说穿了无非是外商银行利用钱庄资力有限的弱点，借机扩大它的发钞业务，而发钞对于银行来说乃是一本万利的。

外国在华银行对于钱庄的控制，到20世纪初期，又有进一步的发展。它强烈地反映在外商银行对钱庄拆款数额的剧增上。19世纪80年代末，当上海金融市场的货币流转额"几及千万两"时④，外商银行对钱庄的拆票数额大抵在300万两左右⑤；

---

① 中国人民银行上海分行编：《上海钱庄史料》，上海人民出版社1960年版，第631页。
② 《上海钱庄史料》，第58页。
③ 《中外日报》，第668号，1900年6月29日。
④ 《字林沪报》，1884年3月28日。
⑤ 《字林沪报》，1879年5月23日，第475页；《北华捷报》，1879年5月27日，第514页。

到19世纪末，尽管上海市场货币流转额缺乏可靠的估计，但贸易、商业增长幅度远比20年前扩大是显而易见的。因之钱庄向外国银行的拆款数额已经常达七八百万两。① 20世纪初，上海钱庄资力仍然虚弱，自有资本一般还只在10万元以下，但往往经营七八十万元的交易②，外国银行的短期信贷自然成为钱庄不可须臾或离的神物了。及至1911年10月，辛亥革命爆发时，钱庄贷自外国银行的拆票款额高达8815000两。③ 这充分说明上海的钱庄在经三十余年经营之后，它的独立性反而相对减弱，而对于外国银行的依赖程度却与时俱增。其后果便是上海金融市场的消长，较前更加严重地听命于外国的金融势力决定的。

20世纪初，值得一提的是钱庄业务范围的扩大。钱庄的贷放对象在过去主要是以商业和对外贸易为主，对近代工矿企业间或有所通融，但数量有限。现在随同中国近代工矿企业的初步发展，钱庄的活动范围伸展到生产领域，比较积极地向近代企业提供放款，这确是钱庄业务活动中具有积极意义的发展。可惜由于史料散佚，有关这方面的记载，特别如各大钱庄的账册很少被完整地保存下来，以致人们难以对此进行比较全面的统计。目前我们能够看到的惟有《上海钱庄史料》一书所搜集的上海六家钱庄的账册，各家所留下的资料的完整程度互不相同，其中载有辛亥以前史料的仅三家，而其放款内容可供详细分析的仅仅一家。在有关近代金融史料严重缺乏的情况下，能保留这样几家钱庄史料供研究分析，也就算是难能可贵的了。

试就上述《上海钱庄史料》所载的福康、顺康恒兴三家各具

---

① 《申报》，1897年1月30日。
② 中国银行编：《各省金融概略》，1915年版，第213—214页。
③ 《北华捷报》，1911年11月18日，转见《上海钱庄史料》，第61页。

一定代表性的钱庄的发展过程来看，它们的资本积累状况表明：福康、顺康资力较强，可以代表大型钱庄的情况；福康钱庄从甲午以后17年中，资本虽未见增加，但各年的盈余数额却是逐年递增的，尤以1903年到1906年，都在25000两左右。[①] 顺康钱庄从1905年到1910年，六年中多数年份的盈余也在15000两到20000两左右。[②] 恒兴钱庄资力稍差，可代表中等偏上一类钱庄的情况，它在1905年到1910年，六年间也有多数年份所获利润在19000两到16000两左右。[③] 顺便指出，这几年银钱业经营者之所以比较普遍地有利可得，实是与当时国内厉行抵制外货，夺回商品市场的形势密切相关的。

这三家钱庄的存款构成有一个大体一致的现象，即钱庄的"股东存款"所占比重都较低。大钱庄如福康、顺康，股东存款所占的比重甚至有逐年缩小的倾向；"工商存款"所占比重年有起伏，但其基本趋势是保持上升的；"私人存款"在钱庄存款总额中所占比重较大，而且到后期，其比重还见上升。不过，所谓与钱庄往来的"私人"中，有较大的一部分就是工商业者。所以，在"私人存款"名目下有相当数量的存款应该归入"工商业存款"的。这些数字有力地证明了钱庄与工商业联系密切这一人所公认的事实。可惜的是从账册中汇总的存款构成的数字，并未区分工、商两业，以致无法判断钱庄资本与近代工矿企业的联系所达到的程度。

钱庄放款向以信用放款为主，抵押放款为辅。按照惯例。钱庄贷予工商业户的长期贷款，往往以六个月为期，一般在阴历年

---

① 《上海钱庄史料》，第775页。
② 同上书，第811页。
③ 同上书，第833页。

终全部收回。只有少数信用卓著的工商往来户可以通融，转为过年放款。这种灵活的贷款办法自然给工商业者提供重大方便。所以，不少工商业者在当时宁愿与钱庄保持金融联系，而不与新兴的银行交往。不但如此，钱庄又由于外国银行的"支持"，它所签发的庄票在信用流通的信誉上，也在本国银行签发的本票之上。20世纪第一个十年，国内银行还不曾设立票据交换所，银行本票参加票据汇划还必须借助于钱庄。中国通商银行从1897年创办到辛亥之前，经常以拆票形式在钱庄置放一笔存款，1898年上半年，此项存款达192万两，1905年上半年，增达260万两，约占通商银行放款总额的60%。[①] 事实上，这就是新式银行借重钱庄，开展银行的放款业务。所以，在新式银行开始兴起阶段，钱庄并未减弱它在金融市场上的固有地位和作用。

表1　　　　上海三家钱庄的存款构成（1896—1911）　　　单位：两

年别	福康钱庄 存款总额	股东存款比例(%)	私人存款比例(%)	工商存款比例(%)	顺康钱庄 存款总额	股东存款比例(%)	私人存款比例(%)	工商存款比例(%)	恒兴钱庄 存款总额	股东存款比例(%)	私人存款比例(%)	工商存款比例(%)
1896	103152	28	39	33								
1898	177547	9	42	49								
1899	318988	10	44	56								
1900	398244	8	36	56								
1901	432563	6	43	51								

---

① 中国人民银行上海市分行金融研究室编：《中国第一家银行》，中国社会科学出版社1982年版，第142页。

续表

年别	福康钱庄 存款总额	股东存款比例(%)	私人存款比例(%)	工商存款比例(%)	顺康钱庄 存款总额	股东存款比例(%)	私人存款比例(%)	工商存款比例(%)	恒兴钱庄 存款总额	股东存款比例(%)	私人存款比例(%)	工商存款比例(%)
1902	506292	6	47	57								
1903	547748	20	36	36								
1904	488951	6	40	23								
1905	768041	2	31	17	283115	6	5	41	557538	18	32	22
1906	825123	5	23	29	535705	2	13	27	530579	23	27	37
1907	817069	2	45	41	286851	2	28	67	483154	23	39	35
1908					154797	4	54	26	509701	30	39	37
1909					237071	2	51	47	639320	22	41	37
1910					287914	3	35	59	840196	25	33	42
1911					419689	1	20	39	540425	28	43	29

注：上述各钱庄在不同年度的存款中列有"机关存款"，本表未加计算。

资料来源：《上海钱庄史料》，第778、815、835页。

至于钱庄对工矿企业的放款，就目前所掌握的福康钱庄的史料来看：该钱庄从1898年以后，信用放款中有相当大的一部分贷放给工厂企业[①]，其中有厂名可查的便有：瑞伦丝厂、恒昌丝厂、燮昌火柴厂、纶华丝厂、又新纱厂、汉冶萍公司、公益纱厂、启新洋灰公司和华兴面粉公司等等[②]；而1902年到1906年，该钱庄的抵押放款中，贷给工业企业的还有宝昌丝厂、恒昌丝厂

---

① 《上海钱庄史料》，第784、785页。
② 同上书。

和丰记油厂等。① 这些企业在当时都是负较高信誉的单位。1910年的记载称：上海及近郊所设工厂，当时已有数十家，雇佣工人近30万人，这些工厂都是靠厂家向钱庄进行抵押贷款发放工资的。② 这些事实表明，钱庄资本和工矿企业的金融联系在20世纪初期确在不断扩大，反映了钱庄资本性质上的变化，它是钱庄资本日益资本主义化的一个重要表现，在国民经济的发展中具有积极的意义。但是，来自外国资本主义的压迫和本国封建主义的阻挠，中国资本主义经济，特别是民族资本主义工矿企业，到20世纪初，未能得到正常的充分发展。因此，与经济基础不够坚固和健全的工商企业相联系的钱庄，也不可能在正常的轨道上成长，它的业务活动常不免与工矿企业的要求处于脱节状态；而历史上钱庄资本沉湎于投机事业的消极性格在20世纪初发生的上海橡皮股票风潮中，也有充分地暴露，值得人们进一步分析。

20世纪初，由于交通工具改革，汽车、自行车工业日见发展，城乡交通工具人力车和畜力车的铁轮逐渐为胶轮代替，从而国际市场上对橡胶需要量迅速增长。1908年，英国橡胶进口值为84万英镑，次年便增为141万英镑③；同期中美国橡胶进口值也从5700万美元激增至7000万美元左右。④ 但橡胶的生产和供应，因自然条件和生产技术的限制，一时无法迅速增加。因此，国际市场上橡胶价格由于供不应求，频频上升。于是，1903年，上海一家英商麦边洋行便以经营橡胶园、采掘石油和煤，以及采

---

① 《上海钱庄史料》，第784、785页。
② 《关册》，1910年，上海，第399页。
③ 密歇尔:《英国历史统计提要》（B. R. Michell: *Abstract of British Historical Statistics*），1962年剑桥版，第301页。
④ 《北华捷报》，1910年5月13日，第392页。

伐木材等业务为名，设立兰格志拓植公司①，发售橡胶股票，广泛号召社会投资。

当国际市场上橡胶价格频频报涨时节，上海股票市场上橡胶股票的市价也同步上升。设在上海的外商洋行竞相设立橡皮股票公司。从1910年冬开始，上海橡皮股票的市价在长达六七个月的时间内，涨势始终旺盛。所以，到1910年，在上海开设的橡胶股票公司猛增到四十家之多。② 当年的一项记载称："上海股票公所之名簿上，该公司〔指橡胶公司〕又加三十五〔家〕，被搜资本银二千万两。且由上海兑款至伦敦购买该股份者，为数亦甚巨。"③ 这表明上海橡胶股票投机活动随着橡胶价格上涨，日见其狂热化。

在这一狂热的投机活动中，上海钱庄是主要的推波助澜者。它们不仅向投机商人提供短期贷款的方便，而且自己也积极收购股票，坐待行情报涨。不少买办兼钱庄主的商人在投机热潮中扮演了重要的角色。例如，新旗昌洋行（Sewan, Tomes & Co.）买办，同时又是上海正元钱庄主要股东陈逸卿④，广泛地利用了他与中外商业金融势力的联系，调动了与自己有往来的钱庄，如正元、谦余、兆康、会大、元丰和森源等庄的信用，同时又向外国在华银行拆借款项，大量收进橡胶股票。在陈逸卿活动的影响下，正元汇划庄也囤购橡皮股票价达三四百万两，谦余、兆康等十余家钱庄也有巨额股票购存。⑤ 有人估计：中国商人在这一次

---

① 参见陈旭麓等主编：《中国近代史词典》，上海辞书出版社1982年版，第746页。
② 《北华捷报》，1910年6月10日，第602页。
③ 《宣统二年通商各关华洋贸易总册》总论，第1页。
④ 《申报》，1910年7月26日。
⑤ 参见朱斯煌编：《民国经济史》，第46—47页。

橡皮股票的交易中，投入上海市场的金额为 2600 万至 3000 万两，而投入伦敦市场的约为 1400 万两，因此，投入资金的总额约在 4000 万至 4500 万两。① 上海钱庄手中可以调动的资金几乎完全被橡胶股票公司所吸收，以致正常的贸易活动强烈地感觉到缺乏流动资金的支持。②

1910 年 6 月，国际市场上橡胶行情出现下跌倾向。伦敦市场在 7 月间，每磅橡胶价格还高达十二先令五便士，到七月底便降低到九先令三便士③，而且明显表现为继续下降的倾向，这一现象立即影响上海橡胶股票行情的波动。1910 年 3 月间，上海市场上十股橡胶股票的售价是 70 两，到 9 月至 12 月间，同等数量的橡胶股票的价格就只值七两。④ 当时积存大量橡胶股票的正元、谦余、兆康三钱庄都因橡胶股票猛烈跌价，资金周转失灵，不得不于 7 月 15 日和 16 日闭歇，亏公私款项达数百万两⑤，同时使数十家钱庄受到牵累。这三家钱庄所欠洋行庄票共计 150 万两。⑥ 因之，上海金融市场便露出不稳征象。这时外国在华银行立即扬言要"将所放之款收回"⑦，加剧了上海金融市场的紧张程度。当时外商银行对上海钱庄的拆款，据称在 1100 万到 1300 万两之间⑧，已经成为维持上海金融市场货币流通的一支重要力

---

① 投入上海市场购买橡皮股票的金额见《北华捷报》，1910 年 9 月 23 日；投入伦敦市场的金额见《通商汇纂》，明治 44 年第 22 号，均转引自菊池贵晴作、邹念之译：《清末经济恐慌与辛亥革命之联系》，《国外中国近代史研究》第 2 辑，第 72 页。
② 《北华捷报》，1910 年 6 月 10 日，第 603 页。
③ 参见菊池贵晴：前引文，第 72 页。
④ 《关册》，1910 年，上海，第 400 页。
⑤ 《东方杂志》第七卷，第七期，第 96—97 页。
⑥ 参阅《上海钱庄史料》，第 78 页。
⑦ 《东方杂志》第七卷，第七期，第 96—97 页。
⑧ 菊池贵晴：前引文，第 73 页。

量。因此，外商银行这时宣称收回拆款，无异雪上加霜，加速上海金融危机的到来。

在市场出现紧急情况下，清政府的上海道蔡乃煌不得不出面周旋。他向汇丰、麦加利、德华、道胜、正金、东方汇理、花旗、荷兰和华比九家外商银行乞借350万两，另由道库拨官款300万两，贷给几家主要的钱庄和银号，如源丰润银号、德源、原吉钱庄等①，暂时缓和了上海金融市场的颠簸程度。

但到了9月，恰是每年缴付庚子赔款的期间，当年应支付190万两。蔡乃煌所掌管的道库竟"库空如洗"，而上海市面由于正元等钱庄破产而形成的紧张状况一时未见松弛，蔡所拨借给源丰润等庄号的官款无法及时收回。上海道只得请求度支部"饬大清银行拨二百万两以救眉急"②。不料这一请求招致度支部强烈反感。后者斥责蔡乃煌接管道库以来，"屡以周转不敷，请部接济"，这次又"以市面恐慌为恫吓，以还期迫促为要求"，实则是"罔利营私"，"不顾大局"，建议清政府予以"革职"处分，并勒限两月内"将经手款项缴清"③。于是，蔡乃煌只得向贷借官款的钱庄、银号逼还借款。惊魂未定的上海金融市场遂转入高度紧张状态。

在举借上海道库官款的庄号中，源丰润是大户；有记载反映，它所借的官款计达120万两。④ 这是一家由宁波巨商严信厚、严义彬父子经营多年的银号，在全国各省和主要的商业城市如北京、天津、广州、杭州、宁波、厦门、福州等地共设有17处分

---

① 《上海钱庄史料》，第76、80页。
② 《上海钱庄史料》，第68页。
③ 《度支部奏劾江苏苏松太道蔡乃煌玩误要款奉谕革职，并令将经手款项勒限两个月缴清》，《东方杂志》第七卷，第七期，1910年9月，第122页。
④ 《大公报》，1910年10月15日。

号。这些分号都与当地的钱庄及商号有广泛的金融联系。在蔡乃煌为上海道库厉催官款的情况下，迫使源丰润周转失灵，于1910年10月8日宣告清理，亏欠公私款项2000余万两。① 它设在各地的分号也同时告歇，这便在较大范围内引起强烈的金融波动。例如，它设在北京的分号原是"京中极大之商号"，在上海总号搁浅的消息到达北京时，分号立即主动向有关部门自请查封。北京城内即时出现"银根大紧"，金融界恐慌，城内十六家钱庄因之停业。② 据《申报》报导："北京内城永顺、永祥、北德胜、德兴厚、和丰通、同义长及报房胡同德成，外城乾昇、义丰、天太厚等钱铺均被挤轧，且有多家不敷周转，相率倒闭。"③ 源丰润天津分号搁浅时，同时震动了天津的金融市场。事经天津商务总会出面，请大清、交通、志成和直隶四银行筹银100万两，为各商号作抵押借款，才勉强维持了市面的平稳。④ 源丰润广州分号闭歇时，也造成广州、汕头两地银根奇紧，广州总商会邀请大清、交通及西关银行忠信堂各商集议，维持市面。⑤ 他如杭州、苏州、宁波各地也都曾因之出现金融危急和挤兑的现象。⑥ 总之，源丰润破产的事件表明，发生于上海金融市场的重大变动，迅速引起全国各主要商业城市的金融动荡，这个事实有力地说明全国性的金融市场在19世纪和20世纪之交显然已经形成；因之在这次危机中，作为金融中心的上海自然承受着最为严重的损失。1910年，上海商务总会就源丰润事件向清政府的军

---

① 《东方杂志》第七卷，第十期，1910年10月，第130页。
② 《北华捷报》，1910年10月14日。
③ 《申报》，1910年10月18日。
④ 《东方杂志》第七卷，第七期，1910年7月，第131页。
⑤ 《申报》，1910年10月18日。
⑥ 《申报》，1910年10月11日；《北华捷报》，1910年10月14日；《关册》，1910年杭州，第498—499页；《关册》，1910年，苏州，第484页。

机处、度支部、农工商部及两江总督、江苏巡抚所发的电文中，极其惶恐地陈述："沪市日来庄汇不通，竟如罢市。上海工厂数十家，工人二三十万人，一旦停工，于商业治安，均有关系，事机危迫，应请代奏。"① 延及1911年三月下旬，又有大票号义善源受源丰润银号牵累，又以负债1400万两宣告破产。② 使不稳的金融市场更增动荡。

事实表明，20世纪初上海金融市场在橡胶股票投机的诱发下，遭到外国金融势力的冲击和清政府错误措施的双重压迫。一直在孕育中的金融风潮到1910年在上海已成为难以抗拒的形势了。恰在这种情势下，惴惴不安的钱庄又遇到武昌起义政治风暴的冲击，以致上海市场银根极度紧张，日拆在当年十月最高时达八钱三分，平均则在七钱八分左右徘徊③，存户提款，纷至沓来，"几入山阴道上"，以致又有多家钱庄挤倒。④ 上海的情况表明：1910年南北市尚有钱庄91家，源丰润事件后减为51家，到辛亥革命发生后，就只剩下28家了。⑤ 银钱业遂表现为暂时的中落。不过钱庄业并未因短暂的中落而一蹶不振；当政治形势趋于稳定，贸易与商业重见活跃时，钱庄业又见东山再起，显现其固有的活力。这大抵在第一次世界大战发生和中国资本主义工商业有了重大发展之后。对于这个变化的分析，不是本文的任务，有待于专门论述。

---

① 《东方杂志》第7卷，第十期，1910年10月，第130页。
② 《中国人民银行上海市分行藏义善源倒闭案档案》，转见《上海钱庄史料》，第88页。
③ 《上海钱庄史料》，第620页。
④ 《申报》，1911年10月21日。
⑤ 《上海钱庄史料》，第188页。

二　票号业的活动基本上蹈常袭故，从鼎盛转向衰落

产生于19世纪20年代清朝道光初年的票号业，在一个世纪以来发展的总趋势可以简单地概括为：它经历了上一世纪60年代重大发展时期；进入20世纪初期，又戏剧性出现了大起大落的景象，但在辛亥革命政治风暴冲击下转向衰落，延至20世纪二三十年代，趋于消亡。

20世纪最初十年是票号业大起大落的年代。发生于1900年的义和团运动和八国侵略军的凶残镇压，给京、津地区造成了重大破坏。设在这一地区的票号如声誉夙著的蔚太厚、蔚丰厚、天成亨、新泰厚、蔚盛长等家，在动乱中都遭到洗劫，损失奇重。① 当时也有一部分票号，对时局的变化有所警惕，及时收缩业务和资本。大德通票号祁县总号就是如此。它在事先通知各分号"及早收敛，设法趋避"②，避免了损失。不过从票号的整体来看，这一次动乱对它的损害并不严重。从事票号业的商人比较一致地认为："庚子之乱，受伤者不过直鲁两省"，是"肢体之伤"，而非"心腹之害"③。

庚子事变期中，票号业严守信用，对于存户的提款毫不留难，有的甚至主动"推还存款"。因此，事变过去后，票号的信誉大增，以致"官商士庶皆知票号之殷实"，于是官款（税款、军饷、协款、丁漕等）、私蓄（贵族达官的宦囊和绅富的家藏）"无不提携而来，堆存

---

① 《蔚泰厚资本家侯从杰控诉号伙张石麟呈》，1905年。
② 《大德通票号总理高钰复静轩信》，光绪二十六年七月七日。
③ 韩业芳：《调查山西票号记》，转见卫聚贤编：《山西票号史》附录，第312页。

号内,大有挥之不去之势"①。所以,义和团运动失败以后,票号的业务比以前反而获得了更大的发展。

这种发展直接表现在经营汇兑的区域进一步扩大。如果说19世纪后半期,在国内外贸易发展的推动下,票号在沿海口岸和西南、西北地区建立了业务据点,上海、福州、汉口、厦门、南昌、桂林、昆明、兰州等地先后成了票号营业发达的地区;那么,进入20世纪以后,除了经济发达地区在原有基础上有所扩充之外,又进一步发展到西北边陲,以及东北地区,如在西藏、宁夏、热河、黑龙江、吉林、锦州、长春等地,也都建立了新的经营据点;而且还在香港和国外的朝鲜仁川、日本大阪、神户、东京等处设立分号。②总计这时在国内外设庄地点约在100处左右,从而使旧有的汇兑网得到了新的扩充。

与汇兑网扩充同时出现的是,票号汇兑款项也有了明显的增加。1906年,日昇昌票号十四个分号收交汇兑银两达32225204两,平均每家分号收汇银两在2310800两。③另据1907年蔚长厚汉口分号收交汇兑银两统计为3385260两,其中以商业汇兑为主,占93%以上。④一家票号的分号在一年之内经手这样巨额汇兑数额,远远超过了19世纪八九十年代它的全年经营额。这个事实非常有力地说明了票号力量的增强和营业范围的扩大。由于史料散佚,我们目前还难以具体反映票号业务全面发展的景况,只能借用日昇昌、蔚长厚这几家资力比较雄厚,声誉比较显赫的票号的营业状况作为典型,反映这一时期票号业务有重大发展这

---

① 严慎修:《晋商盛衰记》,转见卫聚贤:前引书,附录,第317—318页。
② 参见黄鉴晖:《山西票号的起源与性质》,《山西票号研究集》第1辑,第52—53页。
③ 见《日昇昌票号各分号总结账》,《山西票号史料》。
④ 见《蔚长厚汉口分号光绪三十三年总账》,《山西票号史料》。

一客观事实。自然，我们还可以从票号结账的盈余总额分配中红利增长的状况补充说明上述事实。例如，大德通票号在长达20年的结账记录中，表明这家票号随着资本额的增加，盈利额和每股分红额也同步上升。1888年，这家票号拥有资本10万两，当年盈余24700余两，每股分红为850两；20年中该票号以每届四年为一个账期，进行一次红利分配；到1908年，资本累积到22万两，从1905年到1908年，这一账期，共获盈利743000余两，每股分红为17000两。与1888年账期的分红额相比较，增加到20倍。① 又如1903年设立的锦生润票号，创办资本32000两，当年盈利7380两，占资本额的23.1%；到1906年，资本增为64000两，当年盈利51948两，为资本的81.2%，其红利与1903年相比，已在六倍以上。② 这些事例充分反映了票号业在20世纪初期确实进入了大为发展的时期。

应该指出，这一时期票号业的大发展是与清政府每年必须偿付外债和赔款这一事实有密切关系的。前面曾提到，从1902年以后，清政府偿付外债本息年达4000余万两。这笔款项中的相当大的部分是由各省、关的财政收入负担的。它们每年必须按期解往上海海关道。当时各省关解运公款，主要依赖票号汇兑，这就为票号业务迅速发展提供了非常有利的条件。

甲午以后，清政府交由票号汇兑的各项公款数额，年各不同，但其趋势是持续上升的。据统计，1894年至1899年，六年中平均每年交由票号汇兑的公款（包括京、协饷，债、赔款及洋务经费等）为479万余两；而1900年至1910年，11年中平均每年则达979万余两，增长一倍以上。各年度公款汇兑的数字：在

---

① 大德通票号盈利增长状况。见表2。
② 《中央银行月报》第7卷，第1号，第28—29页，1938年1月版。

90年代中期年约五六百万两，但到1899年超过1000万两；20世纪的第一个十年中，就有六个年度超过1000万两，而1905年至1906年的公款汇兑各在2000万两以上。① 如此巨额的公款汇兑，使得票号手中经常掌握着大量的营运资本。从而在票号的业务活动中如何为这一批营运资本开辟有利途径，就成了不容忽视的问题。所以，进入20世纪以后，票号资本的贷放活动就成了该业在汇兑之外的另一重要业务了。

表2　　　大德通票号盈利增长状况（1888—1908）

年别	资本（两）	盈利总额 银两	盈利总额 占资本的%	每股分红额（两）银两	每股分红额（两）股利增长指数
1888	100000	24723	24.7	850	100
1892	130000	?	?	3040	357.6
1866	140000	?	?	3150	370.6
1900	160000	?	?	4024	473.4
1904	180000	?	?	6850	805.8
1908	220000	743545	413.1	17000	2000.0

资料来源：卫聚贤：前引书，第56、60、62页。

票号大抵是通过钱庄进行放款的。1906年见之于上海的一项记载反映："以汇划买卖为专业的山西票号现金之办理，一切皆依托钱庄为之，与钱庄随时结账，常有存贮于钱庄，而未尝不足。"② 我们在前面提到的上海福康、恒兴、顺康等钱庄的账册中都记有与票号蔚泰厚、大德通、百川通、义善源、潞川源、大

---

① 详见《山西票号资料》，第四章有关统计。
② 《日本驻上海领事泷久吉报告》（1906年），转见潘承锷：《中国之金融》上册。

德昌和天顺祥等通融资金的活动。① 这种情况自然不限于上海一地。北方重要口岸天津的钱庄与票号的关系一向也非常密切。庚子事变前，山西票号在天津的放款达 1000 万两②，人称天津市面"恃山西票庄之现银为之周转"；庚子事件发生后，票号在社会秩序混乱中"渐次收回现银"，便使天津"市面为之奇窘"③。当票号暂停贷放资金时，天津的钱庄便痛感无力开展业务。

值得着重指出的是，这一时期票号除了对钱庄进行商业放款外，也开展了对近代工业企业发放贷款的业务，虽然其数量不大，对近代企业所起的作用也不显著，但就票号业务活动的演变来说，这无疑是具有积极意义的。

回顾 19 世纪六七十年代，当中国近代企业处在发动时期，人们始终不曾发现票号与近代企业之间有什么金融联系的事例；直到 80 年代后期，这方面的情况才开始有所反映。1887 年，以李鸿章为后台的中国铁路公司为修筑津沽铁路，曾求助于山西票商，争取票号资本的支持。④ 同年，云南天顺祥票号经理王炽受巡抚唐炯委派，为云南铜矿承担招股业务，"分赴川、广、汉口、宁波、上海等地招股"⑤。不过，这些活动还只能说是票号与近代企业在资金通融上的初步接触。

进入 20 世纪后，在中国近代企业有了初步发展的条件下，票号对于工矿企业的放款比起 19 世纪后期就大胆得多了。有实例可据的如：上海源丰润银号在 1910 年前对汉冶萍公司投资近

---

① 据中国人民银行上海分行图书资料室收藏：《上海顺康钱庄汇账》、《上海恒兴钱庄永固鸿基账》、《上海福康钱庄彩账》。
② 《大公报》，1903 年 6 月 14 日。
③ 《大公报》，1908 年 5 月 6 日。
④ 《北华捷报》，1887 年 4 月 29 日，第 458 页。
⑤ 唐炯：《筹议云南矿务疏》（光绪十三年），《皇朝经世文续编》。

13000两，对宁波通久源纱厂投放资本84000余两，对宁波海口商轮投资7400两，对通州大生纱厂投资9000两，对宁波通利原油厂投资2200两，对海州海丰面粉公司投资19000两等等。① 如果说上一世纪后期，票号与近代企业的联系只限于有限的贷款，那么现在它已经发展到相当数量的投资，这在票号发展历程中无疑是难能可贵的动向。同时，这种关系的存在也并非只限于上海一地。设立在辽宁省营口的东盛和工商业五联号在东北地区是一家很有影响的企业，这家联号中包括东生怡、昌平德二家机器榨油厂。整个联号（即五家厂、商）拥有"柜伙、机匠、火工人等不下千人"。它是由广东南海巨商叶雨田主持的；而叶在经营这家联号的活动中，票号成了他取得运营资本的主要依靠者。这家企业到1907年发展成为拥有"一百余万产业及股票"的大户。② 当这家企业经营失败宣告破产时，它亏欠票号资本高达200万两以上。③ 足以证明它与票号在资本融通上的密切关系。

此外，票号在清末修建铁路和开发矿山的活动中也起了积极的作用。

20世纪初，在中国民族资产阶级发动和领导的收回路矿斗争的过程中，票号曾做出了相当大的贡献。例如，从1904年开始酝酿而于1908年成立的山西保晋矿务公司通过曲折的斗争，向英国福公司赎回山西矿权的历程中，在资金上主要就是依靠票号的支持。所以，保晋公司在集股工作上特别重视平遥、太谷、祁县和榆县四处的股金。人所共知，这几个县都是山西票号的总

---

① 《源丰润倒闭借款档案》，中国人民银行上海市分行藏稿。
② 罗贻：《东盛和债案报告》卷1，转见黄鉴晖：前引文，《山西票号研究集》第1辑，第54页。
③ 参见黄鉴晖：前引文，第55页。

号的所在地。① 无怪人们一提到保晋公司的复杂斗争时，总是着重指出票号的积极作用。及至保晋公司投入生产后，它的营运资本仍然在较大程度上依赖票号信贷的支持。②

在支持商办铁路的活动中，票号的态度也比较积极。纵贯山西全省的同蒲铁路在筹建过程中，得自票号的贷款达57万两。③事实上同蒲铁路所筹资本只有292421两，而向各处商号借款则为720067两。④由此可见，同蒲路所借的商款中，绝大部分来自票号资本。又如1907年由官绅合办改为商办的川汉铁路公司在重庆、宜昌、成都、上海四地广泛集掖股款时，都是分别储存在上述四地的票号和其他商店，其数额计达681万余两⑤；仅宜昌一地截至1908年3月，川汉铁路股款储存在当地商铺庄号的有310万两，而交三晋源、协同庆、天成亨、蔚长厚、蔚丰厚、义善源、宝丰隆、天顺祥、存义公、蔚盛厚和新泰厚等11家票号收存的股款则达106万余两。⑥ 与此同时，票号还曾为粤汉铁路总公司和河南铁路总公司收存股款。⑦ 票号为商办铁路公司收存股款的活动，实际上就是表明它们之间存在着融通资金的关系。

至于与票号保持联系的一些近代工业企业利用票号分支机构众多的特点，委托它在全国各地代招股金、收存股款的事例更是屡见不鲜。1904年，河南省均窑磁业公司委托大德通票号在开

---

① 《山西保晋公司报告书》，《时报》，1910年10月24日。
② 《新闻报》，1912年8月16日。
③ 《财政部调查各省财政金融有关文书》（1915年12月29日），件藏中国第二档案馆。
④ 《交通部路政篇》，第239页。
⑤ 《申报》，1908年1月18日。
⑥ 《申报》，1908年5月23日。
⑦ 粤汉路铁路公司情况见《两广总督兼广东巡抚袁树勋奏折》（宣统元年十月二日）；河南铁路公司，见《大公报》，1908年4月28日。

封、上海、汉口、北京等地的分号代其招徕股金,填发股票等事宜①;天津万益机器制造毡呢有限公司委托当地源丰润票号代收股金②;商办金陵自来水有限公司在向各地招徕股金时,设立在上海的义善源票庄、源丰润票号、天津的义善源分号和北京的源丰润分号均受该公司委托,代其办理集股事宜。③河南广益纺纱公司在1906年招集股金时,日升昌、存义公等票号均受委托,代为收储。④事实上,到了20世纪最初十年,在近代企业初步发展的推动下,票号为工业企业办理集股工作的,当然不限于上述负有盛誉的几家。而票号与近代企业发生金融联系这一事实不能不是富有时代意义的。它表明在半殖民地半封建社会条件下,只要存在着优厚利润的刺激,票号资本同样会从流通领域向生产领域流注,分享产业资本的利润。所以,有的论者过分强调票号资本的封建高利贷性格,忽略了它在近代中国社会经济发展过程中在性质上所发生的变化,显然是与历史实际不相符合的。

但是,当票号业务日臻繁盛,票号资本逐步向生产领域试探的时节,它却遇到了新的金融势力的竞争。首先是来自现代银行的挑战。从1897年中国通商银行成立之后,到1911年,国内一共设立了官办和商办银行17家。它们所拥资力虽各不相同,但都以开展汇兑为主要业务之一。这便使一向以汇兑业务为主的票号受到影响。中国通商银行成立之初,掌握银行全权的盛宣怀嘱附董事会:"惟承汇官商款项,必须格外迁就招徕。"其方法之一,就是尽可能降低汇费,"甚至当差无利,亦须承接,……

---

① 《东方杂志》,卷1,第8号,第115页,1904年8月刊。
② 《大公报》,1906年9月18日。
③ 同上。
④ 《大公报》,1906年3月2日。

汇丰银行汇票不赚不做，通商银行汇票不赚亦要收，况西号〔指票号〕亦未必有此章程"①。不言而喻，通商银行发动争夺汇兑业务，首先就是向票号业下手的。

1898年，盛宣怀进一步向清政府请求，强调通商银行创办一年，但能否"扩充中土之商力，收回自有之利权，其枢机必视京外拨解官款是否皆归通商银行为旋转"。他恳求清政府"敕下户部通行各省关，嗣后凡存解官款，但系有通商银行之处，务须统交银行收存汇解"②。与此同时，他又致函户部尚书王文韶，陈述通商银行试办一年来的情况，着重指出各省关官款并无交通商银行汇兑，"恐贻外人耻笑"，请求户部咨行各省督抚、藩司、监督在汇兑官款时，"虽不能尽交银行〔指通商银行〕，须有得半之数交存汇兑，亦可以壮观矣，否则于奉旨特开之通商银行似太落寞"③。经过盛宣怀多方拉拢，通商银行在官款的收存和汇解上确也获得一定的数额。但各省关道与票号毕竟是多年往来，利害关系很深。所以，盛的钻营在一时间对票号还不构成很大的威胁。

可是继通商银行之后，又成立了两家官办银行，即1905年成立的户部银行（1907年改称大清银行）和1907年的交通银行。它们利用清政府给予的特权，对票号所造成的威胁就远在通商银行之上了。

户部银行总行设在北京，另在上海、天津、汉口、库伦、恰克图、张家口、烟台、青岛、营口、奉天等地设立分支行。1906年，清政府批准：凡设有户部银行分支行处的地方，"应行汇解

---

① 《中国通商银行董事会文件》第1卷，转见《中国第一家银行》，第120页。
② 盛宣怀：《愚斋存稿》卷2，第31—32页，1916年版。
③ 北京大学历史系近代史教研室整理：《盛宣怀未刊信稿》，中华书局1960年版，第77页。

存储款项，均可随时与该行商办"①。嗣后又在《议改各省解款章程》中规定："凡各省如有应行解部之款，一律由户部银行总交京师，其未设银行之处，暂仍其旧，待银行成立之后，再改归新章。"② 此项规定严重地影响了票号的汇兑业务，实际上也就是减弱了它所能周转的营运资本的力量。

然而，严重的情况并未到此止步。与户部银行同年创设的还有四川省的濬川源官银行。它是成立省银行之滥觞。这家银行的章程也赫然订明："银行作为官商合赀有限银行"，对"川省每年外兑京、协、赔款各饷，拟以三成归银行，七成归各票号承兑"，"嗣后如有票号退领公款，即将该款归并银行领汇"；而"川省应解上海出使经费，如数交由银行领记"，"所有铁路出入款项，酌归银行分办"等等。③

到了1907年12月，又有邮传部奏设交通银行，并于1908年2月在北京设立总行。当年便在天津、上海、汉口、广州设立分行，次年又增张家口、营口和开封三地分行。1908年，该行经汇的官款便达620余万两，商款3400余万两。④

这三家银行利用各自所握的权力，在汇兑业务上因利乘便，有力地削弱了票号一向据有的优越地位。比如户部银行创立后，向来由票号承兑的广东京饷，便分由户部银行广州分行和各票号共同汇兑。1908年，广东第三批京饷41000余两，就是由户部银行广州分行和志诚信、天顺祥、百川通、义善源、和日升昌等著

---

① 《光绪三十三年十月，银行科北档房呈，裕字第九号》，《度支部档案》。
② 《大公报》，1907年1月1日。
③ 《四川省创办银行折·附单》（光绪三十一年四月初六日），《锡良遗稿》，第1册，中华书局1959年版，第483—487页。
④ 《邮传部第三次统计表》（宣统元年），《邮传部档案》，交通银行，卷65，转见《山西票号史料》（油印本）。

名票号汇兑到京的。① 1910年，该省应解盐厘、俸饷银、地丁等项银12万两，也"由广州分行及协成乾〔票号〕等汇解江海关兑收，备还英德〔借款〕本息"②。又如福建省官款汇兑向由源丰润、蔚长厚、蔚泰厚、新泰厚四家票号分做；户部银行福建省分行设立之后，便与这四家号商商准，将官款汇兑改为"五分平摊"③。其他如浙江、安徽、江西、湖南、湖北各省，大致都将应解官款分由户部银行设在各地的分行和票号共同承办汇兑业务。过去汇解饷项中的缺额向由票号垫款，现在也改由银行垫款。安徽省在1911年汇解饷项就是如此。④ 特别是到了20世纪初，各省官银钱局纷纷设立，其主要业务虽是发钞，但也参与汇兑活动。如江西省1904年债赔款2175000余两，就是全部由该省官银号汇兑。⑤ 1905年的债赔二款2597000余两，其中交官银号汇兑的为2577000余两，居99%以上，票号所获之汇兑额竟不到1%。⑥ 广西省的情形也颇相似。1905年，该省债赔二款全归广西官银号办理。⑦ 这时全国各省共设有官银号计38处，它们或多或少都参与汇兑业务⑧，无疑影响了票号的汇兑数额。统计各年档案记载：1906年，票号汇兑公款数额最高，曾达2250余万两，其后逐渐下降，到1911年，便只有530余万两，几乎减少

---

① 《两广总督张人骏奏折》（光绪三十四年八月二十八日），《宫中朱批奏折》。
② 《两广总督袁树勋为解还英德洋款奏折》（宣统二年七月初一日），《军机处录付折》。
③ 户部银行总办事处：《福建省分行往来函件》（宣统元年正月立卷），《度支部档案》。
④ 《安徽巡抚朱家宝为息借大清银行款银奏折》（宣统三年五月十七日），《军机处录付折》。
⑤ 《江西巡抚夏时奏折》，《军机处录付折》。
⑥ 《江西巡抚胡廷幹奏折》，《军机处录付折》。
⑦ 《广西巡抚李经羲奏片》（光绪三十一年十二月十四日），《军机处录付折》。
⑧ 见《中国近代货币史资料》，第1008-1009页。

了四分之三以上。① 与此同时，交由票号汇兑的工商业汇款也同样下降，其数量虽缺乏确切的统计，但可借用1909年交通银行的汇款构成作间接证明。这一年交通银行收汇19705000余两，其中工商业汇款为15205000余两，占77%；而交汇为2074万余两，工商业款为1900万余两，占91%。② 这是仅就当年交通银行的汇兑情况变化而言，而这两笔工、商业收、交汇兑，前此原是由票号经营的。因此，就公私款项汇兑变化而言，票号受国内银行和官银钱局的竞争，严重地减少了官私款项的汇兑业务。一位长期经营票号业而很有见识的经理人李宏龄在回顾票号业进入20世纪后，逐渐陵替的历程时，曾明确地指出："自甲午庚子以后，〔票号〕不惟倒欠累累，即官商各界生意，亦因见萧条。推原其故，固由于市面空虚，亦实以户部及各省银行次第成立，夺我利权。"③ 官银钱号恰是各省省立银行的前身，它们的活动迫使票号转入衰落的作用是毋庸讳言的。

况且，到了20世纪初，外国在华银行在垄断国际汇兑之余，也极力挤入中国内国汇兑，与国内金融组织争夺内汇业务，这对票号业无异乎雪上加霜。就目前所接触到的材料来看，19世纪90年代，外国在华银行拓展业务，对中国旧有金融业特别是票号的威胁，已经引起社会注目。甲午战后，舆论界在主张自设银行的议论中，一再指出："现在西人在华设立银行，华人皆趋之若鹜。华人不信本地之钱庄，而信外国之银行者，以其本大而可靠，牵制多而不易倒闭也"；"无论西人有银皆存银行〔指外国在华银行〕，而华人亦不嫌其利之薄，乐于存放，宦途充裕者无不

---

① 见中国人民银行山西省分行、山西财经学院编：《山西票号史料》，山西人民出版社1990年版。

② 《邮传部第三次统计表》，《邮传部档案》，交通银行卷号65。

③ 李宏龄：《山西票商成败记》，转见卫聚贤：《山西票号史》，第19—20页。

以银行为外府。于是银行之资本愈大，转运愈灵，各票庄无不仰其鼻息。"① 外国金融势力侵夺旧有金融业的利益，即使在清政府的官员中也不乏这方面的认识。江西巡抚李勉林在20世纪初曾指出："近年通商口岸洋商亦多设银行，西商〔指山西票号〕之利，稍为所夺。"② 关于这一方面，天津汇兑业情况的变化就是一个很好的说明。天津对上海棉纱款项的汇兑年约1000万两，其中由外国银行经办的竟占有半数，钱庄、银号占30%，票号仅占20%。③ 这一事例非常明显地反映了天津票号汇兑业务受到外国在华银行侵占的程度。而国内凡是设有外国银行分支行的口岸，汇兑业务大都出现与天津相类似的变化，尽管在比重上容或不同。所以，出现于天津的汇兑变化的情况是具有相当代表性的。

面临国内银行成立后的新情况，以及外国银行争夺内汇的威胁，多年经营票号而具有新倾向的某些票号经理人，日益意识到客观情况的急骤变化，对票号主提出了不少剀切的说明，其中如我们已经提到过的李宏龄就作过非常全面的分析。他认为甲午、庚子之后，票号经营渐见困难的原因，"固由于市面空虚，亦实以户部及各省银行次第成立，夺我权利；而各国银行复接踵而至，出全力与我竞争。默计同行二十余家，其生意之减少已十之四五，存款之提取，更十之六七也。即如户部银行所到之处，官款即归其汇兑，我行之向做交库生意者，至此已成束手之势。我行存款，至多向不过四厘行息，而银行则可得五六厘，放款者以彼利多，遂提我之款，移于彼处。且彼挟国库、藩库之力，资财

---

① 《申报》，1896年7月26日。
② 《江西巡抚李勉林复奏》，《申报》，1901年7月2日。
③ 根岸佶：《天津票庄》，见《天津商业总览》，第4卷，第412—413页。

雄厚，有余则缩减利息，散布市面，我欲不解不得也。不足则一口吸尽，利息顿长，我欲不增又不得也。彼实施操纵之权，我时时从人之后，其吃亏容有数乎？至于外国银行，渐将及于内地，所有商家贸易，官绅存款，必将尽乎所夺……①"应该说，这个分析十分客观地反映了20世纪初期十余年间票号由盛转衰的历程。它所反映的存放款和汇兑数额的变化情况，在程度上许有若干夸张，但着重指出了国内银行的设立，使票号相形见绌，而外国在华银行势力的迅速扩充，更是票号业发展的严重障碍。这样的分析确是切中要害的。所以，提出这个报告的票号经理在审时度势之余，殷切建议票号的组织形式和经营方式从速适应客观形势的变化，作重大变革，以便票号能够步武现代银行的组织和经营方法之后，而不为时代所淘汰。然而这项很有见识的倡议却遇到票号内部守旧势力的强烈反对，始终不得实现。从而票号业的经营便只有在日益陵替的境遇中苟延岁月了。

在票号的营业趋向下坡的过程中，一遇国内金融市场出现不稳时，票号几乎都要受到震动。20世纪初，上海、汉口、广州、福州各地商号常因亏空清理，票号便经常受到牵累。最突出的如东北营口东盛和五联号倒闭时，亏欠票号200余万两②；又如发生于1910年的上海橡皮股票风潮，使若干著名的汇划庄倒闭，而与这些钱庄发生金融联系的票号也受重大牵累。及至当年7月，由浙江巨商严信厚、严义彬父子开设的源丰润银号搁浅，对各地票号打击更大。当时所谓"上海市面钱庄倒闭，牵动汇号，

---

① 《京都太谷、祁县、平遥票帮公启》（光绪三十四年三月二十三日），转见卫聚贤编：《山西票号史》附录，第355—356页；亦见陈其田：《山西票庄考略》，第40页。

② 《翰林院侍读恽毓鼎奏折》（光绪三十三年十月十九日），《军机处录付奏折》；亦见《大公报》，1908年10月2日。

以致金融阻滞，周转不灵"①，就是指这一类事件而言。当时清政府的上海道企望外国在华银行贷款来缓和由橡皮风潮所引起的危机，但是，杯水车薪，无济于事，反而被外国金融势力借机勒索。到了1911年3月，由合肥李瀚章家族和江苏洞庭山富商合伙经营的义善源票号周转失灵，负债1400万两，宣告清理。该票号分设全国的19处联号同时闭歇②，使不少钱庄和票号又一次遭受损失。及至10月，武昌起义，各省纷纷宣告独立，清政府在内外交困中终于被推翻。票号对此事前缺少警觉，事后又心存观望，提不出有力措施，以致在社会秩序混乱中遭散兵游勇劫掠。据天成亨、日升昌、蔚泰厚、蔚丰厚、蔚盛厚、蔚盛长、宝丰隆、百川通、新泰厚、蔚长厚、协同庆、存义公和锦生润等12家著名票号的报告，仅在京都、天津、太原、汉口、成都、自流井、西安、宁夏等八个城市中，它们被抢的现银达1335000余两。③ 更为严重的是，由于各省官钱局滥发纸币，湖北、河南迅即出现挤兑风潮④；同时"武汉沿江避难者纷纷南下"，顿使南京情况呈现紧张，城内"裕宁官钱局大受影响，持票兑现者纷至沓来，势将被挤"⑤。这种挤兑景象也同样见于北京，"自武汉猝变以来，都中巨室纷纷向银行钱店提取现银现钱，尤而效之者日见其多"⑥。在社会动荡、人心惟危、

---

① 《两江总督取缔银钱各庄条规》，《申报》，1910年10月22日。
② 《中国人民银行上海市分行藏义善源倒闭案档案》，转见《上海钱庄史料》，第88页。
③ 《天成亨等呈北洋政府财政部文》（民国十年二月一日），《北洋政府档案》，件存中国第二历史档案馆。
④ 《河南巡抚宝棻请内阁代奏电——河南省钞挤兑》（宣统三年八月二十三日），《中国近代货币史资料》下册，第1080页。
⑤ 《两江总督张人骏请内阁代奏电》（宣统三年八月二十五日），《中国近代货币史资料》下册，第1081页。
⑥ 《给事中张世培折》（宣统三年九月九日），《中国近代货币史资料》，第1081页。

挤兑成风的景象下，票号为了顾全信誉，尽力维持兑现，收进了大量纸币。这种纸币到民国初年兑换现金时必须大打折扣。"湖南、江西、广东等省之纸币，每千两仅付四五百两。"① 而湖北省的纸币一千两"要兑换四五百两且不可得"②。对于收进大量纸币的票号来说，这个意外的损失严重地动摇了它的经济基础。

此外，票号经营存放款的传统，历来强调信用而不重视抵押。这一特点也使它在时局动荡时处境被动，不能不遭受严重的损失。在承平时节，票号的存款主要是税项、军饷、丁漕等公款；私人存款主要来自达官显宦的私蓄；放款对象则以钱庄和少数大商号为主。一旦时局动荡，特别如武昌起义这样大的革命运动到来时，贵族官僚提取公私款项迫不及待，票号只有如数支付，不敢拖欠；然而贷放给钱庄、商号的款项，却成为呆账，根本无法收回。据天成亨、日昇昌、蔚泰厚等14家票号在辛亥革命期间，统计其债务为二千五百零九万余两，而债权却为三千一百五十万余两，两相抵消，债权大于债务在640万两以上。③ 可是"该外之项日加紧迫；外该之款，纤发难收"④，以致这14家夙具声誉的票号，虽经多方挣扎，但在辛亥革命以后的几年中，都不能逃脱闭歇清理的命运。尽管在辛亥革命之后的十余年中，还剩有少数几家票号如大德通、大德恒、三晋源，大盛川等庄号极力支撑，力期重整旧业。但是，它们的努力显然无法收到成效，票号业的衰落已成难以扭转的趋势了。作为一个行业，票号既然不能主动地适应历史条件的变化改变自己早已过时了的组织形式和经营方法，也就难怪它在新形势面前缺乏有力的竞争能

---

① 《东方杂志》卷14，第6期，1917年6月。
② 陈其田：前引书，第53页。
③ 据《山西票号史料》统计，（油印本）。
④ 《山西票商天成亨等号呈》，《北洋政府档案》。

力。少数票号的努力毕竟难以转变整个行业的衰落。所以，辛亥之后，票号业再也无法恢复甲午前后的兴旺景象了。

结 束 语

综上所述，晚清四十余年中，处于半殖民地条件下的旧中国，在对外贸易日益开拓，外国资本主义势力急遽渗透的情况下，旧有金融业中的钱庄和票号都以各自的不同职能，被卷入到较前远为广阔的社会经济活动中去，从而逐渐地在性质上发生了变化。就钱庄和票号两者的联系来看，积聚和流转于票号手中的公私款项构成了票号的营运资本，它对于钱庄的贷款则是票号资本参与社会经济活动的主要渠道；同时也是钱庄获得营运资本的主要来源。人所共知，钱庄资本活动的主要对象是广大的商业行栈和富裕的商贾。这种情形在全国主要的商业城市里大致相同，而上海的情形则具典型意义。19世纪70年代的记载反映：上海"南市以沙船号家为第一大生意，而花、布、糖、北货以类从焉；北市以丝茶为大宗，而烟土、洋货属焉。若钱庄则通南北市，皆以汇借拆息为利者也"①。这就是说，尽管商业、运输业有各行各业之分，钱庄的贷款却不因之有所区别。商业行栈从钱庄通融来的资金，在性质上自然不同于先前小商品生产者的贷借。因为来自钱庄的贷款在商业行栈是作为职能资本在流通中发生作用的。这种情况反映了一个基本事实，即商业行栈向钱庄借进货币（与钱庄向票号借进货币的情况相同）在性质上有如马克思所说："是为了用这个货币牟取利润，是为了把它作为资本使用，也就是为了把它作为资本耗费。因此，即使在以前的社会形式内，贷

---

① 《申报》，1879年1月20日。

款人对于商人的关系，也完全和他对于现代资本家的关系一样。"① 联系到本文在前面对钱庄、票号活动所做的分析，我们可以说，到了19世纪六七十年代之交，经济活动的实际表明，钱庄资本和票号资本已经成为从职能资本的运动中独立出来的货币资本，具备了借贷资本的性能。

特别是从19世纪80年代到20世纪的第一个十年，以近代工业为核心的资本主义经济在中国有了较大的发展。甲午以后，辛亥以前，对外贸易有了更大的开展，国内对近代工业的投资出现过两次高峰，铁路和航运业也有了新的突破，在火车、轮船所经之处，商品流转加速，提高了村镇农副产品的商品率，从而促进了资本主义商业——国内市场的发展。现代银行业兴起，以及在农业方面，具有资本主义性质的商办农牧垦殖公司在若干省份的出现，意味着农业中运用资本主义经营方式组织生产劳动的势力已经成为事实。② 凡此种种，都反映了在这一段时期中，资本主义生产方式在中国经历了成长和确立的阶段。在这样的社会历史条件下，钱庄资本和票号资本在流通领域的活跃，它们从不同的方面为外国商品的内销开辟道路，同时又协助外国势力对中国土特产的掠取，从中赚取利润，扩大自身的力量。此外，以庄票、汇票为手段的信用制度的日益完善，使得钱庄、票号与资本主义工矿企业的关系也日益密切起来。20世纪初叶，上海的新式工业企业里，工人的工资发放有来自钱庄庄票的通融。因此，庄票的流通一旦遇到障碍，其后果直接威胁到工厂的开工和企业的生存。这完全是20世纪初出现的新现象。它表明钱庄、票号

---

① 《马克思恩格斯全集》第25卷，第671页。
② 参见拙作：《辛亥革命前中国资本主义的发展》，《纪念辛亥革命七十周年学术讨论会论文集》，中华书局1983年版。

的活动已经从为商品的流通过程服务,发展到与商品的生产过程的运动相联系了。这个历史现象具体证明了马克思的论断:"信用制度的发展恰好就是表示生息资本要服从资本主义生产方式的条件和需要。"[1] 联系中国的历史实际来说,这种带有规律性的运动出现在钱庄、票号职能变化的过程中,从实质上说,也就是钱庄、票号本身在不同程度上资本主义化的体现。

所以,在中国资本主义生产方式确立和发展的过程中,钱庄对于近代产业的直接投资和提供信用,票号在近代矿冶业的开发过程中,从通融资金到直接投资等等,都反映了钱庄资本和票号资本的性质在不同程度上的变化,即从商业高利贷资本逐步向以资本主义生产关系为依据的借贷资本转化。尽管到20世纪初,钱庄、票号在组织形式、经营方式和内部管理上以及对学徒职工的使用和剥削上,都还保留着不少封建性的东西,但是,人们不能不看到,这些落后的方面毕竟是旧时代的残余。随着国内资本主义生产关系进一步发展,它们也处于自我减弱和自我否定的过程中,并且在本行业内已经不居于重要的地位了。马克思主义辩证法指出:"无论在自然界或社会中,'纯粹的'现象是没有而且也不可能有……世界上没有而且也不会有'纯粹的'资本主义,而总是有封建主义、小市民意识或其他某种东西掺杂其间。"[2](着重点是原来就有的)在考察钱庄资本和票号资本性质变化时,应该遵照马克思主义的辩证法进行剖析,而不宜过分拘泥于它们的枝节,以致舍本逐末,疏忽了它们在性质上确实已经发生的各种变化。

(原载《中国经济史研究》,1986年第1期)

---

[1] 《马克思恩格斯全集》第25卷,第678页。
[2] 《列宁选集》第2卷,人民出版社1972年第2版,第642—643页。

作者专著及主要论文目录

一、主要专著

《洋务运动与中国近代企业》，中国社会科学出版社 1979 年第 1 版，1984 年第 2 版。

《晚清钱庄和票号研究》，中华书局 1989 年版。

《中国近代经济史（1840—1894)》（参加撰写），人民出版社 1989年第 1 版，2001 年 10 月第 2 版。

《中国近代经济史（1895—1927)》（参加撰写），人民出版社 2000 年 5 月第 1 版。

《中国金融通史》第 2 卷，已完稿，即将由中国金融出版社出版。

二、主要论文

1.《天津工业发展过程的分析》，《光明日报》增刊，1950 年 12 月 16 日。

2.《恢复时期中国工业的发展》，《新建设》（学术性月刊）1953 年第 11 月号。

3.《19 世纪后半期中国钱庄的买办化》，《历史研究》1963 年第 6 期。

4.《中国近代煤矿企业中的官商关系与资本主义的发生问题》，《历史研究》1964 年第 3 期。

5.《关于轮船招商局产生与初期发展的几个问题》,《经济研究》1965年第10、11期。

6.《论外国资本对洋务企业的贷款》,《历史研究》1982年第4期。

7.《辛亥革命前中国资本主义的发展》,《近代史研究》1982年第2期,曾被收入《纪念辛亥革命七十周年学术讨论会论文集》,中华书局1983年版;《近代中国资产阶级研究》第1辑,复旦大学出版社1983年版;《辛亥革命与近代中国》1980—1989年论文选》,湖北人民出版社1991年版。

8.《论中国资本主义发生时期资产阶级的构成》,《近代史研究》1984年第1期,被收入《洋务运动论文选》,阮芳纪等编,人民出版社1985年版;《近代中国资产阶级研究》续辑,复旦大学历史系、《历史研究》联合编辑,1986年7月版。

9.《19世纪后半期中国票号业的发展》,《历史研究》1985年第2期。

10.《中国资本主义现代企业产生的历史条件》,《中国社会科学》1986年第3期。

11. *The Historical Conditions That Created Modern Capitalist Enterprises in China* MARCH 1987, FIRST LSSUE.

12.《清代前期的票号和钱庄》,《中国经济史研究》1987年第4期。

13.《中国棉纺织业1895—1927年的发展与不发展》,《中国社会科学院经济研究所集刊》第10集,中国社会科学出版社1988年版。

14.《甲午战后40年间中国现代缫丝工业的发展与不发展》,《中国经济史研究》,1989年第1期。

15.《论汉冶萍公司的创建、发展和历史结局》,《中国经济史研究》1991年第2期。

16.《近代上海地区缫丝工业研究》,《上海研究论丛》第六辑,上海研究中心、上海市地方志办公室编,1991年9月版。

17.《开平、滦州煤矿的创建、发展和历史结局》,《近代中国》1992年,第3辑。

18.《从开滦煤矿联营看中国近代煤矿工业发展状况》,《历史研究》1992年第4期。

19. *China's Quest For Modernitation A Historical Perspective*, Edited by Frederic Wakeman jr. and Wang Xi,

美国加州大学出版社1997年出版。

20.《甲午战后日本资本掠夺、经营抚顺烟台煤矿》,《中国经济史研究》1996年第4期。

21.《晚清货币制度演变述要》,《近代史研究》1997年第5期。

22.《晚清财政与咸丰朝通货膨胀》,《近代史研究》1999年第3期。

作者年表

1922年10月1日　生于浙江省温州市。

1942年夏　先后毕业于浙江省立温州中学初中部、高中部。

1948年夏　毕业于国立英士大学法学院经济系，获法学学士学位。

1948年8月　就职于前农林部中央水产实验所水产经济系，从事渔村经济研究。

1950年3月　调到中国科学院社会研究所（中国社会科学院经济研究所前身）。

1951年后　历任经济研究所助理研究员、副研究员、研究员。

1983年6月　应《中国大百科全书》编委会聘请，任该全书经济学卷中国经济史编写组成员。

1986年　兼任中国社会科学院研究生院博士生导师。

1987年12月　退休。旋应社科院经济研究所返聘，继续担任《中国近代经济史（1840—1894）》卷（国家社科"六五"重点项目）撰写工作；继又续聘为该书1895—1927年卷（国家社科"八五"重点研究项目）研究和撰写工作，迄1998年8月完成。现两书均已先后由人民出版社出版（1840—1894年卷于2000年5月第1版，2001年10月第2版；1895—1927年卷于2000年5月第1版）。严中平主编的《中国近代经济史（1840—1894）》卷获国家社会科学基金项目优秀成果一等奖；汪敬虞主编的《中国近代经济史（1895—1927）》卷已由孙冶方经济科学基金会授予第九届（2000年度）经济科学著作奖。